高島千代・田﨑公司【編著】

# 自由民権〈激化〉の時代

## 運動・地域・語り

日本経済評論社

# はじめに――いま〈激化〉の時代に学ぶ

高島千代
田﨑公司

〈激化〉の時代とは、どのような時代だろうか。本書では、新しい社会・政治秩序の「創出」をめぐる官・民の対立が、言論だけでなく実力（武力）行使という手段を通じて展開されていく一八八〇年代を、〈激化〉の時代とよぶ。

周知のように、日本に西欧的な近代国家が成立していく近世後期から一八九〇年代初頭は、激動の時代だった――何が変化したのか。近代へと向かう道は一筋ではなく、またそれに抵抗していく向きも様々にみられるなか、この時期には何よりも、自らが生活する地域、さらには社会・政治に対する人びとの関与・参加のあり方が大きく変わっていく。政府のメンバーだけでなく、これまで「御政道」に口を出すことのできなかった人びとが、地域の生活・運営から日本社会全体のあり方を考え、発言し、時には実力をもって、眼前のそれとは異なる社会・政治秩序、また「国家」を創ろうと動きはじめるのである。

特に明治以降、こうした人びとは、請願・建白や新聞・雑誌、演説会など、新たな意見表明の手段・場を得たこともあり、その多様な参加意識を高めていく。そのなかから、個人の権利・自由、また幸福という観点に立ち、あるべき政治体制・国家を構想し、「言論」や「実力」を通じて、国会・憲法から成る立憲制の仕組みを実現しようとする人びとや、結社・政党が生まれる。またその周辺には、男性・女性、大人・子ども、僧侶・神官、農民・士族、芸妓・教員・博徒に至るまで、「自由」という言葉の先に、漠然とではあるが、眼前のものとは異なる新たな地域秩序・政治秩序が存在する可能性、それを自らの手で作り上げていく可能性を感知する人びともあらわれるのである。

しかしこれら多様な参加意識に対して時の政権が抑制的に動いていくとき、人びとは、とりわけ自らの生活に関わりのある領域に物申すべく、塞がれた道とは別のルートを探し、自らの意見を表出していかざるを得ない。近隣の助け合いや民会がだめなら裁判所や役所へ。訴訟や役所への請願がだめなら多数の集合へ。ある者は政治のあり方を学んで請願運動を展開し、ある者は演説会から懇親会・運動会へ。しかしそれでもだめなら実力行使へと、人びとは追い込まれていく。実はその中から、現政府に見切りをつけ、それとは別に、国家を含む、新しい社会・政治構想を自ら、実力を用いてでも実現しようとする人びとが登場する。それが本書でいう〈激化〉の時代、一八八〇年代のことである。

本書では、この〈激化〉の時代に模索された様々な社会・政治秩序のうち、特に個人の権利・自由・幸福の実現という観点からあるべき政治・国家像を構想し、その実現のために実力行使を意図した、自由民権運動・自由党の激化事件に注目する。これらの事件には、地域・個々人の生活やそれを決定づける「政事」を少しでも「よい」方向へと進めていこうとする人びとの声が、遮断・抑制されつつもなお明確に示されていると考えるからだ。社会を構成する一人ひとりの「自由」や「権利」「幸福」から出発すれば、どのような政治体制が最善なのか――日本社会に初めて登場したこの問いに対して、かれらは自らの頭で答えを探し、めざす政治体制・国家体制を、文字通り必死に創り出そうとした。実力行使にふみきることは他者そして自らをも傷つけることであり、それは苦悩にみちた選択だったろう。事件参加者の多くが二〇代の青年だったが、かれらはなぜ、ここまでしなければならなかったのか。かれらの思想や行動について知ること、またその限界を知ることは、現代の日本を生きる私たちにも必要ではないだろうか。

幕末には世直し一揆に起ち、肝煎等の村役人を頂点とする村内秩序を変えようとした福島の人びと。〈激化〉の時代には、県令がごり押しする道路開鑿を拒んで住民本位の地域開発と意思決定を主張、また県会の限界などから国会開設、さらには専制政府顛覆を主張した福島の人びとの姿は、原発事故という未曾有の人災に直面する現在の日本社会にもつながる。福島であれ沖縄であれ、生まれ育った地域に住むことさえ困難になった今の日本社会において、わたしたちは、他でもない自らが生きるための政治のあり様を構想していくという課題に、直面しているからである。

## 目次

## 第Ⅱ部　各地の激化事件像

# 第Ⅰ部　激化事件の全体像

# 第一章　激化事件研究の現状と課題——全体像に向けて

高島千代

本章ではまず、民権運動研究史をふまえつつ[1]、従来の激化事件研究史を概観する。そのうえで、激化事件研究がいま直面している課題とこの研究がもつ可能性について、論じておきたい。

## 第一節　一九三〇年代から五〇年代の研究

周知のように、自由民権運動や激化事件を社会科学としての歴史学の対象とするようになったのは一九三〇年代のことである。平野義太郎は、「その変革的任務を抛棄した」板垣退助ら自由党中央の「ブルジョア自由主義」に対して、福島事件から静岡事件まで、高官暗殺・挙兵などを通じて専制政府転覆をめざす自由党員の実力行使事件を、零細自作農・半封建的小作人や都市小市民等を主体とした「自由民権運動激化の諸形態」とし、これらを、土地革命を含む「国家形態」の変革を目的とした「変革的なブルジョア民主主義」と位置づけた[2]。

ここにおいて激化事件は、「激化の諸形態」として一括され、その主体としては貧農小作・小生産者、目的としては土地革命等が想定されるとともに、「ブルジョア民主主義」という発展段階論上の規定を与えられたのである。

こうした見方は基本的に戦前から戦後へと継承される。服部之総は、自生的なブルジョア的発展、その担い手としての豪農の指導を重視する立場から、豪農が指導し小農民が同盟する自由民権運動自体（ただし自由党に特化）を、激化事件とともに「ブルジョア民主主義革命」と位置づけた。(3) また平野が貧農激化の典型として秩父事件を重視したのに対して服部は、豪農の指導と農民の同盟関係という点で福島事件を評価した。(4)

一九五〇年代には、国民的歴史学運動の影響のもと、(5) 日本における「民主主義の源流」を発掘せんとする問題意識も生まれ、各地域で民権運動・激化事件の掘り起こしが進む。(6) 五五年には歴史学研究会大会の一テーマとして自由民権運動が取上げられ、その後もその報告者（堀江英一・大江志乃夫・大石嘉一郎・後藤靖）や、長谷川昇・下山三郎らによって、激化事件の規定的な把握が進められた。(7)「激化の諸形態」が「激化諸事件」「激化事件」と呼称されるようになったのもこの時期である。これらの研究は、多少の差はあるが基本的に平野・服部の規定を踏襲しており、自由民権運動については、土地革命を含む「ブルジョア的国家形態」・立憲政体をめざす「（初期）ブルジョア民主主義革命」、激化事件については、その発展・純化形態（「士族民権」から福島事件などの「豪農民権」、秩父事件など「農民民権」へ発展、担い手は中堅党員や農民へ下降し、要求も「土地均分」へ）ととらえた。また事件を担った組織形態としては、自由党と農民・借金党などとの指導・同盟関係が想定されたのである。

他方、各事件の実態が明らかになるとともに、新たな見方も登場する。

例えば、激化事件の担い手については、平野が基本的に貧農・小作を想定していたのに対して、没落しつつある小豪農・中農・貧農（大石・後藤・井上幸治など）、(8) さらには博徒を含む貧窮士族・都市細民層（長谷川）の存在も明らかにされた。こうした担い手（特に農民層）の階層分析は、松方デフレ下の豪農の経済状況や農民騒擾の要求分析とともに、激化期の基本的な矛盾・対立を農民層内部でなく国家と全農民の間にみていく議論（下山）にもつながる。

また担い手については要求・思想、運動形態の観点からも論じられ、これに基づく激化事件の分類もみられた。例えば下山は、自由党急進派（民権党本来の要求を実現すべく専制政府転覆の実力行動を選択）による加波山・飯田事件と、「民権思想を受け入れ」た農民騒擾関係者による群馬・秩父事件を区別。後藤は、大井憲太郎をはじめとする「革命的民主主義派」の指導による福島・群馬・秩父・飯田・名古屋事件を激化事件とし、加波山事件はテロリストの絶望的な抵抗、大阪事件は客観的に明治政府の侵略に加担したとして、区別している[9]。秋田事件については、服部之総が、国会期成同盟合議書の署名者による、世直し一揆の闘争形態を残した運動として紹介し、福島事件と対比した[10]。

なおこの時期には、民権運動・激化事件がなぜ「中間地帯」（幕末段階では封建的な小農経営が支配的だが明治初期に急速に農民的商品経済・農民層分解が進展する地域）で起きたのかという論点、また福島と加波山、群馬・秩父と飯田事件の関係、『自由党史』にある明治一七年の「一般的大動乱」の可能性も検討されている（下山・後藤）。

## 第二節　一九六〇～七〇年代の研究

このように一九五〇年代において、激化事件は、民権運動に対する政府の弾圧強化と松方財政下の土地所有の階層分化のなかでおきた、土地革命など国家形態のブルジョア化を志向する、「ブルジョア民主主義革命」の発展形態として、一括して把握されるようになった。つまり「激化事件」という概念は、マルクス主義的な発展段階論を前提とした革命戦略や、日本の民主主義変革の内発的な源流を探るという問題意識と密接に結びついて生まれたのであり、自由民権運動研究の関心は変革をめざしたとされる激化事件に集中。特に秩父事件は、農民の要求と民権が結びつき地域住民の大規模な組織化を伴った事例として高く評価された。そこには政治運動史・世界史的な観点も内包されていたが、都市民衆の動向や民衆自身の視点の欠落など（長谷川）、担い手の階層や民衆の行動・思想を発展段階論の枠にはめて解釈しようとする傾向があったのである。

これに対して一九六〇・七〇年代の激化事件研究は、基本的に「ブルジョア民主主義革命」という規定に立ちながらも、五〇年代の発展と批判のうえに行われた。この時期の民権運動研究は、各地域の運動の実態、自由党の組織・戦略、府県会など地方自治、改進党や都市知識人、憲法構想・民権思想、アジア認識・民衆意識など、対象や視点を大きく広げていたが、こうした動向は激化事件研究にもあてはまる。

例えばこの時期には、福島・加波山・秩父・飯田・名古屋・静岡事件それぞれの社会・経済的な背景・担い手や、組織過程・行動形態・意識などの政治・思想史的過程を明らかにする、実証的で総括的な研究が次々に現れた[11]。井上幸治の秩父事件研究は、幕末以降の生糸相場との関わりを通じて山村地域の人々の意識が村の外に解放され民権思想と向き合う過程を生き生きと描き、長谷川昇は、都市下層の参加者（博徒・草莽隊出身士族・平民）から名古屋事件の全体像をはじめて提示、さらに原口清の静岡事件研究は、分厚い地方政治史研究をもって地域史全体の中に民権運動・激化事件を実証的に位置づけたのである。また大石嘉一郎は、福島・喜多方事件の政治・経済的な基盤を、地域運営・経済構造をめぐる、政府依存の地域開発と「下」からの自生的発展という「二つの道」の闘争過程とし、激化期の基本的な対抗関係を国家と農民階級の間に認めようとした下山三郎の議論を、地方行財政・自治制度の側面からも論じた。

一方、この時期に登場した色川大吉の民衆思想史・困民党研究[12]は、民衆の行動・思想をどう理解するかという一九五〇年代の課題に応えるとともに、以後の民権運動・激化事件研究を大きく方向づけることとなる。色川は、「頂点思想家」ではなく「底辺の民衆意識」から「支配的思想」を照射していこうとする立場から、伝統的な思想基盤をもつ負債騒擾・困民党に視点を定めて民権運動に接近。なぜ秩父でのみ負債騒擾が政治的な蜂起になったのかという問題から出発し、武相困民党の組織・紛争過程と神奈川自由党との関係（自由党内には困民党に同調する者、敵対する者や地主的な利益のために地租軽減運動を組織する者などを含み、自由党と困民党としては「指導と同盟」ではなく「断絶＝雁行関係」にあること）を明らかにした。こうした色川の研究は、鶴巻孝雄の武相困民党研究、稲田雅洋の秩父事件研究につながり[13]、以後の激化事件研究は、前述の秩父事件・静岡事件研究を含め、自由党員の運動と困民党・地域の民衆運動との異質さをふまえ、その関係性を論じていくことになった[14]。

以上のように、この時期には、一九五〇年代の経済史的な規定に止まらない政治運動としての実態解明がなされるなかで、各事件の全体像とともに、「ブルジョア民主主義」の枠内では説明できない地域民衆の要求・価値観と自由党員の距離もまた明らかになってきたといえる。

## 第三節 一九八〇年代以降の研究

### 1 「民権百年」の影響

こうした点を含め、これまでの研究を再検討する場となったのが、地域の掘り起こし運動を背景に一九七〇年代後半からはじまった「民権百年」運動であり、一九八一から八五年、横浜・早稲田・高知で開催された「民権百年」集会である。(15)「民権百年運動」は、高度成長期に取り残された国民生活の問題や、安保・憲法改正問題などに示される民主主義への危機意識を背景に、「自由民権運動」を「現代」に生かせないかとの問題意識に立っていた。実際一九八〇年の「自由民権百年全国集会実行委員会」結成の際には、自由民権の現代的意義の確認、自由民権運動に関する研究・教育の進展、掘り起こし運動の全国的交流と子孫の復権・顕彰などが目的として掲げられている。

つまりこの時期の民権運動・激化事件研究は、一九六〇〜七〇年代の掘り起こしの経験などをうけて、五〇年代の革命戦略や発展段階論上の規定如何よりも、日本の民主主義の内発的源流を探り、地域の「生活者的研究者」も「職業的研究者」も、ともにそれに学び「いま」に生かしていくという方向へ比重を移していく。(16)例えば「民権百年」運動の中では、激化事件に対する「暴動史観」に「顕彰」で対抗しつつ、顕彰運動と地域の学習・掘り起こし、研究を連携させながら進めていくことが提唱されていた。(17)こうした研究運動は、各事件の実態に即した全体像（社会・経済・文化的な背景、担い手、要求・思想、組織・運動過程、事件の原因、事件後の「暴動史観」など）の解明やその方法論（村共同体までおりた分析の必要等）、激化事件における「民権」と「民衆」の関係（困民党と自由党、飯田・名古屋事件などで掲げられた減租要求と農民組織化の関係など）、全国の激化事件比較（政府・警察の対応比較を含む）、激化事件の広がり・つながり（一斉蜂起論・連帯蜂起論を含む）などに関する豊かな研究成果とともに、新たな史料の発見や史料集の編纂[18]、さらには演劇・小説・詩などを通じた現代での「語り」へもつながっていった。

このように「民権百年」は、激化事件について学ぶ全国の「生活者的研究者」「職業的研究者」が交流したはじめての機会であり、そのなかで一九七〇年代までにみられた方向（経済史的なアプローチから政治運動・思想・文化史的なアプローチへ、ブルジョア民主主義運動たる民権運動から農民・民衆運動の自立へ）が決定づけられていった。また新たな史料が発見されることで、この時期には各事件の全体像が一定出そろい、その位置づけの再検討もはじまったのである。

## 2　各事件の研究状況

それでは「民権百年」以降、現在までに明らかになっている激化事件像はどのようなものか。限られた整理だが、ここでは担い手・要求など各事件の条件、その他の論点につき簡単に確認しておく。

### (1)　一八八一年六月　秋田事件（秋田立志会事件）

柴田浅五郎（中農）を会長とする秋田立志会メンバー（西南戦争後のインフレ下で困窮する下層農民や士族などを組織）が、強盗・殺害事件および内乱予備の容疑で検挙され、柴田をはじめ二〇数名が有罪とされた事件。

警察調書などの丹念な読み込みによって、秋田立志会の政府転覆計画だけでなく強盗事件を含めて官側の謀略であるという見解とともに[19]、一八八一年三月の東北七州自由党結成会での議論など、秋田立志会が政府転覆計画をたてる可能性はあったとの見解も示されている[20]。また柴田らが国会期成同盟参加を契機に急進化し、秋田立志会員には「御均し政治」を主張する者がいたこと、事件後も秋田立志会の地盤（平鹿郡）から自由党へ四〇〇人以上が入党したこと、また柴田と植木枝盛との交流関係などについても指摘されている。[21]

## (2) 一八八二年一一～一二月 福島・喜多方事件

一八八二年五月の福島県会における議案毎号否決、六月から一一月に三方道路開鑿反対を掲げた農民が喜多方警察署に押寄せ弾圧された事件、これを契機に県下自由党員が逮捕され、一二月に県会議長・河野広中らが無名館血判盟約書を理由に逮捕された事件からなる。

こうした一連の事件のつながりをふまえた評価の必要なことが指摘され、それは「福島・喜多方事件」という名称に反映された。[22] 担い手は豪農（自由党員・地域リーダー）と中小農であり、三方道路反対運動では地域住民の生命・財産の権利や住民による意思決定などが主張されたこと、喜多方警察署での衝突と同時に西会津地方に蜂起計画のあったことなどが明らかにされている。[23] この喜多方署包囲については、地域振興・地域開発という観点から、地域による二つの開発路線――中央政府（県令・三島通庸主導の地域開発）に依存した地域開発路線（中通り地方の豪商）と地域住民の意思にそった地域開発（会津地方の豪農）――の対立を集中的に表現したものという位置づけとともに、[24] 地域全体からみれば少数派の運動だったという見方も示されている。[25] 他事件との関わりについては、運動の経緯や人的つながりだけでなく、獄死した関係者の慰霊・顕彰のあり方からも、福島・喜多方事件がその後の激化事件を促す一要因であったことが指摘されている。[26]

## (3) 一八八三年三月 高田事件

赤井景韶・八木原繁祉ら頸城自由党員が同党員（密偵）の自供に基づき、大臣暗殺計画の内乱陰謀罪容疑で一斉逮捕された事件。赤井以外は内乱陰謀罪について免訴となったが、八木原は不敬罪、その他は集会条例違反などに問われ拘留された。

頸城自由党など新潟県下の急進的自由党弾圧のために警察・裁判所が作り上げた事件であること、ただし赤井ら青年党員（旧高田藩士）は立憲政体樹立の詔の不履行などから大臣暗殺について計画していたこと、事件後・頸城自由党解党後も青年層の活動は継続し、一八八四年には新潟県下の自由党一本化が実現したことなどが指摘されてきた(27)。大臣暗殺計画については、赤井らが飯山町で博徒を刺客として勧誘したり、頸城自由党が懇親会費徴収のため（もしくは暗殺をはかるためか）被差別部落民を組織化しようとしていた記録が発見されている(28)。また最近では、高田事件が長野県飯山地方と高田地方の民権家の「共同謀議」を背景とし、密偵の思想「転向」を促すだけのダイナミズムを事件に至る運動が有していた可能性、さらに高田事件が地域にどのように認識されてきたかが論じられている(29)。

**（4）　一八八四年九月　加波山事件**

福島・喜多方事件などを契機に、河野広躰・鯉沼九八郎・富松正安ら福島・愛知・栃木・茨城などの急進派自由党員（豪農・士族層）が政府転覆のために、強盗による資金確保、爆裂弾の製造などを経て、加波山で蜂起した事件。民権運動から遊離したテロリストの抵抗として位置づける従来の見方に対しては、彼らの思想・行動や事件後の民権家による慰霊のあり方などから反論が示された(30)。特に同事件が、大臣暗殺から栃木県庁襲撃（「小運動」）に止まるものではなく、そこから「東京蜂起」（大運動）へと展開していく意図を有していたこと、福島・喜多方事件の関係者を含む三春・三河グループ、栃木グループ・茨城グループだけでなく、群馬・静岡事件関係者とも接点をもつ「連帯蜂起」であること、またこれらの計画と内藤魯一など自由党急進派との関係など、孤立分散化した運動ではない加波山事件像が提起された(31)。

**（5）　一八八四年五月　群馬事件、一〇～一一月　秩父事件**

群馬事件は、急進派の上毛自由党員が高崎鎮台の襲撃と政府顛覆をめざし、甘楽郡など群馬県西北地方の負債農民

（一八八三年三月・一一・一二月西上州で負債農民騒擾が頻発）を減租・利子軽減・学校廃止などを掲げて組織したが、実際の行動は負債農民の要求に基づく生産会社襲撃に終わった事件。秩父事件は、八三年末郡役所に対して負債延納の高利貸説諭請願運動を展開した秩父郡の負債農民がその後自由党に加入し、八四年一〇月の自由党解党直後、上毛・秩父自由党員とともに起こした武装蜂起事件で、一〇日間にわたり秩父から群馬・長野地方へ転戦。高利貸宅を打毀し、役場・警察署・裁判所を襲撃、郡役所を占拠し、軍隊に鎮圧された。

両事件、特に秩父事件は引き続き、一般農民が多く参加した事件として注目を集め(32)、参加者（養蚕農民・負債農民）の階層や、自由党との関係が問題となってきた。そのうち担い手については、群馬事件が「中農層を中心に、極少数の富農を除いた全階層」、秩父事件は「地主（富農）層の一部の参加と自作農（中農）層の高い参加率、それに続く自小作・小作農（貧農）の参加」によるという「仮説的見通し」が示された(33)。なお担い手については、不参加者や蜂起に対して村を自衛した側への視点、またそのいでたち・得物にも焦点があてられている(34)。

負債農民と自由党員の関係については、群馬事件における「計画と実態のギャップ」と秩父事件への計画の継承、両事件にわたる自由党員・負債農民の人的なつながり、群馬事件と秩父事件は一連の事件であることが指摘され、「群馬・秩父事件」という呼称も使われるようになっている(35)。他方で、秩父事件における負債農民・困民党と自由党との思想的な関係・接点については、伝統的な土地所有意識に依拠する負債農民らと近代国民国家・立憲政体をめざす自由党との異質・対立性を指摘する議論(36)と、伝統的な思想的背景をもつ負債農民が開港以降の生糸相場や明治初年の民会との関わり等のなかで意識を広げ、また地租軽減・減租の主張などを接点として、専制政府転覆等の自由党の主張を受容・選択したとする主張とがみられる(37)。このように負債農民と自由党の思想的な接点については、群馬・秩父事件が近世の民衆運動と親近性をもつ運動なのか、近代民主主義の源流としての性質をもつのか、あるいは、その両方なのか、事件の位置づけに関わるため、依然として重要な論点であり続けている。

**(6)　一八八四年三月～八五年三月　武相困民党事件**

神奈川県相州南西部から相州南部・北部や武州北部・周辺地域に展開した負債農民騒擾の数度にわたる大結集と高利貸強談、統一指導部結成（武相困民党）と郡役所・県庁への請願、地域での農民結集を口実とした総代逮捕に至る一連の困民党事件。高利貸の殺害事件や警察署包囲行動もみられたが、秩父事件鎮圧後だったこともあり武装蜂起には至らなかった。

この事件は、困民党の指導層が残した史料等により、一九七〇年代の段階でかなり詳細な組織化・運動の過程や参加者の意識・思想・関係が明らかになっていた(38)。例えば困民党と自由党の人的な関係について、武相困民党の指導層は秩父事件と同様、基本的に小豪農・中農層だが自由党員とは重ならず、自由党員は仲裁役を果たすも若林高之亮を除き困民党の立場に立って運動することはなかった。また思想的な関係については、困民党が生活を立ち行かせるだけの土地所有の確保、そのために必要な負債軽減を要求している点、それを支えているのが、伝統的な共同体秩序をこわす「苛酷な貸借」に対して「道徳上の貸借」という観念であった点が明らかにされており、これらの考え方は財産所有の権利、自由競争の原理など、民権派富裕層や当時の行政が推進していた価値観とは異なることが指摘されている。ただし最近では、「民権」と「民衆」の「相互浸透性」の解明を課題として、近代成立期の地域社会の全般的な動向にこの事件を位置づけていく問題意識もみられる(39)。

**(7)　一八八四年七月　岐阜加茂事件、一二月　名古屋事件・飯田事件、一八八六年六月　静岡事件**

一八八四年七月に尾張の愛国交親社（一八八〇年四月には三河交親社と分裂）の農民が、交親社社長・庄林一正の拘引や結社禁止処分を契機に、減租・徴兵令廃止等を岐阜県庁へ強願することを掲げ、刀剣・竹槍などをもち戸長役場におしかける（岐阜加茂事件）。これと並行し、「国事ヲ改良スル」ため強盗事件を起していた愛国交親社員・博徒グループに、専制政府転覆のための紙幣贋造計画をもつ愛知自由党員らが合流、巡査殺害を含む五十数件の強盗を働く

（名古屋事件）。他方、愛知県三河地方の士族民権家・村松愛蔵らの蜂起計画に長野県飯田地方の愛国正理社員が加わり、東京での檄文配布、秩父事件勃発後は挙兵を計画して発覚する（飯田事件）。飯田事件発覚に際しては、連累者の訊問のなかで名古屋事件が発覚し、逮捕は静岡事件関係者にも及んだ。当時、静岡事件関係者（広瀬重雄ら愛知・岐阜グループ、湊省太郎・鈴木音高ら静岡グループ、浜松グループ）は、飯田事件・名古屋事件関係者とも接触しつつ武装蜂起を計画していたが（組織対象は金谷原士族や鹿児島三州社など）、飯田事件関係者として逮捕されて頓挫。釈放後に湊を中心とする大臣暗殺計画へと転換するが、これも八六年六月に発覚する（静岡事件）。

愛国交親社や加茂事件の実態、愛国交親社を通じた加茂事件と名古屋事件との関係については長谷川昇の研究(40)からほとんど進展がない。しかし新たな史料の発見もあり(41)、名古屋・飯田・静岡事件の間に人的なつながり・「連携」のあることが明らかになり、各運動の目的・組織過程・参加者の役割・思想などについても分析が進められた(42)。また飯田事件についても、植木による檄文執筆や愛国正理社の位置づけへの疑問提起など(43)、新たな成果がみられる。

### （8）　一八八五年一一月　大阪事件

自由党解党後、甲申事変に対する国内世論の高まりをうけて、大井憲太郎らが朝鮮の独立派政権樹立と国内の立憲政体樹立を結合して実現することを計画。大阪・長崎で捕縛され、外患罪などで処罰された事件。

この事件は、客観的にみれば民権派が侵略に加担した事件、民権運動が民権から国権へと転換していく過程を象徴する事件などと位置づけられてきた。こうした位置づけに対しては「民権百年」の際にも、「一九世紀後半に、後発資本主義国なり植民地が、独立運動をやっていくときに、国権主義というものをはなれて、民権がはたして主張しうるのだろうか」という疑問が示されていたが(44)、大阪事件研究会が新たな事件像を提起するに至った(45)。必ずしも統一見解ではないが、同研究会は、この事件が基本的に日本の内治革命(46)（旧自由党左派グループが地域の文武館設立や義勇兵募集などを通じて民権派有志を組織化）を主要な目的としており、国内革命と朝鮮独立は両計画とも民権実現の論理に基づく連帯行動であった点、にもかかわらず事件は侵略的な行動であり、その意味において大阪事件は「重層性・複合性」をもっていたと論じている。(47)

このほか、参加者の紅一点、景山英子の行動や公判等での注目のされ方が明らかになることで民権運動・激化事件における女性の役割・意味が論じられ、(48)また裁判に対する義捐金活動や事件後の語られ方を明らかにする史料の発掘・紹介、公民権回復過程の解明も進められている。(49)

## 3　激化事件の位置づけ

こうして各事件研究が進展する一方、激化事件自体の特徴と位置づけについても、様々な見方が示されてきた。前述の通り、従来の研究は、革命戦略あるいは日本の内発的民主主義の立場から、「ブルジョア民主主義革命」たる民権運動の発展形態として激化事件を位置づけてきたが、こうした見方を継承したのが江村栄一である。

江村は「自由民権期における激化事件とは、資本主義形成期（絶対主義的天皇制形成期）における対国家権力闘争であることを意識し、立憲制樹立を平和的運動ではなく実力（武力）による運動によって為さざるをえないとして立ち上がった事件」と規定。激化期の基本的な対抗関係を国家と農民階級の間に認める下山三郎・大石嘉一郎らの議論をふまえつつ、資本主義の形成過程（本源的蓄積過程）や、立憲制を抑制する天皇制統一国家の形成過程に激化事件を位置づけた。他方、江村は、国会期成同盟・自由党結党当初から、集会条例などの言論弾圧に対して実力行使への志向が存在したことを明らかにしたうえで、同盟段階の「激烈党派」との関わりで秋田事件、自由党内の「急進派」（「広域蜂起派」「決死派」を含む）と三島県政との関わりで福島・喜多方事件、「広域蜂起派」や松方デフレとの関わりで群馬・秩父事件、福島・喜多方事件を契機として生まれた「決死派」との関わりで高田事件・加波山事件、さらに「広域蜂起派」・「決死派」との関わりで飯田事件・名古屋事件・大阪事件・静岡事件を、試論的に位置づけた。(50)この点で江村は、少なくとも自由党の運動を、資本主義・近代天皇制統一国家成立期における実力行使への志向をはらむものとしてとらえ、その中に激化事件を位置づける観点を示したといえる。

一方、色川大吉は、自由党系の人々だけではなく、より広い民衆との関わりで「激化」をとらえようとした。(51) 色川は、民権運動を「民衆の精神革命」「未完の文化革命」と規定したうえで、「激化諸事件」を「自由民権期の抵抗権の行使事件」と位置づける。担い手たる「急進派」は、没落豪農や没落士族などの「志士的急進派」、「革命化した」中農・貧農・半プロなど「農民的急進派」、都市下層民・都市細民などの「都市急進派」に分かれ、その意識は「それぞれの階層の存在形態や思想伝統に強く規定されているが、いずれも固有の思想に自由民権論的な人権思想や権利意識が相乗されている点が共通」とされた。またその発生原因は、政府による謀略・弾圧に対する抵抗権・革命権の自覚、自由党中央の右傾化への反発、松方デフレ下の「人民の怨嗟のこえ」「足元の土崩瓦解」などにあり、こうした「急進化の構造と、急進派の主体と、意識の三要素のさまざまな組合せによって各事件の特質が作りあげられている」とした。(52) 色川は民衆運動やそれを支える意識の視点から民権運動をより広い文化運動としてとらえたうえで、激化事件についても「自由党激化事件」に限定しない見方を示し、民衆や急進派の意識実態（何を・なぜ問題としたのか、行動をどのように正当化したのかなど）に即した位置づけを示したといえる。しかし、民衆運動の固有の価値意識を認めつつその基本的要求を「小ブル的発展」とみなした江村(53)と同様、色川も、「激化」における民衆の「思想伝統」を、最終的には「抵抗権」など「自由民権論的な人権思想や権利意識」として理解し得るものとしていた。

このように、民衆運動固有の世界を認めつつも最終的には民権運動・激化事件に関わった民衆の行動や意識をブルジョア民主主義的な文脈で理解していくことに対して、困民党事件の研究などに基づき異議を唱えたのが、稲田雅洋(54)・牧原憲夫(55)・鶴巻孝雄(56)・安丸良夫(57)である。特に稲田は、民権運動を、言論活動によって立憲政体の早期樹立をめざす運動とし、近代国家建設を意図する点では明治政府と共通の基盤に立つ運動とみなす。またこうした観点から、民権運動を伝統的な共同体秩序や価値観に依拠した民衆とは基本的に異質なものととらえ、激化事件を民権運動に対して逸脱的な運動として位置づけるのである。(58)

他方で安丸は、こうした議論をさらに後発国・日本の近代という「文明史」的な視点から論じていく。安丸は自由民権運動を、「『民権＝国権』型の政治思想」（人間が自由を求めて「公議」「公論」を広げることを肯定したうえで、後進国が先進国の外圧に対して自由・民主主義をもって国家的統合・団結をはかろうとする思想）を「言論という手段を通じて実現させる活動」として、その主要な運動形態を演説会・討論会・懇親会などの言論活動とする。「『民権＝国権』型の政治思想」は、「近代日本社会の編成原理」たる「国体論的ナショナリズム」の枠内にあるとされるので、安丸も、政府と民権運動との共通性、激化事件を逸脱的な運動ととらえる視点を一定共有していると考えられる。

しかし安丸に特徴的なのは、「民権運動の具体的な内実」を、演説会・懇親会などを通じ、支配的なイデオロギーや政治文化への対抗的政治文化を提示する民権派と、「深い思想的理解なしにこうした活動に参加した広汎な一般民衆」の間の「相互性」としてとらえている点で、激化事件についても、江村が指摘した自由党内の実力行使への志向をふまえ、こうした「志士的な人々と各地の周縁的な社会層が呼応しあう」状況のなかに「激化諸事件の社会的基盤があった」としている。また安丸は、激化事件の担い手は「政治的リアリティに欠け」「社会的に孤立」していたとするが、その一方で、かれらは「専制政府の法律」を「眼中」におかず「道理こそが行動の原理」とするなど、「自分の意思や立場を国家と同じ地平でそれに対峙させ、さらにそれを凌駕しよう」という「思考様式」をもっていたことを指摘する。そのうえで、激化事件を「日本の社会がこうした心性をまだゆたかにもちあわせていた時代」、「国家の制度が人びとを内面から縛るようになる時代への過渡期」を表現するものと意義づけるのである。

異質な民権派と民衆の相互関係や相互浸透性については、牧原や鶴巻も言及している(59)。しかし安丸は、民権派と民衆の相互関係から、むしろ民衆を民権運動の有力な担い手と想定する。民衆を一方の主体とし、かつ言論弾圧下では実力行使を正当化していく志向をはらむ運動として民権運動を理解し、激化事件を近代国民国家にふさわしい政治文化が人々を縛る前の過渡期の事件とすることで、安丸は民権運動・激化事件自体をブルジョア民主主義に止まらない、近代国家への過渡期の運動として位置づけたといえる。

## 第四節　激化事件の全体像に向けて

以上のように、一九六〇・七〇年代以降の研究では、研究目的（革命戦略から内発的民主主義の源流探索へ）・研究方法（発展段階論などの経済史的アプローチから実態に即して事件の際の運動・思想などをみていく方法へ）の移行・転換がみられるなか、史料の掘り起こし・活字化とともに、各事件像や事件にみられる民権運動と民衆運動の関係、事件同士の関係・広がりが一定解明された。また、これらをふまえた歴史的な位置づけについても議論の進展がみられた。そこで最後に、これら研究状況をふまえて、結局、激化事件とはどのような運動だったのか、今後の激化事件研究にはどのような課題が残されているのか、これらの点について若干の展望を示しておきたい。

### 1　研究上の成果と課題

それでは、従来の研究で明らかになってきた激化事件像はどのようなものか（表1－1参照）。

まず事件の背景・契機となった主要な問題状況には、言論統制策や関係者への弾圧など政治的意見の表出を許さない状況や、松方デフレなど生活に直結する経済政策がある[60]。特に激化事件は、法令により関係者の言論活動を拘束、ある時には密偵を用い様々な理由で拘引するなど、いわば官側の実力行使により挑発・誘引された側面が強く、秋田事件と福島・喜多方事件、高田事件の謀略性[61]なども指摘されている。秋田事件・高田事件については地域の自由党撲滅という警察側の意図が成功しているとはいえないが、福島・喜多方事件における弾圧が加波山事件など明治一七年激化事件の一契機になっていくことを考えれば、国家権力による実力行使は、激化事件を発動させる重要な要因であり、それは激化事件だけでなく、事件から地域を「自衛」した側を含め、実力の応酬を引起こしたといえる。つまり激化事件は、こうした実力行使の可能性が残っていた時期の運動であり、蜂起・自衛側の動きだけでなく、警察権力

・担い手・行動・目的など

| 高田事件<br>（1883.3） | 武相困民党事件<br>（1884.3～85.3） | 群馬・秩父事件<br>（1884.5・10・11） |
|---|---|---|
| 言論弾圧、立憲政体未成立<br>警察の頸城自由党弾圧 | 群馬・秩父事件<br>松方デフレ | 言論弾圧・参政権否定<br>福島・喜多方事件、加波山事件、照山峻三殺害事件<br>松方デフレ・地租条例 |
| 士族・自由党員<br>※博徒や被差別部落民の組織化も考慮 | 負債農民<br>Ⅰ没落小豪農・中農<br>Ⅱ小農・貧農 | 負債農民・自由党員※2<br>Ⅰ中農中心・没落小豪農、自由党員、博徒<br>Ⅱ小農・貧農、自由党員<br>※博徒の組織化も考慮 |
| 要人暗殺計画（有司批判・国勢挽回、c 立憲政体樹立詔履行・e） | 負債農民の結集、高利貸強談・打毀・殺害、郡役所・県庁への請願、警察署包囲・乱入（b）<br>※負債農民が銀行に放火、爆弾投下した事例に同時期の伊豆借金党も | 負債農民の結集、生産会社襲撃（a・e 高崎鎮台襲撃—Ⅰ、a・b—Ⅱ）<br>郡役所請願・高利貸強談・強盗・打毀し、警察署など襲撃、郡役所占拠、軍隊との衝突（a～c・e「世直シ」「自由ノ世界」—Ⅰ、a・b・「世直シ」—Ⅱ） |

| 名古屋事件<br>（1884.12） | 大阪事件<br>（1885.11） | 静岡事件<br>（1886.6） |
|---|---|---|
| 言論弾圧・参政権否定<br>博徒取締政策<br>松方デフレ・地租条例 | 甲申事変<br>言論弾圧、参政権の否定<br>松方デフレ・地租条例 | 言論弾圧、参政権の否定<br>加波山事件、群馬・秩父事件 |
| 愛国交親社員・自由党員、都市下層（草莽隊出身・博徒）・自小作農<br>※加茂事件と並行、飯田・静岡事件関係者と接点 | 自由党員（福島・喜多方事件、群馬・秩父事件、加波山事件、名古屋事件の関係者を含む） | 士族（旧幕臣）・自由党員<br>※博徒の組織化も考慮、高田・加波山・名古屋・飯田事件関係者と接点 |
| 紙幣贋造計画、強盗、巡査殺害（a・e・三菱攻撃・金・博徒取締への反発—「末派ノ者」、a・c「自由主義」・e「国事改良」—自由党員） | 朝鮮独立派政権樹立・国内立憲政体樹立の計画（a・c～e） | 各地での武装蜂起（東京での要人暗殺を含む）・要人暗殺の計画（c～e） |

学校休校、徴兵令改正・廃止など）、b. 債主に対する負担軽減（負債延納・利子引き下げなど）

### 表１－１　激化事件の問題状況

| 事件(年月)<br>構成要素 | 秋田事件<br>(1881.6) | 福島・喜多方事件<br>(1882.11・12) |
|---|---|---|
| 問題状況 | 国会開設請願の拒否<br>警察の秋田立志会弾圧<br>インフレ | 三島県政・帝政党の福島・会津自由党弾圧<br>会津三方道路開鑿 |
| 担い手<br>Ⅰ指導部<br>Ⅱ一般 | 秋田立志会<br>Ⅰ中農以上・士族、国会期成同盟「激烈党派」<br>Ⅱ小農・半プロ、貧窮士族 | Ⅰ豪農・自由党員<br>Ⅱ中小農 |
| 行動(目的)※1 | 強盗・殺害・内乱予備の容疑で検挙<br>(貧民救恤・「御均し政治」・封建制回帰、c～e) | 福島県会議案毎号否決（地域の自主的な決定権、a－Ⅰ）<br>喜多方警察署の包囲・衝突（地域の自主的な決定権－Ⅰ、a－ⅠⅡ）<br>無名館での盟約（c・e－Ⅰ） |

| 事件(年月)<br>構成要素 | 岐阜加茂事件<br>(1884.7) | 加波山事件<br>(1884.9) | 飯田事件<br>(1884.12) |
|---|---|---|---|
| 問題状況 | 愛国交親社禁止・社長逮捕<br>松方デフレ・地租条例 | 言論弾圧、参政権否定<br>福島・喜多方事件 | 言論弾圧、参政権否定<br>高田事件、群馬・秩父事件、加波山事件<br>松方デフレ・地租条例 |
| 担い手<br>Ⅰ指導部<br>Ⅱ一般 | 愛国交親社員<br>Ⅰ中農上層中心に貧農、中農・インテリ層<br>Ⅱ貧農・半プロ、博徒 | 士族中心、豪農・中農など、自由党員<br>※博徒の組織化も考慮、静岡事件関係者と接点 | Ⅰ士族・自由党員中心<br>Ⅱ愛国正理社（貧農・小作層・一部富農層、中小商人・職工・博徒など）<br>※名古屋・静岡事件関係者と接点 |
| 行動（目的） | 豪商・警察・郡役所破壊の勢い（社長救出－Ⅰ）<br>戸長役場の襲撃、岐阜県庁へ強願計画（a－Ⅱ） | 要人暗殺計画・爆裂弾製造、強盗、加波山での蜂起・檄文配布、警官隊との衝突（c～e） | 東京での檄文配布、群馬・秩父事件勃発後は武装蜂起計画へ（「貧民救恤」「徴兵令改正」a・c～e－Ⅰ、a か－Ⅱ） |

注：1）参加者にみられる行動目的は、以下のように分類した。
a. 地域・中央行政に対する負担軽減（道路開鑿費用・労役の負担軽減、地租軽減、諸税の軽減・廃止、
c. 言論の自由や国会開設・立憲政体樹立、d. 国権強化（条約改正、朝鮮改革など）、e. 専制政府転覆
2）1884年10月31日自由党解党後は、旧自由党員。

や国事探偵、またこれらと密接な関わりをもった帝政党の解明もまた求められている[62]。

次に担い手としては、上層農から貧農・半プロ、都市の中小商工業者、博徒、さらには士族・青年・女性、自由党員など多様な職業・社会階層の人々がみられるのであり、それに伴い運動の目的も、公租公課の軽減、言論の自由、立憲政体の樹立など国家のあり方に直接関わるものから、負債などの私的な負担軽減、指導者の救出まで含まれる。このことは、激化事件の担い手を、ブルジョア革命を担う一定の経済階層に限定することが困難であるとともに、この時期には実力行使の行動が（高利貸の殺害、警察との衝突から大臣暗殺・武装蜂起まで幅があるが）、広汎な階層の公私をこえた問題の解決に対して比較的オープンな手段だったことを示している。

その上で「民衆運動」と「民権運動」という観点から激化事件をみれば、前者と後者の異質性は確かに存在する。例えば、武相など負債延納を目的とした困民党事件については、中農・没落小豪農が中心的な担い手として共通しており、近代国家のもとでは実力行使に抑制的（それでも行使にふみきる事例はあったのだが）な傾向がみられるのに対して[63]、自由党員・自由党系の人びとが関与する事件に限定すれば、租税もしくは言論の自由・参政権や国権拡張など、国家の政策もしくは国家のあり方自体を問題とし、専制政府転覆のための実力行使を目的としていく点で共通する。「民権運動」は伝統的な共同体秩序や価値観に依拠し、負債であれ公租公課であれ公私にわたる要求を債主あるいは役所への請願・強訴によって実現する問題解決スタイル、「民権運動」は近代国民国家の権利義務関係・価値観に依拠し、公的な負担や政策に関する要求を、国家に対する権利主張、時には国家のあり方・政治体制を変更することによって実現する新しいスタイルを体現しているといってもよい。しかし実際の運動において、両者の境はそれほど明確なものではない。加茂事件や名古屋事件は、減租問題が両方のスタイルと結びつく可能性を示しており、群馬・秩父事件や飯田事件は、本来「民権運動」の要求ではないとされる負債延納や徴兵令改正が専制政府転覆の蜂起計画と結びついた事例であった。このように、これまでの激化事件像からすれば、「民権運動」「民衆運動」と目される事件自体が重なる部分・接点（例えば公的負担軽減要求）をもっており、激化期の「民衆」は、伝統的な問題解決スタイルの上に、新たな方法の一つとして「民権運動」・自由党的なスタイルを選択する可能性を、自由党員となった人々もまた「民衆運動」的スタイルを利用する可能性をもっていたのではないか。

つまり激化事件とは、ハードルの高さの違いはあれ社会の中で実力行使が未だ選択可能な手段としてとらえられていた時期、言論を通じた政治参加が否定され、経済政策により生活が脅かされるなか、実力行使以外に問題解決手段をもてなくなった広汎な階層・職業の人々が、伝統的民衆運動のスタイル、自由党的なスタイルなどを取捨選択し、公私にわたる負担や政府の政策、さらには国家・政治のあり方自体を問題化し、異議申し立てをしていった事件だといえる。そして担い手や目的にみえる異質・多様性や接点は、この運動の複合的な一体性を示している。例えば、福島・喜多方事件では負担軽減とともに地域の自主的な決定権や専制政府転覆、群馬・秩父事件は減租や負債延納と専制政府転覆、大阪事件では内治革命と朝鮮改革など、一つの事件に複数、ある時には異質の価値に基づく目的がみられる。それは同じ担い手のなかにみられる場合もあれば、幹部と一般参加者とのギャップとしてあらわれる（同床異夢）。しかし、福島・喜多方事件なら三方道路に伴う負担軽減、群馬・秩父事件であれば減租、大阪事件であれば民権実現の論理などが接点として複数の目的をつなぐことで、これらは一つの運動として動いていくのである。無論こうした仮説は、各事件像（特に加茂事件や名古屋事件）が未だ十分解明されていない現段階では時期尚早だろう。今後は、事件をめぐる問題状況（実力行使の可能性が維持された激化期の意味など）、多様な担い手（博徒、青年、女性など）の要求・問題意識（事件の複合性）や接点（自由党・地域の減租運動や、「民権＝国権」型政治思想など）の解明を通じて、激化事件像をさらに豊かにしていくこと、またそうした作業を通じて、かれらの行動の原因を解明することが求められている。

最後に、激化事件の広域的な広がりについて。この点については、福島・喜多方事件と群馬・秩父事件や加波山事件、加波山事件と静岡事件、飯田事件・名古屋事件・静岡事件、さらには福島・喜多方事件以降の諸事件（群馬・秩父事件、加波山事件、名古屋事件）の関係者が大阪事件へと合流するまでの人的な接点が、明らかにされてきた。また直接の人的接点は確認できずとも、群馬・秩父事件が加波山事件、武相困民党事件や飯田事件が群馬・秩父事件など、先行の激化事件を意識して起きたことが知られているのであり、よって事件後の裁判、獄死した関係者の慰霊・顕彰や、事件の「語り」の交流もまた、これら連鎖関係を推し進める要因だったといえる。こうした接点・広がりと自由党「広域蜂起派」「決死派」、明治一七年の自由党「一般的大動乱計画」との関係解明、さらに各事件やその参加者が、事件後の捕縛・裁判過程や顕彰運動のもと、地域でどのように評価され、語られ、記憶されていったのか。この点を明らかにすることは、激化事件の要因・広がり、さらにはその位置づけを明らかにするためにも必要だろう。

## 2 〈激動〉の時代から〈激化〉の時代へ

以上、きわめて粗雑な整理ではあるが、事件の全体像構成に関わる成果と課題を確認し、激化事件の頻発した時代の特質や、激化事件が異質な目的・運動方法をはらむ複合的かつ広域的な運動であった点、事件の「語り」の意義などについて問題提起を行った。そこで最後に、こうした問題意識をふまえ激化事件にいたる道を概観すると、どのような政治史が描けるのか試論的に提示し、本章のしめくくりとしたい。

まず「はじめに」でもふれたが、本書では一八八〇年代を〈激化〉の時代とよぶ。〈激化〉の時代とは、近代国家が成立する過渡期で、国家以外の実力（武力）行使が排除されつつも、未だ選択可能な問題解決手段としてとらえられていた時代、また、伝統的な共同体意識が維持される一方、官僚・政府のめざすものとは異なる新しい秩序構想・意識が民間に生まれ、秩序形成をめぐる官民の競合・対立が思想・運動（実力行使を含む）双方の面で激化していった時代である[64]。

こうした〈激化〉の前提には、近世後期から一八九〇年代にかけて、日本に近代社会・国家が成立していく「激動の時代」のなかで、人々の社会・政治参加のあり方、さらには秩序意識や役割意識自体が大きく変化・転換していく過程があったと考えられる。

周知のように、雄藩勢力が五ヶ条の誓文などで「公論」等を掲げ、新たな「官」として政権を掌握すると、この新政権に対し、伺い・請願・建白などの形で、平民から多くの意見（「公論」）がよせられる。特に明治六年政変をへた一八七四年には、こうした状況が本格化し、自らの生活や地域運営に直接関わる意見だけでなく、新政府に対する国政批判も含め、多岐にわたる建白がなされた[65]。建白者は、農民・華士族、神官・教師・県令・官僚など様々な属籍・職業をもつ個々人であり、この時期、日本各地の農村・都市にできた結社などが主体となることもあった。人びとは、いまや身分・職分、また地域運営・「政事」にかかわらず、自らの意見を表明するようになったのである。

ただしこのような状況が、新政権の「公論」尊重により、突然もたらされたわけではない。最近の近世史研究によれば[66]、すでに一八世紀半ば以降の領主層は、領民からの提言・同意なしに領地経営をすることができなくなっていた。一七二一年の幕府による目安箱設置は、そうした各地の動向を背景に実施された施策であり、百姓・町人の意見表明は、領主から求められる以外、国訴、あるいは御禁制の一揆など、自主的な請願・強訴を通じても行われていたのである。幕末の政治過程は、こうした領民たちの発言力・参加意識の高まり、役割・秩序意識の変化を背景としていたのであり、開港を期に二六〇年続いた幕藩体制が揺らいでいくと、それは「世直し」の意識にまで高まっていく。倒幕軍はむしろこうした変化に対して「公論」を旗印に掲げることで、人びとの支持を得ていったのである。

他方、こうした「公論政治」への過程は、同時に、百姓・町人に対する武力・実力の分散を伴っていた。一八世紀半ば以降の浪人の増加や農村荒廃などによる治安の悪化、また外国船の近海出没などで、人びとの自衛意識は町村や、この時期にはまだ漠然としていた「日本」というまとまりに対して、いやがおうにも高まっていく。一九世紀以降、関東周辺の農村や江戸に剣道場が増え、百姓や町人は、社会を上昇していこうとする高揚した意識をかかえながら武術稽古に励んでいく。やがてかれらの実力は、幕府・討幕派の双方が認めるところとなり、農兵や新撰（選）組、奇兵隊などへと利用されていくのである。また、近世の日本社会において百姓・町人の世界は広がっており、水利・自衛など地域利益に関わる問題解決や、俳諧・連歌や剣道・柔術など文芸・武芸のたしなみにおいてさえ、そのネットワークは一町村をこえるものだった。こうした人間関係と、それを通じた情報収集能力・組織力、さらには実力・武力が、かれらの発言力を支えていたのである。幕末に至るとかれらは、地域の問題だけでなく、より広い「日本」というまとまりの防衛に携わるようになり、ある場合には「世直し」を主張、実力をもってその願望を実現しようとする。

つまり明治の新政権は、近世後期以降の実力・能力の分散化と「公論」の台頭、行動・利害範囲の拡大の上に登場した。言い換えれば、この時期の平民たちは、地域の政策立案・紛争解決能力、ネットワーク・情報収集力から一定の自衛・防衛力までをもち、地域運営をこえた「政事」に対して、実力行動を含む多様な手段で様々に意思表明・参加しようとしていたのである。かれらが、新政府の「公論」尊重に乗じて意見を提出するようになったのは、自然な流れだったといえるだろう。

こうした風潮に対して、新政権は一八七三〜七四年頃から、従来の「公論」尊重の姿勢を転換しはじめる。[67] くしくも同時期、一八七二〜七三年に政府は徴兵制度創設に着手。首都の警察力創設はすでに一八七〇年からみられるのであり、[68] 七〇年代初頭から、明治政府という政治権力が実力・武力を独占し近代国家の内実を整備していく過程がはじまるのである。従来の町村というまとまりが少しずつ変化していくのも、この時期からである。一八七三年の地租改正を画期に町村は年貢を納める単位として役割を失いはじめ、代わって戸籍に登録された個人・土地所有者が「国家」に税を納入することになる。

こうして武力を独占する近代国家とそれを構成する個々人との権利義務関係が作られ、それとともに「公論」尊重が次第に後景に退いていくなか、多様な政治参加意識、それに応じた能力をもちはじめていた人びとは、住民本位の地域秩序を求めて、地租改正や徴兵などの新政に異議申し立て・請願を行っていく。そしてそれが受け入れられない時は、武器を用いた一揆などを通じ、意思表明をしていく者もみられるのである。この時期は、こうした実力行使の先に、いまだ新たな社会・政治構想がみえない、いわば「激化」前段階とも言い得る時期だったが、農民さえもが激しい抵抗の姿勢を示すなか、士族反乱が勃発すると、新政府は減租の詔勅と地域民会の公認にふみきり、「国政」に向かう民意の吸収に勉めざるを得ない。一八七〇年代後半から八〇年代にかけて政府は、地域の人びとの同意を得つつ、いかに町村を運営するか、そのための新たな地方制度を整備していくのである。

こうしたなか、「国政」に物申す人びとは、新たな選択肢をもつことになる。伝統的な共同体道徳や新たな「日本」意識に基づき民生の安定を図ろうとする宗教的な秩序構想（丸山教や禊教など）の一方、選択肢の一つとして登場したのが、この時期、新聞・雑誌、演説会などの新しいメディアを通じて盛んに主張されるようになった「自由民権」の論調である。民権派（特に自由党）の運動は、生活の立ち行きをも含む個々人の幸福、それを実現するために個人が生まれながらにもつ権利・自由という観点に基づき、武力を独占することで強大な力として立ち現れる近代国家を、個々人が憲法・議会を通じ統制する政治システム（立憲政体）を、場合によっては実力を行使しても自らの手で作るという主張を掲げる。そのことを通じて、地域運営・生活から出発した人びとの国政批判に、具体的な行き先――新たな政治・国家構想を示したのである。それは、地域の民会でも、「国会」が語られるような社会状況を作り出していく(69)。

そして明治政府も、こうした国家構想と無縁ではいられなかった。実際、一八七〇年代後半から八〇年にかけて、元老院では憲法草案が三次にわたって作られ、その一部は民間に流れ、民権家がそれをもとに新たな構想を練っていくなど、近代的な国民国家に適合的な政治体制・立憲政体をめぐって、競合と協同の関係がみられたのである。しかしこうした状況に終止符を打ったのが、明治一四年政変であり国会開設の詔勅であった。前者は、元老院で今まで積み重ねてきた憲法案を破棄、イギリス的な立憲政体構想を排除するきっかけとなり、後者は、民権派をはじめ「国政」に物申す人びとに対して、国会の組織権限に関する意思決定を政府（天皇）の専権事項だと宣言したからである(70)。政府はすでに言論統制に着手していたが、政変前後に数度にわたり強化された言論・民会統制や刑法の制定は、政府の姿勢を明確にしていく。こうして立憲政体の具体的な中身は、一八九〇年にかけて、実力を独占しつつあった官側が主導・決定していくことになるのである。

それではこうした状況に対して、すでに新たな政治参加意識を得ていた人びとはどのように対応したのだろうか。その多様な構想は、官のそれに収斂し、その枠内で生活の安寧を起点に別の展開をとげていくか、あるいは官側の政治秩序を否定するも意見表明の道を失っていく。このうち行き場を失った人びとは、納税拒否などの不服従、裁判所や戸長役場への請願、多数の集合、懇親会や運動会など政談集会の形をとらない異議申し立て、行政・警察への抵抗、さらには自らあるべき社会・政治秩序を創出するための実力行動へとふみこんでいくことになる。こうした人びとが自らの行動を正当化するにあたっては、新たな社会・政治構想とともに伝統的な道徳や運動論も存在し、これらは、ある時には結びつき、またある時には結びつかずとも互いに影響を及ぼし、実力行動を支えていく。それが一八八〇年代に頻発した「激化事件」である。

その兆しは、すでに詔勅前の国会開設請願運動のなかにもみられたが（一八八一年秋田事件）、一八八二年の福島・喜多方事件から八六年の静岡事件にいたる激化事件は、まさにそうした異議申し立て・実力行動のあらわれであった。これらの運動は、時には複合的な要求や運動スタイルをはらみ、時には、地域社会に拒否の姿勢や自衛のための実力行動を引起こしながら、国内、また国外の人びとにさえも、大きな影響を与えていく。だからこそ事件後には、その評価をめぐり様々な「語り」が展開され、ある時にはその「語り」が、次の事件に連動していくのである。

本書では、こうした激化事件のうち、特に、個人の権利・自由の実現という観点からあるべき政治秩序・国家を構想し、その実現（専制政府転覆）のために実力行使を意図した、自由党の激化事件（秋田事件・武相困民党事件・加茂事件を除く）に注目する。それは、これらの事件がまず、近世以来の経験の延長上に、個人の権利・自由・幸福という観点から新たな政治体制を自らの手で創り出そうとした点において、近代成立期日本の秩序意識を体現しているからであり、またかれらが発したメッセージは、近代国家に不可欠な権力の統制、すなわち「立憲制」という問題に対して、現代に生きる私たちにも重要な示唆を与えてくれるからである。

こうした問題意識にたち、第Ⅰ部では、地域における減租請願運動、「青年」民権家とそれらの交流関係の視点から激化事件の全体像を再構成し、第Ⅱ部では、事件の複合性や地域社会との接点やギャップなどの観点から各地の激化事件を論じた。また第Ⅲ部では、事件後の「語り」や顕彰運動の解明を通じて、日露戦争後から現在に至る激化事件の歴史的な位置づけを展望している。とはいえ、自由党の激化事件も全てを網羅できたわけではなく、新しい激化事件像の提示には未だ遠いが、読者・諸先輩のご教示・ご批判をまちたい（なお、旧字・異体字・かなづかいは、本書全体ではなく各論文で統一した）。

**注**

（1）自由民権運動自体については、すでに多くの研究史整理が存在する。例えば、坂根義久「解説」（『論集日本歴史一〇　自由民権』有精堂、一九七三年）、『シンポジウム　日本歴史一六　自由民権』（学生社、一九七六年）の第一、二章B（江村栄一報告など）。江村栄一「自由民権革命と激化事件」（『歴史学研究』第五三五号、一九八四年一一月）一二～一三頁、同『自由民権革命の研究』（法政大学出版会、一九八四年）序章・二三八～二四〇頁。大日方純夫「民権運動再考――研究の現状と課題」、同「『自由民権』をめぐる運動と研究――顕彰と検証の間」（町田市立自由民権資料館『自由民権』第一〇号、一九九七年三月、第一七号、二〇〇四年三月）。鶴巻孝雄「自由民権運動をどう評価するか」（『日本歴史』第七〇〇号、二〇〇六年九月）、安在邦夫『自由民権運動史への招待』（吉田書店、二〇一二年）第二章など。

（2）平野義太郎『資本主義社会の機構』（岩波書店、一九三四年）。なお平野は、星亨の新潟での拘引事件（一八八四年七月）、馬場辰猪・大石正巳の爆発物取締規則違犯事件（八五年一〇月）をも「激化の諸形態」に含めている。

（3）服部之総「明治維新における指導と同盟」（『社会構成史体系』第二巻、日本評論社、一九四九年）。

（4）服部之総『明治の政治家たち』上巻（岩波書店、一九五〇年）。

（5）民主主義科学協会（民科）歴史部会が提唱。戦前の反省から、国民に奉仕する歴史学、民主主義的な歴史学とは何かという問題意識に立ち、地域に入って行われた。

（6）その成果としては、例えば都立大学歴史学研究会「石間をわるしぶき」（『歴史評論』第四〇号、一九五二年一一月）など。

（7）歴史学研究会『歴史と民衆』（岩波書店、一九五五年）や、堀江英一・遠山茂樹編『自由民権期の研究』第二、三巻（有斐閣、

一九五九年）所収の大石嘉一郎「福島事件の社会経済的基盤」、長谷川昇「加茂事件」、後藤靖「明治十七年における激化諸事件について」（以上、第二巻）、下山三郎「明治十七年における自由党の動向と農民騒擾の傾向」（第三巻）など。

（8）井上幸治「秩父事件――その社会的基盤」（明治史料研究連絡会編『明治史研究叢書　第三巻　自由民権運動』御茶の水書房、一九五六年）。

（9）ただし、この加波山事件評価はのちに撤回された（『茨城県史料　近代政治社会編Ⅲ　加波山事件』茨城県、一九八七年に所収の後藤靖「附録一八　加波山事件」）。

（10）前掲服部之総「明治維新における指導と同盟」〔注3〕。

（11）大石嘉一郎『日本地方財行政史序説――自由民権と地方自治制』（御茶の水書房、一九六一年）、高橋哲夫『福島事件』（三一書房、一九七〇年のち『増補福島事件』一九八一年）、遠藤静雄『加波山事件』（三一書房、一九七一年）、田村幸一郎『加波山事件始末記――歩いて書いた民権激派の記録』（伝統と現代社、一九七八年）、井上幸治『秩父事件――自由民権期の農民蜂起』（中央公論社、一九六八年）、中澤市朗『自由民権の民衆像――秩父困民党の農民たち』（新日本出版社、一九七四年）、上原邦一『佐久自由民権運動史』（三一書房、一九七三年）、長谷川昇『博徒と自由民権―名古屋事件始末記』（中央公論社、一九七七年）、原口清『明治前期地方政治史研究』上・下巻（塙書房、一九七二、七四年）、村上貢『自由党激化事件と小池勇』（風媒社、一九七六年）など。

（12）色川大吉「困民党と自由党」（『歴史学研究』第二四七号、一九六〇年一一月）、『明治精神史』（黄河書房、一九六四年、一九六八年に増補版）、『明治の文化』（岩波書店、一九七〇年）、『新編明治精神史』（中央公論、一九七三年）など。

（13）鶴巻孝雄「『第四編　困民党事件』解説」（『三多摩自由民権史料集』下巻、大和書房、一九七九年）、稲田雅洋「秩父事件の歴史的位置」（『一橋論叢』第七〇巻三号、一九七三年九月）、同「秩父事件断章」（『歴史評論』第二九六号、一九七四年一二月）など。

（14）なお前掲下山三郎〔注7〕も、困民党・負債農民の騒擾による経済的要求と、国家権力顚覆などの政治的目的の間に「容易に超ゆべからざる一線」があることを指摘していた。

（15）以下、第一回横浜大会については自由民権百年全国集会実行委員会『自由民権百年』（一九八一年一一月）、『自由民権百年の記録』（三省堂、一九八二年）、第二回早稲田大学大会については同『自由民権百年臨時増刊号』（一九八四年一一月）、『自由民権運動と現代』（三省堂、一九八五年）、第三回高知大会については土佐自由民権研究会『自由は土佐の山間より』（三省堂、一九八九年）を参照。

（16）掘り起こしについては、鈴木義治『埼玉の自由と民権を掘る――生徒と歩んだ教師の記録』（埼玉新聞社、二〇〇二年）。なお

「ブルジョア民主主義」という規定については、第二回全国集会で、ヨーロッパモデルを基準にして「自由民権運動を、単純にブルジョア革命運動ととらえていいのかどうか」という疑問も示されていた（中村政則「討論のまとめ」（『自由民権運動と現代』第八分科会「世界史のなかの自由民権」）。

(17) ここには、「住民の歴史意識に根ざした」歴史研究こそ「真の歴史研究」だという認識があったように思われる。例えば遠山茂樹は、「顕彰」について「支配者の政治宣伝にまどわされず真実を明らかにしてゆく研究の批判性＝客観性を保証し、民衆の立場から歴史を、いいかえれば根底から全体像を総合的にとらえる立場を堅持してゆくという研究運動の姿勢を表明する合言葉」だとしている（『自由民権百年』創刊号、一九八一年一月）。

(18) 七〇年代から八〇年代にかけて刊行された激化事件史料集については前掲安在邦夫〔注1〕二〇七～二〇八頁を参照。自治体史に収録されたものとしては、一九六四年の『福島県史一一　近代資料一』以降、喜多方市史編纂委員会編『喜多方市史　六巻（中）』（一九九六年）、茨城県立歴史館編『茨城県史料　近代政治社会編Ⅲ　加波山事件』（一九八七年）、『群馬県史　資料編二〇』（一九八〇年）、『高崎市史　資料編九』（一九九五年）、『黒埼町史　資料編三』・『黒崎町史　別巻　自由民権編』（一九九四、二〇〇〇年）、『長野県史　近代資料編三巻（二）』（一九八三年）、『愛知県史　資料編二四』（二〇一三年）などがある。またこれ以外にも愛知大学文学部史学科田崎哲郎ゼミ編『三河民権史料　信濃毎日新聞所載　飯田事件裁判記事（増訂版）』（一九八三年）、手塚豊『自由民権裁判の研究』上・中巻（慶應通信、一九八二・八三年）がある（後者は六〇年代以降、ほぼすべての激化事件裁判に関する新史料を発掘し分析した論考をまとめたもの）。

(19) 長沼宗次『夜明けの謀略――自由民権運動と秋田事件』（秋南文化社、一九八三年）、同『改訂版　夜明けの謀略――自由民権運動と秋田立志会事件』（西田書店、二〇一二年）。

(20) 猪股良夫「秋田事件の新研究――民権運動最初の激化事件として（未完）」（秋田近代史研究会編『秋田県の自由民権運動』みしま書房、一九八一年）、前掲江村栄一「自由民権革命と激化事件」。

(21) 前掲秋田近代史研究会編『秋田県の自由民権運動』〔注20〕。同書はそれまでの秋田自由民権運動に関する研究論文と史料を収録し、解説を加えたもの。

(22) 赤城弘「福島・喜多方事件」（前掲『自由民権運動と現代』〔注15〕所収の第六分科会報告）。

(23) 田﨑公司「地方政党政治の成立――渡部鼎とその時代（その二）上」（福島大学史学会『福大史学』第五〇号、一九九〇年）。

(24) 大石嘉一郎『福島県の百年』（山川出版社、一九九二年）。秩父事件についても、一九五〇・七〇年代の研究から、共同揚返所により小生産者把握を志向する政府・郡・豪商（問屋マニュ・高利貸資本）と、資本主義下で自生的な発展を求める小生産者（中小農）の対抗であったことが指摘されている。例えば中澤市郎「秩父製糸業史断片㈠㈡」（『秩父郷土史報』第二巻七号・第三巻一号、一九五六年）、佐藤政憲「秩父事件研究――社会・経済史的基盤の考察」（『歴史評論』第二九六号、一九七四年一二月）など。

(25) 長井純市『河野広中』（吉川弘文館、二〇〇九年）。

(26) 田﨑公司「自由党と明治一七年激化状況――田母野秀顕と獄死と顕彰活動」（安在邦夫・田﨑公司編著『自由民権の再発見』日本経済評論社、二〇〇六年）。

(27) 前掲江村栄一『自由民権革命の研究』〔注1〕第六章「三　高田事件」、横山真一『新潟の青年自由民権運動』（梓出版社、二〇〇五年）。

(28) 横山真一『新潟の青年自由民権運動』一一八～一二一頁。

(29) 河西英通「飯山民権家と高田民権家――北信越自由民権運動の世界」（上條宏之・緒川直人編『北信自由党史――地域史家足立幸太郎の「自由民権」再考』岩田書院、二〇一三年）、同「高田事件――その記憶のされ方」（『上越教育大学研究紀要』第二四巻第一号、二〇〇四年）。

(30) 桐原光明『加波山事件と富松正安』（崙書房、一九八四年）、高橋哲夫『加波山事件と青年群像』（図書刊行会、一九八四年）、寺崎修「富松正安――加波山事件を中心に」（同『自由民権運動の研究――急進的自由民権運動家の軌跡』慶應義塾大学法学研究会、二〇〇八年）、大内雅人「明治一七年加波山事件再考――事件後の顕彰活動と河野広體の動向について」（前掲安在・田﨑『自由民権の再発見』〔注26〕）など。なお、近世「義民」の「語り」と加波山事件参加者の思想の関連を論じたものとして、金井隆典「自由民権と義民――『主体』の形成と政治的実践の編成としての自由民権運動」（『自由民権の再発見』）がある。

(31) 三浦進・塚田昌宏『加波山事件研究』（同時代社、一九八四年）、三浦進『明治の革命　自由民権運動』（同時代社、二〇一二年）。

(32) 一九八四年一一月に早稲田大学で開催された第二回全国集会では、第五・六分科会が「激化事件とは何だったのか」というテーマを掲げたが、うち第五分科会の報告テーマは秩父事件（それとの関わりで群馬事件）に限定され、分科会のなかで最も多くの参加者をみた（自由民権百年全国集会実行委員会会報『自由民権百年』第一六・一七合併号）。この第五分科会の最大の論点が、負債農民騒擾・困民党と自由党の運動・思想的な関係だった（前掲『自由民権運動と現代』〔注15〕二四一～二七五頁）。

(33) 清水吉二『群馬自由民権運動の研究』（あさを社、一九八四年）、前掲江村栄一『自由民権革命の研究』〔注1〕第五章「二　群馬事件」「三　秩父事件の社会的背景」。

(34) 高島千代「『自衛』の側からみた秩父事件」（関西学院大学法政学会『法と政治』第五二巻四号、二〇〇一年一二月）、輝元泰文「秩父事件の研究――参加強制と逃亡について」（早稲田大学史学会『史觀』第一五二号、二〇〇五年三月）、中嶋久人「秩父事件における警察と地域社会――比企郡小川町周辺における『自衛隊』の活動を中心にして」(『歴史学研究』第八六〇号、二〇〇九年一一月)、内田満「秩父困民党と武器(得物)」(森田武教授退官記念会編『近世・近代日本社会の展開と社会諸科学の現在』新泉社、二〇〇七年)。

(35) 前掲清水『群馬自由民権運動の研究』〔注33〕、岩根承成『群馬事件の構造――上毛の自由民権運動』(上毛新聞社、二〇〇四年)など。

(36) 稲田雅洋『日本近代社会成立期の民衆運動――困民党研究序説』(筑摩書房、一九九〇年)、森山軍治郎『民衆蜂起と祭り――秩父事件と伝統文化』(筑摩書房、一九八一年)、牧原憲夫『客分と国民のあいだ――近代民衆の政治意識』(吉川弘文館、一九九八年)など。このうち最もまとまった議論を展開している稲田は、秩父で負債農民の武装蜂起が起きた一因を、負債農民が自由党を「世直し」の担い手、犠牲を引き受ける権威とみなしたことにあるとし、秩父事件は自由民権期における「世直し一揆の転化形態」、秩父事件や負債農民騒擾は「所有権の絶対性という近代のイデーに対する民衆的世界の抵抗」と位置づけた。

(37) 前掲井上幸治『秩父事件』〔注11〕(のちに井上幸治『完本　秩父事件』藤原書店、一九九四年に所収)、前掲清水『群馬自由民権運動の研究』〔注33〕、前掲岩根『群馬事件の構造』〔注35〕のほか、中澤市郎『改訂版　自由民権の民衆像――秩父困民党の農民たち』(新日本出版社、一九九六年)、秩父事件研究顕彰協議会『秩父事件――圧制ヲ変ジテ自由ノ世界ヲ』(新日本出版社、二〇〇四年)、高島千代「激化期『自由党』試論――群馬・秩父事件における『譌自由黨』と『自由党』」(前掲『自由民権の再発見』〔注26〕)など。

(38) 以下の議論については、前掲の色川大吉「困民党と自由党」〔注12〕、鶴巻孝雄「『第四編　困民党事件』解説」〔注13〕、同『近代化と伝統的民衆世界――転換期の民衆運動と思想』(東京大学出版会、一九九二年)、同「自由民権家の〈困民党事件〉体験――細野喜代四郎の象徴的意味再考」(『自由民権』第二一号、二〇〇八年三月)。

(39) 町田市立自由民権資料館編『武相自由民権史料集』全六巻(二〇〇七年)のうち第六巻『第五編　民衆的諸運動の世界』の鶴巻孝雄「解題」、同「『武相自由民権史料集』の刊行にあたって」(第一巻『第一編　地域指導層の幕末維新』)など。

(40) 前掲「加茂事件」のほか、「愛国交親社の性格――原口清氏の問に答えて」(『歴史評論』第七八号、一九五六年八月)、「岐阜加茂事件」(『日本史研究』第三二号、一九五七年四月)。

(41) 例えば手塚豊・寺崎修による名古屋事件・飯田事件・静岡事件の供述書・裁判関連資料の調査・紹介(前掲の手塚『自由民権裁判の研究』中巻に所収)。

(42) 原口清『自由民権・静岡事件』(三一書房、一九八四年、『原口清著作集五　自由民権運動と静岡事件』岩田書院、二〇〇九年に

所収）、寺崎修「いわゆる『一般的大動乱』計画について」「静岡の自由民権家鈴木音高小伝」（『明治自由党の研究』下巻、慶應通信、一九八七年）、同「広瀬重雄――静岡事件を中心に」「自由民権運動史上における村松愛蔵――飯田事件を中心に」（寺崎『自由民権運動の研究』〔注30〕所収）など。

(43) 北原明文「三河民権国事犯事件と飯田地方の自由主義思潮」上・中・下（『清泉女学院短期大学研究紀要』第二三号・二〇〇四年七月、第二四号・二〇〇五年一一月、第二五号・二〇〇六年一二月）。

(44) 前掲中村政則「討論のまとめ」〔注16〕。

(45) 大阪事件研究会『大阪事件の研究』（柏書房、一九八二年）。なお関係史料集としては、やはり大阪事件研究会の成果である『大阪事件関係史料集』上・下巻（日本経済評論社、一九八五年）が刊行された。

(46) 鶴巻孝雄「大阪事件における内治革命計画」（『大阪事件の研究』）、同「大阪事件とは何だったのか――自由民権運動とアジア」（町田市立自由民権資料館『民権ブックス一三 大阪事件』二〇〇〇年三月）。

(47) 牧原憲夫「大井憲太郎の思想構造と大阪事件の論理」（『大阪事件の研究』）。

(48) 江刺昭子「景山英子と大阪事件」（『大阪事件の研究』）、同「景山英子と大阪事件――役割と反響、あるいは評価」（前掲『民権ブックス一三 大阪事件』〔注46〕）。

(49) 前掲『民権ブックス一三 大阪事件』〔注46〕所収の松崎稔・石居人也の史料紹介。裁判や公民権回復過程については、寺崎修「自由民権家の出獄と公権回復――大阪事件関係者の場合」（前掲寺崎『自由民権運動の研究』〔注30〕）など。なお他の激化事件については、前掲の手塚豊・寺崎修の裁判分析以外に、森長英三郎『裁判自由民権時代』（日本評論社、一九七九年）、寺崎修「有罪確定後の加波山事件」（『自由民権運動の研究』）、高島千代「秩父事件裁判考――明治一〇年代の刑事裁判における『政治』」（関西学院大学法政学会『法と政治』第五一巻一号、二〇〇〇年四月）などがある。

(50) 前掲江村栄一「自由民権革命と激化事件」〔注1〕。「平和革命派」とは、世論の結集により政府に早期国会開設を迫ることを志向する板垣グループ、「広域蜂起派」は一八八二年集会条例改正や板垣洋行問題を契機に生まれ、広範な地域自由党員や諸階層を結集し武装蜂起をめざすが「平和革命派」とも重複するグループ、「決死派」は福島・喜多方事件を契機として八三年に登場し、加波山事件など政府高官暗殺を革命へと結びつけようとするグループ。「広域蜂起派」については、飯塚一幸「自由党成立後の杉田定一」（大阪経済大学日本経済史研究所『経済史研究』一二号・二〇〇九年二月）が議論をさらに深めている。

(51) 江村も七〇年代に、激化事件を「自由党急進派による激化事件」（加波山・名古屋・飯田事件）、「農民的激化事件」（群馬・秩父事件）、「半プロ・前期プロを中心とする激化事件」（岐阜加茂・静岡事件、大島渚らの名古屋事件）、「民衆宗教を基礎とする激化ていない。

事件」（丸山教み組事件）に分類し（前掲『シンポジウム　日本歴史一六』九五～九八頁）、自由党にとどまらない民衆運動に民権運動・激化事件を位置づける視点を示していた。しかしその後、少なくとも激化事件について、この観点を生かした分析はなされていない。

(52) 色川大吉『自由民権』（岩波書店、一九八一年）一四六～一八四頁。

(53) 前掲江村『自由民権革命の研究』〔注1〕一三～一四頁。

(54) 前掲稲田『日本近代社会成立期の民衆運動』〔注36〕、『自由民権の文化史――新しい政治文化の誕生』（筑摩書房、二〇〇〇年）、『自由民権運動の系譜――近代日本の言論の力』（吉川弘文館、二〇〇九年）。

(55) 前掲『客分と国民のあいだ』〔注36〕、『民権と憲法』（岩波書店、二〇〇六年）、『文明国をめざして』（小学館、二〇〇八年）。

(56) 前掲鶴巻『近代化と伝統的民衆世界』〔注38〕、「自由民権家の〈困民党事件〉体験」、「自由民権運動をどう評価するか」。

(57) 「困民党の意識過程」（『思想』第七二六号、一九八四年一二月）、「民衆運動における『近代』」（『日本近代思想体系二一　民衆運動』岩波書店、一九八九年）、「明治一〇年代の民衆運動と近代日本」（『歴史学研究』第六三八号、一九九二年一〇月）、『文明化の経験』（岩波書店、二〇〇七年、前の三論文も所収）。このほか、前掲寺崎『自由民権運動の研究』〔注30〕が急進的民権家の思想の過度的な位置づけに言及している。

(58) 牧原は民権運動を、国民の権利と自覚を喚起する運動とし、大阪事件については民権論の延長でとらえる（『客分と国民のあいだ』）。鶴巻の強調点は、民権運動の明治政府との共通性や激化事件とのちがいという点でなく、むしろ「地域社会を構成する人びと」の視点に立ち、「民権を地域社会の近代（化）のなか」でとらえなおす（「自由民権運動をどう評価するか」〔注1〕）という点にあると思われる。

(59) 牧原は、民権運動や激化事件における民権家と民衆の間の接点を「異質な反官意識の背中合わせの連帯、もしくはそのズレゆえに生じた激しい共振、スパーク」としている（『客分と国民のあいだ』〔注36〕九六～一三四頁）。鶴巻については〔注39〕。

(60) 経済政策については、井上幸治が世界経済とインフレ・デフレの関係について明らかにすることで議論を深化させている（前掲『完本　秩父事件』〔注37〕三一八～三四三頁）。

(61) 秋田事件と福島・喜多方事件については密偵の共通性も指摘されている（前掲『自由民権運動と現代』〔注15〕所収の第六分科会・大江志之夫「討論のまとめ」）。

(62) 警察・軍隊など「近代国家の強制装置」と民権運動、また帝政党については、大日方純夫『日本近代国家の成立と警察』（校倉書房、一九九二年）、同「政党の創立」（江村栄一編『自由民権と明治憲法』吉川弘文館、一九九五年）、同『自由民権期の社会』

（敬文社、二〇一二年）など。なお、近代国民国家における「集団的暴力」（「自衛隊」を含む）と国家権力の関係を分析した論考として中嶋久人「自由党と自衛隊――秩父事件における民衆の暴力」、暴力の記憶・語りと武相困民党事件については阿部安成「反芻される暴力と自恃――困民党の時代を生きる須長漣造という歴史」がある（須田努ほか『暴力の地平を超えて』青木書店、二〇〇四年）。

(63) 困民党研究会『民衆運動の〈近代〉』（現代企画室、一九九四年）。

(64) 民権運動・民衆運動を「新しい秩序」を形成する運動としてとらえた論考として松沢裕作「地方自治制と民権運動・民衆運動」（『岩波講座　日本歴史一五』岩波書店、二〇一四年）、激化期の「暴力」の位置づけについては、須田努「語られる手段としての暴力――甲州騒動・世直し騒動、そして秩父事件」（『歴史学研究』第八〇七号、二〇〇五年一〇月）がある。

(65) 牧原憲夫『明治七年の大論争――建白書から見た近代国家と民衆』（日本経済評論社、一九九〇年）。

(66) 以下の近世史の記述については、平川新『紛争と世論――近世民衆の政治参加』（東京大学出版会、一九九六年）、同『日本の歴史一二　開国への道』（小学館、二〇〇八年）、青木美智男『近代の予兆』（小学館、一九九三年）、杉仁『近世の地域と在村文化』（吉川弘文館、二〇〇一年）、渡辺尚志『豪農・村落共同体と地域社会――近世から近代へ』（柏書房・二〇〇七年）などを参照。

(67) 前掲牧原『明治七年の大論争』〔注65〕一～六頁。

(68) 前掲大日方『日本近代国家の成立と警察』〔注62〕九～三五頁。

(69) 例えば一八七九年一一月下旬埼玉県秩父郡下吉田村ほか連村町村会開会の祝辞では、「人民自治ノ政権」の「分與」を「尚進テ國會ニ及ボシ國家ノ富強ヲ商」ることが語られている（埼玉自由民権運動研究会『埼玉自由民権運動史料』（埼玉新聞社、一九八四年）。

(70) 一八八〇年の四月集会条例、一二月請願規則、八二年六月改正集会条例、八三年の四月新聞紙条例改正、六月出版条例改正。また一八八一年二月、八二年二・一二月の府県会規則改正、八二年一月の刑法施行など。

# 第二章　減租請願運動と自由党・激化事件

高島千代

## はじめに

国会開設、国約憲法制定、地租軽減、地方自治、不平等条約の撤廃——従来の自由民権運動研究においてこれらは、民権運動の主要な要求とされてきた。[1] このうち注目されるのは、地域住民の負担軽減要求と密接に関わる「地租軽減」（「減租」）である。地租軽減要求が民権運動においてどのように位置づけられてきたのか明らかにすることは、自由民権運動・激化事件が地域・民衆運動とどう関わり、同時代の社会にどのような意味をもっていたのか解明するためにも必要である。

こうした観点に立ち、筆者はこれまで一八八二（明治一五）年以降の自由党による負担軽減要求に着目、中央自由党の減租論・減租請願運動と群馬・秩父事件における負担軽減要求との関連について論じてきた。[2] 従来、自由党の減租論については、地租制度が近代的な土地課税制度として妥当かどうかを問う根本的な問題意識をもっていなかった点、[3] また減租請願運動については、松方デフレのもと一八八三年秋頃から、酒屋会議を通じて得た経験とつながりを背景として植木枝盛らを中心に活発化した点、一八八四年三月の地租条例公布や豪農商層の下層民に対する警戒等を背景に衰退した点などが論じられてきた(4)。他方、減租請願運動が地域の農民を結集させ、後の運動につながったとの評価もみられるのであり(5)、自由党の減租論・減租請願運動の中央・地域にわたる全体像や、減租運動と群馬・秩父事件以外の激化事件との関わりについては、いまだ十分明らかになっているとはいえない。

そこで本稿では、限定的な分析ではあるが、主に一八八二年末から八四年に至る激化期において、中央そして地域の自由党によって展開された減租論・減租請願運動の全体像を、その前史にふれつつ明らかにしていきたい。その上で、松方デフレ期の地域住民にとって切実な「地租軽減」「減租」の要求が、自由党の運動や各地の激化事件においてどのような意義をもっていたのか、また「地租軽減」という観点からみた自由党中央と激化事件の関係についても論じていくつもりである。

## 第一節　減租論・減租請願運動以前の租税論と運動

自由党の減租論・減租請願運動には前史がある。それは、一八七四年一月愛国公党諸氏が公にした「民撰議院設立建白書」にはじまり、西南戦争中の七七年六月京都の行在所に提出された「立志社建白書」、八〇年四月国会期成同盟による「国会ヲ開設スル允可ヲ上願スル書」、そして自由党結成後、八二年五月に酒屋会議開催のため発せられた檄文や、会議を経て元老院に提出された「酒税減額建白書」等にみえる(6)。このうち「酒税減額建白書」以外は本格的な租税論ではなく、民撰議院や立憲制の議論のなかで租税の問題に言及したものであるが、その後の減租論の意味・位置づけを理解するには、その前提となった、これらの主張について理解しておく必要があるだろう。そこで本稿ではまず簡単に、これらの主張の中身や関係、特質についてみておきたい。

周知のように「民撰議院設立建白書」は、「人民政府ニ対シテ租税ヲ払フノ義務アル者ハ乃チ其政府ノ事ヲ与知可否スルノ権理ヲ有ス」とした。こうした租税協議権も含め、人民の「通義権理ヲ保護セシメ」、「天下ノ事ニ与ラシムル」ことで、かれらに「自尊自重天下ト憂楽ヲ共ニスルノ気象ヲ起サシメ」ることが可能となり、それが「我人民ヲシテ学且智ニ開明ノ域ニ進マシメ」る道だというのである。

このように自由党につながる運動のなかで、租税の問題はまず、租税負担者の参政権と国民意識の育成に関わり言及された。なお租税問題と民撰議院設立、特に民撰議院設立を通じて人民の国事を憂うる心、国家共通の費用を負担する意識、さらには上下の信頼関係が醸成される点については、明六社の中にも議論があり、民撰議院設立建白書の論点が、こうした同時代的な議論と接点をもって、提起・展開されていったことがうかがわれる。[7] 例えば、「民撰議院設立建白書」は租税協議権を「天下ノ通論」とするのみで根拠を示していなかったが、明六社の中からは「政府の事を予知するの権利は租税を出すと相対するの権利にあらず」といった議論もみられた。[8] こうした論争の中、前者の租税協議権の問題を、さらにつめて論じたのが「国会ヲ開設スル允可ヲ上願スル書」である。

実際、同上願書では、地租改正以降、「国土」も「人民ノ身命財産」も「政府ノ私有ニ非ス」、よって「政府是等ニ就テ租税ヲ徴スルハ人民ノ私有ヨリ徴スルト云ハサルヲ得」ず、また「租税ハ国家ノ為メニ徴スルモノ」である。よって「已ニ収ムル所ノ租税ハ必ス之ヲ国家ノ共有物ト謂ハサルヲ得」ず、これを処置するには「政府一已(ママ)ニシテ之ヲ為ス可キ義アルコト無ク必スヤ全国人民ト共議セサルヲ得」ず。だからこそ参政権の付与、国会開設が必要だとされている。ここには、同時代の議論を背景としつつ、「民撰議院設立建白書」が租税負担者に限定していた租税協議権を「国家ノ共有物」に対する「全国人民」の協議権にまで拡大する可能性も示されていた。[9] なお欧米でも、王室財産収入では賄えぬ出費を確保するために、議会の租税協議・協賛権を容認することで、市民の私有財産への課税が行われるようになったことを考えれば、これらの議論は、西欧近代的な租税論の基本についても、よくおさえていたといえる。

他方、国民意識の育成という論点はどのように展開したのか。八項目の提言から成る立志社建白は、その第六項で「夫国ノ政府タルヤ其人民ヲ保全スルノ代務ニ於テ更ニ之カ凡百ノ租税ヲ徴課シ其保全ノ費ニ充テ幸福安全ノ域ニ処ラシムルノ責ヲ任ス」、「而シテ人民モ復タ之カ義務ヲ竭スコトヲ厭ハス」としている。後者の点については第四項が、主に徴兵令を事例としながら、人民をして「一国ノ政権ヲ分担セシメ」ることにより「幸福安全ノ域」におき、「自由ノ精神ヲ涵養セシメハ全国ノ民皆兵ナラサル無ク一身ノ血誰カ之ヲ輸サ、ランヤ」（だから立憲政体こそ徴兵令には適合的）と補う。つまりここで租税は、政府が人民の幸福安全な生活の保全という務めを果たす代価であることが明示されるとともに、その生活保全が果たせてこそ人民は自由の精神のもと進んで納税義務を果たすのであり、国のために血を流す国民意識も形成されるというのである。(10) なお生活保全の代価としての租税認識は、ホッブズ・ロックなど欧米市民革命の租税思想とともに、武士身分による生産・生活の保護に対して百姓身分の年貢諸役があるという、幕藩体制下の租税認識とも一定接点をもつ理解だと思われる。(11)

また第六項では、従来のような「税法煩苛」「偏軽偏重」が、むしろ政府の「代務」、人民を幸福安全の域におくことを不可能にすること、第五項で、「己レ身命ニ關スルノ税」「己レ膏血ヲ輸タスノ租」など人民の生に直結する租税の徴収が、厳酷な一方で節制の跡がなく、予算も決算も開示されないことを問題とし、人民の幸福安全を実現する代価としての租税の賦課・徴収方法や、用途の情報開示についても言及した。人民の生活・幸福安全に直結する諸税については説明が必要という議論は、前述の租税協議権に連なる主張である。なお同建白が、「偏軽偏重」の事例として一八七七年一月の減租詔勅をあげ、「政府之カ甘心ヲ得ヘキノ源ヲ推サス地価未タ定マルスシテ(ママ)猥ニ減租ヲ行フ事ヲ得ンヤ」「夫レ減スル擅ナレハ倍スコトモ又擅ナルヘシ」としているのは興味深い。

いずれにしても立志社建白は、まず租税を問題とし、人民の生活に直結する租税の意義、人民の生活保全という租税目的をふまえた上で、その国民意識との関係、さらには納税者の便宜に即した公平な税制、経費の節減責任や用途の説明責任を論じたといえる。そして、この租税論から多くを引き継いだのが、酒屋会議の「酒税減額建白書」であった。周知の通り、立志社建白を起草した植木枝盛は、酒屋会議の主謀者でもある。

そもそも酒屋会議は、一八八一年五月、野村嘉六ら高知の酒造業者三百人弱が「酒税減額願」を大蔵省に提出したことを契機としており、その後野村らは、帰郷していた植木枝盛と児島稔（和歌山県）に再願を依頼。植木らが一〇月の自由党創立大会出席者に呼びかけた結果、植木（野村嘉六らの代理）・児島のほか、島根県の小原鐵臣、茨城県の磯山尚太郎、福井県の安立又三郎・市橋保身が発起人となって一一月、全国に酒屋会議開催の檄文が発せられる。翌年五月、酒屋会議は監視をかいくぐって大阪・京都で開かれ、六月には元老院に対して「酒税減額建白書」が提出されるのである。[12]

このように酒屋会議は、自由党自身が主体となり党として組織的に取り組んだものではないが、[13] 自由党の結党過程と並行し、地域の酒造家と植木枝盛を中心とする各地の自由党員が密接に結びつくことにより遂行された運動だといえる。こうした酒税の政治問題化を通じて、自由党員による本格的な租税論・減税論がはじめて展開されていくのである。

それでは、酒屋会議ではどのような酒税軽減論が主張されたのか。

檄文や建白書がまず訴えるのは、酒造営業が「素ヨリ当ニ自由ニ営ムベキ」ものであるにもかかわらず、営業者が、数度にわたる酒税規則改訂下の「過超ノ税」により、「活路ヲ喪ヒテ死ニ赴ク」が如き実情である。またここでは租税のため生活に窮する人民の実情とともに、営業の自由についても言及されている。そして営業の自由に関する議論は、政府の「干渉主義」批判につながる。例えば檄文は、酒が人の健康を害する、あるいは奢侈品であることを理由とした重税肯定論に対して、「自由ヲ是尊ブモノニ非」ず、「政府ハ国家ノ秩序ヲ正シ人民ノ自由権利ヲ保護スルニ止ルベキモノ也。敢テ各人ノ私事ニ干渉シテ之ヲ抑制スベキモノニ非ザル也」と反論している。

次に注目すべきなのは、「租税ハ元ト保護ノ代ノミ、之ヲ賦ス可キノ理アルニ循テ而後ニ賦ス可シ」という主張だ。ここには、立志社建白で確認された租税目的――人民の生活保全――に基づき、課税・増税には「理」が必要だという論理がみえる。そして、この主張に依拠して、酒造業者の担税力や増税分の価格転嫁の可能性を理由とした重税肯定論を、いずれも「理」なきものとするのである。課税如何は支払能力によって決まるのではなく、その課税が人民

（酒造業者）の生活保全などに関わるかどうかで決まる。仮に国家財政を救うためであっても、「独リ酒税ヲ将テ殊ニ之ヲ重クスルハ是レ寔ニ不公不正」、「挙国ノ人民」について重税を課すべきで「租税ハ均一ナル可キモノナリ」。酒造業は政府に「特殊ノ保護」も受けておらず「異常ノ煩労」をさせているわけでもないのに、「重税ヲ課セラレルベキ理ナキ也」。このように、課税・増税には本来の租税目的や公益・国益に即した理由が必要であり、それは均一・公正でなければならないのである。これは、立志社建白で提起された税収用途の説明責任（さらには租税協議権）にもつながる論点といえる。

そして以上の点をふまえ、建白書ではさらに、アダム・スミスの租税賦課法四要則[14]を引用し、国家の民は国家の政法の保護を以て得た収入に準じて租税を納める、納税期限・納税方法・税額などを明確にする、租税の徴収は納税者にとって最も便利な時期・方法を用いる、収税経費は最小とするなど、課税基準や徴税・納税方法にも言及する。その上で、営業税・造石税の併課廃止、発売の多寡や収入の大小に準じて等級を定め課税する制度によって酒税軽減をはかれというのが、「酒税減額建白書」の結論である。

以上のように、この段階では、国会開設運動のなかで租税の意味が問われるなか、人民の生活に直結する租税・減税の問題とはいえ、まず租税負担者の参政権と国民意識の育成という観点から取り上げられ、その後、あるべき租税論へと比重を移したといえる。

そもそも租税とは、人民の生活を保全する代価として私有財産から徴収された「国家ノ共有物」である。よって人民は租税協議権（参政権）をもつとともに、租税により営業の自由を阻害されることはない。課税・増税には本来の租税目的に即した理由や経費節制が必要であり、課税基準・税額は公正均一でなければならない。また政府は、そうした税額や徴税・納税方法を人民に明示し、税の用途についても説明責任を果たさねばならない。これらの条件をクリアし、租税が本来の目的に即したものとなってはじめて、人民は国家のための義務・納税意識としての国民意識をもつようになるのである。

なおこれらの議論は、幕藩体制下の租税認識、明六社などの議会構想や租税論、また欧米近代の租税論と接点をもっており、世界史的・同時代史的な租税論の流れに位置づく主張でもあったが、酒屋会議段階の減税論・運動とも自由党自体が主体となることはなく、担い手は地域の商工業者・自由党員にとどまったのである。

## 第二節　自由党中央の租税論・減租論

それでは酒屋会議以降、自由党はどのような減租論・減租請願運動を展開していくのか。

周知のように、酒屋会議後の自由党は、六月の集会条例改正や、七月以降に顕在化した総理・板垣の洋行問題で大揺れに揺れる。六月には改正集会条例に対処するため常議員会が開かれ、九月には各地の有力党員が洋行問題につき協議のため上京。直後の一〇月に行われた各地有力党員・常備委員・常議員等の秘密会では、遊説員派遣による各地の志士募集と中央主導の蜂起計画が論じられ、特に農民対策としては、「租税ノ原則」や「現時ノ租税其当ヲ得サル」ことを知らしむることにより、かれらを動員していく「広域蜂起」の方針が確認される。[15] しかしこうしたなか一一月に福島・喜多方事件、翌一八八三年三月に高田事件が起こると、四月の自由党定期大会では、これらに対する本部維持の方法、「実行者」「壮士」の養成などとともに、「改進黨討擊」が確認され、偽党撲滅運動が名実ともに推進されていくことになる。

『自由新聞』紙上、まとまった租税論・減租論が掲載されていくのは、まさにこの時期だった。そこで本節では、言論弾圧や党内紛争のもと、蜂起をも視野に入れた大衆動員志向や暗殺の志向、またこれに対して中央統制を維持し他党へと矛先を向けていく志向が生まれるなか、自由党中央でどのような租税論・減租論が展開されていくのか確認しておこう。

実は『自由新聞』では、一八八二年八・九月から翌年一一月頃まで地租を含む諸税に関する増税批判と増税・専売批判としての意味をあわせもつ三菱・改進党批判が紙上に掲載される。ただし前者は翌年三月頃までに基本的な主張が出揃い、それ以降は主に後者が紙上を席巻した後、一〇・一一月に前者が再度紙上に登場する。これらの点についてはすでに拙稿でふれたので詳細はそちらに譲るが[16]、結論から言えば、この時期の租税・減租論は基本的に、従来の租税論の延長上にあったといえる。

例えば、この時期の基本的な主張は、民の困難な実情への共感に基づく増税批判と酒税・地租軽減である[17]。そもそも課税・増税は「四海ノ幸福」・国防など国益のためやむを得ぬ理由がある場合にのみ行うべきものであり、政府は課税・増税に際して政費節減と説明責任を果たし、課税の不公平や納税方法の不便を是正しなければならない。だが現実には、一部の商人の私利追求のために租税が使われ、「商賣ノ自由」が阻害される一方、酒税・煙草税や地方税等は増加し、地租軽減の約束は守られず、新たに設定された地租納税期限は納税者に不利なものである。また府県会の審議権は制約され、国会は開設されず、説明責任は果たされずに「國事ヲ以テ我事トナリトスル」心情も形成されない――こうした主張は、酒屋会議までの租税論をほぼ踏襲し、さらにこれを地租・地方税や煙草税等に適用したものである。地租の徴収期限についても、アダム・スミスの「徴租ノ原訓」を根拠に、一八八一年二月太政官布告一四・一五号により制定された新たな期限、八三年一一月三六号布告によるその改訂とも、納税期限が収穫期より早いため農民にとって不利であるという主張がみられる[18]。

その上で、この時期の租税論の特徴は、その後自由党の標準的な減租論となっていく点、また、松方デフレの深化する一八八三年秋に再浮上したことを除けば、三菱・改進党批判を通じ、政党論へと傾斜していく点にある。

例えば、地租軽減の代表的な社説「政府ハ何日カ地租ヲ百分ノ一ニ減ズル乎」(一八八三年三月二〇～二四日)は、減租論の基本的論点をはじめて示した。一八七三年七月に公布された地租改正条例(太政官布告第二七二号)の第六章は「従前地租ノ儀ハ自ラ物品ノ税家屋ノ税等混淆致シ居候ニ付改正ニ當テハ判然區分シ地租ハ即地價ノ百分一ニモ可相定ノ處未ダ物品等ノ諸税目興ラザルニヨリ先ツ以テ地價百分三ヲ税額ニ相定候得共向後茶、煙草、材木、其他ノ物品税追々發行相成歳入相増其収入ノ額貳百萬圓以上ニ至リ候節ハ地租改正相成候土地ニ限リ其地租ニ右新税ノ増額ヲ割合地租ハ終ニ百分ノ一ニ相成候迄漸時減少可致事」と規定している。よって、売薬印紙税・酒税・煙草税が増税され「物品税」が二百万を「超過高」する現在、この規定によれば、「我政府ハ最早ヤ彼ノ地租改正條例ノ第六章ニ照ラシテ更ニ地租ノ幾分ヲ減ゼラルベキノ期ニ到達シタリ」、我々は一八七七年に続く「第二回ノ地租輕減ノ布告ノ至ルヲ竢チ奉ル」というのが、その主張である。

　地租の税率を維持する理由が解消したのだからルール通り税率を引き下げるべきという論理は、課税・増税に際して目的に即した理由を求めてきた従来の租税論にも通ずる議論だが、いずれにしてもここにおいて、地租改正条例第六章を法的根拠とする、自由党の典型的な減租論が提示されたことになる。

　ただし同時に、この時期の増税批判や酒税・地租軽減論は、偽党撲滅運動の論拠として使われることによって、次第にあるべき政党論へと吸収されてしまう。例えば『自由新聞』の三菱・改進党批判は、政府の保護下で運輸を独占する三菱を、私利追求のために「國人」の「膏血ヨリ成リ立チタル所ロノ租税」を濫用するものとみなすなど、反増税姿勢の延長にある運動としての側面をもっていた[19]。しかしこうした論点は、偽党撲滅運動が強化されるなか、「國家創業」の政党として自由党を位置づける議論へ転換していく。自由党は、三菱に近い改進党と異なり、人民の「自由」・立憲政体の実現のために、「貧民ト伍ヲ同フスルノ志」、死をも辞さぬ道義心「至誠ノ心」をもって自ら実践する党、またそれによって広範な人々を「感動」させる「志士仁人」の党とされるのである。こうした意味づけは、おそらく武装蜂起・大臣暗殺など実力行使を志向する人々にも共有されるものであり、改進党攻撃が急進派を含む党内の妥協点であったことがうかがえる。

　なお一八八二年九・一〇月以降、つまり総理洋行問題で馬場辰猪・末広重恭・中江兆民らが退社した後、『自由新聞』を支えたのは主筆・古沢滋と植木枝盛だった。特に租税論と三菱・改進党批判の両方にわたって議論を展開したのは植木であり、後述のように、地域の減租請願運動における彼の立場を考慮すれば、地租条例第六章を根拠とした自由党の減租論も彼の手に成った可能性が高い[20]。

いずれにしてもこの時期には、板垣洋行を機に、減租論が蜂起をも射程に入れた大衆動員の手段として位置づけられるとともに、従来の租税論の延長上に自由党の典型的減租論が登場するが、これらは、党急進化に対する中央の警戒心のもと、改進党批判、あるべき政党論へと収斂していくことになる。この時期の中央自由党は、「租税ノ原則」など人民が直面する問題につき人々を啓蒙し、政府に対する批判意識を多数派形成へと高めていくよりも、偽党撲滅運動を通じて自らを「志士仁人」の党へとイメージ化し広くアピールする戦略を選んだ。その結果、松方デフレ下で再浮上する時期を除き租税論・減租論は後退し、自由党が党として議論のさらなる深化や減租請願運動に取り組むこともなかったのである。

こうした傾向は、一八八三年末から八四年にかけてさらに強まる。一一月の臨時大会で決定した、党再建のための十万円募集運動は行き詰まり、翌八四年三月の定期大会では総理・板垣に権限を集中することで解党を回避するも、松方デフレを背景に激化事件が頻発。こうしたなか中央自由党は、急進化への警戒をさらに強めていく。もはや他党攻撃に関わり党員の実践を強調する議論も影を潜め、党内急進化の阻止、党内統一が優先されることで、実力行使や政府批判に結びつく可能性のある租税論・減租論はむしろ回避される。

例えばこの時期の『自由新聞』は、民の困難な実情に対して一定の理解を示し、道義的観点から政費節減を主張するものの[21]、もはや課税・増税の目的・理由や方法、租税協議権を取り上げることはなかった。また増税批判は歯切れが悪く[22]、地租条例第六章を根拠に税率引下げを求める従来の主張は一定維持されるものの、当時、改進党系の新聞などが八章を根拠に一八八五年の地価改訂を求めていた点は否定される[23]。「殊ニ今ヤ農民正サニ地租金ニ艱ミ或ハ減租請願ナドヲ爲サンコトヲ謀ルノ場合ニ於テ……（中略）甚ダ其言ニ發シテ其事ニ害スルノ懼アリ」「其空ク復タ天下ヲ擾ランコトヲ恐ル」というのが、その理由だった[24]。一八八四年三月一五日に第六章・第八章を削除した新地租条例が発布されると、上下共に地租軽減を望んでいるのに実現しないのは「天未ダ其時ヲシテ至ラシメズ」、「此度ノ新條例ニハ舊條例第六章ノ文字ヲ并セテ亦姑ク刪去セラル、コトト成リタリ是モ亦タ已ムヲ得ザルノ事ト謂フ可シ」、新条例八条の「一般に地價の改正を要するときは前以て其旨を布告すべし」については「政府ガ永ク此條ヲ措テ用キラレズ以テ復タ天下ヲ擾ルノ事ナキコトヲ所望スルノミ」とした。(25)八四年四月以降は減租論自体がみられなくなり、九月の加波山事件以降は「借金黨」「激生」防止の方法として再度、減租論が登場するも、それは債主・地主の負債者・小作に対する「徳義」の回復とともに語られ、対政府批判、反政府運動へ人々を動員していこうという志向はきわめて弱かった。(26)租税論を担ってきた植木も一八八三年八月には自由新聞社を退社、八四年一月以降は客員として関わることになる。(27)

こうして「天下ヲ擾ル」要因の排除を優先するに至った自由党は、一〇月二九日に解党。解党後も発行された『自由新聞』は、甲申事変の報道一色となる一方、激化事件の原因をむしろ「上流ノ民」の「政治上ノ痛苦」に求め、請願の自由や国約憲法を主張するに至る。(28)

激化期の自由党中央が、少なくとも『自由新聞』上では一貫して、困窮する民情へ道義的な共感を示していたことは間違いないが、もともと農民を蜂起に組織する戦略的な手段として位置づけられていた租税論・減租論は、党内急進化や地域の民衆運動への警戒、改進党との泥仕合のなかで後退する運命にあったといえる。

## 第三節 地域自由党員による減租論・減租請願運動

このように激化期の自由党中央は、いったん「広域蜂起」への動員手段として租税問題を位置づけた上で、酒屋会議までの租税論を地租等へ拡大、地租条例第六章を根拠とした減租論を示す一方、特に高田事件以降は、党内急進化への警戒などから減租請願運動を党の方針とすることはなく、減租論をさらに深める姿勢もみられなかった。

しかし周知のように、松方デフレ期の疲弊した生産者にとって租税負担は切実な問題であり、地域ではこれに取り組む自由党員が生まれていた(29)。それでは同時期、地域自由党員による減租請願運動はどのように進展したのか。

## 1　自由党員による減租請願運動の推移

減租請願運動の開始された経緯を示しているのは一八八三年一一月八日付『土陽新聞』の雑報である。この記事によれば「我が自由黨の有志」は、「昨冬の頃より大に此（地租条例第六章の「預約」が果たされていないこと――引用者）に注目して政府へ減租の請願せんとするの下評議ありたり然るに其際恰かも政党創立の事業に取り紛れ暫らく中止の姿となり居たりしところ目下經濟上の影響よりして米價の下落甚だしく爲めに納租延期の取沙汰ある程なれば有志は再び該請願の問題を發議し第一には地租の改正條例第六章の預約明文に據り第二には目下農家の困難を詳述して之を請願せん」と決したという。請願書については「其案文の如きも起草委員の手になりて過日四國自由大懇親会の席にて某氏より其の大意を會員に演説せられしに孰れも賛成して各自の地方に歸りし後は十分の盡力に及ぶべしとの答えあり」、請願運動については「又當時来縣の宮部襄氏に據れば關東の人民ハ最も此の請願案に熱心なりと聞けバ我が自由黨の有志が率先して正々堂々大に其同意者を全國に募るの擧動は不日に之を紙上に掲載するに至らんと思ハる」としている。

これによれば自由党員による減租請願運動は「昨冬の頃」、すなわち一八八二年末から八三年初にかけて「下評議」があり、自由党「有志」の運動として着手されている。また記事は、その後の「政党創立の事業」すなわち偽党撲滅運動のなかで、地域「有志」の減租請願運動が一時頓挫し、デフレによる米価下落のもと、再び第六章と農家の困難を論じ請願せんとしていることを紹介している。これらを二節でふれた自由党中央や租税論の動向とつきあわせると、八二年一〇月には「広域蜂起」方針と租税問題化があり、八二～八三年にかけて地域の自由党「有志」が減租請願運動に着手、その後、八三年三月に『自由新聞』（自由党中央）の減租論が登場したこと、またデフレが深化し、板垣帰国とともに改進党攻撃も沈静化する八三年一〇～一一月には、地域有志たちにより減租請願運動が再開されるとともに、『自由新聞』の租税論も再度掲載されたことがうかがわれる。

さらに注目すべきは、一〇月二四日に松山で開催された「四國自由大懇親会」に参加した上毛自由党（当時は自由党常議員）の宮部襄が、「關東の人民」はこの請願案に「熱心」だと述べた点である。この点については実際、「八月中群馬栃木兩縣下」の情勢として、「長阪八朗伊賀我何人外照山俊三」など上毛自由党の領袖が「群馬縣士族ニシテ疲弊ノ輩自己ノ私利ヲ謀ラン為メ栃木足利地方ニ徘徊シ蠢愚野民ヲ教唆シ口ニ民権ヲ籍リ曰ク地方税ノ過多ナリト言ヒ地租ノ減税ヲ政府ニ請願セント云フ」との密偵報告がある。(30) また八三年八月二四日付『土陽新聞』によれば、「類似紫冥派進修社員」が「アノ自由黨は前年地租改正の勅諭に諸税が十分に上れば地租を百分の一にするとありしなど途方途轍もなき大法螺を吹き散らす」と説き歩いていたという。以上の点をふまえれば、八月段階には群馬・栃木など関東地域、また高知周辺でも減租請願運動に向けた動きのあったらしいこと、一〇月の四国自由大懇親会では、おそらくこうした各地の動向をふまえて減租請願案の「大意」が説明され、参加者は各自請願運動に尽力することを約して各地へ戻っていったことがわかる。

つまりここでは、一つの可能性として次のような点が推定できるのではないか。まず、八二年一〇月の中央での方針をうけて、地域で減租請願運動が着手されていくこと、しかし減租請願運動の主導権は、八二〜八三年の「下評議」からデフレ期の再開に至るまで地域の「有志」自由党員にあったこと、『自由新聞』や四国自由大懇親会等の中央・広域の組織が減租問題をとりあげることで、運動はさらに広がっていくが、自由党中央は、偽党撲滅方針を通じてこれを中断させるなど、正負両様の働きをしていったことなどである。

それでは一八八三年一一月以降、自由党員あるいは、その関係者による減租請願運動が中央・地域においてどのように展開していったか、表2－1で確認しておこう。『自由新聞』を中心とする極めて限られた調査だが、ここから判明するのは、まず全三一件中、関東地方が一三（東京三・群馬三・神奈川二・千葉四・埼玉一）、北陸地方が七（新潟二・福井一・富山三・石川一）、東海・東山が七（愛知四・長野三）、四国三（高知三）、中国一（島根一）であり、自由

減租請願運動[1]

| 行動・請願内容（植木枝盛の建白書との異同）[3] | 出典その他 |
|---|---|
| ・本間勝作・大塚自省らが近隣の有志総代となり、地租軽減の請願を計画 | ・『自由新聞』1883.11.9<br>・83.11〜12 南蒲原郡・北蒲原郡・東頸城郡・中頸城郡など新潟県下で租税延納要求の動き、84.12.17 西蒲原郡中の村で人民集合（同上 83.11.10・17・25・29、12.2・4〜6・19・23・27、84.12.17）<br>・豊栄市、北蒲原・中蒲原郡など新潟県東半部は、74〜80 年頃に地租改正の掲示額を拒否（『新潟県史　通史編 6』） |
| ・演説「農家ノ歎声ヲ聞テ感アリ」<br>・「植木」（植木枝盛の地租軽減建白書）と同趣旨で共通の文言も多いが、税額は『自由新聞』1883.3.20〜24・7.8 社説と同じで、高知県の農家収入については「植木」より具体的 | ・『土陽新聞』1883.11.27〜29<br>・1884 年にも演説「減租請願ノ主旨ヲ誤解スル者ニ告グ」を行っている（同上 84.2.15〜17） |
| ・星が再登壇して演説「國家其約を履まざるに生ずるの危害」（六章の「預約明文」に基づき、日ならず政府は地租を百分の一に減額するだろう）を行う | ・『自由新聞』1883.11.27 |
| ・資金募集もあり「民間ニ広ク感動ヲ与フルカ大目的」で翌年春の「減租建白」を提案、各地遊説により「死力ヲ以党勢ヲ拡張」、「吾高知県ハ率先断行スヘシ」、建白書の文章は未整備で各自適宜準備すること<br>・別紙（第六章と明治 7〜16 年の物品税額の内訳・合計）の税額は「植木」と若干異なる（こちらの方が誤りが多い） | ・公文別録「自明治十五年至明治十七年機密探偵書一」の「自由党挙動探聞」（国立公文書館所蔵） |
| ・添付の請願書は、「植木」と語句・税額が若干異なるがほぼ同じ<br>・竹村は、第三期納祖を延期し第六章を根拠とした減租を板垣を総代として請願せんと演説<br>・広瀬らは、後楽館（旧海南自由党本部）で懇親会、起草した減租請願書を朗読し手続きを相談<br>・今村は、「今回減租ノ事起リ」他村も含めて地租納入者を勧誘、明年春の四国懇親会で「同国ト共ニ請願スル目論見」 | ・井出孫六ほか『自由民権機密探偵史料集』（以下『探偵史料』）<br>・1883.11.13 高岡郡高岡村で地主総代 20 余人が減租請願を決定、11.18 同郡越知村匡救社に高岡・吾川両郡総代が出席し減租請願を決定、長岡郡でも「聖喩」に基く減租請願と総代を決定、84.2 吾川郡横畠村で減租請願を準備（土佐自由民権研究会『土佐自由民権運動日録』、『高知県史　近代史料編』所収の「土佐国民情一班」） |
| ・仙十郎が第六章の写を各村に配布し減租を訴える、1.4 近間らが集会し近隣に宣伝、1.19・2.14 坂井郡中村々の戸長らが集会し請願総代を決定するとともに「約上証」への調印と他郡への報知を行う、2.17 坂井・丹生郡の戸長・総代の集会（異論も出る）<br>・「約定証」は、六章に基づく減租と第四期地租延納の請願を約すもの | ・『探偵史料』<br>・坂井郡・杉田定一の民権結社・自郷社を中心に、地租改正反対運動から国会開設請願運動へと広がりをもった地域で、地租改正への抗議運動が 1883 年半ば頃まで続いていた（『福井県史　通史編 5』） |
| ・11.25 富山七軒町に集会し請願を決定、重松ほか 2 人が起草委員兼上京委員になり、会計委員も決める（実際に提出したのは 84 年初頭か）[4]<br>・「地租減額ノ建白」は、地方税増税による農家の疲弊をあげ、六章に基づき減租を求めるもの | ・国立公文書館所蔵「明治十七年公文附録元老院建白書第一」、『日本立憲政党新聞』1883.12.14<br>・1883.11.22 新川郡富山覚中町で戸長らが減租請願の集会、84.10.15 新川郡で租税につき人民集合（『自由新聞』1883.12.5、84.10.24） |

表2-1　各地の

| No | 年月日 | 地域・場所 | 請願者・参加者（＊激化事件との関係）[2] |
|---|---|---|---|
| 1 | 1883.11.9 前 | 新潟県中蒲原郡 | ・河瀬村・本間勝作、土淵村・大塚自省ほか |
| 2 | 83.11.25 | 高知県土佐郡稲荷町・玉江劇場 | ・坂本南海男 |
| 3 | 83.11.25 | 東京府久松町・東華樓 | ・星亨ら（ほかに「三浦佐久間井上…（中略）横山河野…（中略）照山加藤勝山杉田植木深尾等」が登壇） |
| 4 | 83.11.27 | 東京府 | ・植木枝盛の意図をうけた片岡健吉が、自由党臨時会で出京した各地党員に対して提起<br>＊植木枝盛は飯田事件の檄文原案起草に関わる |
| 5 | 83.12 初旬<br>～12.28 前 | 高知県高岡郡出間・高岡・波介村、吾川郡、香美郡など | ・自由党員が減租を主張して「農民ノ心中ヲ喚起」<br>・塚地村・竹村太一郎が出間村民に、波介村衛生委員・広瀬秀俊と清水利之助（広瀬・清水は党員かどうか不明）が懇親会会員約 30 名と波介村民に、高岡村の今村弥太郎・千頭要・宮崎守郷が高岡村民・他村民に対して減租請願を提起 |
| 6 | 83.12.17 前<br>～84.2. | 福井県坂井・丹生郡ほか | ・杉田仙十郎（定一父、自由党員ではない）の説諭をうけた近間八兵衛と矢尾八兵衛（両人とも自由党員かどうか不明）ら、坂井郡 30 余ヵ村や丹生・今立・南条郡の農民 |
| 7 | 83.12.18 | 富山県婦負郡 | ・重松覚平（北立自由党員・県会議員）ら 552 名が署名<br>＊重松覚平は大阪事件の資金提供者 |

| 行動・請願内容（植木枝盛の建白書との異同）[3] | 出典その他 |
|---|---|
| ・六章に基づく減租請願の方法を町会決議しようと臨時会議を開催、しかし郡役所より減租請願の審議中止を達せられ、郡役所に中止理由を質問し（石塚ほか2名が質問委員）場合によっては訴訟に訴えるとのこと | ・『自由新聞』1883.12.27 |
| ・第六章に基づく星の減租演説（中止解散に）、植木も減租に関する演題を予定（当日認可取り消しに）<br>・星の演説で用いられた税額は、「植木」と同じ | ・『自由新聞』1883.12.26<br>・前日には同じメンバーが行田で政談演説会 |
| ・太政官へ請願することが決定し、稲垣らが各地主に請願書をまわす<br>・六章に基づいた減租請願 | ・『自由新聞』1883.12.25、84.1.12・30<br>・「北立自由党員にて出京中の某等か越中全国の与論を以て右減租の請願なさんものと東京より地方の人へ其趣き取計ひ方を申し来りし由なるが未だ纏らざる由」（同上 83.12.25） |
| ・南多摩郡では六章の「堅持励行ヲ訴ル」か「請願哀訴」に出るか議論があり、まずは請願を決定したが84年初に署名集めは中止され「請願書」は未提出<br>・「請願書」は、六章を減租の根拠としつつ、維新などに対する「小民」の貢献と、不景気による物価低落と地方税・協議費・国税などの増税によるその困難とを対比し、減租を願うもの | ・『武相自由民権史料集』第4巻、鶴巻孝雄ほか『石阪昌孝とその時代』<br>・84.11.9 西多摩郡の大上田彦左衛門・深沢名生（権八父）らが県令に78・79年度分地租上納延期願を提出、84.11 南多摩郡諸村の地租追納延期運動（『武相自由民権史料集』第4巻） |
| ・83.12 明春に六章に基づく減租の請願と規約（「極メテ温和ニ請願ヲナス事」など）・通信委員を決定、84.3 地租条例の「恩典」をまつも果たせず、9.1 運動再開（総代を中心に請願署名・義捐金）、11.12 大蔵卿へ「租税軽減哀願書」を提出するが、11.20 内容が建白に属するので請願規則13条によるべきと却下、85.2 建白へ変えて元老院に提出し受理される<br>・「租税軽減哀願書」は、酒税・煙草税・地方税などの増税、物価・米価下落、気候不順などで小作困窮、地主の納税も困難、よって一般に地価の改正を求めるもの | ・『武相自由民権史料集』第4巻、『自由新聞』1884.11.26<br>・1883.9.9 大住淘綾両郡懇親会で地租条例改正の演説、10下旬大住・淘綾郡81ヵ村戸長らが県令宛に「地租延納上申書」、12.15 大住・淘綾郡の地租徴収期限延期建白書（アダム・スミスの租税原則を引用）、84.11 長谷川彦八らの発起で高座郡戸長が連名で租税追徴金の延納・年賦願を県令宛に提出（『武相自由民権史料集』第4巻） |
| ・第六章にもかかわらず「諸税ノ額ハ期定ノ高ニ上ルト雖モ減租セズ而シテ米價ハ下落シテ農民ノ惨状甚シキニヨリ六年ノ布告ニ基キ條例ノ改正ヲ請願シタルモ行ハレズ」 | ・「飯田国事犯事件」（『信濃毎日新聞』1885.10.23） |
| ・飯田町・和合学校の教員をやめ地租軽減の遊説のため出発、下伊那郡で入説し同意を得るが首領になる人物は見つからず、上伊那・諏訪郡（『深山新聞』編集長・坂田哲太郎が在村）や山梨県へいき民権家と交流し1.23に寧静館へ、1.24 寧静館で「高知ヨリノ地租減額請願書ヲ謄写」 | ・川澄徳次「奇怪哉」（『愛知県史　史料編24』）、『長野県史　通史編7』<br>・83.4.1 川澄は高田事件の実情をさぐる等のため信州へ（村松愛蔵・八木重次・白井也らと途中まで同行）、83.5 飯田町を訪問し愛国正理社・桜井平吉らと知り合うが、ここで下伊那郡の農民の生活の実情を知り地租軽減の重要性を痛感（同上） |
| ・堀川の発意で減租請願する予定 | ・『自由新聞』1884.1.29<br>・84.3.1 中頸城郡・新井別院で70余人が2千人の同意者得て減租請願することと上京委員を決定（同上 84.3.8） |

| No | 年月日 | 地域・場所 | 請願者・参加者（＊激化事件との関係）[2] |
|---|---|---|---|
| 8 | 83.12.20 | 長野県北佐久郡小諸町 | ・町会議員・石塚重平ほか10名<br>＊石塚重平は大阪事件の参加者 |
| 9 | 83.12.22 | 群馬県館林 | ・埼玉・群馬に遊説中の星亨・植木枝盛・杉田定一ら聴衆<br>・聴衆約800名 |
| 10 | 83.12.25～84.1下旬か | 富山県射水郡 | ・稲垣示・金瀬義明、大橋十右衛門（改進党）ら射水郡人民<br>＊稲垣示は大阪事件の主謀者 |
| 11 | 83.12.～84初 | 神奈川県三多摩地方 | ・石阪昌孝・瀬戸岡為一郎・吉野泰三ほか<br>・南多摩郡の請願書には、28ヵ村総代47名が署名捺印、総代の筆頭署名者は野津田村平民122名総代の石阪、総代への委託者数2199名 |
| 12 | 83.12.～85.2. | 神奈川県愛甲郡 | ・井上篤太郎・小宮保次郎・難波惣平・霧島久円・天野正立（自由党員か不明）・山川市郎らが組織、署名者は587名<br>・規約書には30ヵ村48名の惣代、筆頭惣代は難波<br>＊天野正立は大阪事件に参加、山川市郎は大阪事件の資金募集強盗計画に参加 |
| 13 | 83～84春 | 愛知県碧海郡知立か | ・江川甚太郎<br>＊江川甚太郎は飯田事件の参加者 |
| 14 | 1884.1.5～1下旬か | 長野県下伊那郡飯田町～東京・寧静館 | ・川澄徳次（愛知県渥美郡田原）<br>＊川澄徳次は飯田事件の主謀者 |
| 15 | 84.1.29前 | 新潟県中頸城郡 | ・堀川信一郎ら<br>＊高田事件の際に頸城自由党の党與として捕縛された |

| 行動・請願内容（植木枝盛の建白書との異同）[3] | 出典その他 |
|---|---|
| ・鳥取・島根県で有志が松江に集合し、「大政府」に対し減租請願する予定 | ・『自由新聞』1884.1.16<br>・83.11.25 小原鉄臣（羽根東村、酒屋会議のリーダー）ら安濃郡各村 36 人が「地租徴収期限改正建言書」（アダム・スミスの租税原則を引用）を元老院に提出（「明治十七年公文附録元老院建白書第一」）<br>・1884.2.25（か）島根県安濃郡羽根西村・有馬寛一（党員かどうか不明）が「減租建白」を元老院に提出（「明治十七年公文附録元老院建白書第一」、『自由新聞』1884.3.7） |
| ・石版社から『地租軽減掟之註釈　一名不景気直し』を出版<br>・物品税の増加や地方税増加・補助金削減による人民の困弊、共同運輸会社などの私立会社保護をあげて、第六章に基づき「近々第二回の地租軽減の布告を頒布せらるゝ事」を求めるもので『自由新聞』24 と類似（明治 7 ～16 年度物品税額は「植木」と若干異なり、こちらが正しい） | ・東京大学経済学部図書室所蔵<br>・1884.1 近藤寿太郎（石版社営業、祖父江の実兄）『改正徴兵令註解・附免否猶予　一名新徴兵令早はかり』も石版社から出版<br>・祖父江は減租請願につき「渋谷良平岡田利勝村松愛蔵三輪重秀等ヘハ主トシテ協議」したと証言（「祖父江道雄調書」、法務図書館所蔵「愛知縣大島渚等強盗事件書類」所収） |
| ・1.14～16 愛国交親社の全国有志懇親会最終日に減租の議を提起、2.16 社員 30 余名が請願に付き協議、2.27 に庄林が上京・請願する予定は延期（3.1 庄林が拘引され行われず）<br>・「建白書」は、米価下落、地方税・協議費増による人民困難をあげ、六章に基づき減租を願うもの | ・長谷川昇「加茂事件」（『自由民権期の研究』第 2 巻）<br>・81 年、交親社は春日井郡 43ヵ村地租改正反対運動の展開した春日井郡東部などに拡大（同上）しており、83 年東西春日井郡人民が地租延納を要求し県庁におしかける（『自由新聞』83.12.9・11・18） |
| ・1 月以降党勢拡張手段として「恒産ヲ失スル不良ノ民ヲ糾合シ、郡内到ル処ニ学校廃止、減租請願等ノ煽動演説」、3.3 高崎・竜広寺で減租請願集会（第六章に基づき 3.5 を期して地租百分の一への減額を嘆願）、3.6 柏木村で懇親会（照山が演説「地租減額論」） | ・清水吉二『群馬自由民権運動の研究』、岩根承成『群馬事件の構造』<br>・83.11・12 西群馬郡京目村ほかの村民が租税率百分の一、第三期地税延納、負債利子引下げなどを郡役所に要求し、世直し的言辞も（84.3 にも延納運動、同上） |
| ・1.10 君塚が個人で減租請願書を大蔵卿へ郵送したが却下される、1.18 君塚が寧静館とはかり長柄郡高師駅で「減○請願」「分担金募集」の会議を計画、1.19・20 高師駅等で自由政談演説会（弁士は大井憲太郎・杉田定一・加藤平四郎）、1.31・2.10 総代・君塚と長柄・山辺郡惣代人の上京を決定、3.2 に君塚が出京し植木による文章修正をうける、3.21・22, 4.1「四千余名」の署名による請願書を太政大臣に面会のうえ提出せんとするが叶わず地租条例発令のため「空しく立ち帰らんハ恥づるところ」とするも帰県<br>・別紙請願書は「高知県人ヨリ自由党本部へ回送シタル」を入手し「末文等」を添削したもので「植木」と同趣旨だが冒頭と後半は異なる<br>・「植木」の筆写版で、「高知」を「千葉」、「土佐」を「上総」に訂正する請願書も存在 | ・『探偵史料』、佐久間耕治『房総の自由民権』、三浦茂一「房総民権運動の諸段階とその特質」・「千葉県自由民権運動史料」（『千葉史学』第 12・13 号）、『自由新聞』1884.3.22・4.5<br>・「減租請願ヲ企ツル起因タルヤ自由党本部並ニ派出員タル大井憲太郎加藤平四郎等ノ教唆誘導ニ出シモノ」（1884.3.3「減租請願ヲ企図候者ノ義ニ付上申　船越衛」、国会図書館憲政資料室所蔵「三条実美文書」）<br>・1883.11 下埴生郡土室村・小倉良則ら（自由党員ではない）が村民を組織し県庁に地租軽減の請願を行う（『自由新聞』1883.11.9） |

| No | 年月日 | 地域・場所 | 請願者・参加者（＊激化事件との関係）[2] |
|---|---|---|---|
| 16 | 84.1 下旬 | 島根県松江 | ・小原鉄臣・和田吉人、恒松隆慶（立憲政党）ら |
| 17 | 84.1. | 愛知県名古屋 | ・祖父江道雄（編輯兼発行人、住所は名古屋区吹出町二十番邸）<br>＊祖父江道雄は名古屋事件の関係者<br>＊石版社は飯田事件の檄文を印刷した所 |
| 18 | 84.1.16～2. | 愛知県名古屋 | ・庄林一正を総代とする愛国交親社の社員「三千人」<br>＊愛国交親社に属する農民らは岐阜加茂事件を引起こす |
| 19 | 84.1～3. | 群馬県西群馬郡高崎町、南北甘楽郡など | ・宮部襄・深井卓爾・伊賀我何人・清水栄三郎、新井愧三郎・照山峻三らが、南北甘楽郡などの自由党員・農民を組織<br>＊いずれも群馬事件前段階の関係者 |
| 20 | 84.1～4. | 千葉県夷隅郡長志・上布施村など | ・君塚省三・中村孝・高梨正助・井上幹・小高純一・齊藤和助・加藤淳造・屋代慶三郎ほか4人が、夷隅・長柄・山辺郡などの自由党員・農民を組織 |

| 行動・請願内容（植木枝盛の建白書との異同）[3] | 出典その他 |
|---|---|
| ・減租請願・負債の利子勘弁、自由党入党の運動を展開 | ・『秩父事件史料集成』第3巻<br>・秩父郡下日野沢村・村上泰治「全国中自由党員ヲ募リ大勢ヲ以テ地租減租セラレンコトヲ政府ニ強願スルノ見込ナリ」（『秩父事件史料集成』第2巻） |
| ・夷隅郡佐室村の高梨正助と協議し減租請願を計画、却下されるも交詢社に草稿を依頼するなどして1885.4頃まで続ける | ・茂原市立図書館『詠帰堂日記』下巻、『房総名士叢伝』前編<br>・幹は1884年に地租徴収期限改正の意見書を提出（『詠帰堂日記』下巻） |
| ・大団結のため「協同本部」を設置とともに農家の困難を救済するために大会議を開き減租請願書の上程を準備、しかし3.15地租条例の発布で請願の根拠失い一時見合わせることに | ・『自由新聞』1884.4.5<br>・石川県江沼・石川郡の豪農らが村民惣代となり地租軽減の請願書提出を決定（根拠は六章らしい、同上1883.5.9） |
| ・「租税減歩請願ノコトニハ一層尽力シモ政府ハ此事ノ出来スルヤ否也忽チ前約ヲ破リ百分ノ一云々ノ儀ヲ取消シ更ニ地租条例ヲ頒布セリ」 | ・滴草充雄「史料紹介　佐久間吉太郎メモ」（『房総史学』第16号）<br>・佐久間を惣代とする明治16年第四期地租延納請願書（未成稿）あり（同上） |
| ・3.15地租条例の第六章削除をうけ、千葉県総代・君塚省三が減租請願を「飽クマテ行ル考ヘ」を述べ今後について問うと、板垣は「元来減租ノコトハ其地方有志ノ特ニ尽力スル所ニテ敢テ自由党ガ為スト云フニアラズ故ニ此席ニ於テ論談スルハ不可ナラン」とし、「減租有志ニヨル相談」を提案した片岡健吉を支持、訴訟・請願・建白などの方法を勧める | ・『探偵史料』 |
| ・一宮・布師田村民が連合で太政官に請願書を提出するが、4.15内閣書記官より請願規則13条により受理せずと返却される<br>・請願書は「植木」と語句・税額が若干異なるが、ほぼ同文 | ・外崎光広『土佐自由民権資料集』、橋本（佐藤）ゆみ「土佐の自由民権運動と農民」<br>・1882.5.28布師田村・一宮村の自由党が懇親会（発起人は白石巌ら）で連合を決議（同上「土佐の自由民権運動と農民」） |
| ・3.16高見沢が早川に地租軽減請願についての意見を聞き、4.8高見沢は減租請願建白書を政府に送付、同時期に前山の党員間でも地租減額論が論じられる<br>・建白書は、第六章も根拠としつつ、「公儲費」・協議費・土木費・学校費など負担増加による農民疲弊をあげ、減租を求めるもの | ・油井熊蔵『秩父事件と其前後』、上原邦一『佐久自由民権運動史』 |
| ・太政官宛に請願書を提出、三条太政大臣に面談を希望し拒否されるが、大書記官と面談 | ・『自由新聞』1884.5.14・16<br>・桐原光明『加波山事件と富松正安』 |
| ・「建白書」は、「植木」とは、冒頭と最後（高知県の事例を愛知県や渥美郡の事例に差し替え、3月の地租条例で六章が削除されたことへの批判を追加）、明治7～16年度物品税額合計が若干異なるのみ（税額は17と同じ） | ・「明治十七年公文附録元老院建白書第三」<br>・「民ガ重税ニ困ミ居ルヲ洞察シ農民ノ為メニ請願ナリ建白ナリ義願ヲ可致ノ計画中ニ有之」（「白井伊蔵調書」、法務図書館所蔵「長野縣國事犯村松愛蔵等ニ関スル一件書類」所収） |

| No | 年月日 | 地域・場所 | 請願者・参加者（＊激化事件との関係）[2] |
|---|---|---|---|
| 21 | 84.2～3. | 群馬県緑野・多胡郡 | ・木下武平・新井貞吉・小柏常次郎ら<br>＊木下武平・新井貞吉は秩父事件の参加者、小柏常次郎は主謀者 |
| 22 | 84.2.11<br>～85.4 | 千葉県上埴生郡立木・綱島村 | ・高橋喜惣治・幹義郎（両名とも自由党員ではない）ら |
| 23 | 84.3.3 | 石川県金沢 | ・弘猷館（三宅恒徳）・精義社（高島伸二―高嶋伸次郎か）・盈進社（関屋斧太郎）・自由新論社の人々（精義社・盈進社は改進党系・自由党系のどちらともいえない[5]） |
| 24 | 84.3.15 前 | 千葉県長狭郡奈良林 | ・佐久間吉太郎<br>＊佐久間吉太郎は加波山事件の富松正安を匿い逮捕される（夷隅事件） |
| 25 | 84.3.17 | 東京府・寧静館 | ・3.13 自由党大会後に開催された各地総代による相談会（君塚省三・片岡健吉ら） |
| 26 | 84.3.24 | 高知県土佐郡布師田・一宮村 | ・布師田村（吉川陽吉・白石巌ら）・一宮村（淡中則丈・山本徳馬ら）の署名者 401 名、各村戸長が署名<br>・布師田村の上層農の 90.9％が署名、一宮村の署名者には女性 1 名と被差別部落の人々 25 名を含む |
| 27 | 84.3～4. | 長野県北佐久郡北相木村、南佐久郡前山村など | ・高見沢薫・早川権弥、前山地方の自由党員ら<br>＊高見沢薫は秩父事件の参加者 |
| 28 | 84.5.13・14 | 千葉県平郡 | ・川名七郎（「同志者百有余名の総代」）<br>＊川名七郎は加波山事件の富松正安を匿う |
| 29 | 84.9.24 | 愛知県渥美郡 | ・署名者は、遊佐発・白井菊也・白井伊蔵ら 208 名（渥美郡田原・神戸村など）<br>＊白井菊也は飯田事件の檄文隠匿に関与 |

| 行動・請願内容（植木枝盛の建白書との異同）[3] | 出典その他 |
|---|---|
| ・「地租減額の案」に関する演説・提案をうけて減租建白を決定 | ・『自由新聞』1884.11.15・16<br>・富山県五郡で減税建白のため10余名の惣代を選び富山地方に集合、建白起草委員を選び8.1に再び会合の上同案を議決する予定（同上84.7.23）<br>・新川郡で、租税のことで人民集合し収税課員の旅宿におしかける（同上84.10.24） |
| ・演説「租税ノ軽減ヲ切望す」を計画するが、これのみ不認可 | ・『自由新聞』1884.12.3<br>・堀越は83年に「地方有志と謀議し力を田租延納歎願の事に致」す（山崎謙編『衆議院議員烈伝』） |

を掲げた。また地租延納・地租徴収期限改正の請願・建白など、これらの動きに関連する運動は、「出典その他」

えば下記の事例もみられる。
11.30)。他方で1884年、1876年に同郡粉川村の地租改正反対運動を指導した児玉仲児が「地税論」を執筆し、
ことが必要であることを主張（高木不二「和歌山県民権家児玉仲児と慶応義塾——租税論の展開を中心として」、

地価修正運動が展開された（今西一『近代成立期の民衆運動』柏書房、1991年）。
い限りは自由党員である。
税額が部分的に共通し「植木」を下敷きにしたと考えられるものについてはその旨注記した。
の地租条例第六章、1877年1月の減租詔勅と民費を地租5分の1以内とする布告を紹介し、にもかかわらず近年
ニ記載スル所ノ主旨トヲ奉シ並セテ方今稼穡ノ艱難疾苦ノ情状ヲ具申シ以テ閣下ノ明裁ヲ仰カント欲ス」と主張。
ニ既ニ充分ニ達シタリ」と結論。次に「稼穡ノ艱難」の要因として、1878年7月の郡区改正で、土地に対する課
限外になった点、1880年6月の備荒儲蓄金の設置、11月の太政官布告で地方税のうち地租割が地租の5分の1以
度から廃止された点、政府の紙幣政策等をあげ、さらには減租額と民費増加額の差額、農家の家計について高知
おそらく4と5の間。
1983年)、同「加能越における近代成立期の諸相（資料）」（金沢経済大学人間科学研究所『telos』3、1989年10

| No | 年月日 | 地域・場所 | 請願者・参加者（＊激化事件との関係）2） |
|---|---|---|---|
| 30 | 84.11.10 | 富山県射水郡高岡 | ・稲垣示（発起人総代、北立自由党員）など100余名が参加した加能越三州大懇親会<br>＊稲垣示は大阪事件の主謀者 |
| 31 | 84.11.30 | 埼玉県行田町 | ・堀越寛介<br>＊鯉沼九八郎に爆烈弾の製造法を教えてもらうためにその常宿・八丁堀飯塚旅館に通い密談、加波山事件後は警察に拘引される（畑為吉編『堀越寛介君哀悼録』） |

注：1）ここでは、1883年11月以降84年までの減租請願運動のうち、自由党員もしくはその関係者による運動
にいれた。以上のほか、自由党に近い人々による地租軽減・地価修正に関わる同時期の動きとしては、例
・1884年11月和歌山県那賀郡の農民が「免訴若しくは延納の請願」を計画（『日本立憲政党新聞』1884.
「万国対峙」のためには当面地租率を一律一分五厘へ引下げて「民力休養」をはかり、財政基盤を固める
慶応義塾福沢研究センター『近代日本研究』第1号、1985年3月）。
・京都府丹後地方では、1875年から87年まで天橋義塾の社員らの指導による広域的・組織的な地租軽減・
2）請願者・参加者名は主導的な人物のうち自由党員を中心に記載した。よってこの欄では、特に断りがな
3）植木枝盛の地租軽減建白書（以下、「植木」）と同文、もしくは文言・表現や引用している物品税などの
植木枝盛の地租軽減建白書は、細川義昌家旧蔵、高知市立自由民権記念館寄託。同建白書は、1873年7月
は民費が増加し「農家ノ歎声」は高まっている、よって「聖詔ノアル所ヲ奉体シ政府地租改正条例第六章
その上でまず、明治7年から16年までの物品税額の内訳・合計を示し「第六章ノ主旨ヲ決行スルノ期ハ業
税として地租のほか地方税・協議費が設定され、地方税は地租5分の1以内を継続したが協議費はその制
内から3分の1以内になり、地方税により支弁すべき費目が増加、府県土木費に対する官費下渡金が翌年
県の「疾苦艱難ノ状実」を示して、最後に再度「減租ノ挙」を願うという構成になっている。起草時期は、
4）7・10については、森山誠一「加越能自由民権運動の一考察」（『経済学における理論と歴史』文献出版、
月）を参照。
5）前掲の森山誠一「加越能自由民権運動の一考察」。

党系の減租請願運動が東海以東中心であること、また「關東の人民」が「此の請願案に熱心」との宮部の言がこの時期についても概ね当てはまることがわかる。ただしこの時期の減租請願運動は、八三年一一月の臨時党大会後、植木枝盛の意を受けた片岡健吉の提案を一つの契機としており（4）、ここでは同時に「吾高知県ハ率先断行スヘシ」とされていること、また、植木起草の建白書をモデルとする事例（千葉20、愛知29、高知5・26）、植木建白と文言は異なるものの、その物品税の税額を一定踏襲している事例（群馬9、愛知17）がみられることから、土佐の運動・自由党員（自由党本部に近い）が中心的な役割を果たしていたこともわかる。なお八三年一一月には「神奈川県相州愛郡（愛甲郡――引用者）壱町廿六ヶ村惣代難波惣平」「外五名」（井上篤太郎・天野正立・沼田初五郎・山川市郎・神崎正蔵）から君塚省三と井上幹に来信があり、12と20に横のつながりのあった可能性もある。[31]

時期については、一八八四年三月までの事例がほとんどであるが、これは三月の新地租条例の影響を物語るとともに、逆に、地租条例という法に依拠することで地域住民の支持を獲得しようとしていたこの運動の特質を示すものだろう。

実際、個人や有志・結社に止まらず、地域から一定支持を得たと考えられる事例は一四件（福井6、富山7・10、高知5・26、愛知18・29、長野8、神奈川11・12、群馬19・21、千葉20・22）。福井（6）は杉田仙十郎・定一親子による地租改正反対運動、愛知（18）は東西春日井郡の地租改正反対・延納運動を背景にもち、富山県射水郡の事例（10）は、稲垣示が中心ながら改進党員を含む広がりをもつ。また上毛自由党は、減租請願だけでなく負債の利子勘弁や学校廃止を主張し、入党者を増加させている（19・21）[32]。このように、この時期の減租請願運動では、デフレ期における地域住民の要求と結びついて進められるケースが半分近くを占めているのであり、地域の自由党員による減租請願運動自体は、決して地域住民の要求と遊離したものではなかったといえる。

他方、地域における減租請願運動は自由党中央とも無関係に展開されたわけではなかった。

確かに、八四年三月自由党大会後（25）の板垣発言（「其地方有志ノ特ニ尽力スル所ニテ敢テ自由党ガ為スト云フニアラズ」）にみられるように、自由党が党として減租請願運動に取り組むことはなかった。しかし、自由党本部から減租請願のアイディアや請願へのアドバイスを受けたとみられる事例（富山10・長野14・千葉20）、中央から派遣された党員による減租請願の演説（群馬9）など、自由党中央が地域の運動を支える役割を果たしていたことは間違いない。また、この時期発行された『自由党報道書』には、[33]「既往数年間ノ租税ニ関スル書類ノ調査」を依嘱された「余」（報道書執筆者）が「諸君カ周旋ノ一助タランヲ欲シテ」一八七四年以降の物品税概表とともに、前年七月の地租に関する詔書・地租条例を掲載しており、自由党中央の通信が、各地の運動に対する情報提供に一役買っていることもわかる。さらに、地域の減租請願運動に協力した自由党本部役員、あるいはそれに近い党員には、星亨・植木枝盛・大井憲太郎・加藤平四郎・杉田定一・宮部襄などがおり、基本的に「広域蜂起派」[34]と呼ばれる人々と重なる。

以上のように激化期の減租請願運動は、八二〜八三年の「下評議」から偽党撲滅運動による一時中断、デフレ期の再開とその後の衰退、自由党解党に至るまで、地域の「有志」自由党員主導で進められたこと、地域としては東海より東、特に関東や北陸で活発化したが、土佐の運動・自由党員もまた大きな役割を果たしたことがわかる。また減租請願運動は、決して地域住民から乖離したものではなかったが、他方で自由党中央、あるいは「広域蜂起」を志向する人々から協力・支援をうけて進められるケースがみられたのである。

## 2　減租請願運動と激化事件

それでは、こうした減租請願運動と激化事件とは、どのような関係にあったのだろうか。

表のうち、減租請願を組織した自由党員が各地の激化事件に関わっていく事例は少なくとも一一件あり（4・13・14飯田事件、7・8・10・12が大阪事件、17・18名古屋事件・岐阜加茂事件、19・21群馬・秩父事件）、そのうち減租請願運動に関わった地域住民が事件に参加していくケースもみられるが（18、19・21）、多くは、請願運動の個々のリーダーがそのまま激化事件に関わっていく事例である。そこで、減租請願運動参加と激化事件参加のつながりが読み取れるものについて、それぞれの行動論理を追ってみると、二つのタイプがみられる。

一つは、地租条例改訂等を契機に、法に依拠した減租請願運動への限界の認識が生まれ、それが武装蜂起など非合法路線へとふみこむ一因となる場合である。例えば江川甚太郎（13）は、飯田事件への参加契機について「十六年ヨリ十七年春マデハ減租請願ノコトニ盡力」、「六年ノ布告ニ基キ條例ノ改正ヲ請願シタルモ行ハレズ而シテ十七年三月ニ至リ地租條例ヲ定メラレ曩ノ布告ヲ打消シタルニヨリ其望モ全ク絶ヘタリ」としている。[35] また大阪事件公判において天野政立（12）は、減租請願運動に至った経緯につき「何とかして民間の惨状を救済するの策略を講ぜんと只管苦心焦慮の末断然辞職し、減租の説を主唱し減租請願委員となりて大蔵省へ出願したれども却下となり、是れも亦元老院へ献白することとなれり」とした上で、「鮮血は流れて川をなし屍骨は積んで山をなし遂に英の羈絆を遁れて独立を全うした」「米国十三州」の如く、「天下の争乱一に徴税の事に起らざるは稀」であり、「自分は熱心に内地の改良を思ふものなれば朝鮮計画は即ち其一手段として事遂にここには至れり」と述べている。これすなわち、徴税など「内治の改良」を「熱心に」求めればこそ、それは「騒乱」「朝鮮計画」に行き着かざるを得ないという認識であろう。[36] なお、加波山事件の公判では杉浦吉副が、やはり地租条例改定につき「百分の一云々の公約ハ遂に烟散霧消に帰したりき嗚呼吾人が欺かれし亦甚しからす哉」とし、こうした「違約」「苛政重税」が行動の一契機だったと述べている。[37] 同様の問題意識は、静岡事件参加者にもみられ（後述）、減租請願運動に直接参加していない激化事件参加者にも一定共有されていたといえる。

もう一つは、様々な弾圧に対する「専制政府」批判から政府転覆をめざし、そのために人びとを広く動員する手段として減租請願を位置づけていくケースである。そもそも八二年一〇月の「広域蜂起」方針と減租問題の結びつき、また請願運動の画期となった植木・片岡提案（4）が「民間ニ広ク感動ヲ与フル」ことを「大目的」としていたことは、減租問題が当初から自由党の「広域蜂起」や党勢拡張の手段として位置づけられていたことを示すものであり、激化事件の関係者たちは、こうした認識を踏襲したにすぎない。例えば群馬事件の前段階では、減租請願を掲げた党勢拡張運動が盛んに試みられるが（19・21）、それは「地租軽減請願ヲ名トシ」、「現政府ヲ攻撃シ、演説ヲ為シ、或ハ政府顛覆ノ密議ヲ為シ、或ハ日夜砲術ノ練習ヲ為ス」など、「政府顛覆ノ準備」であったという[38]。また名古屋事件は、名古屋鎮台の兵をはじめ各地の自由党員の蜂起をめざし、強盗や紙幣贋造により資金を確保しようとして発覚したが、農民を強盗に勧誘する際に「名古屋ノ自由党員ニテ地租ヲ百分ノ一ニ致シ貰フ願ヒヲスルニ付夫々入費モイル故」という言葉が使われている[39]。飯田事件の川澄徳次も、集会条例等による言論弾圧に対し「現政府ヲ改良スルニハ温和ノ手段ヲ以テスルコト能ハス」と感じ、高田事件の実情を探るべく信州・飯田に行き減租問題の重要性を知るが（14）、その後、加波山事件・秩父事件の報に接して「断然兵馬ノ間ニ相談スル時機到来セリ」と決意、「今ヤ若シ地租軽減ハ延期出願等ヲ唱フレハ三五万ヲ結合スル尤モ容易ナリ」と述べたという[40]。

一八八四年一〇月の自由党解党大会終了後、減租請願を提起した新潟県・森山信一の言葉「人民ノ感覚大ナラン、民心ヲ引キ入ル、ハ今日ニアリ」、河野広中の回想「十八年が地租改正の期限であって、之が実行の為めに民心が動揺する。其の動揺の機会に乗ずることが専制政治を打破し、其の目的（国会開設――引用者）を達する所以の捷径であると信じた」は、減租請願に対する戦略的な位置づけが、自由党のより広い範囲で共有されていたことを示すものである[41]。群馬・秩父事件（21）のように、地域住民の動員を進めていく中で減租要求が負債・学校の問題へと広がっていくのは、運動の担い手たちが松方デフレ下で地域住民の直面する負担問題に向き合い、その要求に規定された結果に他ならないが、右のような、自由党における減租請願の戦略的位置づけにも原因があったと考えられる[42]。

なお当然ながら、減租請願運動が激化事件に転化しないケースのほうが多い。減租請願運動は法に依拠する運動であればこそ、上農層の積極的参加に支えられ（26）、「激化」に直面してもあくまでその合法路線を守る場合がみられたのである（12・29）[43]。

以上のように、減租請願運動から激化事件へと移行する過程には、合法的な運動に止まる多くの事例とともに、合法的な運動に対する限界の認識、減租に象徴される負担問題を「専制政府転覆」「広域蜂起」に対する手段ととらえる認識を介して、激化事件へとつながっていく事例がみられた。

つまり地租条例に基づき展開される減租請願運動は、合法的な運動であり、その要求が地域住民にとって切実なものであるだけに上農層をも含む大きな動員力をもつのだが、いったん法律上の根拠を奪われてしまえば現状を打開することはできず、この限界に直面した者たちは、この運動から撤退するか、地租条例撤廃後もむなしく請願を繰り返すことになる。しかし、租税問題が「広域蜂起」方針を契機に自由党の大衆的な組織戦略として採用され、おそらくそうした戦略を地域住民の負担問題に直面した自由党員が減租請願運動として担っていた状況では、運動の限界に直面した者たちが、これを乗り越える方法として「広域蜂起」・実力行使という手段・選択肢を採用していくケース、あるいは地域の課題に即して減租から負債・徴兵・学校などへと要求を広げることで、減租請願運動に関与した多くの地域住民を蜂起へと動員していくケースも生まれる。このように、もともと自由党の「広域蜂起」戦略と密接な関係をもっていたからこそ、地域の減租請願運動には激化事件と結びつくものがあらわれたのであり、激化事件もまた地域の減租要求と接点をもつことになったのである。

そしてこれを激化事件と自由党中央という観点からみれば、少なくとも減租論・減租請願運動を介して、激化事件は自由党中央の運動とつながっている。

実際、激化事件の中で展開された減租論もまた、自由党のそれを踏襲していた。植木が関係した飯田事件の檄文[44]はもちろん、静岡事件関係者の鈴木音高も次のように供述している。「又政府ハ嘗テ人民ニ対シ地租ノ事ニ就キ雑種税弐百万円ニ登レハ地租ハ百分ノ一ニ減スルトノ盟約ナシタルニアラスヤ業已ニ雑種税額ハ其十倍ノ度ニマテ達シタリ知ラス地租ハ何レノ時ニ百分ノ一ニ減シタルヤ」「斯クノ如ク言論出版集会結社ヲ抑圧シ加フルニ屢々人民トノ契約ニ違背シタルコトハ掩フヘカラサルノ事実ニアラスヤ而シテ搾取シタル重税即チ吾人ノ膏血ヲ以テ国家ノ経済如何ヲモ顧ミス……其他奸商ト結託シテ市利ヲ壟断スルカ如キニ至ツテハ殆ント枚挙スルニ遑アラサラントス」[45]。こうした主張は『自由新聞』の減租論と同時期の三菱・改進党批判をふまえた議論である。また大阪事件公判の稲垣示も、減租論を展開するにあたって、「租税ハ敢て不必要の時に徴す可からざる者なり然るに我政府ハ必要ならざるの時に當り租税を徴することハ実に苛酷不仁慈なることにして斯る不當なる租税を徴するハ輿論に反する處置ありとす」と述べているが、[46]これは課税・増税は国益上やむを得ぬ理由がある場合にのみ行うべきとの、従来の減租論と類似の主張である。このように高田事件以降の激化事件は、減租論・減租請願運動を介して、中央自由党の主張・運動の延長上にあったといえる。

## おわりに

以上のように、激化期の自由党中央では、租税問題が「広域蜂起」への動員手段として位置づけられ、酒屋会議までの租税論が地租等を含む増税批判へと拡大していくが、そうしたなか、これを減租請願運動という形で実践していったのは、地域の自由党員、特に東海以東や土佐を中心とする自由党員であった。自由党中央は、地租条例第六章を根拠とした減租論の提示や情報提供などを通じて地域自由党員による減租請願運動を支援するが、高田事件以降の党内急進化への警戒から、減租請願運動に党として取り組むことはなかった。他方、減租請願運動を主導していった地域の自由党員には、「広域蜂起」方針や「広域蜂起派」の影響下、合法的な減租請願運動に限界を感じるなか激化事件の担い手へと移行していく者がいる一方、減租請願を党勢拡大や蜂起計画への動員手段と位置づける者、さらには減租問題を通じて、徴兵・学校費や負債など、松方デフレ下の地域が直面する、より広い負担問題へと運動の視野を拡大して激化事件に参加・動員していく事例もみられた。減租要求は、減租請願運動との関わりが認められない激化事件参加者にもみられ、その減租論は酒屋会議・自由党中央の租税論をふまえたものでもあった。

こうした点からみれば、自由党中央・地域自由党員・激化事件参加者は減租問題を通じてつながっていたことがわかる。また減租請願運動が地域主導だった点からみれば、この時期の自由党は、中央が統一的な方針によって地域の党員を統制していくのではなく、むしろ地域党員の多様な実践そのものが党の運動本体を形成していく過渡的な政党、近代成立期の政党であったといえる。

他方、この過程を減租請願運動からみていくと、それは地域から遊離した運動ではなく、自由党員から改進党員・上層農民まで一町村の住民を丸ごと巻き込んでいくケース、また自由党員の方が、地域の要求に方向づけられていく場合もみられた。この点、減租請願運動は、自由党の大衆組織化手段に止まるものではなかったのである。

結局、自由党中央や地域の自由党員、また激化事件参加者も、この運動を通じてその減租要求を地域の広範な人びとにアピールし、新たな政治体制・立憲政体を作るための主体・多数派形成をしていくことはできなかった。集会条例改正など政府による言論弾圧や、改進党との抗争のなかで強化された「志士仁人」の党としての自己認識は、実力行使の志向を促して党内外の対立に拍車をかけ、自由党が党として減租請願運動に取り組むことや、減租を含む地域住民の負担の問題に正面から向き合うことを妨げた。しかし地域の自由党員が、地域住民の要求に即して減租などの公的負担やそれに止まらない負担問題に向き合い取り組んだこと、また時にはそのなかで立憲政体の樹立、「専制政府転覆」など、秩序意識の転換を迫るより大きな選択肢を、これら負担問題と結びつけて地域の人びとに提示していったことも事実である。その限りで減租請願運動は、自由党と地域住民が相互に関わっていく接点であり、また国家・政治について選択権をもち、それを実力を用いても行使しようとする〈激化〉の時代が人びとの生活の場に及んでいく、小路の一つだったのではないか。

なお本稿の考察は激化期自由党の減租請願運動に限定されており、地租延納運動との関わり、三大事件建白運動の「地租軽減」要求とのつながりについても、ふれることができなかった。これらの点、また自由党に止まらない減租請願運動の解明は、今後の課題としたい。

## 注

（1）例えば江村栄一『自由民権革命の研究』（法政大学出版会、一九八四年）四九二頁、安在邦夫『自由民権運動史への招待』（吉田書店、二〇一二年）七頁など。

（2）拙稿「激化期『自由党』試論――群馬・秩父事件における『譌自由党』と『自由党』」（安在邦夫・田﨑公司編著『自由民権の再発見』（日本経済評論社、二〇〇六年）、「人民の負担と自由党――一八八二・八三（明治一五・一六）年の『自由新聞』を素材に」（名古屋大学法学部『法政論集』第二一七号、二〇〇七年四月）。

（3）小山博也「明治前期における地租軽減論の展開――自由黨をめぐって」（東京大学社会科学研究所『社会科学研究』第七巻六号、一九五六年八月）、稲田雅洋「自由民権運動の地租問題――自由民権運動の主体的条件に関する小察」（『歴史評論』第三七九号、一九八一年一一月）など。

（4）下山三郎「明治十七年における自由党の動向と農民騒擾の景況」（『自由民権期の研究』第三巻、有斐閣・一九五九年）、家永三郎『植木枝盛研究』（岩波書店、一九六〇年）四一二～四二六頁、有元正雄『地租改正と農民闘争』（新生社、一九六八年）。日比野元彦「飯田事件再考――川澄徳次の日記『奇怪哉』を中心として」（『東海近代史研究』創刊号、一九七九年一二月）、同「飯田・名古屋事件」（『自由民権運動と現代――自由民権百年第二回全国集会報告集』三省堂、一九八五年の第六分会報告）。清水吉二『群馬自由民権運動の研究』（あさを社、一九八四年）一一九～一三五頁、外崎光広『土佐自由民権運動史』（高知市文化振興事業団、一九九二年）二六六～二六九頁、松岡僖一『『自由新聞』を読む――自由党にとっての自由民権運動』（ユニテ、一九九二年）一七〇～一七五頁、同『土佐自由民権を読む――全盛期の機関紙と民衆運動』（青木書店、一九九七年）二一一～二一三頁。大日方純夫「政党の創立」（江村栄一編『自由民権と明治憲法』吉川弘文館、一九九五年）一五八～一六六頁、同「自由民権運動と地租問題」（『佐藤和彦編『租税』東京堂出版、一九九七年）一九六～一九七頁、渡辺奨・鶴巻孝雄『石阪昌孝とその時代――豪農民権家と栄光と悲惨の生涯』（町田ジャーナル社、一九九七年）二八九～二九五頁などがある。

（5）橋本（佐藤）ゆみ「土佐の自由民権運動と農民――一宮・布師田減租請願運動」（土佐自由民権研究会『土佐自由民権研究』第三号、一九八三年一〇月）。本論稿は土佐の一地域を対象としつつも全国的な減租請願運動について俯瞰した最初の論稿である。

（6）酒屋会議開催の檄文「日本全国ノ酒屋会議ヲ開カントスルノ書」、「酒税減額建白書」は『植木枝盛集』第六巻（岩波書店、一九九一年）、これ以外は『明治建白書集成』第三巻、第五巻（筑摩書房、一九八六、九六年）所収の該当史料を利用した。

（7）民撰議院設立建白書と『明六雑誌』の政体構想、特に神田孝平・津田真道・阪谷素の租税・議会構想論については、河野有理『明六雑誌の政治思想――阪谷素と「道理」の挑戦』（東京大学出版会、二〇一一年）第二章を参照。

（8）西周「駁旧相公議一題」（『明六雑誌』第三号、『明六雑誌（上）』岩波文庫、一九九九年に所収）。

（9） 以下、欧米における近代的租税の成立史については、諸富徹『私たちはなぜ税を納めるのか——租税の経済思想史』（新潮社、二〇一三年）第一章を参照。

（10） なお「国会ヲ開設スル允可ヲ上願スル書」も、第六項で参政権を主張する根拠としての徴兵と国民意識の関係にふれ、第七項では、租税目的につながる主張をしている（「凡ソ人民ノ其国ニ在テ義務ヲ尽ス所以ノモノハ其国ニ在テ安全幸福ヲ受ケント欲スルカ為メニ非サルハ莫キ也」）。

（11） 市民革命の租税思想については前掲諸富〔注9〕二五～三六頁、近世百姓のそれについては深谷克己『増補改訂版　百姓一揆の歴史的構造』（校倉書房、一九八六年）六八頁。

（12） 酒屋会議については、史料として井出孫六ほか編『自由民権機密探偵史料集』（三一書房、一九八一年）九二、一〇七、一一〇～一一一、一一七～一二六頁、『自由党史』（一九一〇年刊）中巻（岩波書店、一九五八年）一五四～八四頁、外崎光弘「酒屋会議と児島稔」（『高知短期大学研究報告　社会科学論集』第四二号、一九八二年一月）、また次の研究を参照した。山田昭次「酒屋会議——その階層的基盤」（立教大学史学会『史苑』第二〇巻一号、一九五九年六月」）、家永三郎「酒屋会議の開催」（前掲家永『植木枝盛研究』〔注4〕所収）二三一～二五九頁、長倉保「明治十年代における酒造業の動向——酒屋会議をめぐって」（『歴史評論』第一二六号、一九六一年二月）、山田昭次「明治一〇年代における明治政権と酒造業者の動向——酒屋会議小論」（『歴史評論』第一三五号、一九六一年一一月、後藤正人「自由民権期の地域社会における権利運動と地主制——和歌山県日高郡の『酒屋会議』を中心として」（『紀州経済史文化史研究所紀要』第四号、一九八四年三月）、丑木幸男「明治前期の豪農・地方名望家」（明治維新史学会編『講座　明治維新七　明治維新と地域社会』有志舎、二〇一三年）。

（13） 『自由党史』も、酒屋会議については「此擧動専ら自由黨同志の首謀と成れり」との記述に留めている（中巻一六五頁）。なお密偵史料は、植木枝盛と古沢滋が酒屋会議に尽力中だが「其心底ハ畢竟近府県ノ酒造家金持連ヲ政党ニ引入ル、ニ有リ」として（『自由民権機密探偵史料集』一〇七頁）、これらが自由党の党勢拡大のためだったとしている。

（14） 水田洋・杉山忠平訳『国富論』第四巻（岩波文庫、二〇〇一年）一三二～一三七頁。

（15） 「自由党近来ノ内状」（国会図書館憲政資料室所蔵「三島通庸文書」四九六—八）、江村栄一「自由党史研究のために——『自由党本部報道書』の紹介をかねて」（『神奈川県史』各論編1、神奈川県、一九八三年）。

（16） 以下、一八八三年までの『自由新聞』における負担をめぐる議論については、前掲「人民の負担と自由党」〔注2〕を参照。

（17） 具体的には、一八八〇年一一月五日太政官布告第四八号（地方税の地租五分の一から三分の一への改定）、八二年一〇月二七日太政官布告第五一号の売薬印紙税規則、一二月二七日の同第六一号酒造税則改正、第六二号醤麹営業税則追加、第六三号煙草税則

改正、第六四号株式取引所条例改正追加、第六五号米商会所株式取引所仲買人納税規則などを指す。

(18)「地租上納期限ヲ論ズ」（一八八三年二月三・七日）、「地租徴収期限ノ改正」（一八八三年一一月一一・一三日）。その他、「酒造家ノ実際計算」（一八八二年一二月一二日）、「自明治十五年第六十一号至第七十号布告」（一八八三年一月五・七日）は、各地の酒税減税の請願・建白運動にもふれつつ、「酒税減額建白書」の論点を継承している。

(19) 前掲松岡『「自由新聞」を読む』〔注4〕一二二頁。

(20)『自由新聞　復刻版』第五巻、三一書房、一九七二年所収の林茂「解題」、前掲松岡〔注4〕六六〜六七頁。古沢が三菱・改進党批判を担ったことは知られているが（宮武外骨・西田長寿『明治新聞雑誌関係者略伝』みすず書房、一九八五年、二二七頁）、植木は、論説「偽黨ヲ排撃スルハ真正政黨ノ務メタルヲ論ズ」（演説筆記、二月一八・二二・二三日掲載）、「国家創業家ノ性格ヲ論ズ」（一八八三年六月一五・一六日）とともに、「商賣ノ自由」（一八八二年一二月五日）、「酒造家ノ陳情」（一八八二年一二月六・七日）などでも筆をとっている。

(21)「陸軍卿ノ洋行」（一八八四年二月二一日）、「皇家ノ賊國民ノ蠹」（一八八四年八月一七・二〇日）など。

(22) 例えば「民事訴訟用印紙規則」（一八八四年二月二四・二六日）、「證券印税規則ノ改正」（一八八四年五月三・四日）はいずれも、印紙・印税規則の論評を通じて酒税等の増税を批判している。

(23) これらの主張は、一八七四年五月太政官布告第五三号で追加された地租改正条例第八章「地租改正後賣買ノ間地價ノ増減ヲ生ジ候共改正ノ年ヨリ五ヶ年ノ間ハ最初取定メ候地價ニ拠リ収税致ス可キ事」に基づいている。同条項の地価見直し期限については、八〇年五月には、さらに八五年まで据え置くことが達せられていた（太政官布告第二五号）。これらの布達に基づき、当時一般に一八八五年が地租改正の期限と考えられていた点は前掲松岡〔注4〕一七二頁、改進党系の新聞・民権家が一八八五年の地租改正を主張し運動を展開していた点については、前掲大日方「政党の創立」〔注4〕一六二～一六三頁。

(24)「明治十八年ヲ以テ第二次地租改正ノ期トスルハ全ク謂レナキノ事タルヲ論ズ」（一八八三年一二月二七日）。

(25)「地租條例」（一八八四年三月二〇日）。

(26)「國家心腹ノ病」（一八八四年一〇月七日）、「時弊論　上」（一八八四年一〇月二五・二六日）。なお、五月に創刊された自由党の第二機関紙『自由燈』も、貧富の不平均を問題にしつつ、その解消法としては、兄弟間の財産平均分配や普通選挙を主張していた（松尾貞子「『自由燈』の貧民論」、松尾章一『自由燈の研究――帝国主義前夜の民権派新聞』日本経済評論社、一九九一年）。

(27) 前掲林茂「解題」〔注20〕。

(28)「寧靖策」（一八八四．年一一月二一・二三・二五日）、「聞風説有感」（一八八四年一二月三日）、「國約憲法」（一八八四年一二月

七日、ただしタイトルのみで本文は全文削除）。

(29) 酒税についても、太政官に「酒税減率」「自飲酒免税」の請願書を提出するとの酒屋会議における申し合せをふまえ、各地域で、一八八三年一・二月頃まで請願・建白運動が続いた（前掲家永〔注4〕二三八～二五三頁）。酒屋会議後の各地の請願・建白運動に関わった自由党員としては、少なくとも福井県の安立又三郎、岡山県の中島衛・安東久治郎が確認できる（佐藤誠郎ほか『自由党員名簿』明治史料研究連絡会、一九五五年、寺崎修『明治自由党の研究』上巻、慶應大学通信、一九八七年）。

(30) 「三島通庸文書」五一〇—五「足利地方ノ状態」。

(31) 佐久間耕治『底点の自由民権運動——新史料の発見とパラダイム』（岩田書店、二〇〇二年）六八～六九頁。

(32) 群馬県南北甘楽郡・緑野郡で一八八四年三・五月に入党者が多い（前掲佐藤ほか『自由党員名簿』〔注29〕）。

(33) 「〔史料五〕明治十六年十一月頃報道書（活版一枚文書）」（前掲佐久間『底点の自由民権運動』〔注31〕五〇～五二頁）。この報道書の執筆者は「曾テ此ニ憂フル所アリテ」の文言や、税額が植木建白とほぼ同じであることなどからおそらく植木枝盛であり、また八三年一一月の臨時大会後に示された物品税額（表2－1の4）を訂正した数字になっていることから、その後に発せられたものと考える。

(34) 「広域蜂起派」については、江村栄一「自由民権革命と激化事件」（『歴史学研究』第五三五号、一九八四年一一月）八～一二頁、飯塚一幸「自由党成立後の杉田定一」（大阪経済大学日本経済史研究所『経済史研究』第一二号・二〇〇九年二月）一一六～一二一頁を参照。星については異論（江村）もあるが、八三年八月本部における鯉沼九八郎らとの密議では、植木とともに星が広域蜂起論を主張したという密偵報告もある（『茨城県史料　近代政治社会編Ⅲ　加波山事件』茨城県、一九八七年所収の史料五六）。

(35) 「飯田国事犯事件」（『信濃毎日新聞』一八八五年一〇月二三日）。村松愛蔵も公判で「彼ノ租税ノ如キハ人民ニ於テ苦痛ヲ直チニ感スルモ□ナリ……（中略）嘗テ地租百分□一ヲ超ヘスト定メタルニモ拘ラス新ニ地租條例ヲ發シテ之ヲ破リタリ若シ此事ヲ人民一箇人トシテ論スルトキハ政府カ詐偽取財ノ罪ヲ犯シタルモノト云フモ不可ナカルヘシ」と地租条例第六章削除を批判している（『信濃毎日新聞』一八八五年一〇月一七日の「飯田国事犯事件」、□は判読不能文字）。飯田事件関係者において減租問題が一つの動機になった点については、前掲日比野「飯田・名古屋事件」〔注4〕に詳しい。

(36) 浪華新聞号外「国事犯事件公判傍聴筆記」一八八七年六月二五日（『三多摩自由民権史料集』下巻、大和書房、一九七九年、八六〇頁）。

(37) 前掲『茨城県史料　近代政治社会編Ⅲ　加波山事件』〔注34〕五三七頁。

(38) 大正四年四月調査「政党ノ沿革」（『群馬県史』資料編二〇、群馬県、一九八〇年）。

(39) 長谷川昇『名古屋事件』(中公新書、一九七七年)二〇〇頁。
(40) 「飯田国事犯事件」(『信濃毎日新聞』一八八五年一〇月一七日)、名古屋警察署「白井伊蔵第一回調書」(法務図書館蔵「愛知県大島渚等強盗事件書類」)。
(41) 前掲『自由民権機密探偵史料集』〔注12〕三二三〜三二四頁、『河野盤州傳』上巻(河野磐州傳刊行會、一九二三年)四三八頁。
(42) 一八八四年七月の岐阜加茂事件は、直接的には愛国交親社幹部が名古屋警察署から社長・庄林一正を救出する目的で計画したものだが、地域農民の組織化に際しては、一月の減租建白を踏襲した地租軽減(百分の一)だけでなく、地租以外の諸税廃止、徴兵令廃止なども掲げられた(長谷川昇「加茂事件」『自由民権期の研究』第二巻、有斐閣、一九五九年、一五四〜一五六・五八〜六三頁)。
(43) 三多摩の地租軽減運動については「困民党蜂起を未然に防ぐ意図」があり、「民権派豪農たちは、地租の問題で民衆の自発性を引き出して広範な民衆運動に発展させるのではなく、結局負債農民への批判の上に合法的歎願運動をおこない、地主の利害を守ろうとしたにすぎなかった」という評価がある(鶴巻孝雄「第四編困民党事件」解説、『三多摩自由民権史料集』下巻の五五五〜五五六頁)。ただし白井伊蔵・菊也兄弟は村松愛蔵ら飯田事件グループに対して合法路線を維持したが、檄文隠匿や裁判支援など村松らの行動には同情的だった(四八三・四八四「川澄徳次宛白井菊也書簡」、『愛知県史　資料編二四』愛知県、二〇一三年)。
(44) 飯田事件の檄文については、植木執筆説(前掲家永〔注4〕四二八〜四三〇頁)とともに、植木が自ら手渡した文書などをもとに村松らが執筆したという議論がある(北原明文「三河民権国事犯事件と飯田地方の自由主義思潮(中)」『清泉女学院短期大学研究紀要』第二四号、二〇〇五年一一月)。
(45) 「鈴木音高国事犯申立書」(『静岡県自由民権史料集』三一書房、一九八四年)六四四頁。
(46) 『大阪事件関係史料集』上巻(日本経済評論社、一九八五年)三六八〜三六九頁。

# 第三章　青年民権運動と激化

横山真一

## はじめに

一八八〇（明治一三）年の国会開設請願運動の高まりは、自由民権運動を国民的な民主主義運動に転換させた。運動の担い手が士族から豪農・豪商・都市知識人に広がり、内容も国民主権・憲法制定・地方自治など多彩なものとなった。民権運動の高まりは青年層に大きな影響を与え、各地に青年民権家を誕生させた[1]。青年民権家は八一年前後に結社を結成し、主体的な活動を展開する[2]。

本章は、この青年民権運動の視点から激化を解明する。激化の主体形成、急進化から激化へ、福島事件と高田事件の激化、自由運動会・野外懇親会の開催、裁判記事と激化の広がり、激化の性格などが分析対象になる。

自由民権運動が「合法と非合法、文と武の両面」を持った運動とするなら[3]、「非合法」や「武」はいかにして形成されたのか。これまで積み重ねられてきた自由民権研究や激化事件研究の諸成果をもとに、青年民権運動と激化を再構築してみよう[4]。

# 第一節　青年民権運動の誕生・急進化・激化

## 1　青年民権運動の誕生

一八八一年前後、青年は自ら結社を結成し、演説や討論を通して政治意識を高め、民権運動の主体に成長していった。ここでは「青年」と冠した三つの組織を取りあげ、そのメンバー・活動・性格を見てみよう(5)。

### (1)　静岡の浜松青年演説会

#### ①　主要メンバー

浜松青年演説会を新聞紙上で確認できる最初は、一八八一年七月二三日の討論演説会からである(『函右日報』八一年七月二六日、以下年月日のみ記す)。

一八八一年の青年演説会の活動をまとめた表3-1から、断片的にわかることは次の通りである。まず、七月二三日に演説した小池文雄は七九年設立の己柳社社員であった(6)。その後小池は、二三日に演説した岡部譲とともに八二年三月、帝政党系の先憂会を結成する。この動きは七月の浜松立憲帝政党に繋がっていくが、同党には九月一〇日に演説した川口栄三郎も参加していた(7)。

一方、一八八一年八月頃、公同親睦社を結成したのが七月二三日に演説した鈴木忠篤である(8)。鈴木は八月一三日の討論者鈴木貫之とともに、八二年三月の板垣退助遊説で歓迎の演説を行った。鈴木貫之は、翌四月の遠陽自由党結党に参加し、理事に就任する(9)。これらのことから浜松青年演説会は帝政党系と自由党系の青年が共存する多様な性格の結社であった。

(1881年)

| 討論題・討論者 | 聴　衆 | 函右日報 |
|---|---|---|
| 「法律学と経済学と何れか今日に急務なるか」議長杉浦公正、法律論者藤村・小池・油川外1名、経済論者鈴木・幡鎌・上野・杉浦 | 40～50人 | 7.26 |
| 「道徳と知恵とは平行するや否」、平行主義者鈴木忠篤・中野二郎三郎・幡兼武雄・油川銈太郎・鈴木鐸郎、非平行主義者藤村義苗・小池文雄・山口銕三郎・鈴木貫之・伊藤某 | 700～800人 | 8.17 |
| 「女子の教育と男子の教育と何れが今日に急務なるか」、女子党鈴木貫之・藤村義苗・関川美建・油川銈太郎・鈴木忠篤、男子党岡部譲・幡鎌武雄・上野優・小池文雄・山口銕三郎 | 500人 | 8.28 |
| 「工業学校と商業学校とを開設するは孰れか今日に功要なるや」、岡部・鈴木・藤村・山口・上野・関川・多々羅・幡鎌 | | 8.31 |
| 「農学と商学と何れか今日急務なるや」、農学論者山本信・幡兼鈙三郎・長田□（錜カ）吉・広沢清、商学論者幡兼武雄・足立卓・鳥居才二郎・鈴木利三郎 | 200人 | 9.13 |
| 「理論家と実業家と何れか今日に益あるか」、理論派小池文雄・田中荘三郎・油川銈太郎・鈴木綱三、実業派山口銕次郎・今西茂喜・土屋一朗・真淵某 | 30人 | 9.13 |
| | | 10.12 |
| 「因循と軽躁」、因循論者岡部賢太郎・田代某・田中荘三郎・金子静一・管沼某、軽躁論者山口銕三郎・山口喜代治 | 200有余人 | 11.17 |
| 「人ノ賢愚ハ天然ノ性質ニ由ヤ否ヤ」 | | 12.13 |

この他、この結社に学生が参加していた。藤村義苗は「東京外国学校生」である。八二年初頭の青年演説会解散後、共存社を結成する藤井・菅沼（親宗）・福地（泉太郎）ら数十名は中学生であった（八二年四月二七日）。

### ② 活動

一八八一年七月二三日の学術演説会は五つの演説を行い、その後「法律学と経済学と何れか今日に急務なるか」をテーマに討論会が行われた。表3－1に見られるように、青年演説会は八月が三回、九月が二回、あとは月一回ずつ開催されている。演説者は三～五人、演説後討論会が行われ、多数決で勝敗を決していた。表3－1の論題・討論題から、学術的・啓蒙的な内容であったことがわかる。

青年演説会の会員は増加し、九月に「既に百名にも及び目下にてハ老練社会の演説を圧倒するの猛勢」（八一年九月一

表3－1　浜松青年演説会

| 月　日 | 場　所 | 演説者・演題 |
|---|---|---|
| 7月23日 | 中教院 | 杉浦広三郎「物理談」・小池文雄「中庸の説」・幡鎌武雄「財を得る仕方」・藤村義苗「書生論」・鈴木忠篤「笑の話」・岡部譲「誤の説」 |
| 8月13日 | | 大石良平「些細の説」・鈴木鐸郎「写真の説」・小池文雄「法律の元則」・岡部譲「美妙の解」 |
| 8月25日 | 中教院 | 幡兼武雄「潜浜居士の惑を解く」・鈴木忠篤「独立の解」・岡部譲「腐医のさじ加減」 |
| 8月27日 | 中教院 | 上野優「雞口無為牛後」・関川美建「宗教之弊害」・鈴木貫之「舶来の最上品は何か」 |
| 9月7日 | 周智郡上山梨村 | 幡兼鉉三郎「権利と義務の説」・長田□（鎗カ）吉「交際論」・山本信「時勢論」・足立卓「鉄面皮の弊」・幡兼武雄「労資の関係」 |
| 9月10日 | 中教院 | 油川鉎太郎「法律のはなし」・今西茂喜「自由ハ快楽の基礎」・海野覚太郎「教育の説」・川口栄三郎「盲教院を設立せよ」 |
| 10月8日 | 伝馬町中席 | 小池文雄「女権論」・油川鉎太郎「日本魂」・幡兼武雄「自由の解」・川口栄三郎「栄誉論」・今西茂喜「偶感」 |
| 11月12日 | 太教分校 | 田中「偶感」・山口銊「雑感」・小池文雄「郷原論」・岡部譲「正論ハ輿論とならんことを乞ふ」 |
| 12月10日 | 紺屋町善正寺 | 海野覚太郎「観福助有感」・山口喜代次郎「忍耐説」・金子静一「物産盛ニシテ交通便ナル可シ」・福地泉太郎「学問説」・菅沼親宗「自由説」 |

三日）であった。一二月に入り、青年演説会は組織を改編した。変更点は「何人にても加入するを得せしむる事に会則を改めたり」（八一年一二月二〇日）とあり、一般の人びとに演説会を開放している。この原因は、後述する青年結社の学術演説会に対する規制強化があったものと思われる。

## （2）新潟の新発田青年同盟会

### ①　主要メンバー

新発田青年同盟会が新聞紙上に登場するのは、一八八一年九月九日である。[10]この日、新発田青年同盟会の堀政太郎・清水中四郎（一八六六、氏名下の数字は生年）・梶静三郎連名で、「北越青年諸君ニ譲ル」を『新潟新聞』に投書した。投書で三名は、外患内憂や他邦人の新潟蔑視の中で誰が日本を救済するかといえば、それは「青年書生ヲ措テ正ニ他ニ其人ナカルヘシ」と訴えている。さらに、新潟の書生が全国の学生風采を一洗し、北越の名誉挽回を果たすべきであると檄を飛ばした。堀・梶の経歴については不明である。清水中四郎は、一八六六年一一月二八日、新発田藩士族清水貫一の三男に生まれている。父貫一は士族とは言っても、足軽の出身だったようである。青年同盟会参加時、清水は新発田学校の学生であった。中学生の加入者は、清水の他に後述する遠藤泰三郎・安倍隆吉・神田辰三郎がいた（『新潟新聞』八二年一〇月二五日、以下年月日のみ記す）。

役職が判明しているのは、幹事の小宮喜一郎のみである（八二年一一月一〇日）。この他、清水・白勢和一郎（一八六〇）・佐藤和四蔵が、一八八二年五月に結成される北辰自由党に入党していた(11)。白勢は北蒲原郡の千町歩地主白勢宗家一一代目の当主で、七六年六月に『秦西烈女伝』を発行、八〇年七月から二年間イギリス・フランスに留学し、果樹栽培を研究したといわれている(12)。表3－2に見られるように、帰国後の八二年三月四日以降積極的に演説会に参加していた。

また表3－2の二月一一・一九日演説会に参加した辻沢玄庵は、一八八三年一月杉田定一に宛て『経世新論』発行と『北陸自由新聞』創刊の祝辞を送る青年民権家であった(13)。

**② 活動**

青年同盟会は、一八八一年一一月一二日新発田中学校で談話会を開いた。「席上演説祝詞」（八一年一一月一七日）があったと報じられており、この頃から活動が始まったと考えられる。表3－2は、八二年の青年同盟会の活動をまとめた一覧である。二月一九日の青年同盟会の演説会は、会場が「新発田町大善寺進取社」（八二年二月二三日）になっている。このことは青年同盟会が、民権結社進取社と密接な関係にあったことを意味している。実際に青年同盟会員堀政太郎が三月四日の進取社定期演説会で、清水中四郎が九月二四日の進取社定期演説会で演説を行っていた。

一八八二年二月一九日の演説会は討論会も行われたが、青年同盟会の場合ほとんどが演説会主体であったようである。演説の内容は、二月一九日演説会の演題から学術的・啓蒙的なものであった。しかし、四月二九日の北辰自由党

表3－2　新発田青年の動向（1882年）

| 月日 | 場　所 | 内容・演説者・演題 | 聴衆 | 新潟新聞 |
|---|---|---|---|---|
| 2月11日 | 沼垂町浄徳寺 | 沼垂青年同盟会演説会、長谷川喜六・辻沢玄庵・清水中四郎・真野徳平治・富樫留五郎・丹羽千代松・小宮騎一郎・金子長吾・安倍洲□ | 400余人 | 2.15 |
| 2月19日 | 大善寺 | 青年同盟会演説会・討論会、佐藤源太郎「社会ニ腹心ニタルベキモノハ誰カ」・辻沢玄庵「夢逢黄髪老叟」・松本甚之助「演説会ノ説」・早川熊二郎「北越ノ病」・真野徳平治「智識ノ効用」・稲垣島太郎「培セズシテ其実ランコトヲ願フノ説」・金子長吉「字セキヲ書読ム」・荒川済「真理ヲ振暢スルモノハ誰カ」 | 500余人 | 2.23 |
| 3月4日 | | 進取社定期演説会、山中寿也「習慣論」・堀政太郎「艱難玉汝」・上野喜永次・富田精作「誰カ洋籍ヲ廃シテ新発田校衰ヘタリト謂フ乎」・白勢和一郎「欧州紀行第五回」 | 600余人 | 3．9 |
| 3月12日 | 新井田校 | 定期演説会、佐藤和四蔵・清水中四郎・白勢和一郎・稲岡嘉七郎 | | 3.17 |
| 3月12日 | 真野村林海庵 | 演説会、竹内治作・鈴木光一郎・吉田岩太郎・吉田信吉・渋谷一・吉田善太郎・吉田源治郎・池田有親 | | 3.17 |
| 4月29日 | 蓬莱座 | 北辰自由党政談演説会、佐藤和四蔵「刺客却テ我ヲ益ス」・山中寿弥「誰レカ政党ヲ喜ハサル」・富田精作「吾党ノ主義」・稲岡嘉七郎「天下何者カ憎ム可キ」・白勢和一郎「北越再タヒ紫溟会ヲ生スル勿レ」・原富次郎「国民ノ義務」 | 2500人 | 5．2 |
| 5月6日 | | 進取社演説会、丹羽千代松 | | 6．8 |
| 5月15日 | | 清水中四郎・丹羽千代松拘引 | | 5.25 |
| 5月20日 | 大善寺 | 青年同盟会演説会、演説者5人 | 500人 | 5.25 |
| 5月22日 | | 丹羽千代松、新発田軽罪裁判所で公判 | | 5.25 |
| 5月28日 | | 丹羽千代松の無罪放免祝賀会 | 50余人 | 6．8 |
| 7月15日 | | 青年同盟会定期演説会、演説者6人 | 200余人 | 7.20 |
| 9月24日 | | 進取社定期演説会、白勢和一郎「欧州紀行」・清水中四郎「妄信ノ弊」・丹羽千代松「浴衣幽霊」・山中寿弥「平均論」・和気清太郎「芝田論」 | 200余人 | 9.28 |
| 10月4日 | | 清水中四郎、「妄信ノ弊」を『新潟新聞』に投稿 | | 10．4 |
| 10月7日 | | 進取社定期演説会、稲垣島太郎・清水中四郎・山中寿弥・富田精作・白勢和一郎 | 400人 | 10.10 |
| 10月14日 | 新潟大川楼 | 新発田青年懇親会、幹事佐藤和四蔵 | | 10.11 |

| 月日 | 場　所 | 内容・演説者・演題 | 聴衆 | 新潟新聞 |
|---|---|---|---|---|
| 10月20日 | | 新発田警察署より清水中四郎・遠藤泰三郎・安倍隆吉・神田辰三郎らが中学生のため演説禁止の口達 | | 10.25 |
| 10月21日 | 北辰館 | 青年同盟会学術演説会、小宮喜一郎・丹羽千代松・白勢和一郎 | | 10.25 |
| 10月30日 | | 清水中四郎、新発田警察署へ中学生学術演説会参加禁止の理由質問 | | 11.10 |
| 11月3日 | 五十公野山 | 自由山間懇親会、清水中四郎 | 50余人 | 11.7 |
| 11月5日・7日 | | 青年同盟会遊高慨士、「中学生生徒諸君」を『新潟新聞』に投稿 | | 11.5・7 |
| 11月19日 | | 新発田六石生、「呈県下学生諸君」を『新潟新聞』に投稿 | | 11.19 |
| 12月6日 | 北辰館 | 進取社学術演説会、富田精作「天ト何物カ恐ルベキ」・丹羽千代松「邪推論」・小宮喜一郎「仰テ天ニ訴フ」・山中寿弥「天ニ逆フ者ハ亡ヲ」・清水中四郎「感慨論」・白勢和一郎「報償論」・稲岡嘉七郎「長岡紀行」 | 300余人 | 12.10 |
| 12月24日 | 北辰館 | 自由党員竹内正志政談演説会、懇親会に清水中四郎参加 | | 12.22 |

政談演説会に、佐藤和四蔵・白勢和一郎が演説していたように、自由党の影響も強かった。

七月一五日の定期演説会の様子を伝えた『新潟新聞』は、「青年同盟会はますます隆盛」（八二年七月二〇日）と報じており、この頃活発な活動を行っていたことがわかる。

## (3) 東京の青年自由党

### ① 主要メンバー

一八八一年一〇月三〇日、東京九段で青年自由党が結成された[14]。今回新たに発見された『青年自由党新誌』第二号[15]（以下号数のみ記す）をもとに、八二年六月以降の青年自由党を見てみよう。

まず、表3-3に主要メンバーをまとめた。判明している役職は、幹事四名・会計一名・新誌担当人五名である。幹事の一人内山真吉は、新潟県柏崎下町出身である。一八八三年六月、内山は荒川重勛・関矢儀八郎（一八五八）と刈羽郡青年自由懇親会を開き、「三十余名」（八三年七月四日）が集まった。懇親会に先立ち、幹事は「刈羽郡青年志士ニ告ク」を『新潟新聞』に投書した。この中で「老齢創業ノ人」を継ぐべき青年が刈羽郡にいないことを嘆き、その奮起を促していた（八三年六月一六日）。

幹事堀田彦三の宛名は「神田猿楽町二番地明治義塾」（第二号）と記されており、明治義塾の学生だったようである。明治義塾は一八八一年に設立され、英仏の法律と政治制度を中心に講義が行われていた学校である。職員に大石正己（学監）・馬場辰猪（教員）がおり、民権運動の影響を受けた学校であった[16]。

幹事と新誌発行人を兼務していた大沢邦太郎は、新潟県中蒲原郡丸山新田の出身である。当時、東京専門学校の学生であった[17]。一八八三年一〇月、新潟県長岡出身の東京専門学校生広井一（一八六五）と越佐懇親会を開き、新潟が抱えている現状を議論していた[18]。

会計と新誌発行人を兼務していた河上泉は、新潟県栃尾出身の川上元二郎（一八六四）だったようである。その理由は、一八八二年六月二五日の演説討論会の演説者「川上元二郎」に墨書で傍線が引かれ、「川上泉」と訂正されているからである（第一号）。川上元二郎が、なぜ「川上泉」または「河上泉」を名乗ったのか。その理由は、東京大学総理加藤弘之が、川上に「退学を命ぜんとす君陽に同盟を退いて陰に之を指揮し以て僅かに退学の厄を免れしとい ふ」[19]の記事から明らかである。加藤弘之の学生締め付けが、川上をして変名させたのである。ちなみに名前の「泉」は、川上の出身村「古志郡泉村」から取ったものと思われる。

新誌発行人の片桐英吉も、東京大学の学生であったため本名を隠した。本名は、片桐道宇（一八六五）である。一八八二年六月以降片桐は、「郷国越後へ帰られしが途次長岡地方にて同志者募れしに陸続同意を表する者多く」（第一号）と勧誘活動を行っていた。

新誌担当人の江村正綱（一八六二）は、新潟県中頸城郡荒戸河沢村出身である。八〇年、新潟の国会開設請願運動がスタートした時、江村は新潟独自の運動や県内の対立解消のために積極的な発言を行っている[20]。

青年自由党の役職者八名を見ると、その内五名が新潟県の出身である。また、寄付金を寄せた一四名の内、新潟県

表3-3　青年自由党主要メンバー（1882年）

| 氏　名 | 役職名 | 地域尽力者 | 寄付金 | 投　稿 | 出身地 | 備考 |
|---|---|---|---|---|---|---|
| 関　鬼策 | 幹事 | | | | 在京 | |
| 内山真吉 | 幹事 | | 20銭 | ①「新誌ノ発行ニ際シ吾党諸君ニ告グ」 | 在京（新潟県） | 刈羽郡青年自由懇親会幹事 |
| 堀田彦三 | 幹事 | | 20銭 | | 在京 | 明治義塾学生 |
| 大沢邦太郎 | 幹事・新誌担当人 | | 20銭 | ②「道義原理ヲ演理推繹シテ実利学ヲ駁ス」 | 在京（新潟県） | 東京専門学校学生 |
| 河上　泉（川上元二郎） | 会計・新誌担当人 | | 20銭 | ①「政府之本分」 | 在京（新潟県） | 東京帝国大学学生 |
| 小林蟄龍 | 新誌担当人 | | | ①「前後スル所ヲ知レバ道ニ近シ」 | 在京 | |
| 片桐英吉（片桐道宇） | 新誌担当人 | | 50銭 | ②「卑見緒言」 | 在京（新潟県） | 東京帝国大学学生 |
| 江村正綱 | 新誌担当人 | | 20銭 | ①「法律ハ必要ヨリ生ズル論」 | 在京（新潟県） | 頸城自由党員 |
| 猪俣為治 | | | 20銭 | ①「自由国ハ何レノ処ニカ在ル」 | 在京（新潟県） | |
| 真部五良三良 | | | 50銭 | ②「青年自由党ノ組織アリシヲ喜ブ」 | 在京 | |
| 中島富士太郎 | | | 20銭 | | 在京（新潟県） | |
| 富樫猪吉 | | | 20銭 | | 在京（新潟県） | |
| 関田虓一 | | | | ②「新誌発刊ヲ祝ス」 | 在京 | |
| 桑原勇七郎 | | ○ | 20銭 | | 新潟県 | |
| 高谷伏獅 | | | 20銭 | | 在京 | |
| 菅原亀三 | | | 20銭 | | 新潟県 | 西蒲原郡和納校教員 |
| 小林丑五郎 | | | 30銭 | | | |
| 王日子 | | | | ①「三度吃驚」 | | |
| 堀口熊太 | | | | ②（無題） | | |
| 和田　齋 | | ○ | | | 青森県 | |
| 鈴木治三郎 | | ○ | | | 長野県 | 北信自由党員・明治義塾学生 |

| 氏　名 | 役職名 | 地域尽力者 | 寄付金 | 投　　稿 | 出身地 | 備考 |
|---|---|---|---|---|---|---|
| 伊藤貞孝 | | ○ | | | 新潟県 | |
| 印南銀二郎 | | ○ | | | 栃木県 | |
| 大島鐐太郎 | | ○ | | | 栃木県 | |
| 中村銀二郎 | | ○ | | | 千葉県 | 同盟学術研究会社社員 |
| 宇佐見敬三郎 | | ○ | | | 千葉県 | |
| 伊東正義 | | ○ | | | 茨城県 | |

注：1）本表は、『青年自由党新誌』第１・２号より作成した。
　　2）投稿欄の①は『青年自由党新誌』第１号、②は第２号に投稿された投書である。

出身者は一〇名を数えた。これらのことから青年自由党の中核は、新潟の青年によって構成されていたと言えよう。

### ② 活動

青年自由党の活動は、演説討論会と雑誌の発行である。演説討論会の内容は、一八八二年六月二五日の常磐橋池の尾楼で開かれた事例しかわからない。集会条例改正後の演説討論会であったためか、演説者・演題は江村「革命論」・猪俣為治「無政府論」など急進的な演説が行われた。演説会の様子も、「議論慷慨満腔の熱血淋漓として壇上に溢れ拍手喝采の声ハ楼を動す許り也」であった。この後で開かれた討論会は、「自由貿易ト保護貿易ノ利害」の討論題で、甲・乙・丙の三派にわかれて議論したが、議長が決を採り、「自由貿易多数」に決している（第一号）。演説討論会は、「毎月二四日曜ニ親睦会ヲ開キ知識交換ヲ務メ」（第二号）と記されており、毎月第二・第四日曜日に定期的に開催されていた。

雑誌発行も、青年自由党の重要な活動の一つであった。しかし、学生である党員の資金だけでは雑誌発行は無理である。『青年自由党新誌』第一号は、新潟の民権家山際七司や八木原繁祉を通じ自由党から「一時繰替金」を出してもらい、漸く六月二七日に創刊できた（第一号）。第二号が発行されるのは、それから四カ月後の一〇月である。それも新誌発行資金を地方党員が送ってこないため、「在京党員相謀リ各書ヲ典シ衣ヲ鬻（ひさ）キ以テ」刊行することができた（第二号）。雑誌発行は、青年自由党員にとってかなり重い負担となった。なお、表3-3に第一号と第二号の投稿者と論題をまとめた。

表3-4　青年自由党党員数（1882年）

| 府県 | 6月 | 10月 | 8月 |
|---|---|---|---|
| 東京 | 48 | 41 | 48 |
| 新潟 | 35 | 56 | 37 |
| 茨城 | 21 | 21 | 21 |
| 千葉 | 14 | 17 | 14 |
| 栃木 | 11 | 11 | 3 |
| 長崎 | 11 | (11) | 29 |
| 福島 | 6 | 3 | 11 |
| 青森 | 3 | 15 | 3 |
| 長野 | 3 | 4 | 7 |
| 秋田 | 2 | 2 | 1 |
| 兵庫 | 2 | 1 | 1 |
| 宮城 | 1 | 1 | 2 |
| 静岡 | 1 | 0 | 1 |
| 石川 | 1 | 1 | 1 |
| 大阪 | 1 | 1 | 1 |
| 島根 | 1 | 1 | 1 |
| 徳島 | 1 | 1 | 1 |
| 福岡 | 1 | 1 | 1 |
| 高知 | | | 29 |
| 岡山 | | | 27 |
| 総計 | 163 | 177 | 239 |

注：党員数は、6月が『青年自由党新誌』第1号に拠り、10月が第1号をもとに、『青年自由党新誌』第2号の入党数・退党数で加除訂正した。8月は、『新潟新聞』82年8月22日の記事に拠っている。

### ③　府県別党員と地域尽力者

浜松青年演説会と新発田青年同盟は、地域青年結社である。これに対し青年自由党は地方党員のいる全国青年結社であり、この点に両者の違いがあった。党員の全国分布を見るために、一八八二年の府県別党員数を表3－4にまとめた。六月と一〇月を比較すると、一〇月は一四名増加していた(21)。減少した府県は、東京・福島・兵庫・静岡である。長崎の一一名減少は、新誌第二号に「長崎中学諸君少シク事故アリテ退党」と書かれているため、中学生であった可能性が強い。

一方、増加した府県は新潟・千葉・青森・長野である。これらの府県には表3－3に示した地域尽力者がおり、積極的な勧誘活動が功を奏し入党者が増加した。地域尽力者について、「最モ我党ニ尽力セラレ時々音信ヲ通シ地方ノ景況ヲ報シ又大ニ同地方ノ有志ヲ誘導」（第二号）と記されていた(22)。

### (4)　青年結社の性格

三つの青年結社の性格についてまとめれば、次のようなことがいえる。それは学生が入社していたこととも関連するが、三結社は基本的に学問的・啓蒙的な結社だったことである。メンバーには自由党系または帝政党系の活動家もいたが、政治色を鮮明にすることはなかった。青年自由党にも自由党系の活動家がいたが、地方党員のなかには、

「我党ヲ以テ自由党ノ一部分」と見たり、「改進党ノ子分」と考える者もいた。このため青年自由党は、「此二党ニ関係ヲ有スル者ニアラサルナリ」と宣言せざるを得なかった（第二号）。三青年結社は、敢えて「学問ノ真理」を重視することにより、「他日学成ルノ日ハ必ス何レノカ政党ニ入ラル可シ」と考えていたようである（第二号）。しかし、その学問的・啓蒙的結社にも、政府や地方自治体は容赦なく弾圧を強めていくことになる。

## 2　藩閥政府批判と言論弾圧

一八八一年七月末の開拓使官有物払い下げ事件から一〇月一二日の参議大隈重信辞任・国会開設の詔勅にいたる明治一四年の政変は、多感な青年に大きな影響を与えた。これを機に、青年は政府批判を強めていく。しかし、この政府批判に対して、政府や地方自治体の弾圧は日増しにきびしくなった。政談演説会は官憲により軒並み中止解散になり、学術演説会の開催も不自由になった。ここに青年民権運動は、急進化の道をたどる。まず、青年民権家の政府批判に触れ、次に弾圧の実態を見てみよう。

### （1）　明治一四年の政変と青年民権家

青年民権家が、明治一四年の政変をどのように見ていたのかを検証してみよう。新発田青年同盟会清水中四郎の演説「妄信ノ弊」が一八八二年一〇月四日の『新潟新聞』に掲載された。この中で、清水は事物の真理を見ずにすべてを信用してしまう危険性を指摘し、開拓史官有物払い下げ事件を取りあげ、「嗚呼我政府豈此偏頗不公平ノ処置ヲ行フモノナランヤ」と政府をきびしく批判した。

福島の琴田岩松（一八六二）は、開拓史官有物払い下げ事件について、「黒田清隆ノヂ、イハ猾計ヲ回ラシ遂ニ不当ノ代価ヲ以テ払下クル様ナセリ当ヲ得サルモ甚タシ」と批判した。[23] 開拓史官有物払い下げ事件を契機に、青年民権家が政府批判を強めていったことがわかる。

では国会開設の詔勅に対して、青年民権家はどのような思いで見ていたのであろうか。静岡事件の中心人物であった湊省太郎（一八六三）は国会開設の詔勅を聞き、「要路ノ大臣」は予想外の行動に出て自分の望みに叶わないばかりか、「明ニ天下ノ人心ハ之ヲ希ハサルヲ知レリ」と述べ、さらに「社会万民ノ為之ヲ顛覆」せざるを得ないと決心するようになった。(24) また同じく静岡事件で逮捕される鈴木音高（一八六二）も、国会開設の詔勅に強い不満を感じた。鈴木は詔勅を「偽勅」とし、表面的には詔勅を受け入れたように見せかけ、内面では「釁隙ノ乗スヘキアラハ、大ニ其腕臂ヲ伸張セント想ヘリ」と考えていた。(25) 湊や鈴木の不満は、国会開設の詔勅が開拓史官有物払い下げ事件の妥協の産物として出され、国会開設も九年後に設定されていたことによる。

頸城自由党の青年民権家井上平三郎も、国会開設の詔勅を「悲嘆」の気持ちで受けとめた。兄の八木原繁祉は、井上に対して「今ハ過激固ヨリ大事ヲナスニ足ラス」と諭したが、(26) 井上の気持ちにも湊や鈴木に共通するものがあった。

### （2） 学術演説会への弾圧

自由民権運動に対する弾圧は、一八八〇年四月の集会条例、同年一二月の追加改正、八二年六月の改正で強化された。八〇年四月集会条例と八二年六月改正は有名であるが、八〇年一二月の改正で、「学術会」への警察官の臨監と演説が政治にわたった場合の処分が定められる。(27) これらの法律を受けて地方自治体も、政談演説・学術演説の規制や会場としての学校の使用禁止を行い、青年民権運動の主体であった教師・学生の言論弾圧を強めた。

一八八一年六月、文部卿福岡孝弟は教師の品行面を重視し、「小学校教員心得」を公布した。この中で文部省は教師に対し、「政治及宗教上ニ渉リ執拗矯激ノ言論ヲナス等ノコトアルヘカラス」を求めた。(28) 八一年の青年民権運動の高揚に、危機感を募らせた文部省と地方自治体は、学生の演説に対する規制を強化する。『函右日報』は、八二年三月一八日の社説「何ゾ咄々怪事ノ多キ」で、教師・学生は政談演説のみならず、「学術演説サヘモ為スコトヲ禁セラレタルノ地方多シ」と記し、その事例として栃木・静岡・新潟・三重の諸県を挙げている。次に、栃木・新潟・静岡の地域の学術演説会に対する弾圧強化を見てみよう。

栃木では、一八八〇年一二月に甲第二百号が布達された。内容は、「政治ニ関セサル事項ト雖トモ公衆ヲ聚メテ演説論議スル者ハ開会前ニ其演説若クハ論議ノ旨趣ヲ記載シ会主会員連署ヲ以テ所管警察署ヘ届出ヘシ」であった（「本県甲第二百号」『栃木新聞』八〇年一二月九日、以下年月日のみ記す）。その後、この布達は県会の建議で廃止になったが、八二年に入り中学校・師範学校の教員・学生の学術演説禁止の風評が取り沙汰されている（「集会条例ヲ濫用スルノ恐レ」八二年二月一三日）。

新潟では、一八八一年一一月乙第百二号が布達された。この布達は教師の「講談演説」と「雑誌類ノ編輯」の規制を強化したものである。(29)「講談演説」に学術演説も含めれば、教師・学生の学術演説は開催不可能になる。静岡も、「管下公立学校ノ教員生徒タル者ノ学術演説会ヲ開クトコトヲ禁」じていた（『栃木新聞』八二年二月一三日）。

このような学術演説会に対する弾圧が強まるなか、一八八一年一二月二八日、文部省は第三八号を布達する。この布達は学校で集会を開く場合、「其行為ノ遊興弄戯ニ属スルモノ」や「言論ノ猥褻詭激ニ渉ル者」は使用させないとするもので、会場としての学校の使用を制限した布達であった。『栃木新聞』は社説「文部省第三十八号ノ達ヲ論ス」で、この布達が地方官の干渉主義を招くと批判した（八二年一月一八日・一月二〇日）。『函右日報』も社説「文部省第三十八号ノ達ヲ読ム」で、学術演説禁止は「彼ノ第三拾八号ノ達シニ基キシニハアラズヤ」と指摘していた（『函右日報』八二年一月二〇日）。実際前述した浜松青年演説会は、「多く教員より組織したるものなれバ文部の達と共に消滅せし」（『函右日報』八二年四月二七日）と報じられ、解散した。

文部省布達第三八号は、新潟では乙第六号として一八八二年一月に布達される。さらに、新潟県は九月に乙第四五号を布達し、学校を「政談演説討論会ニモ仝様假用セシメサル」とし、学校が政談演説会の会場になることを禁止した。(30)ちょうどこの頃、九鬼文部少輔が新潟を学事視察した。(31)九月二四日に新潟学校で行った講演で、九鬼は「政治ヲ談論スルノ弊害ハ人民ニシテ之ヲ修学スルノ能否ニ関セズ頗ル恐ルベキモノ」と述べている。政論は「空論」であり、学生は「実益ノ学」を修めるべきであるというのが、九鬼の主張であった（『東京日日新聞』八二年一〇月三日）。当時新潟学校では青年自由党に入党しようとする学生がいたり（『新潟新聞』八二年八月二二日）、校内に自由愛国会や共存会がつくられ、「数百名」の学生が土曜日や日曜日に演説を行っていた（『自由新聞』八二年七月二二日）。講演は、校長加藤弘矩（加藤弘之の弟）の意を受けた九鬼が、新潟学校学生の政治意識を押さえ込むために行ったものである。翌年新潟学校の演説結社は、「此程校長より右は甚だ不都合の義なりとて禁止」となっている（『新潟新聞』八三年二月一五日、以下年月日のみ記す）。

### （3）新発田青年同盟会の反発

学術演説禁止や学校使用制限は、教師・学生を主要メンバーとしていた青年結社の反発を招いていく。ここでは新発田青年同盟会の事例を見てみよう。

まず、前述した乙第百二号に対し、新発田青年同盟会の遊行慨士は投書「中学生生徒諸君ヲ弔ス」で、「中学生徒将タ何ノ罪科アリテ斯クノ如ク残酷ニ其自由ヲ束縛セラル、ヤ、余輩ハ茲ニ至リテ更ニ喃々言スルヲ屑シトセス」（一八八二年一一月七日）と述べ批判を行っていた。そのさなかの八二年一〇月、新発田警察署が突如学術演説会から学生を排除しようとする。一〇月二〇日、新発田警察署は清水・遠藤泰三郎・安倍隆吉・神田辰三郎の四名が中学生であるとの理由で、学術演説会参加の禁止を申し渡した（八二年一〇月二五日）。不満に思った清水は、三〇日新発田警察署へ宛て左の伺書を提出した（八二年一一月一〇日）。

私儀中学生タルヲ以テ御署ノ御職権ニテ自今学術会ニモ公然ノ演説不相成旨青年同盟会幹事小宮喜一郎へ御口達ノ趣キ承知仕候得共何等ノ訳ニテ学術会ニモ演説不相成候哉此段奉伺候間何分ノ御指令被成下度候

明治一五年一〇月三〇日

青年同盟会々員
清水中四郎

中学生の学術演説会参加禁止の理由を問いただした清水に対し、新発田警察署長は禁止の職権を与えた「本家本元」に質問すべしとして取り合わなかった。清水らは、納得がいかなかったのであろう。清水・遠藤・安倍・神田らは、一八八二年一一月三日の天長節に五十公野山に登り、「森々たる松柏に対して自由に演説」を行っている。この時、「五十余名」の聴衆が彼らの行動を見守っていた（八二年一一月七日）。

## 3　福島・高田事件の急進化から激化へ

福島事件と高田事件は、官憲の謀略事件として研究されてきた[32]。両事件が、官憲の謀略によって引き起こされた事件であったことは間違いない。ここでは青年民権運動の視点から、福島事件と高田事件がどのような過程を経て、急進化から激化へ至ったかを検証してみよう。

### （1）　福島事件と「盟約書」

#### ①　「盟約書」

花香恭次郎ら六名が急進党を結成し、「盟約書」を作成したのが一八八二年八月である。花香が記憶している「盟約書」の第一条は、次のようなものであった。

第一条　我党は我日本国に在りて圧制政府転覆し真正なる自由政体を確立することを懋む[33]

「圧制政府転覆」という急進的な内容の盟約書が、なぜつくられたのか。このことを、次の四点から見ていこう。

第一は花香恭次郎ら県外青年民権家と自由党福島部、第二は三春青年民権家の活動、第三は自由党福島部青年民権家の活動、第四は花香と自由党会津部青年民権家との交流である。

### ② 県外青年民権家の来福と自由党福島部

福島民権運動に、県外青年民権家が大きな役割を果たしている。花香恭次郎（一八五六）[34]・杉山重義（一八五七）[35]・佐藤清（一八五二）[36]がこれに該当する。彼らは『福島新聞』・『福島毎日新聞』・『福島日日新聞』・『福島自由新聞』などの新聞発行を経て、民権運動に深く関わっていく。特に花香は、佐藤とともに一八七九年七月の「盟約」に署名し、県会議員らと参政運動に参加していた[37]。

花香や佐藤は自由党福島部の活動にも深く関わり、一八八二年三月二九日の会議で花香は調査委員と新聞株募集委員、佐藤は新聞株募集委員に選ばれている。この頃、酒井文雄（一八六四）が調査委員・新聞株募集委員・党務委員、岡野知壮（一八六〇）が党務委員に選ばれていた[38]。同じ頃、河野広中は田母野秀顕に、「弁士ハ少年輩カ頗ル宜シ三春ノ諸子ノ上ニ出ツヘシ後世恐ルトハ此事ナラン[39]」と書き送っていた。これらのことは、青年民権家が確実に党内で影響力を持つようになったことを意味していた。

### ③ 三春の青年民権家

一八八一年六月、三春の青年のために正道館が設立された。高知から西原清東（一八六一）・弘瀬重正（一八六〇）が、教師として招聘された。八月に入り、生徒である五十川元吉（一八六五）・栗原足五郎（一八六五）・依田乙見・山口守太郎（一八六六）らが、正道館内で自由民権を明確に主張した先憂社を結成した[40]。五十川らによれば、それまであった青年社は「唯だ漢学を講ずるのみにて更に時勢に頓着せざる」結社であった（『高知新聞』八一年八月一八日）。

この先憂社の機関紙的な役割を果たしたのが、一八八一年一一月に創刊される『三陽雑誌』である。『三陽雑誌』は、琴田岩松（一八六二）が編集し、柳沼亀吉（一八六一）・山口・五十川らが投稿した。琴田は第一号の祝詞で『三陽雑誌』発行の意義を、「慷慨壮士所謂狂狼空ヲ蹴ルノ熱血」と「激昂烈士所謂猛飇屋ヲ発クノ精神」で「人類本色ニ背カザルノ快論ヲ掲ケ　誓ツテ公議輿論」を「萌起」することを求めた[41]。また山口は第三号に投書し、「自由政府」と「専制政府」の違いに触れ、活発敏捷の人民を「生テ奴隷ノ社会ニ生活シ奴隷ノ人トナランヨリハ　死シテ自由ノ鬼ト化シ　自由ノ佳境ニ棲息」する人々と記した[42]。

## ④　福島の自由懇親会

一八八二年二月に三島通庸が福島県令に着任し、自由党撲滅と会津地方三方道路開鑿工事を宣言した。このため演説会は、当初から緊迫化した様相を呈した。三月三一日の演説会は、琴田の演説が施政を妨害したと判断され中止解散になる[43]。

三一日の演説会が中止になったため、四月一日は懇親会に変更した。懇親会の内容は、腕力の是非をめぐる論争である。まず、花香恭次郎が刑法や集会条例による抑圧に触れ、腕力を行使しようとしても陸海軍が障碍になると述べた。しかし結論として、花香は「寧ロ腕力ニ訴フルニ如カサルナリ」と結んでいる。次に演壇に立った酒井文雄は、「腕力」を否定した。酒井は各国の歴史を見ても「腕力」は社会から嫌悪されており、国家の恥辱であると訴え、飽くまで言論に執着した。これに対して、琴田は「腕力」に頼るしか方法はないと断言する。琴田は、まず文明国では自由を得る手段は言論であるが、言論が抑圧されている時はその「不正理」を破らなければならないと主張した。日本を「専制国」と見た琴田は集会条例を批判し、「言論ハ迂遠ノ策ナリ腕力ニアラズンハ事成ルベカラズト」と言い切っている[44]。この懇親会は、「二百余名」の聴衆を前に、腕力の是非を討論したところに大きな意味があった。

これ以降の演説会を見ても、宗野潤（高知県人）の専制政府崩壊・岡野知荘の圧制政府廃止・柳沼亀吉（一八六一）の「腕力」の容認と、急進化への道を進んでいくことになる[45]。

## ⑤　花香恭次郎の喜多方遊説

花香は、自由党会津部の結成にも関わった。会津は、地理的な関係から自由党福島部とは別個の組織を模索した。会津部結成の中心になったのが、原平蔵（一八五九）である。原は、一八八一年一一月先憂党の上京委員に選ばれ、一二月「国会開設請願書」を太政官に提出した喜多方を代表する青年民権家であった[46]。原の案内で、花香は八二年二月七日から一一日まで喜多方遊説を行う[47]。この後、会津部と福島部の交流は密になる。その基をつくったのが、原と花香であった。

## （2）高田事件と「天誅党主意書」

### ①「天誅党主意書」

赤井景韶が書いたとされる「天誅党主意書」の一節は、次のようなものであった。

吾人ハ天誅党ヲ組織シ天ニ交代リ奸人侫論ヲ払ヒ世運ヲ回シ人情ヲ敦厚ニシ国勢ヲ挽回シ義理ヲ重ンシ吾国家ヲ永遠ニ維持センコトヲ謀ル（『新潟新聞』八三年一二月一六日）

古めかしい文体であるが、「天ニ交代リ奸人侫論ヲ払ヒ」とする急進的な内容の天誅党主意書が、なぜつくられたのであろうか。このことを、次の五点から見ていこう。第一は頸城自由党結成と赤井景韶ら青年民権家の台頭、第二は長野県飯山町の鈴木治三郎らの青年民権家との交流、第三は被差別部落民や博徒への接近、第四は自由運動会の開催、そして第五に県下各地域の青年民権家の合流である。

### ② 頸城自由党の結成

一八八一年一一月、県内最初の政党頸城三郡自由党が結成された[48]。頸城三郡自由党は、八二年五月の集会条例改正に伴う臨時党大会で、対立が顕著になった。党内は、自由党系の鈴木昌司を中心とするグループと改進党系の室孝次郎を中心とするグループに分かれていた。この対立が、臨時党大会で東京自由党に合併するか否かで表面化する。採決を取った結果、合併賛成二一名、反対二〇名の一票差で合併賛成派が勝利した[49]。

この時合併を推進を主張したのが「江村某」である（『新潟新聞』一八八二年五月一四日、以下年月日のみ記す）。「江村某」とは、江村正英・正綱兄弟のどちらかであろう。このため改進党系の室グループが離党し、頸城三郡自由党は自由党系の政党として生まれ変わった。この当時の党員は「二〇余名」(八二年五月一七日)と言われており、そのうち青年民権家を一八名確認でき、[50]党内の主導権は青年民権家に移った。

### ③ 長野県飯山町演説会

一八八二年六月二五日、長野県飯山と高田の青年民権家の演説会が開かれた。飯山では八一年一一月、鈴木治三郎が会長、栗岩愿二(一八五五)が幹事となり、結社を結成していた。鈴木・栗岩愿二・栗岩隆之助(一八六一)は頸城自由党の八木原繁祉の家に出入りしており、八木原を通じて井上平三郎や赤井景韶と交流があった。[51]九〇年五月に飯山警察署が作成した報告書には、「部内自由党員等ハ新潟県高田自由党ニ気脈ヲ通シ、其当時高田自由党員赤井景昭ノ当地ニ遊説セシヨリ過激ノ挙動ニ感染」したと記されている。[52]この時の赤井遊説と思われる演説会が、六月二五日の演説会であった。演説会は、井上平三郎の演説「焉ぞ進んで其花を取ラザル」で「吁噫圧制政府の下に棲む人民云々と大呼するや」(八二年七月一日)で中止解散になった。

### ④ 被差別部落と博徒

一八八二年九月、文部少輔九鬼隆一に随行して高田を訪れていた中川元文部一等属は、日記に「親睦会ノ費用ヲエタ五名程より出サシメ是穢多ヲ士族同等扱ニナスユヘ悦フヨシ(中略)穢多ヲ使フハ自由党ノ緊要ナリ暗殺ヲ謀ル為ナルカ」と記していた。[53]おそらく、被差別部落民勧誘の中心は、赤井景韶だったと思われる。

一方、赤井は井上・宮沢喜文治(一八五五)とともに、飯山町の博徒押嵐に「刺客ヲ要スルノ策ヲ依頼」していた。[54]結果は「押嵐は飽まで之を謝絶したりしかば、三人は頗る失望の体にて帰去りし」(一八八三年四月二〇日)で、赤井らの計画は失敗。しかし、赤井らは暗殺計画を放棄したわけではなかった。八三年二月七日付の探偵書には、赤井・井上・風間安太郎が刀を携帯し、「三条岩倉ノ両大臣山田井上ノ二参議ヲ暗殺スルノ目的」であると報告されていた。[55]

### ⑤ 自由運動会の開催

一八八二年一一月五日、青年民権家主催の運動会が高田の郊外薬師山で開かれた。前月の一〇月二七日、同じ場所で頸城自由党主催の運動会が開かれていた。これに連動する形で、「卑屈に陥らんとするの精神を活発にし大に為す有るの志気を養成」（八二年一〇月二四日）することを目的に、旗取りや鞠奪いを行うというものであった。一〇名の青年民権家が中心になり、「観者絡繹として径路ために塞がる」（『朝野新聞』八二年一一月一八日）状況で行われた。

赤井・井上・風間安太郎（一八六四）が高田町田屋で政府要人の暗殺を謀議したのは、運動会前日の一一月四日である。この後、三名は新潟を経由して上京しようとしたが、鈴木昌司らの説得にあい、上京を中断した。

### ⑥ 新潟青年民権運動の合流

新潟各地域で運動を展開してきた青年民権家は、一八八二年九月長岡で開催された北辰自由党の越佐自由懇親会・政談演説会に結集した。岩船郡からは加藤勝弥（一八五四）・富樫猪吉（一八六四）・鳥居和邦（一八六〇）、新潟区からは新喜太郎（一八六四）・広江幸橘、中頸城郡からは横山環・赤井景韶・井上平三郎・風間安太郎らが参加した。加藤・富樫・鳥居・新・横山・赤井・井上・風間が演説を行い、赤井は鳥居とともに遊説委員に選ばれている(56)。ここに、新潟の青年民権運動は合流の方向に向かって動き出した。

一八八二年一〇月三日、岩船郡や新潟区の青年民権家が自由青年懇親会を大川楼で開催した。懇親会で「自由新誌」の発行や翌八三年二月に大会を開くことが決議されている（八二年九月一六日）。

一八八三年二月二五日、自由青年大懇親会が新潟偕楽館で開かれる。会主は富樫・新・井上・清水中四郎ら一一名で、政談演説会への弾圧が強化され、運動が孤立分散的になる中で、「地を異にし山川を隔つ」（八三年二月一七日）青年が一同に会した。懇親会には山際七司も参加し、「社会の道路も尚ほ如斯怒濤を打破って済るにあらずんば彼岸に達する能ハざる」を誓った（『越佐毎日新聞』八三年三月三日）。この懇親会から、越中高岡の北陸七州懇親会へ加藤・富樫・井上・清水が派遣される。しかし三月に起きた高田事件で、青年民権運動の県外への拡大は頓挫することになる。

### （3）急進化から激化への道のり

福島事件の「盟約書」と高田事件の「天誅党主意書」は、直接結びつかない。それは、両地域の民権運動に連携がなく、また民権運動をとりまく諸条件が異なっていたからである。しかし、両地域の急進化から激化への道のりをたどると、共通している点に気づく。それは各地域の青年が、地域や政党を拠点に、さまざまな民権家と接触し、お互いに刺激し合い、活発に交流していたことである。福島では、自由党福島部の結成に県外青年民権家が深く関わり、演説会を通じた県外青年民権家と地元青年民権家の交流が福島民権運動の急進化をもたらした。花香恭次郎の「盟約書」は、このような青年民権運動の急進化を背景に起草された。三島通庸の存在は、藩閥政府そのものであった。それゆえに福島青年民権運動は一つにまとまり、三島をきびしく批判することになる。

一方高田も、頸城自由党結成で青年民権家が党内の主導権を握った。長野県飯田の青年民権家と結びつきを強め、演説会や運動会を通じて急進化していく。その一方で県内各地の青年民権運動は合流の方向に向かい、北陸民権運動との連携を模索した。さらに青年民権家の被差別部落民や博徒への接近は、社会的底辺にいる人々と結びつく可能性を示した。これらの青年民権運動の急進化を背景に、赤井景韶は「天誅党主意書」を起草した。

「盟約書」と「天誅党主意書」は、青年民権運動の急進化を、「圧制政府転覆」や「天ニ交代リ奸人佞論ヲ払ヒ」という言葉で表現したところに大きな意義を持った。ここに福島と高田の急進化は、激化へと転換する。そして、これらの言葉が裁判を通じて全国に広められていく。

# 第二節　青年民権運動の尖鋭化・多様化・広域化と激化の広まり

一八八二年のたび重なる政談演説会の中止解散は、翌八三年に入り新たな運動を生み出すことになる。第一は綱引や旗奪いなどの運動を取り入れ尖鋭化した自由運動会、第二は屋外を舞台にした多様な野外懇親会、第三が広範囲にわたって開催された広域懇親会である。これらの運動が全国各地で展開した。

## 1　運動の尖鋭化・多様化・広域化

### （1）　栃木の自由運動会

民権結社による旗奪いなどの運動会は、すでに高知で一八七八年に始まっていた[57]。八二年九月頃、自由党本部で秘密会が開かれた。このなかで「真底真意ノ志士ヲ募集」し、「各部ノ結合ニ於テ誓契及ヒ企画ヲ為サン為メ躰力運動ニ言ヲ托シ山野ニ遊ヒ充分ナル陶冶ヲナスヘシ」が決議されていた[58]。党中央の指示のもとに、地域の青年民権家は自由運動会を本格化する。その中心になったのが栃木であった[59]。

一八八三年の栃木自由運動会をまとめたものが、表3－5である。この表からわかる通り、下都賀郡吹上村でさかんに自由運動会が開かれていた。吹上村は民権家塩田奥造・新井章吾[60]（一八五六）の出身村で、二人の影響が大きかった。同村では八三年四月二〇日を最初とし、五月二二日に第一回、五月二七日に第二回、六月九日に第三回と立て続けに自由運動会を開催している。五月二二日の運動会は、「軍隊に擬して総務督務参謀伝令簿記指揮巡視部長」の役割を決め、白隊・赤隊三百人・応援隊五〇人の三隊が「球投鞠打綱引」を競うものであった（『自由新聞』八三年五月二九日）。八月に政府に提出された官憲の報告書[61]にも、近来にいたり「其運動練兵ノ状ト異ルナシ」で、吹上村

表3－5　栃木の自由運動会（1883年）

| 月　日 | 場　　所 | 内　　容 | 出　　典 |
|---|---|---|---|
| 4月20日 | 下都賀郡吹上村 | 赤白隊に分かれ旗奪、100人 | 『栃木新聞』4.25 |
| 5月22日 | 下都賀郡吹上村外3ヵ村 | 自由運動会、赤白隊に分かれ球投げ、600余人 | 『栃木新聞』5.28、『自由新聞』5.29 |
| 5月27日 | 下都賀郡合戦場宿標芽ケ原 | 第2回自由運動会、球戦・球奪・綱引・旗奪 | 『栃木新聞』5.26・30 |
| 6月3日 | 宇都宮瀧の原 | 自由運動会、中山丹治郎・矢島中、綱引き・旗奪い・鞠擲・競争、200余人 | 『自由新聞』6.9 |
| 6月9日 | 下都賀郡合戦場宿 | 第3回自由運動会、改進党・三菱会社攻撃演説 | 『栃木新聞』6.13 |
| 7月11日 | 下都賀郡富張村 | 大熊退治運動会、300有余人 | 『自由新聞』7.17 |
| 7月20日 | 下都賀郡吹上村 | 自由運動会、警察の注意で懇親会となる | 『栃木新聞』7.23 |
| 8月9日 | 下都賀郡吹上村 | 自由運動会、球投げ・綱引き・旗奪い、300人 | 『栃木新聞』8.14 |
| 8月17日 | 下都賀郡稲葉か原 | 民権家追祭大運動会、会主鯉沼九八郎・塩田奥造・新井章吾・横山信六、百姓一揆指導者慰霊、中止解散、600余人 | 『栃木新聞』8.20・22、『自由新聞』8.24・25、『朝野新聞』8.25・26『秋田日報』8.31・9.1 |
| 8月17日 | 下都賀郡合戦場宿 | 運動会中止 | 『栃木新聞』8.22 |
| 9月16日 | 上都賀郡木村 | 小児運動会、大橋覚太郎・大橋徳太郎、数十人 | 『栃木新聞』9.25、『自由新聞』9.28 |
| 10月3日 | 下都賀郡吹上村 | 牧狩自由運動会、300余人 | 『自由新聞』10.19 |

では常に五・六名が喇叭の練習をし、「号令喇叭等ハ徴兵満期帰村ノ者伝習ス」と報告されていた。またその際、塩田と新井の演説は、「三年ヲ出ス今日ノ圧制政府ヲ倒シ吾党此レニ代リ政権ヲ握ルコト今日ヲトシテ知ル可シ」で、参加者の志気を煽るものであった。

一八八三年八月一七日、下都賀郡稲葉か原で鯉沼九八郎が会主となり、百姓一揆指導者を顕彰する民権家追祭大運動会が開催された(62)。その内容は、参加者が白の筒袖・股引きの服装で、竹槍を携えていた。鳴り物は、喇叭が仏蘭西式、陣太鼓と横笛がイギリス式の混合であった。一発の狼烟を合図に、参加者は中央の祭壇に集まった。祭壇には、塩田奥造と新井章吾が佇立し、山口守太郎が百姓一揆指導者神永市兵衛を、「我々も苛政圧抑に逢へは神永市兵衛を学へし」と讃えた（『栃木新聞』八三年八月二〇日、以下年月日のみ記す）。

この運動会の記事は、『栃木新聞』を始め『自由新聞』・『朝野新聞』・『秋田日報』に掲載され、多くの読者が読んだものと思われる。自由運動会は、とうとう「小児」にまで及んだ。九月一六日に上都賀郡木村で行われた運動会は、「十二三才前後の小児輩が数十人」集まって、「竹引き」をしたもので、中心になったのは一六歳の大橋覚四郎と徳太郎であった（八三年九月二五日）。

栃木の自由運動会にも、官憲の弾圧が及ぶ。前述した民権家追祭運動会も、また小児運動会も中止解散になった。一一月頃の吹上村は、「塩田新井の両氏が幽囚と訊問中となるに依つて運動会ハ殆んど勢力無し」（八三年一一月一〇日）の状況になった。

## （2）新潟の運動会・慰撫懇親会・野外懇親会

一八八三年に行われた新潟の運動会・慰撫懇親会・野外懇親会をまとめたものが、表3－6である。ここでは一〇月一日に中頸城郡寺町善導寺で行われた越佐自由懇親会と一〇月二八・二九日の壮士自由懇親会を見てみよう。

越佐自由懇親会は、福島・喜多方事件と高田事件で獄に繋がれた「河野外五氏・赤井二氏を遙かに慰藉せんか為めの懇親会」であった。懇親会の会主は、県内の中心的な民権家一六名が名前を連ねていた。懇親会の参加者は七〇余名で、長野から一名、群馬から一名の参加者があった。宮沢喜文治や江村正英らが演説したが、なかには一六、七歳の少年も演説を行った。翌日は、政談演説会が開かれている（『新潟新聞』八三年一〇月六日）。一〇月一七日の岩船郡関口村関泉寺の自由懇親会も、河野や赤井らの短冊を下げて行われており、福島事件・高田事件関係者を慰撫するために開催された懇親会であった（『自由新聞』八三年一一月一八日）。

一〇月二八・二九日に新発田町北辰館で開かれた懇親会は、「今度青年を壮士と改称」（『新潟新聞』八三年一〇月一二日）したところに大きな意味があった。[63]「志士懇親会」も、七月八日に東頸城郡大島村、七月二二日に中魚沼郡十日町で開かれており、「青年」から「壮士」・「志士」へと名称を変えることにより、青年自らの変革の意志を強く打ち出そうとする意図があった。「壮士懇親会」で、清水中四郎は「頸城自由党員赤井井上風間三氏も此会にありて尽

表3－6　新潟の運動会・慰撫懇親会・野外懇親会（1883年）

| 月　日 | 場　　所 | 内　　　　容 | 出　　典 |
|---|---|---|---|
| 2月25日 | 新潟区偕楽館 | 自由青年大懇親会、会主鳥居和邦外10人、50余人 | 『新潟新聞』2.17、『越佐毎日新聞』3.3 |
| 4月15日 | 西蒲原郡中町野上楼 | 大懇親会、会主山添武治集会条例違反、30余人 | 『朝野新聞』8.28『秋田日報』8.29 |
| 5月17日 | 西蒲原郡 | 大懇親会、綱引・鞠奪・小旗取・大旗奪、1万人 | 『秋田日報』6.3 |
| 7月1日 | 南蒲原郡大面村 | 山遊懇親会、山口健治郎、山登り・旗奪、400～500人 | 『新潟新聞』7.7 |
| 7月8日 | 東頸城郡大島村 | 東頸城郡志士懇親会、関谷貞太郎、140～150人 | 『新潟新聞』7.14 |
| 7月22日 | 中魚沼郡十日町正念寺 | 中魚沼郡志士懇親会、会主桑原重正外3人、90余人 | 『自由新聞』7.27 |
| 8月31日 | 新潟区島清楼 | 北越青年有志大懇親会、新喜太郎、50余人 | 『新潟新聞』9.2 |
| 9月15日 | 中蒲原郡小須戸村信濃川 | 水上懇親会、井上米次郎 | 『新潟新聞』9.15 |
| 10月1日 | 中頸城郡寺町善導寺 | 越佐自由懇親会、会主加藤貞盟外15人、河野広中外5名・赤井景韶外2名慰藉、70余人 | 『新潟新聞』9.18・10.6、『自由新聞』10.7 |
| 10月7日 | 古志郡長岡町信濃川 | 舟遊懇親会、会主野口団一郎、舟奪・水上旗奪・旗奪・競争船綱引・網打、中止解散、150人 | 『新潟新聞』10.11、『自由新聞』10.16 |
| 10月15日 | 岩船郡関口村横山遊覧所 | 岩船郡大懇親会、会主海沼英祐外10人、河野広中外5名・赤井景韶外9名の短冊 | 『新潟新聞』10.6、『自由新聞』11.18 |
| 10月17日 | 岩船郡関口村関泉寺 | 自由懇親会、横山又三郎・上遠野直温 | 『自由新聞』11.18 |
| 10月28、29日 | 北蒲原郡新発田町北辰館 | 壮士自由懇親会、会主新喜太郎・清水中四郎、赤井景韶外2名差入、学術政談演説会28日28～29人・29日1000余人 | 『新潟新聞』10.12、11.2、『自由新聞』11.6 |

表3-7　各地域の懇親会・運動会（1883年）

| 月　日 | 場　　所 | 内　　容 | 出　　典 |
|---|---|---|---|
| 5月27日 | 静岡県安倍川 | 静岡壮士大懇親会、鈴木音高外3人、自由祭・旗奪・綱引 | 『朝野新聞』5.27、『函右日報』5.29、『自由新聞』5.31 |
| 5月27日 | 埼玉県北埼玉郡羽生町 | 志士懇親会、大井憲太郎・植木枝盛・斉藤珪次・堀越寛介 | 『自由新聞』5.31 |
| 6月3日 | 茨城県土浦 | 自由天降式、磯山・富松正安、旗奪・政談演説会、1200～1300人 | 『自由新聞』6.13 |
| 6月17日 | 東京府品川沖 | 自由大遊会 | 『朝野新聞』6.7 |
| 7月6日 | 埼玉県北埼玉郡発戸村利根川堤防 | 埼玉自由運動会、堀越寛介・斉藤珪次、3,000人 | 『自由新聞』7.12、『自由民権機密探偵史料集』377～378頁 |
| 10月23日 | 長野県北佐久郡小諸町布引山 | 自由同楽会、石塚良平・大井憲太郎 | 『自由新聞』10.20 |
| 11月14日 | 東京府飛鳥山 | 飛鳥山運動会、仙波兵庫・富松正安・遊佐発、旗奪 | 『自由新聞』11.16 |

力せし人々なれバ有志金を募りて差入物をなさんことを発議」（『自由新聞』八三年一一月六日）している。

（3）各地の運動会・懇親会と広域運動会・懇親会

表3-7は、一八八三年に開催された栃木・新潟以外の運動会・懇親会の一覧である。静岡の壮士懇親会は鈴木音高が主催し、埼玉の志士懇親会は斉藤珪次（一八六〇）・堀越寛介（一八五九）が中心になり、大井憲太郎・植木枝盛がゲストとして招かれた。

表3-8は、同年の広域運動会・懇親会の一覧である。この中でもっとも大規模に行われたのが、一八八三年九月一六日の常総武両野五州大船遊会であった。懇親会は政談演説から始まり、演壇に会主小久保喜七（一八六五）・内藤魯一・埼玉の野口褧（一八五八）・茨城の浜名信平（一八五五）・埼玉の斉藤珪次・山口俊太・深尾重城が登壇した。聴衆は、一二〇〇名を数えた。その後、四艘の船に乗船し、船上演説会が行われた。会員二五〇余名を前に、演説を行った者は会幹藤田順吉（一八五九）・木内伊之助・新井章吾・山口俊太・小島平吉・野口褧・斉藤珪次・岩崎万次郎（一八五二）・落合茂三郎らであった（『栃木新聞』八三年九月一九日）。演説後、三組に分かれて「競艘」が行われた。この時、小舟二艘が転覆して沈んだ。これを見ていた参加者が、「顚覆せり

表3－8　広域運動会・懇親会（1883年）

| 月　日 | 場　　所 | 内　　容 | 出　　典 |
|---|---|---|---|
| 4月8日 | 神奈川県淘綾郡・大住郡 | 相州壮士懇親会、細川瀏・府川謙齋、旗奪、3,000人 | 『自由新聞』4.12 |
| 5月6日 | 埼玉県児玉郡（賀見郡）勅使河原村 | 上武同志野遊懇親会（上武両国野遊懇親会）、松本庄八・田中純端外8人、玉奪・旗奪・焙烙撃剣、100余人 | 『朝野新聞』5.2、5.13、『自由新聞』5.11、『郵便報知新聞』5.11 |
| 6月3日 | 神奈川県高座郡田名村・小倉村 | 武相同志遊船会、梶野敬三・中野市右衛門・岡本與八・小長井埼太郎・志村大助 | 『朝野新聞』5.27 |
| 7月19日 | 茨城県結城郡本宗道村 | 常総自由運動大懇親会、関農夫・植木枝盛、綱引・旗奪 | 『自由新聞』7.25 |
| 7月21日・22日 | 神奈川県愛甲郡厚木町・田名村 | 武相自由大懇親会、板垣退助・中島・陸奥 | 『朝野新聞』7.20 |
| 9月16日 | 茨城県西葛飾郡利根川 | 常総武両野5州競争大船遊会、会幹藤田順吉・内藤魯一、250余人 | 『朝野新聞』9.14、『栃木新聞』9.19・21、『自由新聞』9.20 |
| 10月9日 | 栃木県河内郡東山田村 | 野総大運動会、青木勝三郎以下3名拘引、集会条例違反で中止 | 『栃木新聞』10.11、『自由新聞』10.13 |

顚覆せりと歓呼の声」を挙げたと報道されている（『自由新聞』八三年九月二〇日）。「顚覆」を政府転覆とかけていたかどうかはわからない。しかし、小舟の「顚覆」で、船遊会は異常な盛り上がりを示したようである。

## 2　激化の広まり

自由運動会・野外懇親会などが活発化する一八八三年七月一九日、東京の高等法院で福島事件の公判が開かれた。初の国事犯事件ということで、国民の注目がこの裁判に注がれた。当日の傍聴人は、「其開廷の当日を待兼ね夜も明ざるにどしどし詰掛け入場を許さゝる折など余程場外にて雑沓を極め其がため開廷時間まで延引」（『絵入自由新聞』八三年七月二一日）という状況であった。

公判に入場できない人々や地方の人々は、各新聞に掲載された裁判記事を読むことになる。まず、中央紙に掲載された福島・高田事件の裁判記事に触れ、次に地方紙の掲載状況を見てみよう。さらに事件関係者の陳述を見て、彼らが法廷で何を訴えようとしていたのかを考察し、最後に裁判が各地に与えた影響を考えるために、高知の宿毛で行われた福島事件の模擬裁判を見てみよう。

高田事件裁判史料（1883年）

| 小新聞 | | | | |
|---|---|---|---|---|
| 読売新聞 | 東京絵入新聞 | 開花新聞 | 絵入朝野新聞 | 絵入自由新聞 |
| 13,259 | 7,404 | 5,355 | 5,122 | 7,727 |
| 7/20～9/19 公訴状・傍聴筆記・裁判言渡書、51回 | 7/20～9/5 傍聴筆記・宣告、41回 | 7/20～9/26 公訴状・傍聴筆記・裁判言渡書、53回 | 7/20～9/15 傍聴筆記、44回 | 7/21～9/16 公訴状・傍聴筆記・裁判言渡書、51回 |
| 9/29～10/6 傍聴筆記、7回 | 9/29～10/2 傍聴筆記、3回 | 9/29 裁判記事、1回 | 9/30～10/4 傍聴筆記、4回 | 9/30～10/5 傍聴筆記・裁判言渡書、5回 |
| 12/12～12/22 公訴状・傍聴筆記、9回 | 12/12～12/16 公訴状・傍聴筆記、5回 | 12/12～12/26 公訴状・傍聴筆記・裁判言渡書、12回 | 12/13～12/21 公訴状傍聴筆記・判決・裁判言渡書、8回 | 12/12～12/21 公訴状・傍聴筆記・裁判言渡書、9回 |

『改進新聞』・『絵入朝野新聞』・『絵入自由新聞』の推定日刊発行部数は、『明治17年東京府統計書』

## （1）中央紙に見る福島・高田事件裁判記事

表3－9は、一八八三年に東京で発行された大新聞・小新聞に掲載された福島・高田事件の裁判記事である。裁判記事は、公訴状・傍聴筆記・裁判判決書が基本になる。河野広中以下五名の裁判記事を見ると、官吏や教員を対象に発行された大新聞では、政府系の『東京日日新聞』の掲載日数・確認回数（筆者が掲載を確認した回数）がもっとも多かった。全般的な傾向として、どの新聞も裁判記事を掲載しており、読者の関心が強かったことがわかる。

一般庶民を対象にした小新聞も大新聞と同様の傾向で、いずれの新聞も福島・高田事件の裁判記事を連日掲載した。興味深い新聞は『絵入自由新聞』で、裁判記事とともに挿絵を掲載していた。表3－10が、この挿絵の一覧である。花香恭次郎らの肖像画は有名であるが、この他に全部で一四枚掲載された。傍聴筆記に直接関係しない挿絵もあったが、挿絵は裁判を視覚で訴える効果を持った。

表3－9　中央紙掲載の福島・

| 分類 | 大　新　聞 | | | | |
|---|---|---|---|---|---|
| 新聞名 | 自由新聞 | 東京横浜<br>毎日新聞 | 郵便報知新聞 | 朝野新聞 | 東京日日新聞 |
| 推定日刊発行部数 | 4,087 | 2,411 | 5,624 | 7,559 | 4,274 |
| 福島事件（上段河野広中外5名・下段鎌田直造外1名） | 7/20～9/12<br>公訴状・傍聴筆記、47回 | 7/20～9/5<br>公訴状・傍聴筆記・裁判言渡書、39回 | 7/20～9/8<br>公訴状・傍聴筆記・裁判言渡書、44回 | 7/20～8/29<br>公訴状・傍聴筆記、35回 | 7/20～10/15<br>公訴状・傍聴筆記・裁判言渡書、57回 |
| | 9/29～10/9<br>公訴状・傍聴筆記、9回 | 9/29～10/6<br>公訴状・傍聴筆記・裁判言渡書、7回 | 9/29～10/12<br>公訴状・傍聴筆記・裁判言渡書、11回 | 9/29～10/4<br>公訴状・傍聴筆記・裁判言渡書、3回 | 9/29～10/12<br>公訴状・傍聴筆記・裁判言渡書、11回 |
| 高田事件（赤井景韶） | 12/12～2/26<br>公訴状・傍聴筆記・裁判言渡書、12回 | 12/11～12/22<br>公訴状・傍聴筆記・裁判言渡書、11回 | 12/12～12/26<br>公訴状・傍聴筆記・判決、13回 | 12/12～12/18<br>公訴状・傍聴筆記・裁判言渡書、6回 | 12/12～12/24<br>公訴状・傍聴筆記・裁判言渡書、11回 |

注：1）推定日刊発行部数は『明治16年東京府統計書』に拠ったが、『東京横浜毎日新聞』・『東京絵入新聞』・
　　に拠っている。
　2）推定日刊発行部数は、年間発行部数÷12ヶ月÷30日の数字である。
　3）裁判記事の欄は、筆者が確認した掲載期間・裁判資料・確認回数である。

表3－10　『絵入自由新聞』の挿絵（1883年）

| NO | 掲載月日 | 挿　絵 | 挿　絵　解　説 |
|---|---|---|---|
| 1 | 7月21日 | （法廷の図） | |
| 2 | 7月31日 | 壮士の為に恩愛の絆を断つ | 河野広中が妻子を去り、母に一子を托して国を出るの図 |
| 3 | 8月1日 | （高等法院と被告人） | 高等法院より6名の志士が監獄所へ帰るの図 |
| 4 | 8月8日 | 志士従容縛に就く | 河野広中が自宅に於て縛に就くの図 |
| 5 | 8月9日 | 暴客腕力を以て田母野に迫る | 田母野秀顕が暴客に狙撃さる、の図 |
| 6 | 8月11日 | 河野広中君之肖像 | |
| 7 | 8月22日 | 広中の即智土蔵を砕く | |
| 8 | 8月23日 | 孝子煙草を鑽り母を養なふ | |
| 9 | 8月26日 | 敵の間者と疑がはれて志士難に逢ふ | |
| 10 | 8月23日 | 花香恭次郎君之肖像 | |
| 11 | 8月30日 | 田母野秀顕君之肖像 | |
| 12 | 8月31日 | 愛沢寧堅君之肖像 | |
| 13 | 9月1日 | 平島松尾君之肖像 | |
| 14 | 9月2日 | 沢田清之助君之肖像 | |

高田事件裁判史料（1883年）

| 新　潟 | 山　梨 | 静　岡 | 長　野 | 愛　知 |
|---|---|---|---|---|
| 新潟新聞 | 山梨日々新聞 | 函右日報 | 信濃毎日新聞 | 東海新聞 |
| 2,000 | 512 | 884 | 459 | 772 |
| 7/24～9/29 公訴状・傍聴筆記・判決、58回 | 7・8月欠号 | 7/22～9/14 傍聴筆記、47回 | 8/22～9/22 判決・検察官陳述、18回 | 7/24～10/9 傍聴筆記・裁判言渡書、67回 |
| 10/3～10/7 公訴状・傍聴筆記・裁判言渡書、5回 | 10/3～10/12 公訴状・傍聴筆記・裁判言渡書、8回 | 10/2～10/6 公訴状・傍聴筆記、5回 | 10/4～11/3 公訴状・傍聴筆記・判決、15回 | 10/3～10/9 傍聴筆記・判決、6回 |
| 12/15～12/30 公訴状・傍聴筆記・宣告、13回 | 12/15～12/24 公訴状・傍聴筆記・裁判言書渡、8回 | 12/14～12/29 公訴状・傍聴筆記・裁判言渡書、13回 | 12/16～12/28 傍聴筆記・宣告、15回 | 12/16～12/26 公訴状・傍聴筆記・裁判言渡書、9回 |

高田事件裁判記事は赤井景韶一人の公判であったため、裁判記事の掲載期間は短かった。しかし福島事件同様国事犯事件ということで、各紙に掲載されている。

### （2）地方紙に見る福島・高田事件裁判記事

表3-11は、一八八三年の地方紙に掲載された福島・高田事件裁判記事一覧である。欠号があった『福島新聞』や『山梨日々新聞』、また他紙が掲載したため意図的に掲載を延期した『信濃毎日新聞』を除けば、中央紙と同様か、それ以上に裁判記事を掲載していた。河野広中以下五名の公判で、『秋田新報』は七月二七日から一〇月二六日まで三カ月間にわたって裁判記事を掲載し、確認回数が七六回に及んだ。地方でも多くの人々が裁判記事を目にしており、福島・高田事件の公判が注目されていたことがわかる。

### （3）福島事件の傍聴筆記

福島事件公判における争点は、政府転覆を目的とした内乱陰謀予備にあった。傍聴人の関心もこの点にあり、証拠として取りあげられた「盟約書」の解釈が主な争点

表3-11　地方紙掲載の福島・

| 地域 | 秋　田 | 宮　城 | 山　形 | 福　島 | 栃　木 |
|---|---|---|---|---|---|
| 新聞名 | 秋田日報 | 奥羽日日新聞 | 山形新聞 | 福島新聞 | 栃木新聞 |
| 推定日刊発行部数 | 不明 | 1,444 | 445 | 350 | 840 |
| 福島事件（上段河野広中外5名・下段鎌田直造外1名） | 7/27〜10/26 公訴状・傍聴筆記・宣告書、76回 | 7/25〜9/8 傍聴筆記・判決、38回 | 7/26〜9/21 公訴状・傍聴筆記・裁判言渡書、25回 | 7/24〜8/5〜 傍聴筆記、12回 | 7/25〜10/29 傍聴筆記、44回 |
| | 10/11〜10/13 宣告、3回 | 10/4〜10/8 公訴状・傍聴筆記・裁判言渡書、4回 | 10/8〜10/12 判決、4回 | 欠号 | 掲載なし |
| 高田事件（赤井景韶） | 12/16〜84・1/5 公訴状・傍聴筆記・裁判言渡書、11回 | 12/17〜12/25 傍聴筆記・判決、8回 | 12/16〜12/28 公訴状・傍聴筆記・宣告書、13回 | 欠号 | 12/14〜12/22 傍聴筆記・判決、8回 |

注：1）推定日刊発行部数は、年間発行部数÷12ヶ月÷30日の数字である。
2）『山形新聞』は1884年の発行部数、『東海新聞』1881年の発行部数である。
3）裁判記事の欄は、筆者が確認した掲載期間・裁判資料・確認回数である。

になった。しかし公判の途中から、被告は官憲の不当や自らの行動の正当性を傍聴人に伝えるため、自由に陳述を始めた。以下、『新潟新聞』を事例に被告の陳述を見てみよう(64)。

### ① 拷問

福島事件の取調で拷問が行われたことは有名であるが(65)、公判でも被告は拷問に言及した。田母野秀顕は拷問の実例を、「三四日位食事を与へず或は雪中に直立せしめ或は川端に立たしめて昼夜を別たず、如此もの一人二人に止らず或は審問の時に際し警官の意に随はしめんが為め暴行脅迫を加ふるは常の事にして疑ふ程にあらず」（一八八三年八月二日）と述べている。平島松尾も「山口某が福島にて拷問せられたるときは白州を退き廷外に出るや否や気絶して三十分も倒れ居たりといひ、安積三郎は寒夜縄を以て堅く縛られ庭外に晒されたりといへり」（八三年八月二一日）と陳述した。拷問による自供に、信憑性はないというのが被告の訴えだった。

### ② 三島通庸

被告の陳述は、三島通庸の批判にも及んだ。河野広中は「否決の件起りて之を再議するに当り県令ハ福島を距る三四里の温泉に在て県会より頻りに請願するも帰庁せず此に明言するも屑（ママ）からざれ共芸妓を携へ豪農を伴ふて娯楽し居れりといふ」（一八八三年八月五日）と述べ、職務を全うしない三島を批判した。県会毎号否決事件の理由書を起草した花香恭次郎も、山形県令時代の三島が「県会必ず盛り砂をなし町火消の出迎ひありて区戸長は土下座なり」とその高邁さを批判し、河野広中県会議長が三島の悪事を指摘したため憎悪を受けたと陳述している（八三年八月一七日）。

### ③ 喜多方の公売処分

喜多方支援のために訪れた沢田清之助（一八六二）は、官憲の公売処分強行や農民の苦況を目の当たりにし、公判でくわしく陳述することになる。沢田に依れば、道路工事の工役費は一人一五銭だったが、家族が多い家は毎月七・八〇銭に及んだ。地租を納めるのに困難な家に、七・八〇銭は「尋常」の金額ではなかった。そこに郡書記が刀を携帯した巡査を引連れ、続々公売処分の張札を張った。しかし、これに応ずる家はなかったと言う。とうとう官憲は、工役費の請書を出す迄は、寒風凛烈のなか農民を「郡衙の檐側に一日二日も並らべ置かれたり」と拷問を加えた。これを見分した沢田の感想は、「其の説諭の暴戻なる実に聴くに堪えざるもの」であった。

沢田は、河沼郡と耶麻郡の家産差し押さえの状況もくわしく陳述している。米や鍋釜の差し押さえは免れたが、秣は封印され、馬を殺すのかという農民の訴えに、さすがに官憲は秣の封印は諦めたという。耶麻郡の某村では所持地が道路にかかるといわれたが、どこの土地が道路にかかるのか不明だった。そのため沢田が郡役所に出向き、郡長に「三十日間の猶予」を求めたが、郡長の答えは「土地などには人民の権利がなきものなり」であった。郡長の言葉に、沢田は「言の理なくして暴なるに一驚せり」と驚かざるを得なかった（一八八三年八月三〇日）。

沢田の陳述は、内乱陰謀だけでない福島事件の別の一面を明らかにした。また青年民権家がこのことを陳述したことは、大臣暗殺や武力蜂起だけでない激化の新たな視点を提起している。喜多方支援のために、自由党は高知県人五名・群馬県人五名の青年民権家を派出した[66]。彼らも沢田と同じ気持ちで、喜多方農民の困難を見ていたものと思われる。

### （4）　福島事件と高知県宿毛の青年民権家

福島事件公判の様子は、新聞を通じて各地方に伝播した。その一例として高知県宿毛の事例を挙げることができる。一八八三年一〇月、宿毛の有志が『自由新聞』の傍聴筆記をもとに福島事件裁判を再現した。民権結社合立社の青年民権家が主催したようであり、弁護人北田正董・大井憲太郎役を浜田三孝（一八五七）、検事役を広瀬正献（一八五九）、この他河野広中役を宮尾麟（一八六六）が演じた(67)。聴衆は「数百名」で、「目に一丁なき者とても原被論弁の趣旨を十分に解するを得て満足歓喜の色あり」であった。すでに「五六回」開催されたが、さらに「十回」開催が予定されている（『自由新聞』八三年一〇月二日）。

## 第三節　政治的激化と社会的激化

### 1　政治的激化

福島事件と高田事件の裁判は、各新聞に掲載された裁判史料を通じて全国に広められた。また、自由運動会や野外懇親会は青年民権家の志気を高める効果を持った。一八八四年の加波山事件は、この激化の延長線上に発生した。暗殺・挙兵を通して行う政治改革を、仮に政治的激化と規定したい。政治的激化の形成について、第一節3で福島と新潟の事例を紹介した。ここでは福島の激化形成時に、高知に遊学していた福島青年民権家の動向から政治的激化の形成を考え、次に政治的激化の継続を赤井景韶と湊省太郎の繋がりから見てみよう。

### （1）　高知民権運動と福島青年民権家

河野広體（広躰）が叔父広中に連れられ、立志学舎に入塾したのは一八七九年一〇月である。その前年から、高知の民権運動は政談演説会や討論会の開催とともに、旗奪いを盛んに行っていた。七八年一二月に新井田浜で行われた旗奪いは、聴衆数千人を前に、南洋・南嶽・有信・共行・発陽・南洲の各社が東西に分かれて旗奪いを行っている。この時の模様は、「さも西南の戦地にでも入りたる意地（ここち）せり」であった。(68)

このような急進的な運動のなかで、河野ら福島の青年民権家は高知の民権家に交じり演説を行う。河野は最初立志社で、後に発陽社で演説を行っている。演説回数は、表3-12に見られるように、一八八一年に六回、八二年に三回、計九回を数えた。八二年一月一日稲荷新地玉江座劇場で、河野は「抑圧手段ハ激徒ヲ制スル能ハス」（『高知新聞』八二年一月一二日）を演説する。このなかで河野は、「執政家ノ抑圧手段」は「激徒ヲ制スル」ばかりか、かえって「政府ヲ転覆シ過激ノ革命ヲ促ス」と予想していた。八二年一月段階で、河野が政治的激化を予測していたことは興味深い。(69)

河野と入れ替わりに、山口守太郎・五十川元吉・栗原足五郎が入高し演説を行っている。山口らは、三春の正道館教師であった西原清東と弘瀬重正を慕い高知を訪れていた。三名は発陽社に所属し、五回から七回演説を行った。三名の演説は、一八八二年五月三一日が最後である。栗原は、一〇月七日四国自由懇親会参加のため高知を去った。(70)
河野らは、福島の急進化から激化への動きに直接関わらなかった。しかし高知で急進化した運動を体験し、それをもとに福島事件から加波山事件の政治的激化に向かうことになる。政治的激化への道は、複合的に混じり合いながら進行していった。

### （2）　湊省太郎と赤井景韶

湊省太郎は、赤井の死刑執行前日の一八八五年七月二六日から八月一六日にかけて、次の広告を『新潟新聞』に掲

表3-12　福島青年民権家の高知演説

| 河野広體 | | 山口守太郎 | 五十川元吉 | 栗原足五郎 |
|---|---|---|---|---|
| 一八八一 | 一八八二 | 一八八二 | | |
| 5・8「心思之勢力」 | 1・1「激徒を防禦するの策」・「政府の強弱を論す」 | | 3・7「新聞の効」 | |
| 6・25「平等ハ不平等に非ず」 | 1・25「革命の玄理」・「文部省第三拾八号の達を読む」 | 3・15「聴衆諸君に告ぐ」 | 3・15「法律論」 | 3・15「最大の有力者」 |
| 9・6「専制政治の弊一つ茲に至る乎」 | 2・10「不為也不能也」 | | 4・21「風を掴むの愚を為す勿れ」・「聴衆に告く」 | |
| 9・22「政府の方向は一小局部に止るべし」 | | | 4・27「聴衆に告ぐ」 | 4・27「板垣君の遭難を聞て感あり」 |
| 10・16「其の病根を察せずして治を施すものは医にあらざるなり」・「水を嫌ふの魚より提起したる感慨」 | | 5・5「政を為んが為めに政ある所以の理を忘失す」 | 5・5「告聴衆」 | 5・5「告聴衆」 |
| 12・16（演題未定） | | | | 5・18「反対党ハ適ニ我党ノ勢力ヲシテ増加セシムルニ足ルモノトス乎」 |
| | | 5・25「告聴衆」 | 5・25「告聴衆」 | |
| | | 5・31「習慣論」 | 5・31「官権党ノ眼ナキヲ憐ム」 | 5・31「政治論」 |
| 6回 | 3回 | 4回 | 7回 | 5回 |

注：『高知新聞』『土陽新聞』『高知自由新聞』より作成した。

載した。(71)

旧自由党員越後高田の志士赤井景韶氏脱監後各地を経歴し山田賢治と称して静岡に滞留の際満腔の精神を一首の和歌に寄托し述べられたるの書小生の蔵する所たり是実に仝氏就縛の僅に五日前の筆跡なり然るに氏は死刑の宣告せられたるを以て該国詩並各地有志者哀弔の詩文和歌俳句等を印刷に付し一巻と為し之を各自に頒ち永世に伝へ仝氏の怨魂を慰め合せて追慕の意を表せん欲す希くは有志諸君来る九月三十日迄に随意御投送あらんことを

十八年七月

静岡通研屋町十五番地

湊省太郎

湊が、生前の赤井と交流があったのか不明である。しかし、湊自身が静岡事件の尋問調書で一八八四年七月以降「帰県スルヤ赤井景昭(韶)カ来リ居ル其処分ヲナシ居ル」(72)と語っており、就縛五日前に赤井がつくった和歌を湊が所有していたことは、短いながらも接触の可能性があったことを示唆している。また、湊が「赤井氏の噂をする時に當りては、必らず語を改め、容を正しふして、赤井さん赤井さんと云へり、苟も赤井などゝ云ひて、さんを忘るゝが如きことは、未だ一回だもあらざりき」(73)と語っていたところを見ると、湊は赤井に強く影響されていたことがわかる。

この広告が掲載された一八八五年、湊は挙兵主義から予てからの自説であった暗殺主義に転換していく。(74)湊が赤井の追悼文集を作成しようとしたのは、赤井の暗殺主義を念頭に置いてのことだったのかもしれない。同じ頃、湊は暗殺主義の同志広瀬重雄(一八五九)の義捐金募集を行っていた。これらのことから赤井の政治的激化は、湊らが継承し静岡事件に引き継がれていったといえよう。

## 2　社会的激化

大蔵卿松方正義による不換紙幣の整理と増税政策は、農村に大きな経済的危機を生み出した。特に、養蚕や製糸などの商品生産に依拠していた東山養蚕地帯をはじめとする地域は大きな打撃を受けることになる。ここに生活・生存を懸け、農民は実力行使で政治改革を行う。この激化を仮に社会的激化と規定したい。群馬事件と秩父事件の発生である。社会的激化の形成を、自由党・困民党と青年民権家の関わりから見てみよう。群馬事件[75]では上毛自由党と小林安兵衛（一八五八）・三浦桃之助（一八六一）、秩父事件[76]では秩父困民党と坂本宗作（一八五五）・新井周三郎（一八六二）を分析の対象とする。

### （1）　上毛自由党と小林安兵衛・三浦桃之助

一八八四年五月一五日、小林安兵衛（一八五八）は群馬事件蹶起の集会で、「現政府ガ施政ノ圧制ナルコトハ、猥リニ苛法ヲ設ケ人民ヲ束縛シ、又苛酷ナ租税ヲ取リテ官吏ガ利欲云々、現政府ヲ転覆スルコトニ尽力アリタシト演説」した。[77]「苛酷ナ租税」を問題としたところに、小林の演説の意義があった。小林と三浦桃之助は、富岡警察署が調査した上毛自由党員のランク付けで「第三位」に位置する民権家である。[78]「第一位」の宮部襄や「第二位」の新井愧三郎らは、八四年四月の照山峻三事件で官憲に追われる身となり、活動を控えていた。この指導部空白の時期に、「第一位」・「第二位」民権家の影響を受けた小林・三浦ら県外青年民権家が台頭していくことになる。

小林は、一八五八年三月二七日京都府南桑田郡下矢田村の士族日比尚次の二男として生まれている。[79]八一年一〇月、妻と生後半年の長男をおいて養家を飛び出した。小林が出奔した八一年は、これまで述べてきたように青年民権運動が活発になる年である。小林も、この大きな高まりから逃れることはできなかった。妻子を置いてまで決行した小林の出奔は、自由民権運動に参加する政治的な理由以外に考えられない。

三浦は、一八六一年一〇月六日、茨城県真壁郡黒子村辻で井上主税の二男に生まれた[80]。七二年頃から小学校の助教になり、七九年授業生になった。この教師時代に、上毛自由党の清水永三郎（一八五八）に出会い、民権運動に接近していく。三浦もまた、小林同様民権運動の高まりに飛び込んでいくことになる。

二人は県外の出身で、これまでの活動歴を確認できない。表立った活動歴がない二人が群馬事件に関わったことは、社会的激化に参加できる青年がこの他に多数存在していることを窺わせる。小林と三浦は上毛自由党に接近し、青年党員との交流を通じ成長を遂げていく。八四年、彼らが見たものは負債農民のきびしい現状であった。二人は、この問題を解決するために蜂起という実力行使を使い、明治政府を改革しようとした。

## （2）秩父困民党と坂本宗作・新井周三郎

秩父困民党の幹部三八名中、二〇代の青年を一〇名確認できる[81]。一八八四年九月七日、前年から負債農民救済にあたっていた坂本宗作は有名な演説を行っている。坂本は、「今般自由党ノ者共、総理板垣公ノ命令ヲ受ケ天下ノ政事ヲ直シ、人民ヲ自由ナラシメント欲シ、諸民ノ為ニ兵ヲ起」したと演説した[82]。農民の生活・生存を懸けた戦いが、自由民権運動と結びついていたところに、この演説の大きな意味があった。

甲大隊長新井周三郎は自ら負債があったわけでなかったが、「村民等ノ困難ヲ目ノアタリ傍観スルニ忍ヒス」困民党に加わった[83]。また、新井が自由党員であったという記録はないが、「志シサヘ慥カナル以上ハ幾人ニテモ自由党へ加入」すべきであると主張していた[84]。新井は、秩父困民党と自由党は同一の組織と認識していた。秩父農民の困窮を目にした坂本や新井は、秩父困民党・自由党を中核に、蜂起を通して明治政府を改革していこうとした。

# おわりに

激化の主体となる青年は、自由民権運動が全国的に高揚する一八八一年、結社を結成して活動を始めた。活動そのものの基本は学問的・啓蒙的で穏健な内容であったが、演説・討論・新聞への投書を通して、青年が自ら意見をぶつけ合い政治的に成長していった。折しも明治十四年の政変が起き、青年の政治的不満は頂点に達した。

青年らの主な活動は演説であったが、教師・学生の政談演説会参加は集会条例で弾圧され、学術演説会の開催も不可能になった。一八八二年の政談演説会に見られる青年の急進化は、明治政府の弾圧と弾圧を受けつつ他地域の青年と活発に連帯しようとする青年民権家のぶつかり合いから発生した。この急進化が、激化という形で、福島では八二年八月の「盟約書」、新潟では同年一一月の「天誅党主意書」に結実する。演説会で語られていた急進的な内容が、「圧制政府顚覆」や「天ニ交代リ奸人侫論ヲ払ヒ」という言葉で表現されたところに、両激化の意義があった。

福島事件と高田事件の激化は、一八八三年に入り新たな展開を見せる。第一は、尖鋭化した自由運動会・多様な野外懇親会・広域懇親会の開催である。三者に共通していたことは、旗奪いや遭難民権家への慰撫を通して、参加者の志気を高める点にあった。八四年三月、群馬県北甘楽郡で「軍陣進退の練習」・「砲術ノ練習」の軍事訓練が行われ、群馬事件が発生する。栃木の軍事訓練形式の自由運動会が、上毛自由党や負債農民に影響を与えたものと思われる。八三年、「青年自由懇親会」が「壮士懇親会」・「志士懇親会」と名称を変えて行われたことも同じ意図があった。

さらに第二として、福島事件と高田事件の裁判の概要や「盟約書」・「天誅党主意書」の内容が、新聞を通じて人々に知らされたことである。人々の関心は内乱陰謀の真実にあったが、三方道路工事をめぐる喜多方農民の困難が法廷で陳述されるなど、内乱陰謀だけにとらわれない側面を見せた。この陳述を青年民権家が行ったことは、群馬事件・秩父事件に繋がる契機を示していた。

この青年民権運動の急進化から激化の過程が、一八八四年の加波山事件と群馬事件・秩父事件を誕生させる大きな原動力となった。大臣暗殺・武力蜂起の路線が政治的激化で、加波山事件がその中心になる。政治的激化への道は、各地の青年民権運動急進化のなかで、複合的に混じり合いながら進行した。一方、負債農民の救済から政府打倒をめざした路線が社会的激化で、群馬事件・秩父事件がその中心である。両者はその性格を異にしていたがまったく別の激化ではなく、政治的激化を起点に、生活・生存の緊迫した状況が加わり激化の幅が広がり、社会的激化が形成された。重要な点は、青年民権家が激化の主体として、両激化を結びつける役割を果たした点である。

社会的激化は、秩父事件鎮圧で終息する。政治的激化は、一八八七年の井上平三郎・井上敬次郎（一八六一）らの「明治政府ヲ取除キ転覆」する檄文配布未遂事件[85]発覚、同年一二月の保安条例で終息する。この後、政府と民権派の対立は、議会内での合法的攻防が中心になる。

**注**

（1）　民権運動に参加する青年について、牧原憲夫は「無学無経歴な粗暴学生」が運動から逸脱し、民権や議会制を啓蒙せず、巡査や地方役人と抗争し、愛国心や仁政願望をかきたて、民権の実現を復古と誤解し、資金を遊興費や生活費に流用したと指摘している（『客分と国民のあいだ』吉川弘文館、一九八八年、一〇一頁）。この青年像は、民衆を国民国家に組み込む役割を果たす「政治的中間層」と位置づけたところからきている。しかしあまりにも一面的な見方で、青年がもつ多様な側面を切り落としているように思われる。本章は青年と激化の関わりを追及したが、各地で独自な活動をした無名の青年層に光を当てることも大きな課題としている。

（2）　青年民権家の定義について、年齢から二つに類型化した。Aグループは、一八五五年前後（安政年間）生まれで、八二年当時二七歳前後の青年である。このグループは年齢的に小学校教師や新聞記者などの仕事に就きながら、運動の中核を担った。新潟でいえば、一八五九年生まれの赤井景韶である。Bグループは一八六五年前後（文久・元治・慶応年間）の生まれで、二〇歳前後の青年である。このグループは学生を含み、新聞・雑誌・演説・討論を通して民権思想を受容した。新潟で言えば、一八六六年生まれの清水中四郎である。

（3）　河西英通「高田事件――その記憶のされ方」（『上越教育大学研究紀要』第二四巻第一号、二〇〇四年九月）。河西は、「幕府倒壊・権力奪取に連なる武力のイメージは現代からは想像できないほど日常的なスタイルだったのではないだろうか」と言及している。また、田﨑公司は八三年から八五年を「激化事件状況」と捉え、福島事件で獄死した田母野秀顕の顕彰活動が八四年の激化状況に影響を与えたと指摘している（「自由党と明治一七年激化状況――田母野秀顕と獄死と顕彰活動」（安在邦夫・田﨑公司編著『自由民権の再発見』日本経済評論社、二〇〇六年）。

（4）　筆者が、試案としてまとめた新潟県の青年民権運動（横山真一『新潟の青年自由民権運動』梓出版社、二〇〇五年参照。なお、本章では第一節3の（2）を参照）に対し、福井淳は次のような指摘をした。福井の指摘は「新潟での折角の結論を全国の青年民権運動とどのようにリンクさせるかという視点が不十分であり、それがあってこそ『自由民権運動全体の性格』の再検討が可能となろう」である（「『民権一二〇年』からの民権研究――批判に学びつつ超える視座」町田市立自由民権資料館紀要『自由民権』第一九号）。この指摘に答えるのも、本章の果たすべき課題である。

（5）　地域の青年結社について、これまで新井勝紘の研究（「自由民権と近代社会」『日本の時代史 22 自由民権と近代社会』吉川弘文館、二〇〇四年）や鈴木義治の研究（「埼玉の自由民権運動」秩父事件研究顕彰協議会編『秩父事件――圧制ヲ変ジテ自由ノ世界ヲ』新日本出版社、二〇〇四年）がある。しかし、両研究は青年結社の存在を明らかにしているが、そのメンバーや活動内容についてはわからない。

（6）　静岡県民権百年実行委員会編『静岡県自由民権史料集』（三一書房、一九八四年）二一六頁。

（7）　同前書、四一四～四二三頁。

（8）　同前書、二四三頁。

（9）　同前書、四〇八～四一二頁。

（10）　一八八一年八月末、新発田本村に学術研究のため東新青年同盟会が開かれ、会員が「六十名」に及んだと報じられている（『新潟新聞』八一年八月二五日）。おそらく開催された場所が同一であるため、東新青年同盟会は新発田青年同盟会と同一の組織と思われる。

（11）　「北辰自由員名簿」（山際七司文書）。

（12）　『白勢家の地主構造』（新潟県農地部、一九六四年、一一頁）。荻野正博「桂病院応接間の『裸婦』」（『新発田郷土史』第一三号）および「白勢和一郎　巴里通信」（『新発田郷土史』第一四号）。

（13）　「杉田定一関係文書」（大阪経済大学所蔵）。なお同関係文書で「古澤玄庵書簡」となっているが、正しくは「辻澤玄庵書簡」である。

(14) 青年自由党研究の先鞭をつけたのは、福井純子である（「青年の登場——民権運動の新世代」熊本近代史研究会編『近代熊本』第二三号・一九九二年三月、「青年自由党の時代——メディアと市場」『近代熊本』第二五号・一九九四年五月）。福井により、青年自由党結成にいたる在京青年の活動が初めて紹介された。さらに河西英通は、青年自由党における新潟青年の思想と果たした役割を明らかにした（「青年自由党と新潟県」『新潟県立文書館研究紀要』第三号、一九九六年三月）。

(15) 福島県石川郡石川町渡辺実氏所蔵。渡辺氏は、『青年自由党新誌』第一号と第二号を所蔵している。第二号裏表紙に「青年自由党員登坂謙三」と墨書されており、これらの雑誌がもともと新潟の登坂謙三所蔵だったことがわかる。登坂は在京党員ではなく、また第一号の裏表紙に「七月廿三日着」と記されており、新潟にいた登坂のもとに、東京から郵送されたものと思われる。なお第二号の発行月は、「明治十五年十月」である。

(16) 宮川隆泰「三菱商業学校と明治義塾」（福沢諭吉協会編『福沢諭吉年鑑』二八、二〇〇一年）。

(17) 『会員名簿』（早稲田大学校友会、一九三一年）。大沢の出身地については、河西前掲論文〔注14〕参照。

(18) 「北海一砂」（広井一文書）。大沢の出身地については、河西前掲論文〔注14〕参照。

(19) 「既往現在越佐人名辞書」（1）（『新潟日曜新聞』一九〇二年三月日付不明、長岡市・川上守三氏所蔵）。

(20) 一八八〇年二月一日「江村正綱書簡　山際七司宛」（『黒埼町史』別巻自由民権編、二〇〇〇年、一〇二〜一〇三頁）および「小山山際二氏ニ望ム」（『新潟新聞』一八八〇年三月六日）。

(21) 福島では、加波山事件に関係する小林篤太郎（一八六六）が青年自由党に入党していた（野島幾太郎『加波山事件』平凡社、一九六六年、五四頁）。

(22) 長野の地域尽力者に、高田の青年民権運動と関係が深い飯山の鈴木治三郎（一八六五）がいた（第二号）。

(23) 『福島県史』第一一巻　近代資料一（一九六四年）二八二頁。

(24) 原口清『自由民権・静岡事件』（三一書房、一九八四年）六〇頁。

(25) 同前書、七九頁。

(26) 一八八一年一〇月二二日「八木原繁祉書簡　鈴木昌司宛」（『上越市史』資料編六、二〇〇二年）一二一頁。

(27) 『明治一三年法令全書』（内閣官報局）。

(28) 『栃木県教育史』第三巻、一九五七年、一二三六頁。ちなみに栃木では、この布告が藤川為親県令により八一年七月に布達され、静岡では大迫貞清県令により翌八二年一月布達されている（『静岡県教育史』通史篇上巻、一九七三年、四三六頁）。

(29)「明治一四年本庁達丙」(新潟県立文書館)。
(30)「明治一五年布達甲、達乙・丙」(新潟県立文書館)。なお一連の弾圧強化については、『新潟県教育百年史明治編』(新潟県教育庁、一九七〇年)二八三～二八六頁を参照。
(31)福井淳「文部少輔九鬼隆一の新潟県での学事巡察を巡って」(『一八八〇年代教育史研究会ニューズレター』第一七号、二〇〇六年一〇月)。
(32)福島事件については、『福島県史』第四巻　通史編四(一九七一年)八二一頁を参照。高田事件については、江村栄一『自由民権革命の研究』(法政大学出版局、一九八四年、四六〇頁)を参照。
(33)前掲『福島県史』第一一巻〔注23〕一〇五四頁。
(34)花香恭次郎については、田﨑公司「旧幕臣子弟の自由民権――若き知識人民権家・花香恭次郎」(歴史科学と教育研究会編『歴史科学と教育』第一四号、一九九五年七月)および石橋幹次「自由民権の才子花香恭次郎――碑文にかかわって」(香取歴史教育者協議会編『香取民衆史』第一〇号、二〇〇七年四月)を参照。
(35)杉山重義については、安在邦夫「杉山重義」(『百年を彩る人びと』早稲田大学系属早稲田実業学校、二〇〇一年)を参照。
(36)『福島市史』近代一通史編四(一九七四年)および宮武外骨・西田長寿『明治新聞雑誌関係者略伝』(みすず書房、一九八五年)を参考にした。
(37)前掲『福島県史』第一一巻〔注23〕九八頁。
(38)同前書、一四七～一四八頁。
(39)同前書、九二〇頁。
(40)正道館創立から『三陽雑誌』創刊にいたる事情については、前掲野島〔注21〕一一四～一一六頁参照。
(41)『三春町史』近代・現代資料一〇(一八九三年)二〇〇頁。
(42)同前、二一五頁。
(43)前掲『福島県史』第一一巻〔注23〕一一三二頁。
(44)同前、二八二頁。
(45)青年民権家の演説の内容については、前掲『福島県史』第四巻通史編四〔注32〕六九～七〇頁参照。
(46)『喜多方市史』3近代・現代(二〇〇二年)一〇〇～一〇一頁。
(47)前掲『福島県史』第一一巻〔注23〕一五二～一五四頁。

(48) 本間恂一「頸城自由党小論」(山田英雄先生退官記念会編『政治社会史論叢』近藤出版社、一九八六年)参照。
(49) 一八八二年五月一〇日「室孝次郎・本山健次・大井茂作書簡 本山信次他一一名宛」(本山正治家文書)。
(50) 前掲横山〔注4〕一〇四頁。
(51) 上條宏之・緒川直人編『北信自由党史——地域史家足立幸太郎の「自由民権」再考』岩田書院、二〇一三年)五九頁。なお同書には飯山の民権運動から上條宏之の論稿、高田の民権運動から河西英通の論稿が掲載されているが、北信自由党の結成時期が異なり、また高田事件をめぐる評価が分かれており、今後検討しなければならない。
(52)『長野県史』近代史料編 第三巻(二)民権・選挙、一九八三年、三七五頁。
(53)「中川元日記」(茨城大学五浦美術研究所所蔵)。
(54) 一八八三年三月八日「復命書」(「三島通庸文書」四九六—一一、国立国会図書館所蔵)。
(55) 井手孫六ほか編『自由民権機密探偵史料集』(三一書房、一九八一年)一三六頁。
(56) 一八八二年「山際七司手帳メモ」(山際精爾家文書)。
(57) 土佐自由民権研究会編『土佐自由民権運動日録』(高知市文化振興事業団、一九九四年)一二三頁。
(58) 安丸良夫ほか編『日本近代思想体系二一 民衆運動』(岩波書店、一九八九年)二七四~二七五頁。なお高島千代は、八二年九月の段階で自由党本部が「志士」を募集し、農民・車夫に働きかけて租税の原則を理解させ、蜂起計画をねりあげていったと指摘している(「激化期『自由党』試論——群馬・秩父事件における『諸自由黨』と『自由党』」前掲安在・田﨑編著『自由民権の再発見』〔注3〕)。
(59) 栃木民権運動と運動会については、大町雅美『自由民権運動と地方政治』(随想舎、二〇〇二年)を参照。
(60) 新井章吾については、大町雅美『新井章吾』(下野新聞社、一九七九年)を参照。
(61) 前掲井手ほか編『自由民権機密探偵史料集』〔注55〕三七九~三八〇頁。
(62) 金井隆典は、鯉沼が百姓一揆指導者の資料を『東洋民権家百家伝』の著者小室信介に送っていたと指摘している(「自由民権と義民——「主体」の形成と政治的実践の編成としての自由民権運動」前掲安在・田﨑編著『自由民権の再発見』〔注3〕)。なお、この民権家追祭大運動会をフォークロアの視点から見た研究に、新井勝紘「義民と民権のフォークロア」(同編『民衆運動史 四 近代移行期の民衆像』青木書店、二〇〇〇年)がある。
(63) 壮士研究については、河西英通「明治青年とナショナリズム」(岩井忠熊編『近代日本社会と天皇制』柏書房、一九八八年)、安在邦夫「自由民権運動における壮士の位相——井上敬次郎の動向に見る」(前掲安在・田﨑編著『自由民権の再発見』〔注3〕)を参照。

(64)『新潟新聞』と絵入新聞社が発行した渡辺義方編『福島事件高等法院公判傍聴筆記』(絵入自由新聞社、一八八三年)を比較すると、記述や内容がかなり異なっている。当時の速記技術や新聞社の編集も関係していると思われるが、この点の解明は今後の課題としたい。

(65)高橋哲夫『福島民権家列伝』(福島民報社、一九六七年)六四~六六頁。

(66)前掲『福島県史』第一一巻　近代資料一〔注23〕五九四頁。

(67)宿毛の青年民権家については、『高知県人名事典新版』(高知新聞社、一九九九年)を参照。

(68)外崎光広『土佐の自由民権』(高知市民図書館、一九八四年)九五頁。

(69)公文豪「福島と高知を結ぶ自由民権運動」(福島自由民権大学二〇一三春季講座レジュメ)。

(70)前掲『土佐自由民権運動日録』〔注57〕九二頁。

(71)追悼集よびかけの記事は、『下野新聞』八五年七月三一日にも掲載されている。

(72)前掲『静岡県自由民権史料集』〔注6〕六六二頁。

(73)小山六之助「活地獄」(『明治記録文学集　明治文学全集九六』(筑摩書房、一九六七年)一五九頁。

(74)原口清『自由民権・静岡事件』(三一書房、一八九四年)一九八~二一一頁。なお、静岡事件の全体像の把握については同書に依った。

(75)群馬事件については、岩根承成『群馬事件の構造』(上毛新聞社、二〇〇四年)を参照。

(76)秩父事件については、前掲『秩父事件――圧制ヲ変ジテ自由ノ世界ヲ』〔注5〕を参照。

(77)『群馬県史』資料編二〇(一九八〇年)二八八頁。

(78)同前書、三三一頁。

(79)福田薫『蚕民騒擾録』(青雲書房、一九七四年)八五頁。

(80)同前書、八七頁。

(81)前掲『秩父事件――圧制ヲ変ジテ自由ノ世界ヲ』〔注5〕五八頁。

(82)井上幸治ほか編集『秩父事件史料集成』第六巻(二玄社、一九八九年)八五頁。史料中の旧字体は、当用漢字に直した。

(83)同前書、第二巻、一九八四年、九六八頁。

(84)同前書、第一巻、一九八四年、一〇九頁。

(85) 激文配布未遂事件については、前掲横山〔注4〕一七八～一八二頁参照。なお大内雅人は、この檄文配布未遂事件が「加波山事件に連なる政治的行為であり、この加波山事件追悼一回忌（八七年一〇月二日――引用者）への参加とは、決起集会の意味合いを持つものである」と指摘している（「明治一七年加波山事件再考――事件後の顕彰活動と河野広體の動向について」前掲安在・田﨑編著『自由民権の再発見』〔注3〕一二九～一三〇頁）。

# コラム1　杉田定一

飯塚一幸

杉田定一は、自由党の「広域蜂起派」を考える際に欠かすことのできない人物である。

杉田は明治十四年の政変から自由党結成という政治的転換点において、政治の表舞台から姿を消していた。一八八〇（明治一三）年一〇月に刊行した『経世新論』の筆禍による裁判中に病を得、その後八一年一二月に収監されたためである。『経世新論』において杉田は、弱肉強食の論理が支配する世界情勢を指摘し、国家間の「腕力」＝武力行使を肯定するならば、国家内での「腕力」を認める民権家を「過激党」として罵詈誹謗するのは真理に反すると主張する。さらに、米国の独立や「戊辰の革命」といった例を挙げ、「腕力」行使を否定する論者を「軽薄」「卑屈」と批判した。次いで杉田は、欧米諸国が文明開化して独立を全うし人民が自由を得ているのは、「鮮血河を為し、積屍山を築」いた結果であるとして、「自由は進取すべし」と鼓舞する。『経世新論』は、自由民権運動における実力行使の正当性を論証し、一身を犠牲とする志士の登場を希求する書であった。杉田は、国会期成同盟第二回大会を目前にして、実力行使を肯定する自らの立場を鮮明にしたのである。同書は発禁処分となったものの、当時一二、三歳で高知の民権結社嶽洋社に出入りしていた田岡嶺雲も、仲間たちと筆写して読んだと自伝で記しており、かなり普及したものと推測される。

欧米の歴史に鑑みて、戦争や革命を通して憲法制定や議会開設といった政体の変革が実現するとの見方は、杉田に限られたものではない。『海南新誌』第四号（一八七七年九月）に武島力雄の名前で掲載されている「腕力論」も、論旨は同様である。また、陸奥宗光が西南戦争で危機に陥った政府を前にして、土佐派の挙兵計画に与することで立憲政体の実現を夢見たのも、こうした認識に裏打ちされていた（萩原延寿『陸奥宗光』下巻、朝日新聞社、一九九七年）。

とはいえ、国会開設運動が盛り上がりを見せていた一八八〇年の時点で、杉田のように公然と「腕力」肯定論を社会に問うた人物は稀である。西南戦争後、いわば伏在していた武力による政府への対抗を目論む動きがまとまりを見せ始めるのは、すでに明らかにされているように、八二年九月に起きた板垣退助洋行問題がきっかけであった。この時、各地より東京に参集した党員・常議員・常備委員らは秘密会を開き、農民から車夫、さらには児童に至るまで広く民衆を組織・誘導の対象と定め、実力蜂起を志向する方針を決めたのである。実力行使の先導役として福島県と愛知県を想定し、その際に石川県を自由党に組織して反対派に渡さない点が重要であること、立憲政党総理の中島信行を板垣の代理として自由党本部に招くことも確認している。

杉田が出獄後の養生を経て政界に復帰するのは、この九月のことである。この時、杉田が活動の主眼に据えたのは北陸自由新聞の創刊と南越自由党の結成であった。だが、杉田の目は常に中央にも向けられており、一〇月中旬には上京して、外遊する板垣退助・後藤象二郎の送別会に姿を見せている。この頃の杉田については、一一月二日付の『自由党本部報道書』に、「先般出獄ノ後ハ尚ホ倍々奮起シテ大ニ為ス処アラントシ、過般諸事打合ノ為メ出京セルヲ以テ、我人ハ日夜相会シテ後事ヲ談シ」たと報じられている。石川県の組織化と中島信行の招聘を託されたと見てよい。こうして杉田は自由党内に生まれた「広域蜂起派」の一員となっていく。

杉田定一（国立公文書館所蔵）

# 第Ⅱ部　各地の激化事件像

# 第四章　福島・喜多方事件再考

## ——同根複合事件・裁判から見た事件像

安在邦夫



### はじめに

福島・喜多方事件とは、自由党撲滅・帝政党の育成・会津三方道路の開鑿を使命とする県令三島通庸の施政・姿勢と、福島自由民権派・県民の対立が激化し、内乱罪・兇徒聚衆罪など重罪犯として多くの運動関係者が逮捕・裁判に付された事件である。対立が不可避にまで高まったのは一八八二（明治一五）年五月の県会であり、同年夏以降官治的に強行された道路開鑿であった。結果は翌年九月河野広中ら六名が高等法院において内乱陰謀予備罪で処断されるとともに、多くの住民が兇徒聚衆付和随行罪で、また県会で県令三島の姿勢に異を唱え、これを活字にして公表した人びとが官吏侮辱罪で処断された。

福島・喜多方事件は、「国会開設の勅語」以後攻勢に転じた政府の自由民権運動に対する姿勢を示すものであり、事件以後弾圧は一層強化され、その結果高官暗殺・挙兵主義などいわゆる〝激化〟に走る急進的民権派が生まれた。その意味において、同事件は自由民権運動史ひいては明治前期政治史における一分岐点をなすものであり、大きな歴史的意義を有している。このような事件ゆえに研究も蓄積されている。しかし、従来の研究はどちらかといえば運動の指導と支持の関係が重視され、運動において重要な役割を担った〝訴訟活動〟や、複雑に錯綜している〝関係者の捕縛と裁判〟の様態が比較的軽視されてきた。前者は運動における近代性＝立憲主義を示す行動であり、後者は事件に対する官憲の恣意性を表しており、いずれも看過できない重要な内容をもっている。

本章では以上の認識に立ち、福島・喜多方事件を特に複雑なものにしている後者、すなわち裁判問題に留意し検討することにする。本作業を通して、第一に国事犯及び兇徒聚衆罪という最も重罪の容疑の裁判に付されこと、第二に官吏侮辱罪での処断など、関係者への官憲の執拗な弾圧が行われたこと、の意味について考えてみたい。

## 第一節　福島・喜多方事件——研究史ともう一つの事件像

### 1　福島・喜多方事件研究の概略

福島・喜多方事件は、「はじめに」でも触れたが基本的には官憲と自由民権派（その象徴として三島通庸と河野広中）の対立・抗争が激化した事件である。が、まず初めに同事件の呼称について記しておかなければならない。すなわち長い間同事件は、「福島事件」と呼ばれてきた。今も同名で記されている例も少なくない。しかし現在は「福島・喜多方事件」と呼ぶのが一般的で説得的である。なぜなのか。

そもそも関係者の捕縛時、事件名として官憲に記録されているのは、県庁文書に「喜多方事件証拠書類」とあるように「喜多方事件」であった(1)。しかし、その後同事件は一般に「福島事件」と呼ばれるようになった。この名称を生んだのは、主要な容疑者が東京の高等法院の審議に移されてからであり、特に「天下始めて司直吏の正邪に惑ふ。之を称して福島事件と謂ふ(2)」との記述に見られるように、同院で河野らが内乱陰謀予備罪で処断されて以後である。

しかし、この名称も現在では修正され、前述のように「福島・喜多方事件」と呼ぶのが通常になった。呼称修正の契機となったのは、一九八〇年代全国的規模で展開された「自由民権百年運動」[3]である。民衆史掘り起こし運動を一つの起爆剤として推進された同運動での名称変更は、喜多方地域住民の活動と犠牲を伝える内容をもち、併せて官憲の残した当時の事件名を表記するという点においても、正当性・説得性を有している。本章で「福島・喜多方事件」の名で呼ぶのもこのゆえである。

さて、高知県・東京三多摩地域と並び自由民権運動の盛り上がりを見せた福島県の同運動史の研究は、事件のもつ歴史的意義の大きさも関係して重厚である。その牽引者として挙げられるのが、庄司吉之助・高橋哲夫・大石嘉一郎の三氏[4]である。庄司は、生成から初期議会までの福島県全体の自由民権運動史を緻密な地域の実証的研究を通して検証し、高橋は自由民権家を個別探訪し運動家の志・動向を追い、大石は高度・卓越した理論（特に地方自治・財行政）と精緻な実証で事件研究に成果を残した。次に三氏以外で研究に特に功績を残した研究者の福島・喜多方事件認識の概略を記すと以下の通りである[5]。

① 平野義太郎　「零細自営農民」並に「一般小生産者」の激化、自由民権運動激化の典型的形態。「貧農・半封建的小作人の激化の典型的形態」＝「半封建地主的支配まで排除せんとした真に革命的運動」たる秩父事件とは相違。

② 服部之総　豪農地主層（「地主＝ブルジョアジー」）として、農民層の両極分解をふまえて成立するマニュファクチュア経営主）を指導者とし、広汎な小農民を同盟者としたブルジョア民主主義革命運動。

③ 堀江英一　士族民権→豪農民権→農民民権と図式化される自由民権運動の中で「豪農民権の激化」に位置。純粋な革命性をもった秩父事件＝農民民権の激化と相違。自由民権運動は萌芽的ブルジョア民主主義革命運動。

④ 下山三郎　平野・堀江両氏の見解を批判的に継承。事件の政治過程を詳細に検証、第一・第二の局面では「民権家─指導─主体、耕作農民─同盟者・予備軍的」、第三の局面では「民権家─指導、耕作農民─主力」になったことを論証。

この他、自由民権運動に関し前記とは全く異にする認識、すなわち同運動は上からの資本主義化とこれを主導する藩閥政府の干渉に抗した非近代的な「地方自治」要求運動とし、民権家豪農の志士意識・民権結社の寡頭専制的性格・運動の孤立分散性を指摘して、事件のもつ歴史的意義に否定的な羽鳥卓也の見解[6]もある。羽鳥の理解には傾聴すべき論点も見られるが、歴史認識としては説得性を欠いているといわれるべきであろう。

## 2 新たな視座の設定——裁判より見た事件像

福島・喜多方事件の研究史を振り返ってみると、研究の主な分析対象となっているのは、会津地方における三島主導の道路開鑿への反対運動の盛り上がり・組織化の過程、弾正ヶ原結集と喜多方警察署押し寄せの実態であり、同地域の経済構造・階層のありようである。もちろんこの視座・方法が、地域住民の動向を明らかにしたという点においてすぐれて大きな研究成果をもたらしたことは大方が認めるところである。しかし、少なくとも次の点で問題を残している。第一は、「国事犯」問題がクローズアップされた反面、「兇徒聚衆付和随行罪」として処断された喜多方地域住民の問題やその後の様態が軽視されていること、第二に、「福島事件＝国事犯」として有罪となった「内乱陰謀予備罪」構成の経緯と、河野広中を除き同罪で処断された人びとの研究が希薄となっていること、第三に、「官吏侮辱罪」で処断された人びとの問題がほとんど無視されてきたこと、である。

福島・喜多方事件は、時間的経緯から見れば、第一に、県会において自由民権派議員が県令提出の議案毎号の審議を拒否しこれを記録し公表したことに端を発し（議案毎号否決事件＝官吏侮辱罪）、次に、会津における道路開鑿の強行、苛酷な代夫賃徴収と未払い者に対する容赦ない公売処分などへの異議申し立てを行った結果多くの自由党員・地域指導者が捕縛され（会津三方道路開鑿事件＝喜多方事件＝国事犯及び兇徒聚衆付和随行罪）、第三に、第二の容疑の取調べ中に無名館（福島自由党員の集会所）で河野広中らが政府転覆の盟約を行ったとして処断された（無名館血判盟約事件＝福島事件＝内乱陰謀予備罪）、という三つの事件から構成されている。その裁判から見えてくるものは何か、福島・喜多方事件の研究にとって、裁判問題は重要な検証課題である。しかし、従来本問題に取り組んだ作業は手塚豊・森長英三郎らに見られるのみできわめて少ない(7)。以下、判決の時系列順に触れることにする。

## 第二節　国事犯及び兇徒聚衆付和随行罪構成の企図と地域住民

### 1　恣意的捕縛と国事犯及び兇徒聚衆付和随行罪構成の企図

福島・喜多方事件を裁判問題から見ると、明確に判明しているのは河野広中ら六人が内乱陰謀予備罪として処断された高等法院判決の例のみで、その他は誰がどのような罪で処罰されたのか、曖昧に付されている点が多い。別言すれば、高等法院判決に至るまでの過程やその後の裁判への関心が希薄になっている、ということである。その原因としては高等法院の判決が脚光を浴び人びとの関心が同判決に集中したこと、同一の容疑者がいろいろな罪状を付され裁判に関わることになったこと、その結果若松裁判所・福島裁判所・大審院・高等法院など裁判所・判決が錯綜し史料的にも不明朗な点が多いこと、等々が考えられる。

以上の状況を生んだ要因としては、警察による捕縛がかなり恣意的に行われたことが指摘できる。例えば三島県令が最初に問題にしたのは県会における議案毎号否決であり同〝事件〟の経緯を記録し公表した者への処罰であった。いわゆる「官吏侮辱罪」での処断である。同事件については第四節で触れるが、当初捕縛の対象となった人物は花香恭次郎・沢田清之助・岡田健長らで、一八八二(明治一五)七月一七日付で三春警察署より告発されている(8)。ここで花香は同年一一月一日、「報道録ヲ以テ三島通庸ノ職務ニ対シ誹議シタリトシ遂々重禁錮九月ニ処セラレ罰金三十五円ヲ付加(9)」の判決を受けたが、しかしやがて官憲の関心は「喜多方事件」に向い、花香は国事犯として再逮捕される。また、一八八三(明治一六)年二月には『福島自由新聞』発行に関わった者が、国事犯として次のように告発されている。

告発書

河野広中・影山正博・松本茂・富田等弘・森谷岩松・吉田光一・岡田健長・目黒重真・羽根田永清・白井遠平・山口千代作・遠藤直喜・平島松尾（住所略）

右ノ者共福島県福島ニ於テ自由新聞発起者ニ候処其趣旨書ノ中ニ暗ニ我日本政府ヲ顚覆スルノ意ヲ含ミタル要点有之其要点ハ則チ国政ヲ改良スル云々豺ノ如クナル者云々狼ノ如クナル者云々又ハ豺狼ヲ駆除シ兇奴ヲ排撃スル等ノ云々ノ点即チ豺狼トハ暗ニ要路ノ官吏ヲ指シタル点ニ有之加之ナラス国政ヲ改良シ自由ヲ保全シテ以テ目的ヲ達スル云々将又国政ノ改良ヲ謀リ其他容易ナラサル点モ有之依テ推量スルニ断然我日本政府ヲ顚覆スル意ハ充分ナルヲ以テ即チ刑法第百二十五条第二項ニ触ルヽ者ニ付別紙自由新聞趣旨書相添此段及告発候也

明治十六年二月二日　福島警察署ニ於テ

福島県警部　福留昌親

福島軽罪裁判所　検事　田中玄文殿(10)

告発書が出された時、河野らはすでに「国事犯及び兇徒聚衆犯」として高等法院送致の決定がなされているのである。

ところで、官憲の恣意的捕縛、三島県令の施策に異を唱える者を、なんとしても捕縛・処断するという姿勢を最もよく示しているのが耶麻郡下柴村（現喜多方市）宇田成一の逮捕・捕縛である。すなわち宇田は次のように拘引・拘留・収監・起訴・判決を受けているのである。

□　若松警察署　拘引　一八八二（明治一五）年一一月二五日　詐欺罪容疑
□　右同　拘留　右同年　一一月二八日　詐欺取罪（治罪法　百二十六条による）
□　若松軽罪裁判所　拘留　右同年　一二月　八日　兇徒聚衆罪（治罪法　百二十六条による）
□　右同　収監　右同年　一二月一八日　兇徒聚衆罪（刑法　百三十七条による）
□　若松軽罪裁判所・予審　一八八三（明治一六）年　一月三一日　「管轄違い」の判決。「国事犯及兇徒聚衆首魁」容疑で高等法院へ
□　高等法院予審判決　右同年　四月一二日　免訴
□　福島軽罪裁判所・予審　一八八四（明治一七）年一二月二四日　官吏侮辱罪有罪（欠席裁判）
□　右同・判決　一八八五（明治一八）年一二月　三日　重禁錮三月罰金五円(11)

右記で「詐欺取財」とされているのは、三方道路開鑿をめぐり住民が「権利恢復の規約書」を作成した折、同盟者から負担金を徴収したとされたものである。

いずれにしても、詐欺・詐欺取財容疑から始まり一転して国事犯及び兇徒聚衆罪容疑とし、無罪放免されると、今度は官吏侮辱罪として処断するのである。ここにはどのような策・手段を弄しても運動指導者（特に在地自由党領袖）を有罪に仕立てようとする官憲の意図が読み取れる。このことは、三島が一一月二九日付で村上楯朝少書記官宛に送った電文に「喜多方奸民乱暴セシニ付テハ好機会故関係ノモノ総テ捕縛セヨ、巡査不足ナラ岩下ニ談ジ三春撃剣党百五十人巡査ニ募リ速ニ繰出セ、必ス手抜ケナク厳重処分アレ因循姑息ノ計ヒアルベカラス、其レテモ巡査不足ナラ此方ヨリモ繰出スヘシ、直グ返事アレ(12)」という一文でも明白である。

## 2 「奸民暴挙」の論理と地域住民の処断

会津三方道路開鑿工事の強行は、ある意味では強い反対運動を見越した自由党弾圧の手段であったようにさえ思われる。三島の右大臣岩倉具視・内務卿山田顕義・司法卿大木喬任・大蔵卿松方正義・警視総監樺山資紀ら（連名）、政府高官宛て上申書は、まさに官憲（三島）の意図・性格を如実に表していると言える。少々長い引用になるが以下掲載しておく。

奸民暴挙之儀ニ付上申

本県下北會津南會津河沼大沼耶麻東蒲原六郡聯合会決議道路開鑿之義ハ若松士族及市街其他沿道ニ係ル者ハ元来希望スルト雖モ沿道外及耶麻郡内人民之内不服ヲ唱フル者モ有之候所右郡内ハ自由党員モ数多有之候ヨリ追々教唆誘導セシヨリ不服ヲ唱ヘ服役代夫ヲ拒ミ或ハ訴訟等ヲ企内実不穏立至ルモ畢竟自由党員宇田成一等ヲ巨魁トシ専ラ行政部ノ行為ヲ是非シ猥リニ圧制苛酷ノ名ヲ付シ無智ノ人民ヲ煽導シ此機ニ投シ官民離隔ノ策ヲ施シ大ニ該党ノ主義ヲ逞クセントスルノ計画ニシテ甚タ悪ムヘキノ挙動モ有之タレトモ未タ証跡ノ判明セサルヲ以県官郡吏等ヲ派出シ只管説諭ニ尽力為致候得共彼等挙動益切迫ニ立至リ隠ニ兇器等ヲ貯候哉ノ風聞モ有之旁万一ノ不慮ニ備フル為メ召募巡査ヲ設ケ取締ハ勿論傍ラ探偵ヲモ尽サセ候中宇田成一三浦文治詐譌誣告等ノ事件発覚セシヲ以テ先月廿六日喜多方并若松ニ於テ同人外九名ヲ捕縛勾引セシ以来何トナク人民不穏同廿八日喜多方弾正原ニ於テ人民多人数集合セシ趣ニ付巡査出張説諭之上一旦ハ解散セシニ其夕八時頃俄ニ喜多方警察署ニ迫リ宇田等ヲ勾引スル理由ヲ問ヒ併セテ放免ヲ乞フテ不止百方説諭ニ時間ヲ移ス中彼等ノ内何者乎嚢キノ約束忘レスヤト唱ヒテ手ヲ拍ツト衆人之レヲ和シテ手拍ツヤ否鯨波ノ声ヲ発シ警吏ヲ殺セ々々ト云テ署内ニ踏込ミ石ヲ擲チ戸ヲ打チ乱暴至ラサルナキモ猶一層説諭ニ尽力スルト雖モ益乱暴相募リ多勢無勢無余儀抜刀シ壱名ニ疵付四名ヲ捕縛セシ所其

勢ニ避(ママ)易シ一同散乱逃走セリ然レトモ巨魁ノ如キ未タ縛ニ就カサルヲ以テ其夜追跡新合村赤城平六宅ニ於テ高知県士族荒尾角藏外四拾四名ヲ捕縛勾引セリ然ルニ該宅ヲ捜査スルニ刀鎗銃炮等数多隠藏シアルニ付悉皆引上厳重取調候処兇徒聚集之犯罪ハ勿論其形跡タル瓜生直七口供之通目的トスル所ノ者ハ元来革命主義ニシテ国事犯ノ責難免レ且該党員ノ携ヘシ日誌等ヲ閲スルニ電報暗号ハ辱クモ主尊ノ隠名ヲ用ヒ其他大臣参議以下等同様ノ暗号ヲ所持セル以上ハ決テ一部落道路事件等ニ止ラス其形跡疑フヘカラサル国事犯ト見認候ニ付別紙書類相副先以此段及上申候也

明治十五年十二月九日

福島県令三島通庸(13)

国事犯及び兇徒聚衆付和随行罪の容疑で捕縛・収監されたのは何名だったのか、そのうち何名が高等法院送りになったのか(14)、同法院に送致された以外の人はどのように処断されたのか。後者の問題は、特に会津・喜多方地域の住民にとっては重要な問題であるが、残念ながら本稿においても新たな事実を提示するまでの作業はできなかった。高等法院送致者に関しては次節で触れることとし、ここではそれ以外で処断・有罪とされた人の問題を大石嘉一郎の整理に従い（宇田成一の手記を基にしていると思われる）次のように記しておく(15)。第一に、若松の軽罪裁判所において兇徒聚衆（特に付和随行）罪で罰金刑の判決を受けた三二三名。弾正ヶ原に集合し喜多方署に押し寄せた一般農民と考えられる。第二に、若松軽罪裁判所において兇徒聚衆罪で軽または重禁錮刑（一～四年）の判決を受けた三浦彦四郎ら一五名（大石の推定では二一名）。工事反対運動において指導的行動を執った地域の指導者で、大部分は上告して無罪放免となっている。第三に、若松において軽罪裁判所から重罪裁判所へ移され、兇徒聚衆教唆などで軽懲役六～七年の刑の判決を受けた原平蔵ら九名。主に訴訟運動において指導的役割を果したが、内乱陰謀には問われなかった者で大部分は後に上告して無罪放免を克ちとっている。

右記には官吏侮辱罪での処断が含まれていないので補足が必要であるが、いずれにしても高等法院で有罪判決を受けた者以外で実刑を受けた者は、付和随行などで罰金刑を受けた一般農民である（官吏侮辱罪を除く）。指導層が無罪となり付和随行者が有罪として処罰されという理不尽さには留意しておく必要があり、今後の検討課題である。

## 第三節　内乱陰謀予備罪の適用と平島松尾

### 1　内乱陰謀予備罪の適用

「喜多方事件」（喜多方警察署での住民と官憲との衝突）は、宇田成一らの釈放請願に端を発したもので、多分に官憲の徴発に拠る意図的事件の意味合いが強い。いずれにしても同事件を契機に、関係者の、主として自由党員の一斉検挙が始められた。捕縛から高等法院送致までの経緯の概略を、宇田は、「明治十五年十一月廿四日宇田成一カ首トシテ拘引セラレタルヨリ引続キ同年十二月廿二日平島松尾カ東京ニテ拘引セラレタルヲ終トシテ若松警察署ニ禁獄セラレタルモノ及北会津河沼大沼耶麻ノ四警察署ニ拘留セラレタルモノハ実ニ五百十八名ノ多キニ至レリ……其内国事犯兇徒嘯集罪名ヲ以テ高等法院ヘ移サレタルモノ六十余名[16]」と、手記に綴っている。

宇田は自己の捕縛を事件の始まりとしているが、前節で見たように当初の拘引理由は「詐欺容疑」であった。また、「平島松尾カ東京ニテ拘引セラレタルヲ終」りとしているが、その後も放免・再逮捕が続くなど、関係者の逮捕・拘留は錯綜している。明確なことは、この平島の尋問調書に「明治十六年一月二十四日本官ハ若松警察署ニ於テ兇徒聚衆並ニ国事犯事件ノ被告人平島松尾ヲ訊問スル事左ノ如シ[17]」とあるように、三島通庸の意図は最初から国事犯・兇徒聚衆罪で処断しようとしていることである。すなわち、首謀者「六十余名」の高等法院への送致である。その一人、前掲平島への尋問調書を見ると、同方向へ導こうとしていることが明白に読み取れる。平島に対する尋問の内容を、一．自由党観および党員の関与、二．喜多方事件への関与、三．暴力革命の企図、に分け、その主たる部分を提示すると以下の通りである。

一．自由党員の関与について。

○　然ラハ此ノ革命ノ企テハ自由党東京本部ヘ通謀セシナルベシ依テ本部ヨリ続々壮士ヲ操(繰)出ス手続ニ至ルヘシ且ツ各地各所ニ暴動ヲ挙ケ遂ニ政府ヲ転覆シ而シテ汝等自由党カ政ヲ左右スルノ目的ヲ達スルノ企ナルヘシ　○　汝等自由党ハ実ニ革命ヲ為スノ目的ニテ都テ今ニ至ルノ手筈ハ河野等ヲ始メ福島部ノ党員ト与々(ともども)熟計セシナルヘシ　○　自由党ハ目的ヲ達スルニハ腕力ニアラサルヨリ他ナシト覚悟セルナルベシ

○　福島部ヨリ各地ノ自由党ヘ通謀シテ此度ノ挙ヲ為シタルニ相違アルマシ

二．喜多方事件への関与について。

○　汝ハ必ス若松事件ノ談示を受ケシニ相違ナシ陳述セヨ　○　汝ハ若松地方此度ノ暴挙ニ関係シタ顚末ヲ申立ヨ

三．暴力革命の企図について。

○　汝等ノ主義ハ飽ク〈マ〉テモ革命ノ一点ニアルナラン　○　暴動ヲ企テシニ相違ナシ　○　訴訟ニ付テ彼ノ壮士ヲ続々何々致ス積カ畢竟腕力ヲ用ユルノ主旨ナルヘシ　○　豪壮ノ俊士ヲ続々操(繰)出ス云々トアリテ伊賀我何人山口重脩高橋壮多等ノ腕力者カ来リシハ如何社会一変ノ目的ナルベシ。○　汝兇徒聚衆ノ事件ニハ与ラサル旨申立ルカ東京ヨリ壮士輩ヲ招集スル等ヨリ今日ノ結果ヲ結フニ至ル迄ハ与ツテ大ニ力アルニ相違ナシ故ニ福島ニ於テ供出シタルハ自白ト思料ス　○　汝自ラ陳述ノ通リ耶麻郡道路ヲ奇貨トシ竹槍棍棒等ヲ携ヘ喜多方警察署ヲ襲ヒ且ツ赤城平六宅ヲ本陣トシテ銃器ヲ備(へ)ヒタルハ実ニ社会ノ相場ヲ狂ハセ進テ政府ヲ転覆セント企テタルハ汝ニ於テ遁辞無〈カ〉ルヘシ[18]

しかし、さすがに高等法院も三島の意図に与し、会津における道路開鑿をめぐる関係者の行動を「国事犯」として裁くことはできず、一八八三（明治一六）年四月一二日、一部を残し免訴とした。一部とは、政府転覆を謀ったとして内乱陰謀予備罪に問われた河野広中・平島松尾・田母野秀顕・愛沢寧堅・花香恭次郎・沢田清之助ら六名である[19]。かくして河野ら六名は同年九月一日有罪判決を受けるが、その根拠となったのは、捕縛後若松裁判所での予審尋問中に判明したとする次の無名館での「血判盟約」＝「誓約」であった。

第一　吾党は自由の公敵たる擅制政府を顚覆して、公議政體を建立するを以て任となす。第二　吾党は吾党の目的を達するが為め、生命財産を抛ち、恩愛の繋縄を断ち、事に臨で一切顧慮する所なかるべし。第三　吾党は吾党の会議に於て議決せる憲法を遵守し、倶に同心一體の働をなすべし。第四　吾党は吾党の志望を達せざる間は、如何なる艱難に遭遇し又幾年月を経過するも必ず解散せざるべし。第五　吾党員にして吾党の密事を漏し及誓詞に背戻する者あるときには直に自刃せしむべし。右五條の誓約は吾党の死を以て決行すべきもの也[20]。

しかし、同誓約書は「誓約文記憶の問に対し広中は筆を執り認めし所[21]」とあるように、確たる証拠はなく、政府の密偵とも噂された人物の証言に基くものであった。誓約の文言について平島らの訊問調書との間に違いがあることでも、信憑性を欠くことは明瞭といえる。ここで読み取れるのは、なんとしても有罪に持ち込みたいという官憲の意図である。

## 2　平島松尾の政治意識と行動

高等法院での有罪判決で、以後福島における自由民権運動は「福島事件」の名が象徴的歴史用語となり、同判決で〝終結〟を迎えたように受け取られている。しかし、これは福島自由民権運動史の一過程に過ぎない。未就縛の沢田清之助が予審で有罪とされるなど、高等法院への送致や裁判の経緯の分析は不充分であり、また河野以外の有罪となった人びとの思想や行動の研究は希薄である。ここでは以上の諸点の検証が今後の課題との認識に立ち、「軽禁獄六年」に処された平島松尾の政治思想と行動について見ておくことにしたい(22)。

平島は福島県安達郡二本松に士族の子弟として生まれた。一時大蔵省に勤務した後、一八八一（明治一四）年福島日々新聞社に入社、その一方で同年一二月には自由党福島部の幹部として活動、翌年七月には有志と共に福島自由新聞社を起こすなど、新聞発行に強い関心をもち実行した(23)。そのため「喜多方事件」では「国事犯及び兇徒聚衆首魁」と目され捕縛・収監された。平島を、「奸民を煽動し暴力革命を企てる自由党の首魁」に仕立てようとしたことについては前節の官憲の尋問で見た通りであるが、驚嘆するのはこれに応える確固とした彼の思想である。尋問調書からその一端を見てみよう。

〈運動の目的について〉

問　舘名（福島自由党の本部の所在の名――引用者）ヲ付セシハ如何。

答　舘名ヲ付セシハ尋テ来ル人及諸所往復ノ為メナリ而シテ舘名ハ東京本部ニテ寧静舘ト付セシニ模擬セリ。

問　其ノ目的ハ如何。

答　目的ハ規則に掲ケシ通リ自由ヲ拡張スルコト政治ヲ改良スルコト等ナリ。

問　改良トハ如何。

答　第二条ニ立憲政体ヲ立ツルト記載アリ。

〈運動の実践について〉

問　此度暴挙ハ実ニ革命ヲ企図シタルモノニ相違ナキカ。

答　然リ革命ノ氣勢ヲ造出スルノ見込ニテ在リシナリ。

〈明治政府について〉

問　専制政府トハ如何。

答　現今我カ日本政府ノ如キヲ専制政府ト云フ(24)。

平島は、運動の目標は「自由ノ拡張」にあること、その実現を〝革命〟と意識し、そのための運動の実践は「革命ノ気勢ヲ造出」にあること、そして明治政府を改革すべき「専制政府」と認識していることである。ただ、ここで留意しておくべきことは、〝専制〟〝革命〟〝暴挙〟等々の語を用い、民権家が其認識のもとに行動しているかのように誘導しているのは官憲の方であり、平島においては政治的改良を重ねて自由・権利の拡充をした「立憲政体の樹立」であったということである。これは、自由民権運動全体を貫く基本的精神でもあったといえよう。では、平島は一斉検挙時、どのような行動を執っていたのか。次のように報じられている。

○五日〔一八八二年一二月――引用者〕二本松ニ着始メテ一日ノ夜河野等カ拘留ニナリタルコトヲ親ヨリ承知シ且又少々控ヘ様子ヲ見ヨト申スニ付同所ニ三泊八日出発思ヘラク是レヨリハ各員ニ右ノ次第ヲ報道セント先ツ須賀川市原又次郎方ヘ参リタルニ昨日同人及鈴木俊庵影山等ノ拘留ニナリタルヲ聞キ自分又思ヒ（へ）ラク斯ク自由党ノ拘留ニナルハ下情ノ上通セサルヨリ懸疑セラル丶ナリ仍テハ東京ニ出テ内務卿ニ具申セント姓名ヲ変シ宇都宮稲屋ニ泊ス(25)。

○一個人ノ資格ニテ指出スハ（具申書のこと――引用者）不都合ノ旨ナリトテ指シ戻サレシニ付然ラハ卿ニテモ次官ニテモ面謁ヲ乞ハントセシニ遂ニ許サレズシテ川屋町ニ立戻リ又三条公ノ邸ヘ翌々日即チ二十二日参リ封書ナシ名刺ヲ執事迄出取次ヲ待チシ内巡査ニ名来リ尋ル義（儀）アルニ付同道セヨト申スニヨリ執事ニ向ヒ書面ヲ差出サントセシニ不都合ニ付受理セズト申スニ付右巡査ト警視庁ニ参リ五日程同処未決監ニ在リ夫レヨリ当地ニ送

〈ラ〉レタリ。[26]

平島の冷静な行動が読み取れる。しかし、三島は自由党領袖に対してはあくまでも国事犯および〝良民〟を〝奸民・兇徒〟に導く〝首魁〟として処断しようとしたのである。しかし、その意図がならなかったことは予審を含む高等法院の判決が示す通りである。

## 第四節　官吏侮辱罪の認定と吉田光一

### 1　官吏侮辱罪の認定

福島・喜多方事件に関する検証の中で、従来軽視されてきたのが「官吏侮辱罪」に関する事項である。河野広中らの処断が世の注目を浴びる中で、官吏侮辱事件は後景に押しやられた感がある。しかし、福島・喜多方事件の発端をなし、国事犯構成の意図が崩れると運動指導層を再逮捕し処断した事件として、さらには近代日本の官僚制国家検討の上でも、同事件を考えることとの意味は大きい。

官吏侮辱罪は「公益ニ関スル罪」のうち、「皇室ニ対スル罪」、「国事ニ対スル罪」に続く重要な規定で、「静謐ヲ害スル罪」として、「兇徒聚衆ノ罪」の次に置かれている。正式に記せば、刑法第一四一條の「官吏ノ職務ニ対シ其目前ニ於テ形容若クハ言語ヲ以テ侮辱シタル者ハ一月以上一年以下ノ重禁錮ニ処シ五円以上五十円以下ノ罰金ヲ附加ス其目前ニ非スト雖トモ刊行ノ文書図書又ハ公然ノ演説ヲ以テ侮辱シタル者亦同シ」[27]という規定である。官憲が同罪での処断を意図したのは、第二節の冒頭でも触れたが「県会における議案毎号否決」に対する報復にも似た対処で、一八八二（明治一五）年七月に関係者の捕縛が始まっている。次の通りである。

告発書

福島県岩代国信夫郡福島町寄留千葉県平民　花香恭次郎
仝県仝国仝町南裡通リ本県士族　沢田清之輔(助)
仝県磐城国行方郡雫村本県士族　岡田健長

右ノ者共ニ係リ福島県令三島通庸カ職務ニ対シ侮辱シタル事件ヲ告発スル所以ハ……当三春活版所ニ於テ本年五月印刷セシコト及ヒ冊子ノ著作者ハ前ニ記載セシ恭次郎外二名ノ所為ニ係ルコトト思量セリ依テ右所為ヲ法律ニ照スニ官吏ノ職務ニ対シ刊行ノ文書ヲ以テ侮辱シタルハ刑法第百四十一條其刊行ノ文書ニ姓名ヲ記載セサルト板主ノ住所姓名ヲ掲ケサルトハ出版條例罰則ニ触ルモノト思量候ニ付証拠トシテ別冊相沿ヒ此段告発候也

明治十五年七月十七日　三春警察署詰　警部補中川恒之助

福島軽罪裁判所　検事田中玄文殿[28]

同告発書を手始めに、八月四日には三島を侮辱する冊子を発行したとして三春活版所を臨検、活版機械・活字箱など関係機器・書類を押収するとともに、責任者平山忠臓の尋問を行っている。同尋問は冊子の発行部数や定価等を知り得て興味深く且つ貴重であるので次にその一部を掲げておく。

問　汝ハ七月十日前後ニ其冊子千五百部ヲ封セシヲ福島へ持チ行キシニ非ラズヤ
答　本多々本ヨリ頼ミヲ受ケ福島へ持チ行キタリ
問　福島ハ何ノ誰方ニ持チ行キタルヤ
答　素ト恭次郎ノ処へ持チ行ケト頼マレタリ然ルニ恭次郎ハ福島町十二丁目旅舎上野屋ニ止宿ナル者聞(ママ)及ヒ参リタルニ折節不在ニ付福島六軒丁トカ云フ岡野智荘(ママ)ノ宅ニ至リタルニ恭次郎モ居合セタルニ付該冊子ヲ恭次郎ニ

渡シ内金拾円ヲ受取リ帰リタリ
問　其冊子ヲ岡野方ニ渡ストキハ何月何日何時ニテ他人ハ幾人居合セシヤ
答　月日ハ判然セス時刻ハ午後ト覚ユ他人ハ誰レモ居合セス
右録取シタル処ヲ証人平山忠藏ニ読聞セタルニスコシモ相違ナキ旨申立テ本官ト共ニ署名捺印セリ
明治十五年八月四日三春警察署ニ於テ
福島県警部補　中川恒之助(29)
証人　平山忠藏

平山の尋問などを経て花香恭次郎らの捕縛がはじまったが、官憲の同事件への関心は、会津地方における道路開鑿をめぐる反対運動の高揚で一時希薄になった感があった。すなわち、第二・第三節で見た通り、官憲は反対運動の組織化・発展を抑えるとともに、これを好機として自由党員を一斉検挙し、「国事犯及び兇徒聚衆付和随行罪」で処断しようとしたのである。しかし官憲は、官吏侮辱罪での処断への執着も変わることなく見せている。時期は不詳であるが（現時点では一八八三年一月初旬と推定）、次の史料は興味深い。

〈侮辱被告人名〉
田村郡三春河野広中　同松本芳長　行方郡雫村岡田健長　楢葉郡高瀬村愛沢寧堅　岩瀬郡須賀川村市原又次郎　石川郡石川村吉田光一　耶麻郡下柴村宇田成一　河沼郡三河村中島友八　同郡野沢村小島忠八　田村郡三春影山正博
右十名若松勾留
宇多郡立谷村羽根田永清　同郡埒木崎村目黒重信(真)　東白川郡伊上村村社保禄　同郡石井村鈴木弥平　田村郡山中村小野守隠　伊達郡桑折村平山市兵衛　西白河郡白坂村白坂庫太　同郡白河町荒川孫左衛門　菊多郡宮田村

赤津作兵衛　北会津郡北四合村渡邊一良　耶麻郡加納村遠藤直喜
　右十一名福島勾留
磐城郡上小川村磐城慶隆　伊達郡桑折村氏家恵吉　河沼郡尾ノ本村山口千代作
右三名未タ縛ニ就カズ(30)

掲載史料から、官憲は議案毎号否決に関係した県会議員全員を官吏侮辱罪として処断しようとしていたことが判明する。そして高等法院予審で六名以外が無罪放免されると（一八八三年四月一三日。注(19)参照）、ただちに関係者の再逮捕に乗り出したのである。早くも四月二三日、福島裁判所において判決を受けたのは次の一一名である(31)。

重禁錮一年　罰金二十円　白坂庫太
同　　　　同　十円　羽根田永清　村社保録　目黒重真
同　十カ月　同　同　遠藤直喜　赤津佐兵衛　渡辺一郎　市原又次郎　平山市兵衛
同　九カ月　同　五円　小野守穏　鈴木弥平

なお以上のほか「重禁錮一年罰金廿円」の判決を受けた者として、「花香恭次郎　岡田健長　影山正博　吉田光一　吉田正雄　松本芳長　河野広中　中島友八　山口千代作　宇田成一　（朱線削除）~~土浦信木~~　相沢寧堅（愛）　死去（朱書）　紺野民五郎（谷）　小以拾二名」と伝える史料もある。日付を欠いているのでその検証が必要であるが、同時期のものと推測される。本史料から「議案毎号否決事件」に関し「官吏侮辱罪」に問われた者は、少なくとも二三名いたことが確認される。

## 2　吉田光一の「官吏侮辱罪」連座

吉田光一は石川郡石川村の重鎮で国事犯として捕縛・拘引され、高等法院予審で免訴となった後、新たに官吏侮辱罪で断罪されているが、同罪での再逮捕から入牢・出獄までの一連の経緯について、興味ある手記を残している。「ひと屋の夢」がそれである。同手記で、吉田は再逮捕時の状況を以下のように綴っている。

四月十三日（一八八二年――引用者）証憑不充分にて無罪放免せられたりき、然れとも、明治十五年の県会にて県令三島通庸より提出せし議案毎号を否決し、否決の顚末を印刷し県下人民に配布せしことありて、その顚末書なるもの県令侮辱の言ありとて、同志輩先きに罪に問ハれたる趣、東京に在し時聞えけれハ、東京にて放免後直に帰りまたも獄に繋かるゝことのくるしけれハ、暫く折を見て後にこそと思ひ定めて、放免の後ハ直くにも帰らて処々漫遊しありつるが、三島県令も栃木県に転せられ、地方の騒きもしつけくなりぬるよしきこえけれは、県下の様子もきかまほしくおもひて、忍ひつゝ家に帰りて五七日かくれありつるに、諺にいふことく隠れたるより顕ハるゝはなしとの言にもれず、終に警察署の知る所となり勾引せらるゝに至リたるハ、いともくやしきことになんありける(33)

高等法院予審において議案毎号否決報告書印刷に関し「其方ハ県会否決報告書頒布方ニ付関係アルヘシ」と尋問を受けた折、吉田は「関係ナシ、然レトモ曩キニ否決セシトキ県会議員中ニ於テ否決ノ要旨ヲ印刷シ、郷里ニ持帰リ県会否決ノ模様上ニ付各信ヲ措ク処アラシムル為メ、之ヲ各村ノ者ヘ配布スル事ニ議決シテ已ニ福島活版所ヘ依頼セシニ、県庁ノ用務多忙ノ為メ印刷出来兼ル趣ニテ遂ニ其議相整ハス、然シテ帰村ノ後花香恭次郎ヨリ数部贈リ呉レシニ付、其内二三冊同村ノ者ヘ遣ハシタル迄ナリ(34)」と答えている。この記述を前提とすれば、冊子数冊を同志に配布しただけで吉田は官吏侮辱の罪に問われたのである。ちなみに同拘引・拘留・仮釈放・判決・入獄・満期出獄等々その経緯を伝える貴重な史料（吉田家文書）が『石川町史　第四巻』に収められている。結論から言えば、その後吉田は一八八五（明治一八）年一二月三日「軽禁錮三ケ月、罰金五円」に処せられて収監され、翌年三月三日「刑期満期」で出獄している。(35)

　興味深いのは、判決・入牢時の心境を「本件に関する是迄の連累は壱ヶ年或ハ九ヶ月なりしニ、予ハ三ヶ月に罰金五円なれば、其価大に下落したる心地なれハ、異議なく承服し済ませし方将来の利益ならんとて、不服を申し立てず、その才判（裁）に承服したり(36)」と記していることである。また率直な感情の吐露と思われるのは、入獄に際して「草も木も霜かれ行ば吾もまた　しハし獄に冬籠りすれ」と詠い、「夫より三日間未決監に入り、四日目に至り……赤衣を着せられたり、この赤衣ニなりし時の心地、決意して（予め期して）あるもの、何共言ハん様なし（き思へそせらる）、今なからその時を思へ出せば、ぞっとそすなる(37)」と認めていることである。前者の「其価大いに下落」という表現からは確信犯としての自負心、後者からは人間本来のもつ心が看取される。

　なお、「喜多方事件」の領袖として住民のために尽力した赤城平六もその後の言動で官吏侮辱罪で捕縛されているが、この際官憲の間では「侮辱事件ニ付赤城等拘引後ハ該郡人民モ一層畏縮ノ模様ニテ此頃ハ道路費之事ニモ為差異状ナシト云……侮辱事件之予審調モ粗相澄証拠モ充分ナレハ不日公判開廷可相成(38)」と語られている。「人民モ一層畏縮」の語句に、官吏侮辱罪の本質、延いては近代日本の〝官僚国家〟の体質・本質が示されているといえよう。

## おわりに

　本章では、会津地方における道路開鑿反対運動の組織化・発展過程に焦点が当てられてきた感のある従来の研究に対し、裁判の経緯・判決から福島・喜多方事件の本質を探ろうとした。ここで明らかになったことは、福島・喜多方を構成する三つの事件、すなわち、議案毎号否決事件・会津三方道路開鑿事件・無名館血判盟約事件と、各裁判に通底しているのは、官憲の執拗な自由民権運動弾圧という姿勢である。その意味では、福島・喜多方事件は同根の複合事件と把握できる。ただし本稿はそのスケッチに過ぎない。事件の根幹をなす高等法院をめぐる検証など、紙数の関係で本稿では全く触れ得なかった手塚豊などの研究の発展を図る作業は、今後の必須の課題である。

**注**

（1）尋問調書などでは「若松事件」「若松暴動事件」などの語も見られるが、県庁文書に見られる「喜多方事件」が関係者の間で用いられた一般的名称であったと思われる。

（2）板垣退助監修、遠山茂樹・佐藤誠朗校訂『自由党史』（岩波文庫　中巻　一九五八年）二五八頁。

（3）自由民権百年運動は、一九八〇年代全国的規模で展開した研究・学習運動。自由民権運動研究者や教員・同事件関係者の子孫・市民が、一、運動の現代的意義の再確認、二、暴徒・暴民として処断された民権運動家の復権と事績の顕彰、三、自由民権運動史の学習・教育の推進、を目標に掲げて展開し、三回の全国集会などを開催した。

（4）代表的著書に、庄司吉之助『日本政社政党発達史』（御茶の水書房、一九五九年）・『福島自由民権運動史』（歴史春秋社、一九八二年）、高橋哲夫『福島自由民権家列伝』（福島民報社、一九六七年のち『増補福島事件』一九八一年）・『福島事件』（三一書房、一九七〇年）、大石嘉一郎『日本地方財行政史序説――自由民権運動と地方自治制』（御茶の水書房、一九六一年）・『自由民権と大隈・松方財政』（東京大学出版会、一九八九年）など。

（5）各研究者の主要論著として、平野義太郎『日本資本主義社会の機構』、服部之総『明治の革命』、堀江英一『明治維新の社会構造』、下山三郎「福島事件覚え書」（『歴史評論』第二六号、一九五〇年）・「福島事件小論　Ⅰ・Ⅱ」（『歴史学研究』第一八六・一八七号、一九五五年七月・八月）など。

（6）羽鳥卓也『近世日本社会史研究』（一九五四年、未来社）。なお、羽鳥の視点を継承している直近の研究として、幕内満雄「明治民権紀行『福島事件』を考える――弾正ヶ原の蜂起から一三〇年」（『季論　21』第一六号、二〇一二年四月）

（7）手塚豊「自由党福島事件と高等法院」「自由党福島事件に関する二、三の資料」（『自由民権裁判の研究（上）』慶応通信、一九八二年）。森長英三郎『福島事件』（『裁判自由民権時代』（日本評論社、一九七九年）。なお、刑法の条文は次の通りである。

□（第二編）第二章　国事ニ関スル罪　第一節　内乱ニ関スル罪　第百二十一条　政府ヲ顛覆シ又ハ邦土ヲ僭竊シ其他朝憲ヲ紊乱スルコトヲ目的ト為シ内乱ヲ起シタル者ハ左ノ区別ニ従テ処断ス

一　首魁及ヒ教唆者ハ死刑ニ処ス、二　群衆ノ指揮ヲ為シ其他枢要ノ職務ヲ為シタル者ハ無期流刑ニ処シ其情軽キ者ハ有期流刑ニ処ス　三　兵器金穀ヲ資給シ又ハ諸般ノ職務ヲ為シタル者ハ重禁獄ニ処シ其情軽キ者ハ軽禁獄ニ処ス　（四略）　第百二十五條　兵隊ヲ招募シ又ハ兵器金穀ヲ準備シ其他内乱ノ予備ヲ為シタル者ハ百二十一條ノ例ニ照シ各一等ヲ減ス　内乱ノ陰謀ヲ為シ未タ予備ニ至ラサル者ハ各二等ヲ減ス

□（右同編）第三章　静謐ヲ害スル罪　第一節　兇徒聚衆ノ罪　第百三十六條　兇徒多衆ヲ嘯聚シテ暴動ヲ謀リ官吏ノ説諭ヲ受クルト雖モ仍ホ解散セサル者首魁及ヒ教唆者ハ三月以上三年以下ノ重禁錮ニ処ス付和随行シタル者ハ二円以上五円以下ノ罰金ニ処ス第百三十七條　兇徒多衆ヲ嘯聚シテ官庁ニ喧閙シ官吏ニ強逼シ又ハ村市ヲ騒擾シ其他暴動ヲ為シタル者首魁及ヒ教唆者ハ重懲役ニ処ス（『法令全書』一八八〇年）

(8)　「花香恭次郎外二名官吏侮辱事件告発書」（三島通庸関係文書四九九―一五）。

(9)　『福島県史』第一一巻　近代資料一、一九六四年、一〇八六頁。「無名館日誌」の明治一五（一八八二）年六月の項に「県会始末ノ事　始末書ハ之カ刊行及配布ノ人ヲ定メ置クコトトス」（同前　一五〇頁）と見えるので、県令批判の文章化・公表は、福島自由党としての組織的な行動であったことが明らかである。

(10)　「告発書（控）」同前書、一〇三二～一〇三三頁。

(11)　『喜多方市史　六（中）』（近代　資料編v　一九九六年）二七九～二八一頁、四四六～四四九頁。

(12)　「三島県令より村上少書記官宛電文」同前書、二八七頁。

(13)　「奸民暴挙之儀ニ付上申」（三島通庸関係文書五〇二―一〇）。

(14)　宇田成一の手記では「捕縛者五一八名」で、そのうち高等法院送致者は「六十余名」となっている（『福島県史』第一一巻近代資料一、一〇八九頁）が、五五～六〇余名説まで多様（注16の引用文参照）。ちなみに筆者は「六一名」説をとっている（「石川地方の自由民権運動」―『石川史談』第八号、石陽史学会、一九九四年所収）

(15)　同前書および『喜多方市史　六（中）』近代　資料編vの解説。

(16)　「宇田成一手記」（『福島県史』第一一巻　近代資料一）一〇八九頁。

(17)　『福島県史』第一一巻　近代資料一、九〇八頁。

(18)　同前書、九〇一～九〇八頁。

(19)　高等法院で有罪の判決を受けたのは河野広中・平島松尾・愛沢寧堅・花香恭次郎・田母野秀顕・沢田清之助の六名であるが、後述の吉田光一の手記「会津嶺吹雪」（吉田光一文書八六九、四一六頁『石川町史　第四巻』資料編2、近世・近代Ⅰ所収）に「放免ノ言渡アラサリキ」者として記載されているのは、河野・平島・愛沢・花香・田母野と鎌田直蔵の六名である。予審の段階ではまだ沢田は「未就縛」であることなど、高等法院送致・判決までの経緯については、再検証の必要があるように思われる。
(20)　『自由党史』（岩波文庫　中）二六〇頁。
(21)　同前。
(22)　平島松尾については、二〇一〇年八月に「平島松尾顕彰会」が地元二本松で結成され、以後検証・顕彰活動が続けられている。
(23)　『福島自由新聞』のほか、後には現在福島県の二大新聞となっている『福島民報』（一八九二年）、『福島民友新聞』（一八九八年）の発行にも主要な役割を果たした。
(24)　「平島松尾尋問調書」（『福島県史』第一一巻　近代資料一）八九七～九〇七頁。
(25)　同前「調書」同前書、九〇〇頁。
(26)　同前。
(27)　『法令全書』一八八〇（明治一三）年、太政官布告第三六号（刑法）一一一五頁。
(28)　「告発書」（写）（三島通庸関係文書四九九―一五）。
(29)　同前文書四九九―一六。
(30)　「侮辱被告人名」（同前文書五〇二―二四）。
(31)　「侮辱ニ付処分　十六年四月廿三日裁判」（『福島県史』第一一巻　近代資料一）一〇四一～一〇四二頁。
(32)　「明治十五年　人民暴挙ニ付官省上申書　庶務課」（福島県歴史資料館収蔵・庄司家寄託文書）。
(33)　吉田光一手記「ひと屋の夢」（吉田光一家文書、八九六（『石川町史　第四巻』資料編2　近世・近代Ⅰ）四一七頁。
(34)　「高等法院訊問書写」（吉田家文書・八七二、同前書）三六三頁。
(35)　吉田光一手記「松廼落葉」（吉田光一家文書八九六、同前書所収）四二五～四三一頁。
(36)　前掲吉田〔注33〕四二一頁。
(37)　同前。
(38)　「外田警部長巡視報告」（三島通庸関係文書五〇〇―三四）。

## コラム2　福島自由民権と門奈茂次郎（もんなしげじろう）

西川純子

門奈茂次郎が自由民権思想にはじめて接したのは二二歳の時である。戊辰戦争で会津が敗北してから一五年経っていた。会津から斗南に移動して辛苦の生活に耐えた後、廃藩置県を機に栃木県栃木町で巡査の職を得た茂次郎は、臨検のために訪れた自由党の政談演説会で、馬場辰猪の演説をきいたのである。役目柄、演説の内容を記録し始めた茂次郎は、馬場の話にすっかり魅入られてしまった。馬場が何を話したかはわからないが、天賦人権論にせよ、国会開設にせよ、圧制政府批判にせよ、茂次郎にとっては、彼がこれまで身につけた儒教的価値観に転換をせまるものであったに違いない。演説が終わった時、茂次郎は巡査を辞めて自由民権家になろうと決心していた。

自由民権運動に加わろうと上京した茂次郎が最初に頼ったのは、馬場辰猪ではなく、自由党首の板垣退助だった。当時、板垣と馬場は板垣の外遊問題をめぐって激しく反目していたから、この選択は茂次郎を結果として馬場から遠ざけることになったといえよう。板垣は茂次郎を体よく河野広中に押しつけた。河野は板垣問題で東京から動けずにいる自分に代わって、茂次郎を福島に送り、会津三方道路建設反対運動の指揮をとらせようとした。福島では薩摩出身の県令三島通庸が県議会の意向を無視して道路建設を強行し、農民に過重な負担を強いていたのである。この結果、自由民権運動に身を投じようとする茂次郎の志は、ふたたび会津と薩長の対立という怨念の構図にのまれてしまうことになる。間もなく帰郷した河野を巻き込んで福島事件が起こり、河野たち五名が政府転覆の陰謀というでっち上げの罪状で有罪になると、茂次郎は薩長藩閥政府の打倒に闘志を燃やすようになった。

茂次郎に自由民権家としての片鱗がみられなかったわけではない。彼は法に則り、三島を弾劾する訴状を提出して、福島事件の裁判やり直しを宮城控訴院に請求している。控訴が受理されなかった時、彼は「これ藩閥政府が司法権の独立を侵害したる明証なり」と慨嘆した。茂次郎は一八九〇（明治二三）年に予定された国会開設にも前向きであった。彼は三島訴状を提出したことで福島の警察に狙われ、余罪で逮捕されそうになって東京に逃れているが、この時は、多くの自由党員が藩閥政府と自由党の対決もやむなしといきり立つなかで、国会開設まで時機を待とうという立場をとっていた。それまで逮捕を覚悟で福島へもどり、隠忍自重しようというのが彼の決心だったのである。

しかし、福島に帰る直前に横山信六に出会ったことが裏目にでた。横山は、河野広躰や三浦文治とともに、宇都宮県庁の開庁式に臨席する三島に爆弾を仕掛けようとしており、茂次郎にその秘密を打ち明けて加担をせまったのである。茂次郎はテロには反対であった。彼は、佐賀、萩、薩摩で起こった反乱にも批判的であった。暴力に訴えるからには勝たねばならない、そのためには周到な用意のもとに軍備と兵力を蓄え、中央政府の中枢部を不意に襲ってたちまちこれを掌握するような戦術が必要である、というのが彼の考えであった。横山たちはこれに反論しなかったが、暗殺計画を変えようともしなかった。結局、順序として県庁襲撃をまず行うが、あとは茂次郎に任せようということになり、話は軍資金の調達に移ったのである。

軍資金をどこから調達するか。彼らがここで大義のためには盗みも辞さずと息巻いたのは、若気のいたりというほかないであろう。馬場辰猪ならずとも、自由民権を理解する者なら深く戒めずにはいない行動であった。一八八四（明治一七）年九月一〇日、神田小川町の山岸質店に河野、横山、小林（篤太郎）、茂次郎の四人が押し入る。質屋の主人が素人強盗ぶりを見破って、五円八〇銭しかありませんと言い張るのを脅すうちに、門を叩く者があり、四人は慌てて逃げ出した。茂次郎はこの時、抜き身の刀をもったままだったという。気がついて刀を放り出したものの、方角を間違えて警察署のある方に逃げたところを警官に捕縛された。彼は後年、次のように記している。「斯く大業遂行の初歩に於いて手段の為に蹉跌を来たしたるは、志士の身に取て痛恨極まりなく、東京挙兵の企図は粉砕して一場の夢と化せり。」

横山たち三人はうまく逃れて茨城県に至り、仲間と合流したが、小川町の一件で警戒を強めた警察が宇都宮県庁の開所式を延期したために、暗殺計画を取りやめて加波山に立てこもることになった。山上では檄文を書いて反乱の動機を天下に訴えたが、籠城は三日ともたなかった。下山途中で警官隊と交戦し、仲間の一人と警察官一人を犠牲にした。

加波山事件は直ちに立件されて、民事裁判にかけられた。茂次郎にはアリバイがあったが、小川町事件との関連を問われて起訴された。判決は一三人を死刑としたが、このうち五人は未成年であったために死一等を免れた。茂次郎の刑は一三年であった。民事で裁きながら、この刑罰の重さは異常というほかないだろう。そこには政府批判の声を怖れて密かにこれを葬ろうとした施政者の姿勢が強く現れている。徒刑者は北海道の集治監に送られ、極寒の地で炭坑などの重労働に使役された。一八九〇（明治二三）年、国会開設に際して国事犯の大赦が発令されたが、茂次郎たち民事犯がその恩恵に浴することはなかった。茂次郎が空知集治監を出たのは、三年後の一八九三年のことである。

茂次郎がその後の生涯を通じて念願したのは、加波山事件で無念の死をとげた同志の名誉を回復することであった。そのために彼は六七歳のときに「東京挙兵乃企図」と題する手記を書いている。これは後に石川猶興の『利根川民権紀行』（新人物往来社、一九七二年）に収録された。茂次郎は筆者の父方の祖父である。

# 第五章　上毛自由党と群馬事件

岩根承成

## はじめに

群馬における自由民権運動の高まりを、地元紙『群馬新聞』が報道を始めたのは一八八〇（明治一三）年に入って間もなくである。二月「寄書」欄の講演録で「或ハ民権説ヲ吐キ或ハ国会開設ヲ説ク者、年々月々多キヲ加フ」と、さらに四月「逐々人民の結合力の盛ん成ハ喜ろ（こ）ばしき事にて、本県下にても大間々町盡節社、館林の交親会、高崎の有信社、伊勢崎の協同社、前橋の暢権社・集義社・精々社ハ屈指の社にて、是より各郡に陸続結社さるゝの様子なり」と、相次ぐ民権政社の結成を報道した。(1) 同年三月大阪に国会期成同盟が結成され、国会開設請願運動が全国的・国民的な広がりをもった時期と重なる。

県内民権政社の横のつながりの中で誕生した上毛連合会（後に上毛有志会と改称）による、全県規模での国会開設請願の署名活動が展開された。一八八一年一〇月、国会期成同盟を中心に自由党が結成され、これに呼応して同年一二月、その地方組織「自由党上毛部」として「上毛自由党」が、上毛有志会を母体に結成をみた。

松方デフレ下の農村不況を背景に、一八八三年三月と一一・一二月県内各地に負債農民騒擾が起こった。負債農民は人民集合を繰り返す中、生産会社（金貸し会社）に対する借金据え置き、年賦返済を求める、行政・司法機関などへの嘆願行動を粘り強く展開した[2]。

一八八四年に入ると、自由党は西上州を舞台に負債農民組織化の動きを強め、五月、党員と負債農民が連合して民権激化の群馬事件へと突き進む。国会開設請願運動の高まりを背景に誕生した上毛自由党と、農村不況の中での負債農民による民衆運動とが結びつき、その延長上に群馬事件は位置付けられる。

本稿の主題は、群馬事件がどのように記録され・記憶されてきたのか、改めて検討することにある。「群馬事件」と命名した『東陲民権史』を基本に形成された事件像を、地元の行政・警察史料、裁判史料、新聞報道などを突き合わせて、群馬事件の実像に迫る作業を進めたい[3]。

## 第一節　国会開設請願運動から上毛自由党へ

### 1　上毛連合会（上毛有志会）の国会開設運動

一八八〇（明治一三）年（月日不詳）、国会開設請願を目的とする県内組織「上毛連合会」が高崎で結成された。八条からなる「上毛連合会決議」によると、県内を五区に分け「国会開設請願」の「同志者ヲ募集シ帳簿ニ記載捺印セシメ」、九月一二日に高崎で大会を開き、請願の手続きや出京総代委員の選定などを行うこと。活動区画は、第一区高崎を中心に七郡、二区前橋を中心に五郡、三区館林中心に二郡、四区大間々町中心に五郡、五区七日市中心に二郡と定めた[4]。また、「上毛連合会創立委員」の名で、「国会開設願望ノ檄文」が県内有志に配布された。「本年九月ヲ以テ国会開設願望書ヲ天皇陛下ニ奉呈」するため、賛同者は「九月十二日ヲ以テ高崎ニ来会アレ、共ニ願望ノ事ヲ議スベシ」と[5]。

請願名簿の一つ「明治十三年　上毛連合会名簿　第一区」と題する署名捺印帳簿が残っている。名簿の前書きに、「盟約」として「今般上毛連合会ヲ起シ、明治八年四月ノ聖詔ニ基キ、国会開設ヲ天皇陛下ニ願望シ奉ルノ証トシテ各自捺印スル事左ノ如シ」とある。(6)「明治八年四月ノ聖詔」とは、「漸次ニ国家立憲ノ政体ヲ立テ」との詔を指すと思われ、この段階で、地方住民の間にも、立憲制・立憲政体が理想的な国家・政治形態として認識されることになる。名簿には「西群馬郡下小鳥村」八一名（総戸数一三九戸）、同郡「筑縄村」二四名（四〇戸）の署名捺印がみられ、両村戸数の六割近くが賛同し、署名捺印に応じたことになる。

請願署名活動の様子を『群馬新聞』は、次のように報道した。「吾妻郡新巻村奥木角十郎ハ……十二日に高崎駅に於て上毛有志会を開き、国会開設を天皇陛下に願望せんとするを聞き……一二日の間に合せんと、十日の夜にハ少も寝に付かず泉沢・五丁田・奥田・新巻・小泉等の山村を奔走し、毎戸を周旋して捺印を進め、十一日にハ数十人の連印簿を……高崎に出せしが、なんと山間の一小民迄もかく国会開設を願望する熱心者の多きを、政府にても儘にしてハ置かれまひ」と。(7)立憲政体樹立を願望し、国政参加を求める人たちは、士族や豪農商層ばかりか自営・耕作農民層にまで広がっていたことがわかる。

予定通り九月一二日、高崎の寺院覚法寺において上毛連合会の大会が開かれた。有志者二〇〇余人、「此会議を見んと遠近来り集るもの無慮千余人に至り立錐の地なきに至る」と盛会であった。(8)大会当日の決定事項は「上毛有志会決議案」にまとめられ、会の名前は「上毛有志会」と改められた。請願草案委員五人の公選と、上京総代人四人の選出方法などが決められた。(9)後日、上京総代には、高崎有信社の長坂八郎、館林交親会の木呂子退蔵、大間々盡節社の新井毫、前橋大成社の斎藤壬生雄が選出された。

請願書は「群馬県下上野国十四郡有志人民八千九百八十人ノ総代」ではじまる「国会ノ開設ヲ願望シ奉ルノ書」としてまとまり、一〇月太政官への提出の運びとなった。(10)「八千九百八十人」は、九月一二日の大会に各地より持ち寄られた署名捺印数と思われる。

次いで、一一月一〇日には国会期成同盟第二回大会が東京で開かれ、群馬からは先の長坂以下の総代四人が「群馬県上野国十四郡有志一万弐千百六名惣代」として出席した[11]。署名捺印数は、一万二一〇六名となり、二カ月ほどで三〇〇〇余り上積みされた。なお、明治九年の群馬県内の総戸数は約一二万八〇〇〇戸余りで、およそ一〇世帯に一人の割合で賛同署名した計算になる。

## 2　上毛自由党の結成

一八八一（明治一四）年一〇月の自由党結成大会となる国会期成同盟第三回大会へ向けて、九月二五日本局の高崎大信寺において上毛有志会の大会をもち、代表に決まった高崎の宮部襄と前橋の斎藤壬生雄が上京し大会へ出席した。群馬を代表する民権家の宮部襄は群馬県師範学校長の職に在ったが、直前の九月一五日に辞職願を出し、受理され依願免職となった。『上毛新聞』は「本県師範学校長たりし宮部襄氏ハ弥々辞職せられて、純然たる民権家となられたり」と報じた[12]。公職を辞して晴れて上毛有志会を代表して、国会期成同盟の大会という民権運動の表舞台へ登場していくことになる。

一〇月二日、大会は拡大して自由党結成大会へ変更され、自由党結成を正式に議決した。「自由党規則」第一章に、「東京に中央本部を設け、地方に地方部を置く」と明記され[13]、群馬でも上毛有志会を中心に自由党「地方部」づくりへと動いた。

一八八一年一二月二二日、上毛有志会の長坂八郎と斎藤壬生雄は、上州一四郡同意者総代四〇余人を本局の大信寺に集め、「十七ケ条の盟約書」を作成し、「自由党上毛部」と称して東京本部との連合を議決し、議長は宮部襄が務めた（『郵便報知新聞』一八八一年、一二月二七日号）。

『上毛自由党規則』と題する新書版七頁の印刷物がある[14]。一七条からなる「自由党上毛部規則」には、「第一条　吾党ハ上毛自由党ト称シ、日本自由党ニ同盟シ其盟約ヲ拡充ス　第二条　上毛本部ヲ西群馬郡高崎ニ置」、第三条では

「高崎部、前橋部、木崎部、館林部」の四部を置いた。中央の自由党結成から二カ月後、結党に立ち会った宮部・斎藤、さらに長坂をはじめ群馬の国会開設請願運動に結集した人々は、上毛有志会を基礎に自由党の地方支部政党として「上毛自由党」を立ち上げた。

なお、一八八二年六月の自由党臨時大会で宮部は二名いる幹事の一人となり、長坂は結党時より地方選出の常備委員、八三年四月大会で宮部と共に常議員に、斎藤も同大会で幹事となるなど、それぞれ中央の自由党本部役員として活躍することになる。

群馬の自由党員を格付けした「党員ノ位置」を記した史料として、富岡警察署の大正四年調査・作成した『政党之沿革』（墨書）がある。これによると、「第一位」には高崎藩士族の「宮部襄・伊賀我何人・長坂八郎」、館林藩士族「木呂子泰（退）蔵」ら士族民権家。「第二位」は、南・北甘楽郡を代表する豪農民権家「清水永三郎・新井鬼（愧）三郎」と長野・埼玉県人を含む五人。「第三位」は「日比教宣（小林安兵衛）・三浦桃之助・湯浅理兵」の三人で、いずれも群馬事件で指導的役割を担った。「二位迄ハ常ニ東京本部ニ出入シ枢機ニ参ジタリ」とある。(15)

しかし、一八八二年六月、改正集会条例が布告され、政治結社が「支社」を置くことを禁止した。このため上毛自由党も解散を余儀なくされ、上毛自由党員は、直接自由党本部に所属する形をとるなどして、事実上活動を継続したものと考えられる。(16)

# 第二節　群馬事件の実像を探る

## 1　事件前段の自由党の動向

### (1)　減租請願集会の「上毛農民懇親会」

一八八四（明治一七）年三月三日、高崎の寺院龍広寺において、「正租減額」嘆願の上毛大集会が開かれた。集会の案内状は、高崎藩士族の自由党員長坂八郎・伊賀我何人・深井卓爾の連名で四〇〇通ほど作成され、県内各郡村へ発送された。文面には「近来諸税額愈増加シ、民間ノ疾苦見ルニ忍ビザルヨリ、這般各県同志者申合セ……太政官第弐百七拾弐号御布告ニ基キ、来ル三月五日ヲ期シ正租減額ノ儀、其筋へ哀訴歎願可致事ニ決議仕候」とある。[17] 太政官「御布告」とは、一八七三年の「地租改正条例」を指し、この「条例」にある地租額を最終的に地価の「百分ノ一」まで減額するとの条文に基づき、現状の「百分ノ二・五」を「百分ノ一」まで減額させるべく、各県同志が申し合わせ「哀訴歎願」するとの趣旨である。

『郵便報知新聞』（一八八四年三月一〇日号）によると、この集会は「上毛農民懇親会」と称し、各村に委員を置き、委員より請願総代人を投票選挙することなどを定めた。この集会のねらいは、減租請願を「上毛農民」に訴えることにあった。

また、西群馬・片岡郡長の吉見那直は集会当日付けで、集会の案内状の写しを添えて集会の状況を県令へ上申した。県・郡当局も集会の動向を注視していたのである。[18]

この請願運動は、前年一一月の自由党臨時会後、中央の党幹部植木枝盛、片岡健吉によって提起された「減税建白」運動の方針に沿ったものであった。片岡は、一八八四年春から始め「公然警察ニ届出テ会議ヲ為スヘシ」、「民間ニ広ク感動ヲ与フルカ大目的ニシテ」、「党勢拡張シタシ」と述べている。[19]この運動のねらいは、重税・負債に苦しむ農民に「感動」を与え、農民を自由党に組織して「党勢拡張」をはかろうとするものであった。

片岡らの運動方針を受けて、長坂八郎ら高崎の自由党員が中心となって実行に移していったもので、その背景には前年、県内各地で展開した負債農民騒擾の存在がある。自由党は、一八八三年の負債農民の一連の行動には直接関係を持つことはなく、一定の距離を置いていた。しかし、農民騒擾という民衆運動の中で、生産会社・郡役所・裁判所・県当局に対し、人民集合を背景に要求を突きつけ、ひるむことのなかった農民層を、国会開設請願運動にはじまる民権運動を進めてきた群馬の自由党は、新たな提携・連合の対象として認識するようになっていった。この「正租減額」運動を通じて、こうした農民層の組織化をはかり、「党勢拡張」の実現へと動いたのである。

### （2）西上州における「党勢拡張」の動き

一八八三（明治一六）年段階の群馬における自由党の中心的活動は、都市部における政談演説会の開催であった。高崎の大信寺・藤守座など寺院や劇場を会場に、前橋・沼田・館林など都市部で開催された。ところが八四年に入ると、高崎の自由党員を中心に西上州の農村地域、特に南・北甘楽二郡を重点地域として、「党勢拡張」・農民組織化の活動を展開した。

西上州での活動の拠点となったのが、北甘楽郡では高瀬村の清水永三郎、南甘楽郡では坂原村の新井愧三郎らの存在であった。両人は村を生活基盤とし、地域を代表する県会議員や補欠議員に当選した豪農自由党員である。先の富岡警察署史料の「党員ノ位置」では「二位」層に当たる。士族中心の党員が村々で活動するうえで、こうした在地に影響力のある豪農自由党員の存在が頼りであった。

南甘楽地域では、一八八四年三月六日、柏木村の島田安太郎宅で、新井愧三郎が高崎の長坂八郎らを招いて「懇親会」を開き、同行した照山峻三が「地租減額論」と題する演説を行っている。[20]こうした小さな自由党の集会が、新井の斡旋により各所で開かれた。

北甘楽郡では、一八八四年一・二月ごろ富岡町の党員が主唱して、「雑話会」という「学術を研究する」会を発足させた。毎月二回開き、高崎の自由党員伊賀我何人が加入し、「其主義を拡張せんと頗る尽力中」と『朝野新聞』（一八八四年四月一日号）は報じている。当時、自由党の会合は集会条例を意識して「学術研究」を名目に開かれることがあった。

また、北甘楽郡を管轄する富岡警察署『沿革史』（墨書）には、一八八四年一月以降のこととして「高崎町ノ士族自由党員宮部襄・深井卓示（爾）・伊賀我何人」らが、地元「清水永三郎方」を拠点に、「党勢拡張手段」として郡内各所で「煽動演説」を行っていると記している。[21]

### （3）一ノ宮光明院における「自由政談演説会」

自由党は、一八八四年三月二二日、北甘楽郡一ノ宮の寺院光明院において「自由政談演説会」を開催した。当日の様子は『自由新聞』（一八八四年三月二六日・三〇日・四月一日の各号）が詳細に報道している。党員の小林安兵衛（日比遜）が住職を務める光明院の入り口には、「高大美麗なる花門を装ひ、自由政談演説会と大書したる蓆旗を叉字形に掲げ……来り集る聴衆一千余名、中にハ婦人百余名もありて、さしもの広き会場も寸地を余さず」との盛況ぶり。東京の自由党本部からは宮部襄、杉田定一、高崎から深井・伊賀が弁士として出席した。同紙に掲載された杉田の手記「上毛紀行」には、「斯の如き寒村僻地にハ未曽有の盛会」、開催の実現には「清水永太（三）郎氏の尽力最も著るし」、また「南甘楽より新井愧三郎氏も客臨せり」と記している。こうした演説会の立ち上げ、聴衆の動員など、地元の豪農自由党員清水や新井らの活躍に支えられるところが大きかった。一ノ宮を皮切りに、北甘楽郡の菅原村・下仁田町などでも同様の演説会が開催された。

こうした一連の演説会などの活動は、地元富岡警察署をして「郡内ノ民情頓ニ一変シ、容易ナラザル状況ヲ呈シタリ」と言わせるほど、地域に与えた影響が大きかった。[22] こうして「党勢拡張」の在地活動は、地元の豪農自由党員らの支えを得て、積極的に一般農民層に受け入れられていったことがわかる。

さらに、在地活動の成果は新入党員数にも顕著に表れた。一八八四年三月と五月時点の新入党員は『自由党員名簿』（明治史料研究連絡会、一九五五年）の限りで七八人おり、群馬の党員総数の三分の一に当たる。なお、七八人中、北甘楽郡四二人、南甘楽郡一四人と、両郡が七割以上を占めている。

さらに、富岡警察署『政党之沿革』によると、清水・深井・伊賀・宮部らが「政府顚覆ノ準備」を進めているとの記録がある。一八八四年三月ごろのこととして、「砲術練習ノ必要アリ」として「猟師」・「土民」を誘って「地租軽減請願ヲ名トシ」、妙義山中之嶽神社（大黒天堂）に「数百名ヲ召集シ」、「現政府ヲ攻撃シ、演説ヲ為シ或ハ政府顚覆ノ密議ヲ為シ」、また「日夜砲術ノ練習ヲ為ス」とある。[23] ここには、自由党による「政府顚覆」、「砲術ノ練習」など、政府に対する武装蜂起といった新たな戦術の準備の進行をうかがわせる。

## 2　群馬事件はどのように記録・記憶されたのか

一八八四（明治一七）年五月、西上州に位置する北甘楽郡・碓氷郡を舞台に、自由党員指導のもと地元菅原村・諸戸村の負債農民を主体に武装集会を開き、北甘楽郡上丹生村の生産会社頭取岡部為作宅を襲撃、火を放って打壊した。この出来事が世に「群馬事件」といわれ、前橋重罪裁判所において自由党員・農民ら被告三五名が、「兇徒嘯集（聚衆）」罪などの有罪判決を受けた。

群馬事件を記録した史料は、次のようなものがある。

自由党サイドの編纂によるものとして、『東陲民権史』（以下、『東陲』と略す・関戸覚蔵編、養勇館、一九〇三年刊）の「群馬事件」と、これに準拠した『自由党史』（板垣退助監修・一九一〇年刊）の「群馬の獄」がある。

地元の行政史料としては、一八八四年度の県令への報告『北甘楽郡治概略草案』（群馬県庁文書）の「人民挙動ノ概況」と、事件直後の菅原村戸長による松井田警察署長あての「始末書」(個人所蔵文書)がある。警察史料としては、地元富岡警察署所蔵の『沿革史』(墨書)(作成年代不詳)がある。

裁判史料としては、前橋地方検察庁所蔵の一八八七年七月二九日付の前橋重罪裁判所『裁判言渡書』(以下、『判決原本』と略す)と、一八八六年三月三一日付「予審終結言渡書」を含む『予審終結決定原本』(以下、『予審原本』と略す)である。

新聞記事は、一八八四年五月の『郵便報知新聞』と『自由新聞』である。

(1)『東陲民権史』

この文献は、加波山事件の全貌を事件参加者の目を通して明らかにし、合わせて自由民権運動期の激化諸事件についても記録・記述したものである。民権運動を通じて藩閥専制政府に抵抗した多くの人々の闘いを称え、顕彰するねらいがうかがわれる。「群馬事件」と命名し、「藩閥政治の抑圧、自由民権の沸騰するに当りて、群馬事件の起れる、何ぞ曾て怪むに足らん」と記し、民権の「沸騰」・激化の事件と位置づけている。

事件の指導者となる人物として、次の四人を挙げている。京都府籍の「日比遜」(本名・小林安兵衛)は、「一之宮町光明院新来の住職」で「群馬の自由党に加はる」。「清水永三郎」は「北甘楽郡の豪族にして、県会議員・学務委員を兼務し、平素宮部(襄)・長坂(八郎)等と無二の政友たり」。清水のもとに身を寄せていた茨城県籍「三浦桃之助」は、「上毛に漫遊して自由主義を唱ふ」。さらに北甘楽郡内匠村戸長の「湯浅理兵」である(以上( )内は筆者が補足したもの、以下同様)。

四人は会合して「方今天下の人士、口を開けば民権自由を叫び、立憲政治を談ずと雖も、概ね是れ皮相の空論なるのみ……今日の事、如かず成敗を干戈に訴へん」と。「深山窮谷の民……緩急用ゐるに足る、都門紈袴の輩に頼らんより、寧ろ山谷頑冥の民を誘はんこそ、策の得たる者なるべし」と、言論活動に頼るより、山村地域の住民を誘っての「干戈」・武装蜂起との結論に達した。四人は各方面を受け持ち、「南北甘楽諸郡を跋渉して、遠く甲信二州の地に及ぼし」、加えて「上州は博徒横行の地」なので、その首魁「山田城之助」（山田平十郎）やその徒「関綱吉」らの協力も取り付ける。

「干戈に訴へん」の好機は到来した。一八八四（明治一七）年五月一日、高崎・上野間の鉄道開通式が、高崎停車場で天皇臨席のもと行われることになった。式に参列する「顕官」を、手前の本庄停車場で小休止する機会に襲撃し、「進んで高崎兵営（東京鎮台高崎分営）を攻破り、然後沼田城跡に拠て大義を天下に告白する」というものであった。

軍議は「重立たる人々を高崎観音寺（観音山の清水寺）に招集」して、山田城之助・関綱吉も参加して行われた。その結果、「日比（小林）を総長と為し、三浦之に副たり、山田・関は、碓氷・甘楽・南佐久・小県等の博徒弐千五百人を率ゐて、高崎附近に屯し、相図を待て高崎鎮台に攻め掛り、又日比・三浦・湯浅は、野中弥八（多胡郡片山村の自由党員）の部下、及び甘楽・秩父・多胡・緑野の党員等を合せ、総勢三千を率ゐて、本庄付近に伏匿し、……待設けたり」と。

しかし、開通式は五日に延期となり、さらに五日も再延期となった（最終的には六月二五日天皇臨席のもと高崎停車場で行われた）。「衆失望甚だし」という状況であった。ここで、三浦は上京して、宮部襄・清水永三郎に相談したところ、「二氏は固く其軽挙を制して、時機を待つに如かずと為し」、計画実行の中止を促した。

指導部の日比・三浦らは「蛭川の上野某宅」（『予審原本』には、「武州児玉郡蛭川村上野文平方」とある）で、今後の行動計画の検討に入った。「大衆一たび会す、何の用ゐる所もなく、徒らに散帰せしめんか、是れ彼等を翻弄欺瞞したるなり、今後誰か復た我党を信ずる者あらん」と。「此際断然決死、以て革命の旗を挙げんには、事未だ必しも成らずと謂ふべからず」との意見に従って、計画は次のようなものとなった。「秩父の党友田代栄助・村上泰治に説きて、埼玉の兵を挙げしめ、三浦氏其衝に当るべし、群馬の兵は一檄以て集中するを得、日比・湯浅之を率ゐ、日を期して妙義山麓陣場ケ原（碓氷郡八城村）に勢揃ひを為し、一挙に富岡・松井田・前橋の三警察署を屠り、進て高崎分営を攻落さん」と。これに対し三浦は、宮部・清水の「忠言に感ずる所あり……拙策なり」と反対し、激論となったが、当初の計画通りに決定した。

三浦は「小柏常太郎（常次郎のことか、多胡郡上日野村自由党員、秩父困民党の役割表では小荷駄方）・新井某と共に秩父を指して発し」、日比・湯浅は「野中・上野等十余名と、五月十三日を以て陣場ケ原に会せんと、檄文数十章を作り、東間代吉（菅原村）・佐藤織治（諸戸村）をして遠近に頒布せしむ」と。

陣場ケ原集会の当日（雨天のため五月一五日となる）、「檄に応じて我れも〳〵と群集せる人民数を知らず、陣場ケ原に充満しける、去れど三浦桃之助・山田城之助の一隊未だ至らず」と。『予審原本』でも、三浦・山田は当日姿を現すことはなかったようだ。ここで「日比・湯浅命じて、一之宮及び七日市町より兵器糧食を運搬し、又旗幟二十余旒を陣頭に樹て、深山颪に翩翻たらしめ、其勢ひ洪大にぞ見へし」と。この記述内容は、『予審原本』と『判決原本』には見当たらない。

「甘楽郡上丹生村岡部為作の設置せる生産会社は高利貸を業とし……債務者破産に至るも猶ほ一銭一厘を減ぜず、……先づ之を屠り民害を除くべしと、総勢三千余人を分ちて三隊と為し、」「五月一六日午前二時……総勢斉しく乱れ入る……火を放ち、住宅倉庫を焼燼して出づ」と。岡部宅襲撃は「三千余」の人数で実行したとある。その後の行動として「松井田警察分署に迫る、署員狼狽潰走す、将に進で高崎兵営を襲はんとしたるが、糧食継がざるが為め……往々道より逃げ」解散を余儀なくされたとある。『予審原本』と『判決原本』では、松井田署、高崎分営への行動については触れていない。

これに続けて、この事件の被告四二名に対する「裁判言渡書」（前橋重罪裁判所・明治二〇年七月二九日付）を掲載している。しかし、前橋地方検察庁所蔵の『判決原本』に照らすと、一部書き換え、削除、挿入・加筆などがみられる。

第一に、陣場ケ原集会への参加人数について。『判決原本』には「代吉ハ数名ヲ率ヒテ来会シ、其他数十名集合スルニ当リ」とあるのを、[24]「会する者数千に及んでや」と、「十」を「千」に書き換えている。『予審原本』には、小林と湯浅が、それぞれ尋問に対し、「凡ソ百名程」と答えていることからも、[25]実際の参加人数は、数十から百名程度と考えられる。『東陲』本文中の「総勢三千余人を分ちて三隊と為し」の文面との、整合性を保つための改ざんと思われる。

第二に、犯罪内容八項目中、五・六項目に当たる強盗及び強盗未遂事件が削除された。

第三に、『判決原本』に記載のない、「五月一五日を期するも、三浦は来らず、山田平十郎（城之助）らも来会せず」の文言の挿入である。『予審原本』に「山田平十郎手許ヨリ集会スベキ者延期掛合アリ集会セズ」と、山田不参加の記載がある。同じく、三浦の岡部宅襲撃への参加は「証拠充分ナラザルヲ以テ……免訴ス」とある。[26]『判決原本』において言及されなかった二人の不参加を加筆したものであろう。以上から、参加人数の改ざん以外の二点は、事実に基づいた加筆と考えられる。

『東陲』掲載の「裁判言渡書」にみる人数の改ざんを、一九七三・七四年に相次いで手塚豊・福田薫の両氏が指摘するまで、[27]群馬事件の規模は、「数千」「三千」が通説であった。なお『自由党史』の「群馬の獄」は、『東陲』に準拠したもので、「裁判言渡書」も同様の改ざんされたものが掲載されている。

## (2) 地元の行政・警察関係史料

まず、事件の起こった一八八四（明治一七）年度の北甘楽郡の概況を、郡長名で県令へ報告した草稿『北甘楽郡治概略草案』中の「人民挙動ノ概況」について。事件の概要と、その背景として松方デフレ期の養蚕地帯である同郡の不況の実相が述べられている。八二年以降、製糸価格の低落によって養蚕農家の収入が減少し、郡内数十の生産会社からの負債が膨らみ生計が成り立たなくなってきたこと。こうした農村不況を背景に群馬事件は起こったものとして、次のように記している。

「本年自由党員等人民ノ究迫ヲ奇貨トシ煽動セシヲ以テ、陰カニ之ニ組ミシ究民等四五十名大桁山ニ屯集シ、突然上丹生村生産会社頭取岡部為作家宅ヲ襲ヒ、家屋ヲ破毀シ、火ヲ放テ悉ク焼尽セリ、因テ警官等出張アリテ鎮静セラレタリ、時ニ本年五月十六日午前三時ナリキ」と。(28)

北甘楽郡長は、自由党員が負債に苦しむ農民を組織して債主の生産会社襲撃に向かった事件で、その規模を「四五十名」と把握し、自由民権運動が農村不況を利用して激化したとの認識を示している。

この「人民挙動ノ概況」全文を活字史料として紹介したのは、著名な郷土史家萩原進氏の著書『明治時代　群馬県史』(高城書店、一九五九年)である。その中で事件規模を示す参加人数「四五十名」を、「四五千名」とした。同氏の念頭に、『東陲』の「数千」「三千余人」の通説があり、「十」を「千」と解読したものと思われる。この時点では地元の行政史料が通説(『東陲』)を補強する結果をもたらした。

次に、北甘楽郡を管轄区域とする富岡警察署『沿革史』(墨書)について。作成年代は不詳であるが、事件とその前後の自由党員や地域住民の動向の記載が詳しい。

「政党員ノ不良手段」の項では、「明治十七年一月以降、物価暴落、金融閉塞、産ヲ失フノ民一時ニ増加ス」といった農村不況に際し、高崎の士族自由党員宮部・深井・伊賀らが、「当郡高瀬村ノ破壊的政事家清水永三郎方ニ入リ込ミ、党勢拡張手段」として「恒産ヲ失スル不良ノ民ヲ糾合」して、郡内各所で「学校廃止、減租請願等ノ煽動演説」を行い、その結果「郡内ノ民情頓ニ一変シ、容易ナラザル状況ヲ呈シタリ」と記している。(29)「暴徒民家ニ乱入ス」の項で群馬事件の記録がみられる。「同年(明治一七年)五月ニ至リ、自由説誤信ノ暴徒等数拾名、北甘楽郡丹生村地内大桁山ニ集合シ、生産会社破産事件ニ付、同村ノ豪家岡部為作方ニ乱入放火発砲シタルヲ以テ、時ノ署長小島金八郎ハ各署ノ応援ヲ求メ、之レガ逮捕ニ向ヒタルモ……警戒数月ニ亘リタリ」と。(30)

ここでは一八八四年一月以降、自由党員による「党勢拡張」の動きが、北甘楽郡を中心とする西上州を舞台に活発になっている状況が読み取れる。地元警察も、群馬事件は「自由説誤信ノ暴徒」による「数拾名」規模として記録し、自由党の「党勢拡張」行動の延長上で起こったものと捉えている。

最後に、事件直後の五月二一日、菅原村戸長が松井田警察署長に提出した『始末書』について。菅原村は、群馬事件関係被告四二名中同村を本籍とする者が一六名で、事件参加者が最も多い村である。菅原村を通過して岡部宅襲撃に向かう「暴徒」の状況を、戸長は次のように記している。

「該暴徒ハ私村ヲ通過候得共、是ヲモ見受不申、跡ニテ風聞承ルニ該徒ノ内高帽子羽織袴抔ヲ着用随分人品能キ者ヲ多人数鉄炮或ハ釼鎗ヲ携エ、是レヲ警固候草況ニ有之」[31]と。

陣場ケ原集会と菅原村集会の参加者が同村において合流し、岡部宅襲撃に向かう時の様子である。「高帽子羽織袴抔ヲ着用随分人品能キ者」を、武器を手にした多くの者が「警固」しつつ行進していたという。当日の出で立ちについて、予審掛り尋問に対し湯浅理兵は、自身は「黒帽ヲ冠リ茶色無紋ノ羽織ヲ着用シ」、小林安兵衛は「黒高帽ヲ冠リ茶色羽織ヲ着用シ」、野中弥八は「鼠色無紋ノ羽織ヲ着用シ帽ヲ冠リ」と陳述している[32]。「人品能キ者」は、指導部の小林・湯浅・野中ら自由党員を指すと考えられる。一般参加者とは異なり正装で、自由党員としての威厳を示そうとしている様子がうかがえる。同じく予審の尋問に対し野中弥八は、当日の陣場ケ原集会において「(小林)安兵衛ガ自由(党)本部ヨリ受取リタル委任状(湯浅)理兵ガ了読シ」と述べており[33]、参加農民に対し、権威として自由党を強く意識させる演出がみられ、「人品能キ者」として立ち振る舞うことが求められたものと思われる。

以上、地元官側の史料は、「自由党員」の「煽動」、「自由説誤信ノ暴徒」の行動としており、参加人数を「四五十」・「数拾」人としている。加えて現地住民の目には、指導層の自由党員は「人品能キ者」と映った。地元の行政及び警察は、西上州農民の組織化を進める自由党員と、農村不況下の負債農民の連携により、武装蜂起・激化に及んだものとの認識で一致している。

### (3) 裁判史料

群馬事件関係裁判史料には、判決文である前橋重罪裁判所の『判決原本』と『予審原本』がある。ここでは『予審原本』に記録された群馬事件像を、一八八四年五月一五日の陣場ケ原集会とそれに続く岡部宅襲撃事件、その直前の菅原村・諸戸村などにおける自由党員の活動状況を中心に見ていくことにする。

事件参加者・被告を、次のように分類した。(i)陣場ケ原集会・岡部宅襲撃の指導的立場にあった自由党員、小林安兵衛・湯浅理兵・野中弥八の三人。(ii)菅原・諸戸村などの在地農民の先立層、東間代吉(菅原村)・山田米吉(諸戸村)ら。(iii)集会・襲撃に加わった在地農民層。(i)・(ii)の人びとの動きを予審掛り尋問調書などに基づいて追っていく[34]。

#### ① 陣場ケ原集会へ向けての取り組み状況

(i)の小林・湯浅・野中らに三浦桃之助を加えた四名は、当時埼玉県児玉郡蛭川村の上野文平宅に滞在していたが、五月九日ごろ同宅を離れた。三浦は「武州地方ヨリ南甘楽郡地方ノ党員ヲ誘ヒ立越ス手筈ニテ」出発し、小林・湯浅・野中は碓氷郡の山田平十郎(城之助)から「猟銃四百挺刀剣百本斗相整ヒタル旨」の連絡を受け、山田のもとへ向かったが不在のため、家族に集会への参加を依頼して立ち去った。

別行動の三浦を除く小林・湯浅・野中の三人は、五月一一日、北甘楽郡諸戸村へ入り、同村の「田村源吉」宅に宿泊した。ここに在地農民の山田米吉ほか五、六名が来会して陣場ケ原大集会の回章を作成し、送付を「源吉」に依頼した。一二日午後四時ごろ諸戸村を立って中里村に入り、同村「姓不詳奥太郎」方で同夜「四五拾名」の集会をもち、五月一四日の陣場ケ原集会開催について小林が演説をした。翌一三日午前一〇時ごろ奥太郎宅を出発し、菅原村の東間代吉宅に立ち寄ったが不在のため八木連村に入り、ここでも同夜「四五拾名」参加の集会をもち、前夜同然の演説をした。大集会当日は雨天のため、一五日に日延べし、同夜は「諸戸村姓名不詳党員」の家に宿泊した。

次に、②の在地農民の中で指導的役割を果たした山田米吉・東間代吉らの動きはどうか。両名は五月初旬小林・湯浅・野中らの、「自由党ハ諸税ノ額ヲ減ジ、加フルニ目下ノ究難ヲ救助スルトノ勧誘ヲ是トシ、自由党ニ加盟シ」、自村の人たちを勧誘して自由党への加盟の紹介もした。また、「妙義山麓陣場ケ原ニ於テ、自由党運動会ヲ催スベキコトヲ決議シ、依テ該日刀剣等ヲ用意シ、集会スベキ旨ノ回章数通ヲ作リ、之ヲ菅原・諸戸・八城・小林等ノ各村ニ配布」した。回章には「刀剣等ヲ用意シ」参加するよう促している。集会当日は、「兇器ヲ携ヘ」・「鉄炮ヲ携ヘ」・「抜刀ヲ携ヘ」と、農民たちは武器を持っての参加であった。

以上の動きを整理すると、次のようである。指導層の自由党員の小林らと、博徒の親分山田平十郎との間に、武器と人員動員の援助・協力関係が築かれていたこと。また、小林らは、妙義山麓の村々で小集会を開き「諸税減額及ビ借金利息下ゲ」、「自由党ハ諸税ノ額ヲ減ジ加フルニ目下ノ究難ヲ救助スル」などを演説し、松方デフレ下の農村不況に苦しむ農民を勧誘していた。こうした小集会が「田村源吉」（諸戸村）「姓不詳奥太郎」（中里村）や、八木連村でも開催されているが、この二人の名前は、被告四六名の中に見出せないばかりか、八木連村には被告はいない。そうなると、被告以外にも、小集会に会場を提供し、宿泊の面倒までみるような農民がいたことになる。被告一人だけの中里村や皆無の八木連村の集会でも、参加者が「四五拾名」を数えたことなどを考え合わせると、妙義山麓の村々では自由党の影響が、かなり広がり、浸透していたものと思われる。小林ら自由党員と農民の結びつきは強く、農民の先立層は「自由党演説ノ会主トナリ」、また「自村等ノ人民ヲ誘導シテ（自由党への）加盟ノ紹介ヲ為シ」といった役割を担った。

### ②　二つの集会（陣場ケ原と菅原村）と岡部宅襲撃

陣場ケ原集会後の五月一五日から一六日にかけて、どのような経過・事情で、当初計画になかった生産会社岡部為作宅襲撃へと移ったのか、ここがポイントになろう。

陣場ケ原集会とその後の経過について、指導部の自由党員小林・湯浅・野中の『予審原本』に引用された各尋問調書に基づいて整理すると、次のようである。

五月一五日正午ごろ、三名と共に「凡ソ百名程」、「数拾名」、「僅カ近傍ノ人数三拾四五名」が陣場ケ原集会に参加したに過ぎなかった。その上、「凡ソ六百名程」を連れて参加する予定であった碓氷郡の山田平十郎（城之助）から、「来ル二十日ニアラザレバ人数揃ハザル旨、日延」の連絡が入った。「両勢ヲ合シ事ヲ挙ント」予定していたので、延期「再会ト決シ」た。集会後退散の途中、「姓名知ラザル者」が、「菅原郡ニテ東間代吉外数拾名共、岡部為作方ニ押入ル相談中ト告グヲ得テ」、「代吉ハ党員ニシテ来会セズ不都合ノミナラズ再会ノ妨ゲトナレバ」とて、「之レヲ制止セント申合セ」、菅原村へと向かった。また、誰ともなく「此人数ヲ以テ岡部為作方ニ押入ルト称ヘタルコト耳ニ触レタルコトアリ」と。

菅原村へ入ると、「東間代吉外三拾名程集会シ、岡部為作ハ高利ヲ貸シ困難ニ付、同人方へ押入ラント」、「兇器ヲ携へ」集まっていた。陣場ケ原集会に参加するはずの菅原村の先立東間代吉は、分派行動をとって岡部宅襲撃を前提に同村で集会を持っていたことになる。

その後、小林ら三人は代吉らに、「該村飲食店へ同道セシ」、「飲酒方ニ連行カレ」た。その席で、代吉が「為作方ニ押入リ金穀ノ押借セント相談アリ」と。また、陣場ケ原に参加後、菅原村へ入った諸戸村の先立山田米吉一隊も「岡部為作方ニ立越シ、金穀ヲ借受ケント相談アリ」と。これに対し小林ら「三名共不同意ニシテ制止」したところ、「多人数等酔中ニテ、『コシャク』ナ先立チ行クベシ、口ニ称ルヨリ」、「佐久間（小林の偽名）モ糞モアルカ、先立チ為作方ニ押入ルベシト脅迫セラレ」、その結果「不得止多人数ニ取囲マレ立越ス」ことになった。途中で「兇器ヲ借入レ」、「為作方ニ押寄セ……三手ニ分レ……該家表門ヨリ押入リタル」という。分裂集会となったが、結果的に両者は合流して岡部宅襲撃に向かうことになった。小林ら指導部の意向というより、在地農民の強い要請によって実行に移された感が強い。

こうした背景には、両者の願望・目的の相違が認められる。小林は、陣場ケ原集会で参加者に向かって「群馬地方自由党団結ノ為メ」、「現政府ガ施政ノ圧制ナルコト……現政府ヲ顚覆スルコトニ尽力アリタシ」と訴えた。また、野中弥八は陣場ケ原集会でのやり取りを、次のように証言している。小林・野中は「此人数ニテ先茲ヨリ押出シ、ノッケニ高崎鎮台ヲ乗取リ、彼所ニ籠レバ」と。これに対し湯浅は、「此人数ヲ以テ直チニ高崎鎮台ヲ襲フハ到底事ノ成ル目的ナシ、故ニ富岡ニ出テ警察署ヲ襲ヒ云々」と。いずれにしても「現政府顛覆」に向け、国家権力としての軍隊・警察を標的とした行動をめざした。

一方、農民の先立層東間代吉や山田米吉らは、「自由党ハ諸税ノ額ヲ減ジ、加フルニ目下ノ究難ヲ救助スルコトノ勧誘ヲ是トシ、自由党ニ加盟」したと述べ、重税と「究難」・負債からの解放を求めていた。

以上から、連合部隊として期待していた碓氷郡の山田平十郎の一隊が参加せず、先に秩父、南甘楽地方の党員を誘い立ち越す手筈であった三浦桃之助からの連絡もないままに、小林・湯浅・野中ら指導部の自由党員は、陣場ケ原集会の参加状況を見て予定した行動に移ることをためらった。一方、代吉・米吉らが集めた菅原・諸戸村などの負債農民は、この機会に債主岡部為作との負債問題を解決せんと、直接行動に出ることを主張した。事件関係被告四二名のうち両村関係者が二八名おり、その中に生産会社岡部為作の『貸与帳』（一八七九年から八四年五月まで）に、借用人または借用証人として記載ある者が一五名確認される。[35]

こうした背景を踏まえると、岡部宅襲撃は負債農民層の主導のもと進められ、小林ら指導部の自由党員が、「現政府顛覆」を重視していたこととの間に、いささかのギャップがあったことは否定できない。小林ら指導部は、武州を含む西上州規模での動員体制・連合戦線づくりを計画して行動に移ったが実現できず、妙義山麓の菅原・諸戸を中心とする限られた地域の負債農民に依拠せざるを得なかった。この点に「現政府顛覆」をめざす、「群馬地方自由党団結」の頓挫した事情が求められよう。

### （4）新聞記事史料

事件を報道したのは、『郵便報知新聞』（一八八四年五月二〇日号）と『自由新聞』（五月二四日号）で、後者は前者とほぼ同様の内容なので、前者の記事を追う。なお、地方新聞の『上毛新聞』、『上野新報』はこの時期休刊中であった。

「去る十五日の事とか、北甘楽・碓氷両郡の博徒等が妙義山の麓に集会し、何か相談のうゑ夜に入り、民家の竹垣を取纏めて大松明数十本を造り、火を点して、同郡諸戸・行沢・菅原等の数ケ村に抵り、拒まば放火すべしと民家を脅かして、鉄砲・刀・槍等を差出させ、銘々之を携帯し、夜の十時頃菅原村にて合図の砲を放ち、二百余人勢揃ひして、鯨波の声を揚げ、山に登り手筈を定て、十六日の午前一時半頃、同郡丹生村の生産会社岡部為作方へ押寄せ、四方より囲みて鯨波をつくり、鉄砲を打かけ、表門・裏門及び北裏の板塀を打破り、……其宅の西の方なる軒へ松明の火を移せしかば、何ぞたまらん、忽ちに燃広がり……家の焼落るを見て……三時頃一同に引上げ、菅原村の南なる大桁山の麓に集まり、近傍大久保村の民家を脅かし、六百人前の焚出しを命じ、之を食せし後ち、同村の裏山を経て妙義山の奥へ楯籠りたり」と。「二百余人」規模による、岡部宅襲撃の様子が具体的に記されている。

これに続いて、事件の背景となる岡部為作との負債問題についての記載がある。「岡部為作なる者は……近村等へ多額の金円を貸付けし処、細民ハ其利息さへ払ふを能ハず、難渋の旨にて、昨年春中より物代を以て猶予の儀を屡々嘆願せしが、聞入れざるに付、負債ある三十ケ村の者より県庁、又は裁判所へ出訴せしが、思う様にならぬのみか、債主為作より其筋へ訴へられ、身代限の処分を受し者少なからぬより、大方其者等が首唱して斯る暴挙に及びしならんといふ」とある。

「昨年春中より」の「嘆願」「出訴」とは、前年の一八八三年三月の北甘楽郡下高田・菅原・諸戸など一〇余か村の負債農民騒擾を指すものである。『上野新報』（一八八三年三月二四・二五・三一日号）の記事によると、群馬県庁への嘆願や、債主数人を相手取り高崎治安裁判所に勧解（調停）を出願している。[36] しかし、武装することなく「嘆願」「出訴」といった合法的手段に終始したにもかかわらず却下され、「身代限」の危機が迫る中、ついに武力行使の途を選択することになったとの認識を示しており、一八八三年負債農民騒擾の延長上に群馬事件を位置づけている。

## おわりに

事件から三年後、一八八七（明治二〇）年七月二九日、被告四二名に対する判決が言い渡された。指導層の自由党員小林は、兇徒聚衆罪などにより有期徒刑一三年、湯浅は同一二年、野中は判決前に死去、三浦は軽懲役七年。在地農民の先立東間代吉・山田米吉は共に、重禁錮二年六月。その他罰金・科料金二二名、七名が無罪となった。

小林ら指導層の自由党員は、先の「党員ノ位置」による「三位」層であった。事件直前の春先まで、西上州を舞台に「党勢拡張」・在地農民の組織化へ向けて積極的活動を展開していた「一位」の宮部・長坂・深井・伊賀の士族党員層や、「二位」の清水永三郎・新井愧三郎など豪農党員層が、事件の現場に姿を現すことはなかった。事件直前、県内演説会でも弁士として活躍していた照山峻三が密偵と疑われ、一八八四年四月一七日、埼玉県内で殺害される事件が起こっていた。殺害を教唆したとして宮部・深井・長坂・新井らは官憲に追われる身となっており、県内へ戻ることは危険な状態にあった。

こうした事情が、自由党本部と直結していた「一位」「二位」層との連携を得られないままに、孤立した形で実行に移る結果となり、群馬事件の限界ともなった。なお、宮部らはいったん無罪となったものの、再逮捕され、一八八九年三月浦和重罪裁判所で宮部・深井は殺人教唆罪で有期徒刑一二年の判決を下され、長坂・新井はこの段階で無罪が確定した[37]。

群馬事件から半年後の一一月一日、自由民権期最大の激化事件である秩父事件が起こった。群馬からの参加者も、裁判被告の人数だけで二〇〇名を超えた。また、東上州の新田・山田両郡を舞台に地域自由党員に指導された農民が、同日秩父との同時蜂起に踏み切った。負債の五年据え置き、一〇か年賦を掲げ、高利貸・警察署・監獄・県庁・裁判所の襲撃と「前橋監獄ニ繋留セラル、自由党（員）ヲ奪ヒ出シ同人等ト協議シ事ヲ成スヘシ」[38]と、武器を持っての参加を呼び掛けた。「繋留セラル、自由党（員）」とは、群馬事件において逮捕・拘留中の自由党員を指すと思われ、彼らと「協議シ」、「後事ヲ評議ス可キ」と、群馬事件ともつながりをもった自由党主導の蜂起である。新田郡西長岡村を出発し、「蓆旗ヲ拵へ自勇等（自由党）ト大書シ押立」[39]、各村々で駆り出しをかけながら、約二〇〇余人の集団となって山田郡広沢村へと達した。ここで指導者二名が逮捕され、事実上この時点で解散し、終息した[40]。

こうして群馬事件は、半年後の秩父事件と東上州における同時蜂起といった激化事件へと、引き継がれていったのである。

群馬における民権「激化」の条件をまとめ、結びとする。立憲政体樹立、国政参加を求める運動が県民的規模の広がりをみせる中で、群馬の民権運動は中央政党に同盟して上毛自由党を誕生させた。その後、松方デフレによる農村不況が自営農民の生活と生存を脅かす状況のもと、農民が武力行使に踏み切る上で、国家と対峙できる権威として、自由党の存在を必要としていた。自由党員と負債農民騒擾を経験した農民が連携し、圧政的「現政府顚覆」、重税・負債からの解放へ向けて、武装蜂起を選択し、「激化」へと動いたのである。

**注**

（1）『群馬県史　資料編一九』（群馬県、一九七九年）一八四頁、一九三頁。
（2）岩根承成『群馬事件の構造――上毛の自由民権運動』（上毛新聞社出版局、二〇〇四年）二九〜三九頁、一五五〜一六九頁。
（3）群馬事件に関する最近の研究には、手塚豊「明治十七年・群馬事件関係判決書」（『法学研究』第四六巻一二号、慶応義塾大学法学部、一九七三年、後に『自由民権裁判の研究（上）』慶應通信、一九八二年に収録）、稲田雅洋「群馬事件とその背景」（『歴史学研究』第四〇五号、一九七四年）、福田薫『蚕民騒擾録』（青雲書房、一九七四年）、拙稿「群馬事件の構造」（『歴史評論』第二九六号、一九七四年）、藤林伸治編『ドキュメント群馬事件』（現代史出版会・徳間書店、一九七九年）の清水吉二・石原征明・岩根承成・福田薫・藤林伸治の各論稿、清水吉二『群馬自由民権運動の研究』（あさを社、一九八四年）、江村栄一『自由民権革命の研究』（法政大学出版会、一九八四年）、若狭蔵之助『秩父事件――農民蜂起の背景と思想』（埼玉新聞社、二〇〇三年）、前掲岩根

『群馬事件の構造』〔注2〕などがある。
（4）『群馬県史　資料編二一』（群馬県、一九八七年）五七一～五七三頁。
（5）同前。
（6）同前。
（7）前掲『群馬県史　資料編一九』〔注1〕二三〇～二三一頁。
（8）同前。
（9）前掲『群馬県史　資料編二一』〔注4〕五七六～五七八頁。
（10）同前書、五八三～五八四頁。
（11）『自由党史』中巻（岩波書店、一九五八年）二五頁。
（12）前掲『群馬県史　資料編一九』〔注1〕四五七頁。
（13）前掲『自由党史』中巻、八〇頁。
（14）寺崎修『明治自由党の研究』上巻（慶應通信、一九八七年）二三～二四頁、前掲『群馬県史　資料編二一』〔注4〕五九一～五九二頁。
（15）『群馬県史　資料編二〇』（群馬県、一九八〇年）三三〇～三三一頁。
（16）寺崎修「政党政社取調書――明治十五年十月調査」（『駒澤大学法学部政治学論集』第四三号、一九九六年）一二六頁、上毛自由党は「曽テ認可シタルモ現今解散セシモノ」に分類されている。前掲寺崎『明治自由党の研究』上巻〔注14〕九四～一〇三頁。このほか上毛自由党に関する研究は、稲田雅洋「民権運動と士族――上毛自由党論」（『一橋論叢』第七一巻六号、一九七四年）、前掲清水吉二『群馬自由民権運動の研究』八〇～九一頁、清水吉二「上毛自由党」（『群馬評論』第九八号、二〇〇四年）などがある。
（17）前掲『群馬県史　資料編二一』〔注4〕六三二～六三三頁。
（18）同前。
（19）井手孫六ほか編『自由民権機密探偵史料集』（三一書房、一九八一年）三一六～三一七頁。なお、減租請願運動については本書第二章高島論文参照。
（20）集会条例違反事件「予審終結言渡書」（明治一七年六月二〇日前橋軽罪裁判所、前橋地方検察庁所蔵）。
（21）前掲『群馬県史　資料編二〇』〔注15〕三二九～三三〇頁。
（22）同前。

(23) 同前。
(24) 「裁判言渡書」（同前書、三一五〜三二二頁）。
(25) 群馬事件関係「予審終結言渡書」。全文は拙稿「群馬事件『予審終結決定原本』について」（『群馬県史研究』第九号、一九七九年）三五〜六三頁に掲載、後に前掲『群馬県史　資料編二〇』〔注15〕二八二〜三〇四頁に収録。
(26) 同前。
(27) 前掲手塚「明治十七年・群馬事件関係判決書」〔注3〕、前掲福田『蚕民騒擾録』〔注3〕。
(28) 前掲『群馬県史　資料編二〇』〔注15〕三三六頁。
(29) 同前書、三三九頁。
(30) 同前。
(31) 『妙義町誌（上）』（妙義町、一九九三年）一一五五〜一一五六頁。
(32) 『予審原本』（前掲『群馬県史　資料編二〇』〔注15〕二八六〜二八七頁）。
(33) 同前。
(34) 以下の引用史料は、前掲『予審原本』〔注32〕二八二〜三〇四頁からのものである。
(35) 前掲岩根『群馬事件の構造』〔注2〕一一三〜一一八頁。
(36) 同前書、一五六〜一五七頁。
(37) 前掲『群馬県史　資料編二一』〔注4〕六三九〜六四二頁、埼玉県自由民権運動研究会編『埼玉自由民権運動史料』（埼玉新聞社、一九八四年）四一三〜四三九頁。照山事件の最近の研究には、高島千代「照山事件の裁判過程――その全経緯と審理内容」（秩父事件研究顕彰協議会編『秩父事件研究・顕彰』第一八号、二〇一三年）がある。
(38) 同協議会秩父事件関係「裁判言渡書」（井上幸治ほか編『秩父事件史料集成』第三巻　二玄社、一九八四年、五三一〜五三五頁）。
(39) 同前。
(40) 飯島積「秩父事件と群馬県新田郡の武装蜂起――新田事件（一）（二）」（秩父文化の会編『文芸秩父』第一〇九号・第一一〇号、同会、二〇〇〇年）、拙稿「東毛の秩父事件同時蜂起」（桐生文化史談会編『桐生史苑』第四七号、同会、二〇〇八年）。

# コラム3　民権家長坂八郎の生涯

岩根承成・清水吉二

長坂八郎は、群馬を代表する民権家宮部襄の漠獏の友、同じ旧高崎藩士で一貫して宮部と行動を共にした。宮部と共に恩人とも師とも仰ぐ安岡良亮（土佐出身、一時高崎県大参事、群馬県参事となる）が一八七一（明治四）年一二月、度会県（現三重県）参事に任命され、翌七二年二月同県に着任すると、四月には安岡を慕って先ず宮部が度会県官吏となり、続いて八月には長坂も度会県官吏となる。さらに安岡が七三年五月、白川県（現熊本県）権令に任命されると、やはり先ず宮部が六月に白川県官吏となり、長坂も七五年一月、宮部を追って白川県官吏となる。七六年の神風連の乱の際、宮部は父親の病気のため帰省し、一一月依願免官、翌七七年一月群馬県官吏となる。一方長坂は乱の鎮定に努め、七七年の西南戦争中「精励尽力」に対し宮内省より「慰労酒肴料」を下賜され、八月依願免官となり群馬に戻り、宮部に遅れて群馬県官吏となった。

一八七九年に結成された旧高崎藩の士族民権結社・有信社でも、長坂は宮部同様その有力社員であった。宮部より一足早く、八〇年四月、群馬県官吏を辞職した長坂は、一〇月、木呂子退蔵（旧館林藩士）と共に群馬県民を代表して、県下人民八九八〇人の署名簿を携え「国会ノ開設ヲ願望シ奉ルノ書」を太政官に提出している。その後、八一年の板垣退助を総理とする自由党の結成に際しては、党の常備委員となった。同年九月、県師範学校校長を辞任した宮部も自由党結成に参加、翌八二年六月には自由党幹事となる。なお、八一年一二月、長坂は宮部と共に前橋の斎藤壬生雄ら国会開設請願運動を進めた同志と、自由党地方部として上毛自由党の結成を実現した。

一八八二年一一月福島・喜多方事件に際して長坂は、党本部の幹事として指揮をとる宮部の指示で翌一二月、福島に赴くも直ぐに福島県警に逮捕され、鍛冶橋監獄から釈放されたのは八三年三月のことであった。この年の四月、自由の身となった長坂は、自由党定期大会で宮部と共に党の常議員となる。しかし、八四年五月、先ず長坂が東京の居宅で密偵（照山峻三）殺しの容疑で逮捕され、八月には宮部も関西地方漫遊中、同様の容疑で逮捕されてしまう。八七年一月、長坂、宮部とも予審が終結し無罪となったが、両者とも同年八月再度逮捕され、八九年三月浦和重罪裁判所より長坂は無罪放免、宮部は旧高崎藩士深井卓爾と共に殺人教唆の罪で有期徒刑一二年の判決が出て、北海道樺戸監獄署へ収監されてしまう。

以後、宮部を欠いた長坂は一八八九年四月、大井憲太郎らが大同協和会を結成すると、五月の大同協和会系の東京倶楽部に参加し常議員に選ばれる。同年八月、旧高崎藩士で有信社員だった豊島貞造と共に条約改正中止の建白書を元老院に提出した。いずれにせよ、晴れて自由の身となった長坂は、水を得た魚の如く再び自由民権の戦列に参加することができた。その喜びと、宮部嚢の分も果たしたいというエネルギーは、未だ四〇歳の長坂の身体から噴出する。

一八九〇年一月、大井憲太郎らを中心に自由党が再興されると、長坂ら旧上毛自由党系の面々はこれに参加した。同年二月一四日、県内最初の再興自由党の演説会を高崎岩井座に開催し、「無慮千余名にして非常の盛会なり」と、長坂をはじめ豊島、伊賀我何人（わなと）らが弁士を務めた。翌九一年四月、長坂は、豊島や深井寛八（卓爾の兄）らと、「自由主義」を標榜する日刊新聞『上毛自由』を、高崎の上毛自由社から発刊した。客員には板垣退助・大井憲太郎・植木枝盛・河野広中・中島信行ら自由党の著名人一五人が名を連ねた。

しかし、東奔西走する長坂の身体を病魔は徐々に蝕み、ついに一八九二年一二月六日世を去った。長坂八郎の二男鑒次郎の父の命日に記した手記（九四年一二月六日）には、葬儀の模様が綴られている。「棺は幾多の人に送られて大手前まで出て而して下れり、町の両傍は黒山の如く従ふ人ハ何程つづきしか知れず、恐らくは高崎ありてより此葬式はあらざりしならん」と。

一九二〇（大正九）年一一月一四日、政友会総裁・原敬首相は高崎来訪の際、高崎龍広寺に眠る「旧自由党の名士」長坂八郎の墓に参り、高崎政友倶楽部の会長らに命じ「長坂氏の遺族を見舞はしめたり」と、『上毛新聞』は報道した。

（文責　岩根承成）

# 第六章　加波山事件——富松正安と地域の視点を中心にして

飯塚　彬

## はじめに

加波山事件は、一八八四年九月二三日に茨城県真壁郡に位置する加波山の頂で一六名の急進的な自由民権運動家（富松正安、玉水嘉一、保多駒吉、杉浦吉副、五十川元吉、天野市太郎、草野佐久馬、河野広體（広躰）、三浦文次（文治）、小針重雄、山口守太郎、琴田岩松、原利八、横山信六、平尾八十吉、小林篤太郎）が「圧制政府転覆」を目指して蜂起した自由党激化事件の一つである。同事件の参加者は、福島・喜多方事件関係者および、福島県出身者が大半を占め、三島通庸を敵対視していた者達が多かった。

加波山事件の当初の目的は、福島県令と併せて栃木県令も兼任（一八八三年一〇月三〇日～）した三島をはじめ、大臣顕官が集う栃木県宇都宮町での県庁開庁式（一八八四年九月一五日→二三日→二七日→一〇月二一日と延期）を、爆裂弾を用いて襲撃することであった。そのことから「栃木事件」とも称され、加波山での蜂起は「十有五士の総てが、已を得ざるに出でし」出来事であった(1)。

研究史では、加波山事件を「福島事件の中でめばえはじめていたテロリズムへの志向が結実した事件」と定義した後藤靖のように、「自由民権運動史」の中に位置づけるか否かが課題としてあった。[2] 現在でも事件像の評価については様々であり、一定はしていない。

それは、個々の参加者の事件志向や思想動向に目を配る研究が少ないことにも起因する。とくに、茨城県側に顕著である。例えば、同県真壁郡下館町出身で、事件の中心人物の一人である富松正安（一八四九〜八六年）を加波山事件前後や県内の動向に位置づけて論じる向きは少ない。筆者はすでに、事件に向かう過程（および事件内部）での、富松の思想と活動を中心に検討したが、課題は残る。[3]

本章では、今まであまり顧みられることがなかった茨城県側の事件参加者の動向、とくに事件前後に独自の蜂起計画（後述）を志向していた富松の動向や、彼の活動した地域の視点を中心に据えて、そこから見えてくる事件像を考察したい。それにより、事件評価にも新たな視点を見出すことができると考える。

## 第一節　富松正安とその研究について

本節では、加波山事件と富松正安に関する研究動向を概観しておきたい。事件の全体像を伝える代表的な文献や研究等は戦前から現在に至るまで多々ある。[4] ただし、富松の存在が大きく注目され始めたのは、一九八四年からであろう。

この年は、加波山事件百周年の年であり、九月二二〜二三日に茨城県下館市内の妙西寺、下館市民会館で「加波山事件百周年記念集会」が催されている。大石嘉一郎、木戸田四郎等や、事件参加者（および、その遺族）の御子孫の方々（正安の弟富松緑の孫、富松慎一氏、一二氏、玉水嘉一の三男、玉水浩三氏、保多駒吉の孫、保多有氏等）が集い、加波山事件の事績が問い直された。同会での大石講演「自由民権運動と現代」では「暴徒史観の克服」が述べられると共に、富松を「地方（下館——引用者、以下同じ）の自由民権の指導者」、「全国的な自由党活動の中でもかなり重要な

地位を占めて」いた民権家として取り上げた。また、郷土史家の富田正雄氏により、彼の「人間像」への言及もなされた。(5)

同年には、三浦進・塚田昌宏『加波山事件研究』（同時代社）、桐原光明『加波山事件と富松正安――地方民権運動の軌跡』（崙書房）が刊行されている。『加波山事件研究』は、かつての史家達が富松の事件参加を「義理人情」に基づいて論じたことで、富松の存在が事件の中で「矮小化」してしまったとする。そのうえで、栃木県庁開庁式襲撃の志向とは別に、茨城の富松や同志の仙波兵庫（西茨城郡犬田村出身）等を「本隊」とする、東京での「同時蜂起計画」が進められていたと試論している。『加波山事件と富松正安』は、茨城県（真壁郡下館町）の地域性を考慮し、同地での民権運動推進を経て、「自由熱心家」と評されるようになった富松の実像と活動を元にして、彼の事件参加までの過程と、事件像の分析を行っている。

富松研究はこの時期の両書の刊行により、まず大きく発展したといってよい。しかし、問題点もある。桐原は、「挙兵論者」や「決死派」としての富松像を強調している。富松の志向は、鯉沼九八郎や河野広體等の「暗殺主義」とは大きく異なるものとし、両派（富松と、鯉沼の下にいた福島県の民権家を中心としたグループ）が集った加波山事件は「中途半端で不鮮明な革命」であり、不完全なものであったと指摘する。ただ、桐原の富松論は、彼が何故、そのような事件に参加することになったのかという点を明確にできておらず、「決死派」の関東における首領、大井憲太郎と富松の関係性についても同様である。(6)

また、三浦による富松等の蜂起計画の考察にも、まだ不十分な点が残る。これについては、四節で事件像の考察と併せて、言及したい。

その後の研究としては、寺崎修「自由民権運動史上における富松正安」と、萱谷務「思想史的事件としての加波山事件」が挙げられる。寺崎は、民権家としての富松を、「自由党結成期からのもっとも熱心な活動家として、その生涯を自由民権運動のために捧げた」と評価し、出生から、民権家となるまで、事件参加、裁判、処刑までの過程を詳細に論じている。しかしながら寺崎も「大規模な挙兵論者」の富松が、事件に参加したという点については、「理解に苦しむところ」とするに留まっている(7)。

菅谷は、加波山での蜂起を具体的な「手段」(政府転覆)として位置づけるのではなく、参加者達がそこに込めた思い(同氏曰く「確信」や「信仰」)を分析対象としている。彼等が行おうとしていたのは「死をも超越する行為としての義挙」であり、その義挙は蜂起をすることによって人々に革命の気運を高めさせることを狙った「象徴行為」であったと指摘し、富松の例を引用する。しかし、それらはあくまでも仮説の域を出ていない(8)。

このように、富松については一九八四年以降、民権家や自由党員としての人物像が明らかにされ、また事件前後に生じた「思考」や「感性」の分析もすすめられた。しかし、富松の事件参加時の動機や心情の分析についてはまだ不明確な部分は多く、課題といえる。近年の三浦の研究(9)でも同様である。桐原が指摘する「中途半端で不鮮明な革命」という加波山事件に何故、富松が加わったのかを検討することは、事件の再評価にも繋がる側面を有する。

それらを考えながら、次節ではまず、茨城県内における富松の活動と位置を明確にし、地域(茨城県内、下館)との関わりを論じたい。その上で何故、彼が事件に参加したのか(すなわち、そこにおける富松の「本志」)に焦点をあて、論を進めたいと思う。

## 第二節　富松正安の茨城県内における活動と大井憲太郎

本節では、富松正安の茨城県内における活動を中心に見ていきたい。彼は、一八四九年九月一三日に茨城県真壁郡下館町四番屋敷に出生し、幼名を「鶴雄」といった。弟には緑がおり、後に、死刑に処せられた正安の遺骸を妙西寺に埋葬したのはこの人物である。父は下館藩士の何右衛門正惇(号は魯哉)で、彼は、同藩九代藩主石川総管(一八四九～七一年在任、一八六九年より下館藩知事)に主に仕えた漢学者でもあった。母はつねという。富松は一九歳の時

（一八六八年）に、千葉県東葛飾郡関宿町の山本権六の長女せきと結婚し、その後、三男一女（民雄・午郎・伸三・ひで）を授かり、二五歳の時（一八七三年）には、父の死去に伴い家督を相続している。富松について、関戸覚蔵編『東陲民権史』は「能く家学を継紹せり。其人となり尖眼隆隼。而も之に接するや、和気温々人を薫す。（中略）沈深荘重妄りに言笑せず」であったと伝え、野島幾太郎『加波山事件』は、地方の「一個の傑物」[10]と評している。

富松は、明治初年の日本が「開国進取の国是」を定め、「泰西の文物に傾向し、頑迷姑息の習俗自然に淘汰」する様を「我国空前の盛時」と評価している。その中で、今は教育が「人材養成の原本」として、それをなすことは「昭代の急務」[11]としていた。

そうした考えを有した富松は、維新時の下館藩政改革において、学校都講に任ぜられ、一八七二年の県内での小学校設立にあたっては、教員となっている[12]。彼は、後の公判時に「明治六七年ノ頃ヨリシテ（中略）気運ノ転換セルガ如キノ感触」[13]をもったと供述している。この時期は、征韓論で板垣退助が敗れ、「土佐派」をはじめとする参議が下野した頃である（明治六年政変）。翌年一月には、板垣等により愛国公党が結成され、「民撰議院設立建白書」が左院に提出され、民権運動が本格的に展開されていく。

富松は、民権政社「民風社」を真壁郡下館町に設立している（一八七九年）。教員在職中から民権（運動）への志向はあったのである。集会条例制定（一八八〇年四月五日）までは、県内各小学校、栃木師範学校で教員として、水戸の拡充師範学校では生徒取締、学寮監事等に従事していた。教職を辞した理由は、同条例の制定により「小学校教員の如きは、政治団体に加はることを許さず」、また、生徒が「政談演説会の傍聴」を禁止されたことに「憤然」としたためであった。これにより、富松が当時の藩閥政府に大きな不満を持ったことは明らかである。それが「自由民権を尊重し、立憲制度の建立を急務」と、彼が考えるに至った理由の一つであろう[14]。

一方、富松は、初期の茨城県会で問題となった県西、県北の治水費問題を国庫に仰ぐ学術討論会を県内で開催し、さらに、県内の実情を把握しない他県出身の郡長を県が独断で決めることを非難し、郡長公選のための請願運動（一八八〇年）を真壁郡の豪農や戸長（署名者の一人に真壁郡本木村の勝田盛一郎がいた）と展開していた。

こうした経験を背景に、本格的に、「毎月一回」の政談演説活動を県内で行うのは一八八一年六月以降のことである。[15]彼が会主、もしくは参加した演説会では、東京の民権政社等から人を招いて行うことも多かった。[16]また、彼は政府の北海道開拓使官有物払下げ事件（一八八一年）を非難する演説会主にもなっている。そのような富松の動向は、地元の同志達（民権家）に注目され、支持を受けていた。[17]

ただ、「府県会規則」（一八七八年七月二二日）により、設立された県会に推挙されていないことをみると、没落士族で相応の所有地もなく、地域運営の主体になり得なかった富松の姿もうかがわれる。彼は、国会開設請願のための「筑波山の会」（一八八〇年二月一五～一六日）や、関東の民権家有志達による関東同志会（同年一二月）へは参加していない。

しかし、富松は、自由党の母体である「国会期成同盟」に関わり、一八八一年一〇月の浅草井生村楼に於ける自由党結成大会（一八～二九日）には茨城代表で出席し、その直後に入党している。さらに、その後、同年一一月二五日に「全県の自由党を結合する為め」に真壁郡下妻で「自由党同志会」および、演説会の開催を決め、その幹事となっている。[18]これは、自由党茨城部設立（同年一二月二五日　於水戸偕楽園好文亭）の動向に繋がっていく。富松は、その後の翌年二月に設置された自由党茨城部真壁支部にも携わっていたと思われ、自由党定期大会や臨時会にも欠かさず参加し、地方自由党員としての活動は目覚ましかった。

茨城県は、民権運動が国会開設の請願運動に伴い高揚した一八七九～八〇年の政社組織数が、全国的に見ても高知県に次いで二番目に多い県であり、[19]政治熱は高かった。「筑波山の会」を主催した森隆介（豊田郡本宗道村出身）の「同舟社」（一八七九年四月）をはじめ、有力な民権政社は県西や県南に集中し、多くの政社が組織された真壁郡下は「自由改進主義」の「凱歌」を唱える場の一つと報じられた。そうした中で富松は、一八八三年時には同郡内を中心に、「自由熱心家」[20]と評されていた。彼は、とくに「人民夙に政治思想を発達」[21]させていた下館の地を重視していた。

おり、彼が民風社だけに留まらず、多くの民権政社に出入りしていたことも推察できる。[22]

同志の一人、勝田は、下妻に設立された「常総共立社」（中心は森。一八八〇年八月）で富松と知り合ったと証言して

しかし、こうした富松の地方での自由党員、「自由熱心家」としての活動の一方、とくに「国会開設の勅諭」後には、府県に奏任官の警部長の設置（一八八一年一一月二六日）、翌年には集会条例の改正（八二年六月三日）や、右大臣岩倉具視による「府県会中止意見書」（同年一二月）等で、民権運動の弾圧が進んでいった。これに対して、地方の団結を強固にすることに主眼を置いた富松は、次第に急進化していったと思われる。[23]自由党内でも、集会条例改正の頃から、「少壮血性の輩は（中略）単独以て事を処せんと謀り、潰裂分離の傾向」[24]がおこり、党本部は、地方主導の運動を統制できなくなっていた。

こうした中で富松、仙波兵庫、鯉沼九八郎等が周旋し、主催した東京での「飛鳥山大運動会」（一八八三年一一月）では「ともに事を談ずるに足るべき志士」や「知己の快男」を求めることに主眼がおかれ、会した約百名の自由党有志達により「剣舞」や、懇談が行われている。ここでは前年の福島・喜多方事件に「熱腸九回、（中略）非常の感に打たれた」鯉沼が、琴田岩松（福島県三春において三島通庸の県政を度々批判する演説会の主催や正道館機関誌として『三陽雑誌』を創刊）等と会し、意気投合し、同志となっている。[25]鯉沼等は、運動会直後に東京日本橋区八丁堀の飯塚伝次郎宅を訪ねている。ここは後に、「大臣参議暗殺」の密議がなされる場である。鯉沼の下、「暗殺主義」を志向する急進的民権家グループ（福島県出身者が多数）を以下、「鯉沼グループ」と呼称する。

では、富松はどうであったか。彼もこの時期には、「血雨を注ぎて専制政府を倒すの捷径たるを知れ」や、言論で戦うことは、「豈終に迂愚の機を免がるゝを得ん」と発言している。これらは、小久保喜七（葛飾郡中田宿出身）と舘野芳之助（西葛飾郡小堤村出身）主催で、同年一二月六日に、古河町太田楼で行われた懇親会に臨んだ際に、彼が行った演説である。ここには大井憲太郎も同席していた。[26]

なお、同年五月に富松が仙波に宛てた書簡では「地方有志且ツ党員ノ者」に託され、板垣の「招聘」を東京京橋区

銀座の「寧静館（自由党本部）幹事」に照会したが、「水泡ニ属ス可シ」としていた[27]。また、同年時の茨城自由党（集会条例改正により、自由党茨城部より改組）は「不和ヲ生シ（中略）現今ハ、党員ヲ募ルノ勢ナシ」という状況があった[28]。彼は、「憂慨ノ心ハ日ニ月ニ勃興」しているとも同書簡に記しており、こうした現状に不満を持っていたことは明らかである。また、腕力を鼓舞する示威行動（運動会等）が茨城県内でも増えており、「決死党」という「政党の首領を刧かさん」とする団体が生まれているという背景もあった[29]。

しかし、彼は鯉沼グループとは違い、実力行使に出るのは本来、熟慮した上で行うべきと考えていた。一八八三年には「集合館」という、「同志の窮客」や「各県寒士の都下に滞留する者」を寄寓させる合宿所を東京芝の新桜田町に設立し、「革命の密謀」をしていた[30]。

その一方で、同年四月に自由党常議員となっていた大井と共に茨城県内（水戸、下館、下妻、土浦、笠間等）を巡回し、政談演説会を行っており、自由党の同志達にも演説会参加を求める書簡を送り、参集を企図していた[31]。真壁郡では同時期、「一ヶ月毎に大集会を開き吾党（自由党）の方向を評議」するという動きがあり、富松はこれらにも参加していたと思われる[32]。

富松が、党内で板垣等とは別の存在として、大井等の反主流派グループにいたことは注目できる。一八八四年中における政府の密偵報告書「自由党決死派ノ内幕」によれば、富松は「決死派」の一員であった。関東では大井や宮部襄が「決死派」の首領、茨城では富松、仙波、舘野等がその中心だった。「内密ニ過激ノ活動ヲ行ハン」者達、もしくは「独立党」とも見られていた[33]。しかし大井は、別の密偵報告書「決死党ノ景況及無名ノ投書」によれば「前後ヲ顧慮シテ」[34]行動する人物とされている。彼は板垣等と違い、地方での民権運動推進を重視するとともに、「諸君ハ既ニ政治思想ヲ有セリ。諸君能ク深ク之ヲ思へ、我ガ革命ヲシテ、其常道ニ因テ平穏ニ進マシムルハ、一ニ諸君ノ責ニ在ル也」として党員達には、自重を求めていた[35]。

大井は、大阪事件首謀者の一人として投獄され、帝国憲法発布大赦令（一八八九年二月一一日）で出獄後には『自由略論』を鍾美堂より刊行している。同書では、憂国者も「一定ノ見識」、「一定ノ取捨」の心を持たなければならないと述べ、そうでなければ「愛国心ナキノ証」としている(36)。つまり、政治的思考を持って行動することを一貫して求めているのである。こうした考えを持つ大井のことを、富松は信頼した。一八八三〜八四年の仙波宛富松書簡には大井の名が頻出し、中には、共に「我党（自由党）ノ改革」を目指す旨も記している(37)。

さて、この間の鯉沼グループは、一八八三年一一月一六日の自由党臨時会で、洋行帰国後の板垣等を非難し、直ちに解党を望み、政府との闘争を望んだ「腕力破壊主義」者の一角として活動していた(38)。彼等は、一八八四年三月以降、東京三田の三島邸襲撃や、七月の伊藤博文主催の新旧華族祝賀会（於東京芝の延遼館）襲撃等の過激な行動を計画し（いずれも未遂）、一一月には「寧静館」の占拠に及んでいた(39)。

この鯉沼グループと富松等が集ったのが、同年七月の筑波山の会（七月九〜一〇日）である。同会直前に富松が東京の病院に入院（「該病」治療）するため、欠会の旨を伝えた仙波宛書簡（七月一日付）には、同会の「其緊要タル議決ノ件ハ、盟ツテ履行スヘク」とある。さらに、「大井宮部両氏トモ未タ帰京セス」とも記し、大井や宮部の動向を気にするところをみると「緊要タル議決ノ件」とは、「決死派」の結合に関することだったのではないかとも考えられる(40)。

『東陲民権史』によれば、富松にとって同会は、「東北の気勢を張らんと欲し、大井憲太郎を中心として、密に画策」する「秘密会」であり、「明年一月を期し、震天憾地の一大活劇を関東の野に演出せん」とした密約締結が主眼だった。会内では富松の代わりに仙波が中心となり、東北、関東全域の者達に蜂起を呼びかける、広域の「蜂起計画」や、「自由党本部ト分離ノ計画」及び、「自由党本部の組織改正」等が話合われたという(41)。

しかし、『加波山事件』では鯉沼が「例の革命談は出でた」るも、「緩慢なる説」であるとして批判する描写がある。つまり、富松等が望んだ「慎重挙兵実施の論」を批判したのである。富松や大井まで不在の中で同会は、「遅速動止一様ならず」に、挙兵の「黙契」と、鯉沼グループの「早期暗殺実施の主張」とが並行線をたどり、有耶無耶な結果の内に解散となった[42]。大井が関西遊説に専念し、参加しなかったことについて平野義太郎氏は、「大衆的主体条件の弱さを考慮すればほとんどかれらに対する同調の可能（性）は困難[43]」だったと推論している。鯉沼グループの動きにも期待し、多くの同志（主に自由党員等）を参集させ、行動を起こそうとしていた富松には痛手であったことは間違いない。

鯉沼は、同会直後に飯塚宅に到る（七月一三日）。寺崎氏は、この飯塚宅会談（河野広體、杉浦吉副、鯉沼、横山信大等が同席）が大臣参議暗殺による政体変革を目指したものであり、加波山事件はここに始まるとしている[44]。筆者もこの見解に同意するが、これには富松が加わっていない。彼がどのようにして事件に参加したかは次節でみていきたい。

## 第三節　富松正安の加波山事件参加と保多駒吉

富松正安はこの後、「有一館」と関わりを持っている。有一館とは、一八八四年三月の自由党大会で設立が決議された青年壮士養成機関である。内藤魯一が館長、磯山清兵衛（行方郡潮来村出身）が幹事となり、同年六月に竣工、東京の築地新栄町に設立された（開館式は八月一〇日）。「有一館規則」によれば「文武の業を攻究する所」であり、磯山が内藤に代わり、述べた「開館の主旨」でも「宜く勉て文武を研究[45]」するための場であるとされている。ただ、加波山事件直前は、各地から「危険千万」な青年壮士が徐々に入館してくるという状況があり、「武ヲ先ニシ、文ヲ後ニスル」景況であった[46]。

富松は参列者五百名中に交じり、同館の開館式に列席している。彼も有一館には期待した。同館への同志（玉水常治）の派遣と、分館としての「有為館」の設立がそれを表している。

同年九月四日、下館町で富松を館長として有為館の開館式が行われている。参列者は約三百名であった。少なくともこの年は、「慷慨青年の士皆腕鳴り肉躍る。（中略）茨城県下、下館の有為館、中田及び笠間の文武館等蓋し又大勢の促す所と為り、此年を以て生る」という勢いがあった[47]。式後に常治は、有一館入館のために上京している。

富松は、開館式の翌日には中館の観音寺境内で大運動会を開いている。『東陲民権史』は、「無慮五百余名」が集ったというこの運動会を「暗に革命挙兵の首途を意味せり[48]」と記している。

ここで重要なことは、後に「縮小的奇策と一変」したとされる事件の中で富松が当初、福島、栃木、群馬県等の諸氏と相呼応し「東京を指（さ）んと」していたことである。小久保喜七を館長として、同年四月に設立された中田の「文武館」や舘野芳之助等と連携、東京にいる仙波兵庫とも通信し、東京にて示威行動（挙兵主義）をなそうとした動きが事件直前にあった。それが彼の「本志」であり[49]、「決死派」としての志向も継続していた。

富松の加波山事件への参加を考えるにあたっては、保多駒吉（旧石川藩士、一八七一年に下館町に移住し、富松と知り合う）の存在も重要である。栃木中学校を中退後、一八八二年一一月に自由党に入党、八四年八月に下館から上京し、同月二四日に有一館に入館している[50]。

その後、上京してきた玉水常治に、保多は国事について種々の相談をしたといい、山形県令から福島県令、栃木県令となり、それぞれで県政に尽力した三島通庸の功績を讃えながらも、一方では、「県民を牛馬の如く使い」虐げる者として、彼への敵意も鮮明にしている。茨城県令として赴任することも間違いないから、三島を暗殺することで、民を救うとして、近く行われる栃木県庁開庁式襲撃参加を常治に要請している。保多はその後、「金円を調達せんと欲し」一時、下館に帰郷している[51]。

彼はその途次に、文武館に到り（一三日頃）、この時に「稲葉より身を避け来りたる九名の革命的志士」に会し、その「決死団体」に加わった。「稲葉」とは栃木県の稲葉村のことで、「避け来り」というのは鯉沼九八郎が爆裂弾製造中に起こした暴発事故（同年九月一二日）のためであった。この「革命的志士」全員が、誰かは判然としないが、天野市太郎、草野佐久馬、三浦文次、杉浦吉副、山口守太郎、五十川元吉、琴田岩松等であったと思われる。彼等に対して保多は、「わが党の先輩、侠気あり、義胆あり、兄らの便宜を計るや必然」とし、富松を頼り、下館の有為館に行くことを勧める。保多は、用事を済ました後、再度上京、在京の河野広體等も誘い、後に合流する旨を述べ、この時は別れている(52)。

富松によれば、最初に有為館にやってきたのは保多の添状を持った琴田と平尾八十吉であり（九月一四日）、同日中に三浦、五十川、杉浦、草野、天野、山口、原利八もやってきた。琴田等は、有為館周辺における爆裂弾製造の許可（同館や筑波山周辺の原野で実験し、一五〇個程を製造）を求めると共に、栃木県庁開庁式襲撃に協力することを懇願してきたという。富松は当初、「諸君ノ説ヲ聞キシ上決心(53)」するという慎重な態度であったが、最終的に「軽挙」の嫌を感じながらも襲撃に同意する。富松は彼等の主張には「愛国ノ切情」があるとし、「義挙」としての認識を彼等と共有した。富松の「政務官ノ無稽ナル徒ニ圧虐ヲ行ヒ、最早平穏ナル手段ニ依テ、政治ヲ改良スルノ望」が絶えたとする当時の心情や(54)、「決死派」の一人、舘野の爆裂弾製造中の暴発事故（鯉沼と同じ九月一二日）も関係していると思われる。

同月一七日には有為館に小針重雄が福島から、一八〜二〇日にかけて河野、横山、小林篤太郎、保多が到着し、有為館武術師範の玉水嘉一も加え、後に蜂起する一六名が集った。なお、河野は九月一〇日、門奈茂次郎や横山等と東京神田区裏神保町の質商襲撃を行っている。門奈の就縛後、横山と共に栃木県庁開庁式期日を探る目的で宇都宮にいき、そこで開庁式延期のことを聞き、有為館に到っていた。

富松はこうして鯉沼グループと共闘する形で、栃木県庁開庁式襲撃という目標の下に行動することになる。この時の有為館の様子について『切厳玉水嘉一翁伝』は、「志士の梁山泊」、周囲（の地元民）は、騒然としていたと記している(55)。

ただ、富松は鯉沼グループに心情だけで同意していたのではないと推察する。彼の根底には、栃木県庁開庁式を鯉沼グループと共に襲撃することで、小久保や舘野等との間で、一八八四年の旧盆前に交わされていた「義兵ヲ募リ革命ヲ行フ」ことを目的とした蜂起計画に繋げようとする意図が、まだ潜在していた。それ故、彼は襲撃を「妙策」と

思い、まだこの時点では、政体変革及び蜂起計画実現の可能性を見出していた。(56)

しかし富松は、この行動の危うさを認識しており、栃木県庁開庁式の襲撃に「十数死士を得れば、事已に足れり」とも考えていた。(57) だからこそ、彼は当初、玉水に向って同行は「随意」とし、有為館に通っていた同志、藤田善次郎(真壁郡市野辺村出身の平民)の同行懇願も「犬死」は避けようとして、拒否している。また、富松の参加を知った在京の仙波は「愕然」とし、大事を誤っている、と批判している。(58)

## 第四節　加波山事件とその経過について

前節でみた通り、富松正安は栃木県庁開庁式襲撃に同意し、宇都宮に向かうつもりでいた。しかし、その後、神田で質商襲撃を行った河野広體等を匿う有為館に、官憲の手が及ぶことを霜勝之助(真壁郡小屋村出身の平民)より伝聞し、一八八四年九月二二日夕刻に参加者達は「陰謀露顕スルコトハ必然」として急遽、行動に移ることになる。栃木県庁開庁式はこの時点では、「二七日」に延期となっていた。この時のことを『東陲民権史』は、「危機切迫し、倉皇の間、何ぞ能く深思細考の遑まあらん」と表現し、加波山での「旗挙」は「十有五士の総てが、已を得ざるに出でし」出来事であったと記している。(59) また、富松の心情についても、「加波山の事、其本志にあらざるなり」であったと記している。

彼にとっての「本志」は、「義兵」を募り、「革命」(東京にての挙兵)を行うことであった。それは、彼が望んだ「国会ヲ開キ(中略)朝野ノ全力ヲ集メテ(中略)自由ヲ伸張シ、国民ノ疾苦ヲ救」うことに、最終的に繋がるものであったと思われる。しかし、有為館からの突然の出立(後、蜂起)は完全に、富松に「事の破綻すべき」を察知させた。(60) それ故、前節での彼の挙兵意図(「心算」)も有耶無耶になってしまった。

出立後に富松は、進退の一致を謀る上で、その中心を担う「首領」に推されている。当初、彼は「追補を避くるがかった。

富松は最終的に、周囲からの強い懇願で「敢て辞せざるべし」として引き受けたが、彼に統率力があったわけではな為に潜伏し、機を見て起たん」と考えていたために、首領は「設くるの要なし」として存在自体に懐疑的であった。[61]

『加波山事件口述史料集』（『歴史評論』第六八号所収）には、当時「後二、三日（蜂起が）遅かったら優に百名程度は集った」という地元民（農民）の回想談が収録されている。確かに、一八八四年の八～九月は「松方デフレ」の余波により、農村は米価が下落し大打撃を蒙り、それが全国的な借金党の活動に結びついていた。真壁郡でも重税反対を訴える農民一揆が発生していた。事件は、そうした者達（農民）にとっては現状を打破できる手段の一つとして映ったかもしれず、富松も彼等の参集を期待したという見方もできる。

しかし、官憲から逃れるために有為館を出た富松等には焦りと不安が渦巻いていた。後に、爆裂弾を用いて警察分署襲撃を行う事件参加者にどれだけの者達（地元民）が同意を表そうとしたかは、精査が必要である。

翌二三日の午前六時頃に参加者達は、本木村戸長の勝田家に立ち寄り[62]、脅迫して飯を差出させ、刀二本を強奪している。また、爆裂弾等を担ぐ人夫を勝田盛一郎に手配させ、同人の忠告で身を隠しやすい加波山に登るに決し、一〇時頃に山頂で、「圧制政府転覆」及び、「自由魁」と題した「義旗」を掲げ、蜂起を宣言した。檄文は平尾八十吉の案が採用となり、山下の民家や社殿参拝の人々に約五〇～六〇枚を頒布する予定であった。

平尾は、同年八月初旬に八王子の御殿峠で武相の困民数千人に会した際、「主義を持せず、無気力、無志操」として彼等に軽蔑の念を抱き、事件直前にも「笠間の旧藩士族を招き、示威もって民心をして帰服せしめ、もって持久の策を建て、もって天下の大勢を動か」すことが大事であると述べている。[63]こうした志向を持つ者が、「三千七百万ノ同胞」、「天下同胞兄弟」の代表者として、「自由立憲政体ヲ造出セン」との主旨で檄文を配布しても、どこまで当時の地元民の共感を得られたかは不明である。[64]

蜂起の夜（一一時三〇分頃）に、平尾の発案で彼を含む一〇名が、下妻警察署町屋分署を、爆裂弾を用いて襲撃している。武器および金円（当時の分署長、諏訪長三郎警部補の証言によれば、官金「十六円二十八銭五厘」、サーベル、帽子、官印、腰差提灯等）や河野、横山信六の逮捕状二通を「掠奪」した。[65] その後（一二時頃）には、河野や平尾等が、真壁町字新宿の豪商、中村秀太郎方に押し入り「金二十円」を押し借りしている。

富松は、これらの行いには積極的ではなかったが、[66] こうした一部参加者の行った挙動が、地元民と参加者達の決定的な隔離を齎したといってよい。

三浦文次の供述によれば、この後、「ヒ（ピ）ストルヲ連発シ」金銭借用を拒否した酒屋（桜井村の藤村半右衛門方）の存在があったとされ、山口守太郎は「人民ハ縮然トシテ戸ヲ閉チ出サリシ」という状況があり、檄文の頒布はほとんどできなかったと供述する。[67]

当時の茨城県令人見寧、茨城県警察本署の要請を受け、土浦、石岡、水戸、笠間等の警察署から警官隊が加波山への攻撃、町屋分署の応援に向かうなか、[68] 二四日に到り参加者の内から、栃木の監獄署を破り、そこでの囚徒を率いて東京に出て政府を襲うべき、また宇都宮へ乱入して県庁を襲い、三島を殺戮すべき等との言が挙がる。何れにしても長居は無用とし、同日夜には、全員が加波山を下山することになるが、その途次、長岡村近辺で町屋分署からの警官隊と衝突し、平尾（当時二三歳）と、村田常儀巡査が爆裂弾の爆風に巻き込まれ死亡する（長岡畷の戦い）。

同日には、茨城県（県令代理の大書記官、磯貝静蔵）より、内務省に電報が打たれている。それにより、尋常ならざることを察知した内務卿の山県有朋が、陸軍卿の西郷従道に「憲兵派遣ノ義」を照会、二五日に、西郷が太政大臣の三条実美に、憲兵隊出張（警官隊の応援として）を上申している。『東京日日新聞』によれば、実際に憲兵第一小隊が、茨城県下（下館地方、加波山）に出張し、参加者追補や関係者の拘引（鎮撫）に向け、厳戒態勢が敷かれたことがわかる。[69]

さて、警官隊から逃れた富松等一五名は再度、勝田家に到り、喫食している（一二時頃）。その後、雨引山の麓を通り、塙村と小林村間の山中で夜を明かした二五日に、同地で「離散セシトノ議」が起こり、協議を行っている。[70] 三浦、横山、河野、小林篤太郎が主張した「（栃木に）直進断行」は退けられ、最終的に、富松の「十月二五日を期して東京飛鳥山」に会し、「再挙ヲ謀ラン」とした主張が支持され、それを目的にして離散することに決した(71)。離散直前に小針重雄により「宇都宮蜂起論」が再燃し、横山はこのまま行動をするのは死に勝る恥として「割腹論」を主張する等、参加者には迷いも見られた(72)。しかし、富松は、最後には、小栗村を経て鬼怒川を渡った所で、「互ニ既往ヲ笑ヒ将来ヲ楽ミテ」離散したと供述している(73)。彼自身は、在京であった大井憲太郎に会うことを望んでいたようである。

富松と玉水嘉一はその後、京橋区銀座まで行動を共にし、そこで別れた（同年一〇月三日）。玉水が、本所元町で就縛されたのは同月六日のことであった。

富松は玉水と別れた後、千葉県の安房自由党員であった佐久間吉太郎を頼るために、安房郡那古に到っている（同月四日頃）。

彼は、同日以降から約一カ月間、佐久間家や、佐久間の紹介で知り合った加藤淳造等に匿われながら、出京するために活動を続ける(74)。この間の富松の行動は、「夷隅事件」との関連性を問われる等、官憲側には重視されている(75)。

彼は、一一月二日に市原郡の姉ヶ崎で就縛される。その後、ただちに八幡分署に護送され、同分署および、千葉県警察本署で訊問を受けることになった（同月三日以降）。千葉県警察本署での訊問にては、東京では時間があれば大井に会うつもりであったと供述している(76)。

一〇月二五日の再挙を果たせずに、各地で就縛された事件参加者達は、死をおしむことはせず、自分達を「真誠に生命財産を国家に捧げ、真誠に圧制政府を転覆し、真誠に斯民を塗炭に救はんと熱注する士」と認識し、国事犯としての裁きを要求した(77)。最終的に、彼等（少なくとも富松）は、「一国同志ノ率先」となる気概をもち、これが元で「同志ノ続イテ起コラザルコトヲ得ザル」と考えていた(78)。

ただ、参加者の中には、それらの行為の先に集約される立憲政体の確立（直近の目的としては国会開設）という大義を果すためには、「一部分の人民に禍害を被らしむる」ことも「避くべからず」と考えていた者が多くいた(79)。そうした参加者の志向が、結果的に、地元民も恐れ慄いた挙動（爆裂弾を用いた蜂起や示威行動）をもたらし、狭義の「常事犯事件」としての加波山事件の側面を生じさせる一因となった(80)。

富松の挙兵意図（蜂起計画）もこうした中で失敗に終わるわけである。東京蜂起が具体的な現実味のある計画として、たてられていたのならば、何故、彼は地元民の支持を得ることを考えなかったのか。そうした富松の行動動機については、三浦進も明確には捉えきれていない。

## おわりに

本章では、今まであまり顧みられることがなかった茨城県側の加波山事件参加者、富松正安の動向と地域との関わりを中心に見つつ、事件に至る過程、そして、事件像の考察を行った。彼は、民権家や自由党員を中心にして地方の団結を強固にすることを主眼とし、そのための手段として、政談演説会や自由党懇親会等を一八八一年以降、主に茨城県内で頻繁に行っていた。しかし、そうした地域での地道な政治活動のなか、教員の政治活動禁止等、言論、集会活動への抑制政策が強化されると、富松は、やがて党内反主流派「決死派」の活動に重きをおき、「挙兵主義」を志向するようになる。

挙兵主義を志向しつつ、富松は、栃木県庁（開庁式）襲撃計画にも政体変革の可能性を見ており、また鯉沼九八郎グループへの共感もあって事件に参加する。しかし結局、加波山事件が、彼の計画（東京蜂起や書簡中に見られる「決死派」としての自由党改革）に繋がることはなく、事件を通じて、民や同志（仙波兵庫や勝田盛一郎等）との関係も大きく離隔した。富松が、千葉の獄中で詠んだ詩歌の中に「是非顛倒任人評」というものがある。これは、自分達の行動が巷間には理解され難いという、彼の心情を暗示している。

加波山事件は当初、大臣顕官等が多数集う栃木県庁開庁式襲撃を契機として、「暴悪政府ヲ顛覆シテ之ヲ改良」することが目的であった。それを「国民ノ義務」と認識していた。立憲政体を確立して、「明治天皇陛下ニ対スルノ義務」を果たし、公衆と共に幸福を得んとする「道徳」に根差した行為であり、[81]それが彼等にとっての事件の意義であった。しかし、そのような主張はなかなか理解されることはなく、事件当時、巷間では「茨城県暴徒」、「茨城暴動」、爆裂弾を用いて警官が殺された事件としてみられるに過ぎなかった。[82]後に、一部の同志（事件関係者や死刑を免れ、特赦出獄、公権回復した後の事件参加者達）にそうした意義や志向は理解され、その理解が、顕彰運動へと発展し、「国事犯事件」の評価もなされていく（玉水嘉一は特赦後の一八九九年に茨城県長岡の安楽寺に平尾八十吉の顕彰碑を建立している）。しかし、一方で「常事犯事件」の側面も消えることはなく、現在、妙西寺に建つ富松、玉水、保多駒吉、平尾の四志士の墓碑も、「暴徒の墓」と呼ばれた時代が長くあったという。巷間の「常事犯」と、事件参加者、関係者の「国事犯」という、両方の事件像が一貫して併存しているのが加波山事件であると言える。

ただ、富松の「弁明補言」（注78参照）でもわかるように、少なくとも彼は、自分達の行為が地元民よりも、次代の同志に受け継がれることを期待していた。最後まで「国事犯事件」としての加波山事件の意義が広く社会に受け継がれることを考慮していたと考えられる。

このように、加波山事件がもつ二面性の謎を解明するためにも、参加者たちの行動および、思想分析が必要となる。とくに強盗故殺罪の常事犯として、千葉県寒川監獄署で処刑（一八八六年一〇月五日）された富松の存在は重要である。今後も彼を含めた事件参加者の動向と志向を整理しつつ、さらに事件像の考察を深めたい。

**注**

（1）『自由党歴史概要』（一九〇八年三月二一日　於東京芝の青松寺　加波山事件殉難志士二三回忌追悼会席上演説記録）所収の伯爵板垣退助演説より（長谷川昇監修・知立市歴史民俗資料館編『内藤魯一自由民権運動資料集』知立市教育委員会、二〇〇〇年、二

九九頁)。なお、本章では、資(史)料引用の際、旧漢字は新漢字に改め、適宜、句読点を附した。

(2) 後藤靖『創元歴史選書　自由民権運動』(創元社、一九五八年)第七章「テロリズム」、第八章「革命的民主主義派」、同「明治十七年の激化諸事件について」(堀江英一・遠山茂樹編『自由民権期の研究(第二巻)――民権運動の激化と解体　第一』有斐閣、一九五九年)を参照。

(3) 拙稿「加波山事件と富松正安『思想』の一考察」(法政大学史学会編『法政史学』第七九号、二〇一三年三月)一一二～一四二頁。拙稿では、富松が加波山事件に参加することになった決定的な契機を論じることができなかった。

(4) 初期の代表的な文献を挙げるとまず、野島幾太郎『加波山事件――民権派激挙の記録』(宮川書店、一九〇〇年)、関戸覚蔵編『東陲民権史』(養勇館、一九〇三年)、「加波山事件と河野広躰氏」(田岡嶺雲『明治叛臣伝』日高有倫堂、一九〇九年)、「第八編反動の悲劇　第二章　加波山の激挙」(板垣退助監修、宇田友猪・和田三郎編『自由党史(下)』五車楼、一九一〇年)等がある。また事件参加者、関係者の伝記や自伝としては、尾見延寿編『実業政治家仙波兵庫君之伝』(一八九〇年)、額田要三郎編『自由党志士五十川元吉と加波山事件』(松崎書店、一九二九年)、本多定喜『小久保城南』(一九二九年)、玉水常治『自由か死か――自由党大阪事件加波山事件志士玉水常治自伝』(白揚社、一九三六年)、一文字欽也『小久保城南』(婦人往来社、一九三八年)、平野義太郎『馬城大井憲太郎伝』(大井馬城伝編纂部、一九三八年)、志富靭負編『切厳玉水嘉一翁伝』(玉水嘉一翁伝刊行会、一九四〇年)等がある。戦後の研究や資料で主なものを挙げると、林基「加波山事件七〇周年」(民主主義科学者協会『歴史評論』通号五九、校倉書房、一九五四年九月)、『加波山事件口述史料集』(『歴史評論』第六八号、一九五五年七月)、早稲田大学教育学部歴史学研究会内加波山事件研究会編『「加波山事件」研究』(一九五六年)、稲葉誠太郎編『加波山事件関係資料集』(三一書房、一九七〇年)、遠藤鎮雄『加波山事件』(三一書房、一九七一年)、田村幸一郎『加波山事件始末記――歩いて書いた民権激派の記録』(伝統と現代社、一九七八年)、加波山事件研究会編・池田峰雄解説『加波山事件――自由民権への憧憬と散華』(崙書房、一九七九年)、井出孫六ほか編『自由民権機密探偵史料集』(三一書房、一九八一年)、高橋哲夫『加波山事件と青年群像』(国書刊行会、一九八四年)、茨城県立歴史館編『茨城県史料――近代政治社会編Ⅲ　加波山事件』(茨城県、一九八七年)、佐々木寛司・菅谷務「加波山事件と松方デフレ」(佐々木編著『茨城の明治維新』文眞堂、一九九九年)、大内雅人「明治一七年加波山事件再考――事件後の顕彰活動と河野広體の動向について」(安在邦夫・田﨑公司編『自由民権の再発見』日本経済評論社、二〇〇六年)、佐藤明俊「問題提起　加波山事件をめぐる歴史認識について」(地方史研究協議会『地方史研究』第五八巻第四号、二〇〇八年八月)、西川純子「福島自由民権と門奈茂次郎　五～七」(日本経済評論社『評論』第一八一～一八三号、二〇一〇年一〇月～二〇一一年四月)等がある。

（5） 加波山事件百周年記念集会実行委員会編『加波山事件百年』（一九八四年）九〜一〇、二三〜二四頁参照。富田氏は、加波山事件に極力、地元の同志を巻き込みたくないと考えた富松の心情（後述）を讃えている。

（6） 同前書、第二章「富松正安の自由民権運動論」、第六章「富松正安の思想」参照。一八八四年七月の「筑波山の会」を同志との各種の集会の中でも「特別な意味合いをもっているもの」（一九頁）とするが、同会前後の大井と富松の関係性は不明確である。

（7） 同前論文は、慶応義塾大学大学院法学研究科内『法學政治學論究』編集委員会編『法學政治學論究——法律・政治・社会』第三号、（一九八九年一二月）所収が初出。後に、寺崎修『自由民権運動の研究——急進的自由民権運動家の軌跡』（慶應義塾大学法学研究会、二〇〇八年）第四章「富松正安——加波山事件を中心に」として所収。同章の一一九、一三〇頁を参照。

（8） 同前論文は、茨城の近代を考える会編『茨城近代史研究』第一二号（一九九七年三月）所収が初出。後に、菅谷務『近代日本における転換期の思想——地域と物語論からの視点』（岩田書院、二〇〇七年）第二章に所収。同章の「五 象徴行為としての蜂起」を参照。

（9） 三浦進『明治の革命——自由民権運動』（同時代社、二〇一二年）第四章「加波山事件」参照。富松と「決死派」の舘野芳之助等との間で交わされていた挙兵の盟約を元にして、富松の事件前後の蜂起計画を再検討しているが（二〇〇頁以下）、計画の存在のみを重視しようとするあまり、富松の事件参加の動機（および、心情）と、そこから見える事件像についての考察は不十分であるように思われる。

（10） 関戸覚蔵編『東陲民権史』（養勇館、一九〇三年）三五二頁。および、野島幾太郎著、林基・遠藤鎮雄編の東洋文庫版『加波山事件——民権派激挙の記録』（平凡社、一九六六年）二一九頁。これ以降の『加波山事件』の引用は、平凡社刊の東洋文庫版による。

（11） 前掲関戸編（注10）三五二頁。

（12） 富松が教員となっているのは、水戸の拡充師範学校での「上等教科試験」出頭命令の書類（一八七五年 茨城県学事掛作成）が現存することからも判明する（「富松正安・吉田耕造拡充師範学校試験出頭につき通知」「下館石川家中上牧家文書」二一八—三〇—一、茨城県立歴史館所蔵）参照。

（13） 「上告趣意追申書（富松正安）明治一八年九月」（稲葉誠太郎編『加波山事件関係資料集』三一書店、一九七〇年）四八四頁。

（14） 前掲関戸編（注10）三五三頁。

（15） 『茨城日日新聞』一八八一年九月八日付。例えば、同年八月九日に真壁郡関本村で行われ、富松が参加した演説会には嚶鳴社の赤羽万次郎が同席しており（『茨城日日新聞』同年八月一九日付）、翌年四月五日に、下館金井町の演劇場「小島座」で富松が会主となった演説会では栃木新聞社の野村元之助や、嚶鳴社の田中耕造等が同席していた（『朝野新聞』同年四月一一日付）。

(16) 同前『茨城日日新聞』一八八一年九月八日付。

(17) 志富靭負編『切厳玉水嘉一翁伝』（玉水嘉一翁伝刊行会、一九四〇年）では、「此の地方（下館）の旧青年武士の多くは（中略）積極進取の努力を敢てするでなく、時代の変化に対する認識を養ふでもなく、（中略）力撲べでもやつて日を消す有様」（一五頁）であり、「武士の身分的破産が同時に性格的破産」を齎したとある。ただ、そこにあっても富松は、「その才識、風格を兼備し、各地の民権運動者に名望を讃えられた志士」（一七頁）であったとされ、注目されていた旨が記されている。

(18)『水戸新聞』一八八一年一二月五日付。

(19) 朝日新聞社編『週刊朝日百科　日本の歴史一〇〇　近代一――自由・民権・国権』（朝日新聞社、一九八八年）一〇～一六頁。高知は「一二七社」で、茨城は「九九社」であった。

(20)『自由新聞』一八八三年六月二〇日付。

(21)『朝野新聞』一八八二年四月一一日付。富松が会主を務めた演説会のほとんどは、下館金井町の「小島座」で行われている。

(22)「検事調書（勝田盛一郎）明治一七年一一月二六日」（前掲稲葉編『加波山事件関係資料集』〔注13〕一四一頁）。

(23) 一八八二年一二月五日に、下館町で富松が会主となり行われた演説会ではそれがよく表れている（『自由新聞』一八八二年一二月一七日付）。

(24) 板垣退助監修、遠山茂樹・佐藤誠朗校訂『自由党史（中）』（岩波文庫、一九五八年）七〇～七一頁。

(25) 前掲野島『加波山事件』〔注10〕九四～九七頁参照。同書では、運動会開催日を二三日としているが、『自由新聞』一八八三年一一月一六日付は、一四日の午後一時に開かれたとしており、開催時期には食い違いがある。どちらかは正確には不明。

(26) 前掲関戸編『東陲民権史』〔注10〕三五四頁。および、石川諒一『加波激挙録』（前掲稲葉編資料集〔注13〕）七〇四頁。大井の存在については、『自由新聞』一八八三年一二月九日付を参照。

(27) 一八八三年五月二三日付仙波兵庫宛富松正安書簡（前掲稲葉編資料集〔注13〕）五一七頁。

(28) 元老院議官関口隆吉の地方巡察報告を纏めた我部政男編『地方巡察使復命書　明治十五・十六年（下）』（三一書房、一九八一年）所収「茨城県ノ部」九〇四～九〇五頁参照。

(29) 県内の民権家達の主な示威行動については、『自由新聞』一八八三年七月五日、二五日、九月一六日付等を参照。また「決死党」については、『朝野新聞』一八八三年一一月一六日付参照。

(30) 前掲関戸編〔注10〕三五四頁。また同書には、富松の事件行動を推論する時は「第一挙兵主義を執り、第二暗殺主義と為り、第三復た挙兵の手段に出でたるものとす」とある（二四八頁）。

(31) 例えば、一八八三年五月に富松が真壁郡本木村の勝田盛一郎に宛てた政談演説会案内状葉書きには、土浦町での政談演説会開催（三、四、五日カ）にあたり「当地ヨリモ、七八名ハ必ズ出席」してほしいと述べ、下妻地方の者も勧誘してほしい旨も併せて述べている（勝田孝平氏所蔵）。

(32)『自由新聞』一八八三年五月二二日付。

(33)「自由党ノ動静報告（Ⅰ）」（前掲稲葉編資料集〔注13〕五四九頁）。

(34) 井出孫六ほか編『自由民権機密探偵史料集』（三一書房、一九八一年）三三九頁。

(35) 一八八三年二月一八日の東京浅草井生楼における演説「天地之常経」（平野義太郎『馬城大井憲太郎伝』別冊、平野・福島新吾編著『大井憲太郎の研究』風媒社、一九六八年）四九頁以下参照。

(36) 大井憲太郎『自由略論』（鍾美堂、一八八九年）一〇七～一〇八頁。

(37) 仙波兵庫宛富松正安書簡、一八八三年五月二三日付、一八八四年五月三〇日付、同年七月一日付（前掲稲葉編資料集〔注13〕五一五～五一八頁）参照。自由党改革をめざす旨については、一八八四年五月三〇日付書簡を参照。

(38)「自由党臨時会ノ景況」（前掲稲葉編資料集〔注13〕五七二頁）。

(39) 一九三七年二月の河野広體談話「加波山事件秘録」（前掲田村幸一郎『加波山事件始末記』〔注4〕二二六頁以下）。および、前掲野島『加波山事件』〔注10〕一二七～一三〇頁。

(40) 拙稿「加波山事件参加者富松正安の『東京蜂起計画』一試論」（法政大学大学院史学会編『法政史論』第四〇号、二〇一三年六月）三節「富松の『グループ』と大井憲太郎」参照。

(41) 前掲尾見延寿編『実業政治家仙波兵庫君之伝』〔注4〕八頁。および、「舘野芳之助君略伝」（『いはらき』一八九一年一二月九～一九日付〈茨城県立歴史館所蔵〉連載。筑波山の会に関しては一〇～一一日付）参照。

(42) 前掲関戸編『東陲民権史』〔注10〕二二四～二二六頁。および、前掲野島『加波山事件』〔注10〕一五四頁。

(43) 平野義太郎著、日本歴史学会編『人物叢書　大井憲太郎（新装版）』（吉川弘文館、一九八八年）八五～八六頁。

(44) 前掲寺崎『自由民権運動の研究』〔注7〕一一八頁。

(45) 前掲『自由党史（中）』三七七～三八〇頁。

(46) 前掲「自由党ノ動静報告（Ⅰ）」（前掲稲葉編資料集〔注13〕五四九頁）。および、玉水常治『自由か死か』（平凡社編『日本人の自伝二』一九八二年）二三七頁。

(47) 前掲石川『加波激挙録』〔注26〕(前掲稲葉編資料集〔注13〕七〇四頁)。
(48) 前掲関戸編〔注10〕、二二三頁。
(49) 同前書、二四七～二四八頁。常治の上京は、在京の仙波との往復通信の意味もあった。それについては、前掲〔注40〕拙稿も参照。
(50) 前掲野島『加波山事件』〔注10〕二〇七頁。
(51) 前掲玉水常治『自由か死か』〔注46〕二三七～二三八頁。ここで常治は下館までの旅費がなく、保多と別れたため、事件には参加しなかった。
(52) 前掲野島〔注10〕二〇五～二〇八頁。文武館にいた者達は、同書および、参加者各人の訊問調書、前掲関戸編『東陲民権史』〔注10〕二三二～二三四頁等を参照して割り出した。
(53)「予審調書(富松正安)明治一八年一月一九日」(前掲稲葉編『加波山事件関係資料集』〔注13〕四四七頁)。
(54)「富松正安氏公判傍聴筆記」(『千葉新報』一八八六年六月二六日付)。
(55) 前掲志富編『切厳玉水嘉一翁伝』〔注17〕三〇～三一頁。
(56) 舘野等との挙兵の盟約については、「警察調書(舘野芳之助)明治一七年一〇月一五日」(前掲稲葉編資料集〔注13〕一三一頁)。また、富松は、「共謀セシハ、只タ政治ヲ改革セント共謀シタル事アルノミ」と一貫して主張し、自身が「其目的ヲ達スルヲ得サルニ非サルヘキヲ思ヒ、其勧ムル所ニ同意」したと述べ、自ら進んで政体変革の可能性を見て、賛同した旨を述べている(「故障趣意書(富松正安)明治一八年三月二一日」、「上告趣意追申書(同)明治一八年九月」前掲稲葉編資料集〔注13〕四七八、四八三頁)。
(57) 前掲関戸編〔注10〕二四八頁。
(58) 前掲玉水常治『自由か死か』〔注46〕二三七～二三九頁。および［一八八四年九月］富松正安宛仙波兵庫書簡(送る前に官憲に没収されたと思われ、日付は不明。［ ］は推定年月)参照(前掲稲葉編資料集〔注13〕五四九頁)。
(59) 前掲関戸編〔注10〕二四八頁。および「警察調書(天野市太郎)明治一七年九月二八日」(前掲稲葉編資料集〔注13〕二一七頁)。
(60) 同前書、二四八～二四九、三五八頁。および、前掲「富松正安氏公判傍聴筆記」〔注54〕。富松は、加波山にて「兵ヲ挙クルニ至リシハ、突然出来タルモ者ニテ」であったと供述している(「予審調書(富松正安)明治一八年一月九日」〈前掲稲葉編資料集〔注13〕四四七頁〉)。
(61) 同右書、二五一～二五二頁。

(62) 玉水嘉一『加波山事件実記』によれば勝田家まで行く途次に農民が一人現れ、その農民に同家までの案内を乞うと「詮方なく案内為し」た後、家の前で「逃けたり」であった。飽くまでも一例に過ぎないが、積極的な協力はみられない（前掲稲葉編資料集〔注13〕五三四頁）。

(63) 前掲野島〔注10〕一六六、二三二頁。

(64) 加波山事件の「檄文」は、前掲稲葉編資料集〔注13〕の四七六頁を参照した。

(65) 「予審調書（諏訪長三郎）明治一七年一一月一〇日」（前掲稲葉編資料集〔注13〕一五一～一五二頁）。および「検事調書（杉浦吉副）明治一七年一〇月一四日」（同資料集〔注13〕二〇〇頁）。

(66) 町屋分署を襲撃にいこうとする者達に対し、富松は「意ヲ決シタルコトユヘ、自分ハ致方ナク差止メサリシ」であったと供述している。彼は襲撃には参加していない（「予審調書（富松正安）明治一七年一一月一九日」前掲稲葉編資料集〔注13〕四四二頁）。

(67) 「検事調書（山口守太郎）明治一七年一〇月四日」（同右資料集、四二九頁）。および、「予審調書（三浦文次）明治一七年一一月一〇日」（同右資料集、三一〇頁）。

(68) 前掲関戸編〔注10〕二六四～二六五頁。および、茨城県警察史編さん委員会編『茨城県警察史（上）』（茨城県警察本部、一九七一年）八五二～八五四頁。

(69) 「明治十七年公文別録　内務省　三　茨城県下真壁郡暴徒捕縛等ノ件」、「明治十七年公文録　陸軍省　八月九月　全　茨城県下へ東京憲兵隊ノ内一小隊出張ノ件」（前掲井出ほか編史料集〔注34〕、二七三～二七五頁、七四七～七四八頁）。および、『東京日日新聞』一八八四年九月二九日付。

(70) 「検事調書（杉浦吉副）明治一七年一〇月一四日」（前掲稲葉編資料集〔注13〕二〇一頁）。

(71) 前掲関戸編〔注10〕二六九頁。および、「富松正安氏公判傍聴筆記」（『千葉新報』一八八六年六月三〇日付）。

(72) 前掲志富編『切厳玉水喜一翁伝』〔注17〕六三～六四頁。および、「横山信六――五尺に満たない小兵」（前掲高橋哲夫『加波山事件と青年群像』〔注4〕一六二頁）。

(73) 前掲「富松正安氏公判傍聴筆記」〔注71〕。

(74) 加藤時男資料紹介「加波山事件富松正安裁判関係資料」（千葉歴史学会編『千葉史学』通巻五三号、梓出版社、二〇〇八年一二月）一〇九頁以下参照。

(75) 夷隅事件とは、千葉県夷隅郡を中心とした民権運動弾圧諸事件のこと。富松は、当時主に夷隅郡で勢力をもった民権政社の以文会や、「決死派」の、君塚省三との関係性を疑われ、同郡に立ち入ったかどうかを問われている（「予審調書（富松正安）明治一七

年一二月二四日」前掲稲葉編資料集〔注13〕四四六頁）。

(76) 前掲「富松正安裁判関係資料」〔注74〕一一〇～一一二頁参照。

(77) 前掲関戸編〔注10〕二四六頁。参加者達が国事犯の意識を持っていたことは、例えば小針が一八八四年一〇月五日に静岡県の浜松で就縛された後、一六日に、父（鎮平）に宛て「国事犯事件に付」捕縛されたとの旨を書き送っていることからもわかる（「明治一七年一〇月一六日付小針鎮平宛小針重雄書簡」〈小針家旧蔵「加波山事件関係資料」資料番号一六　国立国会図書館憲政資料室所蔵〉）。

(78) 在監中の富松が代言人の板倉中に宛てた「弁明補言」（前掲野島〔注10〕三四三～三四四頁）。なお、参加者全員の就縛状況については、「福島事件・加波山事件関連年表」（巻末）を参照。

(79) 前掲関戸編〔注10〕三三〇頁。

(80) それは、事件翌年の茨城県臨時県会（一八八五年三月二一～七日）の審議でもよく表れている。臨時県会では人見県令が警察費不足に伴い、四五七〇円六銭六厘の増額予算を付議している。この事件のために県が用いた警察費（巡査数百名派出、実地探偵の臨時雇い）は、「三千八百五拾七円八拾九銭七厘」であり、ここから、多額の県費を費やし鎮撫に向かっていたことがわかる。事件参加者は一貫して「暴徒」と位置づけられ、事務的な予算案追加、修正の審議に終始した（茨城県議会史編さん委員会編『茨城県議会史（第一巻）』茨城県議会、一九六二年、一三二四頁以下参照）。

(81) 「重罪公判傍聴記」（『下野新聞』一八八五年九月二九日付）にみる河野広體の主張（前掲『茨城県史料――近代政治社会編Ⅲ　加波山事件』五一〇頁）。

(82) 『郵便報知新聞』一八八四年九月三〇日付、『東京日日新聞』同年一〇月一日付、前掲玉水嘉一『加波山事件実記』〔注62〕（前掲稲葉編資料集〔注13〕五三八頁）参照。

## コラム4　夷隅事件

佐久間耕治

夷隅事件は、加波山事件の富松正安の蔵匿に連動して、一八八四（明治一七）年一一月に爆裂弾製造の容疑で夷隅郡の自由党員が拘引され、その後官吏侮辱罪で井上幹、松崎要助、河野嘉七、岩瀬武司、吉清新次郎、久貝潤一郎、石井代司、田中恒次郎の八名が四カ月間投獄された事件である。

上記八名の自由党員は、離党した鈴木丹二、岩瀬小三郎、関親忠等に対し、官選戸長を辞職して自由党に復党するよう説得した。その時に、官吏侮辱に相当する言動があったという事件である。予審終結言渡書によると、井上は三一歳、松崎は三九歳、河野は三一歳、岩瀬は二五歳、吉清は三四歳、久貝は二四歳、石井は三一歳、田中は二五歳であった。

四カ月の服役の後、八名は一八八五（明治一八）年一一月一日に東京鍛冶橋監獄所を出獄した。井上幹は、翌年の一八八六（明治一九）年五月に夭折した。以文会の仲間たちは、同年一一月三日に追悼会をいすみ市の竹楼で開催した。明石吉五郎の漢詩（井上家文書）が残っている（訓読は引用者）。

追悼　故井上幹君　辱知　明石吉五郎

故園紅葉錦雲悲（故園の紅葉錦の雲も悲し）

山郭秋闌君不帰（山郭秋闌にして君帰らず）

一世回首幽瞑夢（一世に首を回らせば幽瞑なる夢）

豪農自由党員の井上幹墓碑

遊魂猶是自由飛（遊魂猶是自由に飛ぶ）

明石吉五郎は木更津市出身で、福島県の三春町で小学校の教員をしたことがある。『三春町史　第三巻』に教員時代についての記述がある。

漢詩の起句の「故園」は故郷という意味である。小針重雄（加波山事件・死刑）の七言絶句に「故園を思う毎に涙衣を沾す」の詩句がある（野島幾太郎著、林基、遠藤鎮雄編『加波山事件』東洋文庫、一九六六年）。同志の琴田岩松（加波山事件・死刑）の七言絶句にも「夢魂幾たびか向かう故園の回り」とある（同書）。

転句の「回首」という表現は、夏目漱石の漢詩や民権家の漢詩に多数の用例がある。加波山事件で無期徒刑になった天野市太郎（三春町出身）の七言絶句には「首を回らせば壮遊已に十年」とある（同書）。空知監獄にいた頃の獄中作である。

結句の「遊魂」は、体を離れて浮遊する魂を意味する。北村透谷の「三日幻境」には「わが遊魂」という表現があり、同時代における数少ない用例である。「流水、夜の沈むに従ひて音高く、わが遊魂を巻きて、なほ深きいづれかの幻境に流し」とある（『透谷全集第一巻』岩波書店）。透谷の「遊魂」は、死者ではなく生きて彷徨っている魂である。結句の最後尾には「自由飛」とある。「自由に飛ぶ」と訓読したが、或いは「自由へ飛ぶ」と訓読すべきかも知れない。

**参考文献**　『夷隅町史　通史編』（夷隅町、二〇〇四年）、拙著『底点の自由民権運動』（岩田書院、二〇〇二年）

# 第七章　秩父事件に関する研究ノート
## ——田代栄助の尋問調書の分析から見える秩父事件

黒沢正則

## はじめに

秩父事件はわかりにくい。彼らは果たして何を目指していたのか。政府転覆か、それとも埼玉県秩父地方限定の貧民救済の運動なのか。この根幹の部分が、はっきりと見えてこない。自由民権運動中の最大の事件という評価がある一方、これを疑問視する意見もまた根強い。この評価を困難にしているもの、解り難くしているものの一つが、田代栄助を中心とする幹部の供述や諸史料間に見られる大きな矛盾である。

一八八四（明治一七）年一一月一日埼玉県秩父郡下吉田村椋神社に決起した秩父困民党は、翌二日には郡都大宮郷を占拠、同日中に秩父郡のほぼ全域を確保、翌三日には平野部へ進出すべく、秩父盆地の出口ともいえる皆野町に進出した。この日まで、官側との戦いにすべて勝利し、三日の時点では困民党軍の勢いは最高潮を迎えていた。しかし翌四日、総理の田代栄助は逃亡し、主だった幹部も本部を離脱して本陣は崩壊する。その日深夜、残存部隊の主力は金屋（現埼玉県本庄市児玉町）に進出、軍隊と激突して敗北。さらに残った人々は、秩父から群馬、さらに信州へと転戦し、一一月九日南佐久郡の東馬流、海の口で壊滅。

もろくも崩れ去った本陣と、農民軍を置き去りにして逃亡した幹部たちの行動が、彼らの思想性と、事件の性格を象徴している。そのようにも判断されてきた。彼らは権力と対峙するほどの強固な思想を持ち合わせておらず、したがって秩父事件を自由民権運動の中に位置づけることはできないと。実際に秩父事件については次のような論調が目立つようになった。

「秩父事件は一八八〇年代に起こったものであるから、そこに民権運動が全く関係なかったとか、民権思想が全然介在しなかったというわけではない。しかし、民権運動とは、基本的には憲法の制定や国会の開設など、立憲政体の樹立を目指した政治運動である。それは地域的に限定された非日常的な闘いではなく、全国的規模において、しかもかなり長期にわたって展開されたものである。〔中略〕すなわち、すべての点で負債農民騒擾や秩父事件などとは異質の性格をもっているのである。(1)」

「一八八四（明治十七）年十一月、農民たちは借金の十年すえおき四十年年賦返済、学費節減のため小学校三十カ年休校、村費などの減免をもとめて蜂起し、高利貸・警察署・役場などを襲撃した。参加者は数千人といわれ、政府は軍隊まで出動させてようやくこれを鎮圧した。〔中略〕なお、秩父事件については、自由民権運動としての性格は弱く、むしろ農村に伝統的な借金の返済をめぐる騒動とする見方もある。(2)」

後者は「伝統的な借金の返済をめぐる騒動とする見方もある。」という表現をとっているが、文脈としては完全に自由民権運動の中に位置づけることを否定している。

唯一、平野部に突出しようとした困民党軍の動きはその出口ともいえる金屋において軍隊に阻まれ、その動きは潰えてしまった。したがって、困民党の戦いは、具体的事象としては高利貸し征伐のみが表出した形となり、これが結果として高利貸し征伐を主目的とする、田代栄助ら幹部の供述を補強する結果となっている。しかし、現実に起こったことのみを重視してそれを彼らの目標と見て良いのか。だとしたら、なぜ幹部が逃走した後、金屋の戦い（秩父事件中最大の戦闘）は起こったのか。彼らはなぜ秩父盆地を抜け出し、平野部への進出を試みたのか。など、秩父事件の謎は未だ解けぬままである。困民党総理田代栄助は何を目指していたのか、秩父事件はどのような事件だったのか。これらの疑問について、田代の供述を中心に史料を分析し、迫ってみたい。

さて、秩父事件については他の自由民権諸事件に比べ史料が豊富なところが特徴であり、研究者にとってそれが魅力となっている。警察史料、郡役所や戸長役場などの行政側の史料、事件を報じた新聞記事、日記……何よりも捕らえられた三千数百名の困民党軍関係者の内、六百数十名分の供述調書が残されている。田代栄助や、加藤織平、小柏常次郎らの困民党幹部から、駆り出されて参加した一般農民まで、困民党軍に加わった様々な人々の生の声が収録されており、事件を知る貴重な手がかりとなっている。敗北した側のこれだけ多くの人々の生の声を収録した史料は歴史的にきわめて珍しい。田代栄助らの幹部は、組織段階からの様子も厳しく追及され、幾度にもわたる尋問はそれぞれの人柄までも映し出し、それもまた大きな魅力である。なお、これらは『秩父事件史料』（全六巻、埼玉新聞社）と『秩父事件史料集成』（全六巻、二玄社）にまとめられている。本稿では、史料の多くをこの二玄社の『秩父事件史料集成』から引用している。史料の後に示した数字だけのものはすべてこの史料集からの引用である。最初の数字が巻数、次がページである。

田代の供述について、井出孫六氏はその著書の中で次のように評している。

「田代は秩父困民党総理にふさわしく、逮捕後拷問もまじえた厳しい取調べに対して、じつに堂々たる供述を行っている。すでに死を覚悟していた彼には、何のかくしだてでも必要ではなかったから、その供述はよどみなく前後にいささかの矛盾も見られない。(3)」

この一節に代表されるように、これまでの田代に関わる論稿は、ほとんどが田代の供述を真とし、それに基づいて論を展開している。困民党総理を引き受けたときから死を覚悟し、そのとおり従容として刑を受け入れ死んでいった。──そんな人物が死に臨んでうそなどを言うものだろうか──そんな先入観にでも囚われていたのだろうか。どうも田代の供述についての分析は甘い。ここに大きな誤りの出発点がある。

他の幹部と同様、あるいはそれ以上に田代の供述には多くの矛盾が見られる。田代自身の供述の変化。報告書や記録、他の幹部の供述などとの大きな食い違い。これら史料の中には単なる記憶違いや記録ミスでは生じ得ない、明確に相反する内容が存在するのである。このことは、供述をそのまま史実として断定できないということであり、また、事件解明の手がかりの存在を示唆するものでもある。こういった点に目を向けることなく、供述のままに人物像を構築することは田代本人だけでなく、事件像をも大きくゆがめてしまうことになる。たんなる記憶違いでは片付けられない大きな矛盾、この矛盾が何ゆえ生じているのか。もしもそれが虚偽の供述によって生じたものならば、そこにこそ何か重要な事実が隠されていることになる。それこそ田代が命を賭して守ろうとしたものなのではなかったか。どこにどのような矛盾があり、その矛盾がなぜ生じたのか。そこに焦点を当ててこそ田代が真に守ろうとしたもの、つまり事件の核心が見えてくるのである。

## 第一節　田代栄助の入党時期をめぐる疑問

### 1　『自由党史』の「群馬の獄」に登場する田代栄助

『自由党史』の中の群馬事件の項に次のような部分がある。

「此際断然決行、以て革命の旗を挙げなば、庶幾くは奇功を収むるを得ん。即ち其策たるや、秩父の党友田代栄助、村上泰治に説きて兵を埼玉に挙げしめ、日を期して妙義山麓陣場ヶ原に集合し、一挙に富岡、松井田、前橋の三警察署を屠り、進で高崎分営を陥るにありと。〔中略〕

是に於て井上は小柏常太郎、新井某と共に秩父に赴き、党友を説て共に兵を挙ぐるの任務に服し、日比、湯浅は野中、上野等十余名と共に、五月十三日を以て陣場ヶ原に会するの檄文数十章を発し……」(4)

群馬事件とは、一八八四（明治一七）年五月一五日、群馬県北甘楽地方の自由党員らが政府転覆を企図して蜂起したものの、結局同地方の生産会社である岡部為作家を取り囲み打ちこわしを行って、そこで終わってしまった事件である。群馬の一地方の事件として扱われている群馬事件ではあるが、ここに田代栄助の名前が登場することに注意しなければならない。自由党の党友として、村上泰治と共に名前があげられているのである。

『自由党史』の文面からは、田代栄助にどのような働きかけがあったのか、それが実際行われたのか、計画のみで終始したのか。具体的なところはわからない。しかし、群馬事件の計画段階で、群馬の自由党組織の中に田代栄助の名前が知られ、これに働きかけが行われようとしていた事は十分想像できる。特に、ここに登場する小柏常太郎（小柏常次郎）が秩父事件では田代の参謀格となって蜂起を実現するだけに、この点は真実性が感じられるのである。

これと関係すると思われる秩父側の動きを、秩父事件で捕らえられたある農民は次のように語っている。

「答　十六年三月中自由党ニ加盟シ其後泰治ノ言フニ全国中自由党員ヲ募リ大勢ヲ以テ地租減租セラレンコトヲ政府ニ強願スルノ見込ナリ

問　如何程減額ノ見込ナルヤ

答　百分ノ二減額スル見込ナリト泰治言フ

問　秩父郡中自由党員一同強願スルノ筈ナリシヤ
答　一同其積ナリヤ承知セス
問　然ラハ汝モ其積ナルヤ
答　其積ナリ
問　政府ニ強願スルハ減額之事ノミカ将タ数条アルヤ
答　強願ノ事ハ承知セリ　他ハ承知セス
問　強願ハ幾年頃ト言ヒタルヤ
答　明治二十三年国会開設之前ニ事ヲ挙ケサレハ事成就セサルノミナラス此間ニ堪ヘ兼ルト言ヒタリ」（二・六四一）

村上泰治が照山事件で捕らえられるのは一八八四年六月、照山事件が起こったのが四月、事件発覚以後まともな自由党活動はできないであろうから、この農民が村上の呼びかけ「全国中自由党員ヲ募リ大勢ヲ以テ地租減租セラレン事ヲ政府ニ強願スルノ見込ミナリ」を聞いたのはおそらく、八三年後半から八四年の四月までの間であろう。ここには「全国中自由党員ヲ募リ……」という、全国的な蜂起計画ともいえる重要な内容が含まれているが、この点はひとまず置くこととして、群馬事件以前にすでに秩父側にもこのような動きがあったということであり、『自由党史』の「即ちその策たるや、秩父の党友田代栄助、村上泰治に説きて兵を埼玉に挙げしめ」の記述を裏付ける動きとも考えられる。

## 2　田代の自由党入党と困民党加盟の疑問

さて、ここで問題としなければならないのが、田代の次の供述である。事件後に捕らえられた田代は厳しい尋問の中で、自身の自由党入党の経緯を次のように語っている。

「問　自由党員ニ加盟シタル后同党員ノ会議等ニ預カリタル事アルヘシ　如何
答　泰治ノ振舞ニ対シ憤懣ニ堪ヘス　一旦ハ申込ミタルモノノ脱党シタキ心底ユヘ示来同人ニ面会モセズ　又他ヨリ来リタル者モナク往キタル事モナシ」（一・四五）

田代栄助は、自由党に加盟はしたものの村上泰治の高慢な態度に憤懣やるかたなく、脱党したい気持ちであったというのである。当然、その後村上とは会った事もなくまた他の党員との関わりも一切なかったと語っている。もしも、これが真実であるとするならば、「秩父の党友田代栄助、村上泰治に説きて兵を埼玉に挙げしめ」という『自由党史』の記述は誤りということになる。

「〔明治〕十七年一月末か二月の初めに入党はしたものの、以後全く自由党との関係を絶っていた」、とも語る田代の供述を真実とすれば「秩父の党友」として、群馬との同時蜂起を期待されることなどあり得ないのである。

秩父事件において、田代が小柏と連携しつつ農民組織を指導し、これを蜂起に導いた事実は、『自由党史』の記述の正しさを裏づけているように思える。

先の『自由党史』に登場した小柏常次郎について、次のような供述がある。

「自分夫常次郎ハ昨明治十六年十二月頃自由党トヤラニ加ハリ本年三月中風ト家出シタル後偶々帰宅スルコトアルモ夫レヨリ不絶諸方ニノミ徘徊致居リ……」(5)（三・一六六）

「常吉〔常次郎〕ハ本年三月頃ヨリ秩父ノ方ヘ参リ居リタル故今度ノ事ハ相談セシニアラス」(6)（三・一五三）

二人の供述から、小柏が三月頃にはすでに秩父に入り、積極的に組織活動を展開していたことがわかる。

小柏常次郎は一八八四年二月から三月にかけて群馬県の上日野、下日野、三波川、天引村などで精力的に党員獲得の運動を展開し、多数の人々を入党させている。小柏がこの後、秩父に入ったとすれば、群馬でおこなったのと一連の動きと考えられ、党の活動以外の目的で秩父入りしたとは考えにくい。

また、これに関連して、加藤織平の供述の中に次のような興味深い部分がある。

「問　群馬県多胡郡上日野村小柏常次郎カ汝ノ宅ヘ参リシ事アル乎

答　然リ　本年一月頃ト覚ヘ同村新井繁太郎ノ親戚ナル由　同人宅ヘ参リ其時同村ニ於テ柔術ノ指南ヲナシ……

問　右小柏常次郎ヲ汝カ田代栄助ニ引キ合セタル事アリヤ

答　否　自分ニ於テ引合セタル事ハ決シテ無之　同人ノ話ニ依レハ自分ト面会セサル前ニ於テ同郡阿熊村ニ於テ面会シ困民救助ノ一条等相話シタル事ヲ自分ニ申聞ケタリ」（二・一四七）

加藤は、一八八四年一月頃、新井繁太郎の家で小柏に面会をしたこと。また、それ以前に小柏と田代栄助が「困民救助」について話し合っていること等を供述している。

田代と同様、虚偽の供述が目立つ加藤ではあるが、小柏ダイ、新井寅吉の二人の供述と合わせると、この部分には信憑性がある。

入党はしたものの脱党したい気持ちが強く、ゆえに自由党とは一切のかかわりを持たなかった、とする田代の供述はこの点からも虚偽が証明される。

加藤は小柏との関係を柔術の関わりで言っているが、時期的には群馬県で積極的に党員を獲得していた時期と重なり、群馬での活動から推して、ここで小柏がのんきに柔術の指導に励んでいたとは考えられない。組織拡大のための何らかの工作をしていたと見るのが妥当である。あるいは、前述の農民の供述や『自由党史』に関連させて考えてみると、来るべき蜂起に向けた武闘訓練を行っていたとの見方もできる。

なお、小柏の居村、群馬県上日野村と秩父地方は、県も違い遠く隔たっているようにも見えるが、意外に近い。蜂起の地、下吉田村椋神社までは峠を五つも越えなければならないが、それでも二日間で充分往復できる距離である。当時はいくつもの峠によって群馬の北甘楽郡や小柏の住む多胡郡と秩父は密接に結びつき、人々の往来も盛んであった。小柏が頻繁に行き来しながら、組織を固めていたということは十分考えられる。

さて、入党はしたものの、自由党とのかかわりはなかったとする田代供述の虚偽は証明されたが、当然のこととして入党手続き時における、村上泰治との長々としたやり取りについての供述も嘘ということになる。入党の意思で訪ねたにもかかわらず、そこで自由党の主義を尋ねたり、「愚弄ス亦甚シ老年ノ自分ニ対シ大声詩吟スルハ何ラノ意ナルカ」と憤ったその相手の吟じた詩の一節をおぼえているなど、ここでも不自然さが目立つ。この場面も、党との関わりを隠蔽するための嘘と見てよい。ここでは、村上と田代の信頼関係の存在を疑ってみなければならない。

また、田代は困民党への参画を九月七日としている（第一回尋問調書）が、この点については小柏も加藤織平も違うことを言っていて信用できない。

下小鹿野村の小菅万吉は、次のように言っている。

「本年旧暦七月十三日則新暦九月二日村内ニ芝居興行有之其時大宮郷ノ田代栄助石間戸村ノ鍛冶屋総作国峰村ノ恩田宇一等カ申聞ケル事カアルカラ秩父郡黒街道ノ寺江出ヨト云フニ付罷出タル処田代栄助カ今度借財ノアルモノハ凡テ年賦ニナル様ニスルカラコチラヨリ沙汰ノアル時ハ何時ナリトモ出ヨ」（一・六四〇）

ここでは、坂本宗作、遠田宇市等の幹部の中に田代栄助も居て、「今度借財ノアルモノハ凡テ年賦ニナル様ニスルカラ……」と田代が語ったという事が述べられている。九月の初めの段階で、田代はすでに活動の中心にいて、困民党の組織を作る運動を展開していたのである。したがって本人が言う九月七日よりもかなり以前から困民運動に関わっていたと見なければならない。

## 第二節　田代栄助の思想

### 1　「同人等ハ借金党ニシテ……」をどう読むか

田代栄助の人物像を明らかにするため、しばしば引用されるのが信州北相木村から事件に参加した自由党員、井出為吉の次の供述である。

「菅（貫）平ト共ニ十月二十七日居村出発十月二十九日秩父郡下日野沢村ニ至リ田代栄助ニ面会スルニ同人等ハ借金党ニシテ大尽ヨリ借受タル金円ノ据付ヲ迫リ場合ニヨレハ大家ヲ潰ス積リト申スニ付左様ノ儀ナレハ自分等ハ帰国セント答フルニ栄助曰ク　此場合ニ至リ仮令外人タリトモ返ス事ハ不相成ト申ス」（三・九四四）

これをそのまま真実として解釈するならば、田代は民権運動とは無縁の借金党のリーダーということになる。「同人等ハ借金党ニシテ〔中略〕左様ノ儀ナレハ自分等ハ帰国セント答フル」。つまり井出は、自分たちは借金党ではない、したがって「金円ノ据付ヲ迫リ場合ニヨレハ大家ヲ潰ス」行為になど参加できない、といっているのである。

井出と共に信州から事件に参加した菊池貫平は、蜂起当日の一一月一日、下吉田村で捕虜にした土木技師に困民党軍に加わるよう説得を試み、その内容が報告されている。その中に次の言葉がある。「十一月一日全国尽ク蜂起シ現政府ヲ転覆シ直ニ国会ヲ開クノ革命ノ乱ナリ」(四・九九)

二つの史料から、二人が「現政府ヲ転覆シ直チニ国会ヲ開ク革命ノ乱」に参加する目的で秩父にやってきたのは明らかである。しかし、結果として彼らは秩父の蜂起に加わり、しかも重要な地位を任されている。「同人等ハ借金党ニシテ……」の部分が問題となってくる。

一一月三一日城峰神社で困民党の一団に捕捉された陸軍測量師の吉田耕作は、同心を迫られ、その時「暴徒の巨魁」が自らに語った内容を次のように報告している。

「巨魁曰……〈中略〉右ニ付信甲ノ各地ヘモ飛脚ヲ差出シ置キタレハ追々同勢モ来着スヘシサスレハ味方ニ大ニ勢力増シ又帰スル者多カラン而ルニ現時ノ所ハ先ツ秩父郡一円ヲ平均シ応援ノ来着ヲ竢テ本県ニ迫リ事成ルノ日ハ純然タル立憲政体ヲモ設立セント欲ス」(四・九六四)

この巨魁とは田代栄助のことである。「先ス秩父郡一円ヲ平均シ応援ノ来着ヲ竢テ」「純然タル立憲政体ヲモ設立セント欲ス」とあることに注目しなければならない。田代栄助は、明確に立憲政体の設立とその手段を語っているのである。井出の供述にある「同人等ハ借金党ニシテ……」とは大きな違いである。立憲政体の設立を説く田代栄助と菊池・井出との間には大きな相違は見られない。井出の「同人等ハ借金党ニシテ……」の供述は他の幹部がそうしているのと同様、事件の根幹を隠蔽するための虚偽と見て良い。

## 2　田代の軍事構想

さらに、小鹿野町祠官泉田瑺美(かたみ)の次の報告がある。

「十月十七日琟美田代栄助宅ヘ往キ自由党ヘ加盟ヲ請ヒ他ニ同盟者アルヲ告ク栄助曰ク一時故アリテ解散セシメタリ而シテ金策ノ方法ヲ立貧民党ヘ檄文ヲ発スルノ計画ナリト云　十月二十一日栄助琟美ノ宅ヘ来リ告テ曰ク貧民党ハ来ル二十六日小魁タル者集会シ二十八日一般ニ嘯集スルノ目的ナリ……〔中略〕群馬県南北甘楽郡ト気脈ヲ通シ彼党我ニ先チ発シテ岩鼻監獄ヲ破リ而シテ囚徒ヲ同盟セシメ岩鼻火薬庫ヲ破リ弾薬ヲ奪掠シテ暴発スルノ軍略ト云フ然ル後ハ東京ヨリ憲兵隊或ハ兵隊ノ来ルアルハ必然タリ其留主ノ空虚ヲ窺ヒ東京ヘ更ニ暴発スルト云」(7)(四・三五一)

ここでは、群馬の同志が陸軍岩鼻火薬製造所を襲撃すること、これによって東京から軍隊を引き出し、その隙に東京で「暴発」することなどが語られている。これは、泉田を同志に引き入れるため、田代が同人宅を訪れ語った内容を泉田が警察へ密告したものである。田代は政府転覆に向けた軍事構想を持っていたのである。

## 第三節　蜂起が目指したもの

菊池貫平や井出為吉が「現政府ヲ転覆シ直チニ国会ヲ開ク革命ノ乱」に参加する目的で秩父入りしたのは、田代栄助をはじめとする秩父困民党の人びとがこの構想を持っていたからである。この構想の下に秩父はもとより、これに隣接するに西上州、信州方面も含めて組織作りが進んでいた。このことを重視しなければならない。

### 1　史料が語る二つの秩父事件

秩父事件がどのような事件なのか、田代栄助の入党を巡る動きと思想に焦点を絞って述べてきたが、事件の本質を示す史料が他にもある。すでに引用した史料も含めて、主なものを次に整理して紹介する。

(1) **第一群**（報告書、記録などに見る蜂起の目的　秩父事件では多くの記録が郡役所、戸長役場の文書、警察文書、裁判記録、日記などに残されている）。

① 「先ツ秩父郡一円ヲ平均シ応援ノ来着ヲ竢テ本県ニ迫リ事成ルノ日ニハ純然タル立憲政体ヲモ設立セント欲ス」[8]（四・九六四）

② 「総理板垣退助ノ命ニ依リ各地ニ散在セル自由党員十万人カ十一月一日ヨリ三日間ニ暴発各県庁警察署監獄署ヲ打毀シ自由政事トナシ租税百分一トナス趣」[9]（五・三四五）

③ 「十一月一日ヲ期シ日本国中何処トナク一起シテ大戦争カ始マル手筈故自分共ハ夫レカ為メ当地ヘ来リシニ……」[10]（二・三四三）

④ 「今般自由党ノ者共、総理板垣公ノ命令ヲ受ケ天下ノ政事ヲ直シ、人民ヲ自由ナラシメント欲シ、諸民ノ為ニ兵ヲ起ス……」[11]（六・八五）

⑤ 「暴徒ガ言ヲ聞ケバ先ツ郡中ニテ軍用金ヲ整ヘ、諸方ノ勢ト合シテ、埼玉県ヲ打破リ、軍用金ヲ備ヘ、且浦和ノ檻獄ヲ破リ、村上泰治ヲ援ヒ出シ、沿道ノ兵ト合シ、東京ニ上リ、板垣公ト兵ヲ合シ、官省ノ吏員ヲ追討シ、圧制ヲ変シテ良政ニ改メ、自由ノ世界トシテ、人民ヲ安楽ナラシムベシ」[12]（六・八六）

⑥ 「貧民党ハ来ル二十六日小魁タル者集会シ二十八日一般ニ嘯集スルノ目的ナリ……（中略）群馬県南北甘楽郡ト気脈ヲ通シ彼党我ニ先チ発シテ岩鼻監獄ヲ破リ而シテ囚徒ヲ同盟セシメ岩鼻火薬庫ヲ破リ弾薬ヲ奪掠シテ暴発スルノ軍略ト云フ然ル後ハ東京ヨリ憲兵隊或ハ兵隊ノ来ルアルハ必然タリ其留主ノ空虚ヲ窺ヒ東京ヘ更ニ暴発スルト云」[13]（四・三五一）

⑦ 「現政府ノ施政ハ善良ナルヤ否御存シナル可シ　御見掛ケノ通り人出如斯蜂起セシハ来ル二十三年ノ国会ヲ待チ兼テノ事ナリ　今十七年十一月一日全国尽ク蜂起シ現政府ヲ転覆シ直ニ国会ヲ開クノ革命ノ乱ナリ」[14]（四・九九）

(2) **第二群**（幹部の供述から　事件後多くの幹部が捕らえられ、厳しい追及を受けた。田代栄助、加藤織平小柏常次郎らの尋問調書が残されている。）

① 田代栄助供述

「我等ノ目的ハ当秩父郡中高利貸ノ為メ身代限リヲ為ス耳ナラス目下活路ヲ失シ一家離散ノ場合ニ立至リ其惨状見ルニ忍ヒサルヨリ我々有志者中合貸金ハ十ヶ年据置四十ヶ年賦延期ヲ債主へ迫リタルモ不聞入ヨリ債主へ御説諭ノ儀再度警察署へ願出タルモ御採用無之ニ付学校費ヲ省ク為三ヶ年間ノ休校雑税ノ減少等ヲ強願スルノ目的ナリ」（一・三七）

② 加藤織平尋問調書より

「問　汝等ガ今般ノ暴挙ヲ為セシ主タル目的ハ何レニアリシヤ

答　高利貸ヲ倒シ負債者ヲ救助スルノ目的ニ外ナラス

問　然ラハ何故ニ警察官吏ニ抵抗シ分署警察署等ヲ破壊シ官吏ヲ生擒セシヤ

答　他ノ党類ノ目的ハイザ知ラズ官吏ニ抵抗シ警察署等ヲ破壊シタル点ヨリ見ル時ハ何ニカ他ニ目的アッテ為シタルモノノ如クナレ共自分ガ暴徒ニ同盟セシ精神ハ全ク高利貸ヲ倒スノ一念ニテ他意ハ少シモ無御座候」（二・一四五）

③ 柴岡熊吉供述

「然ニ昨今諸物価ハ下落シ秩父郡中ノ人民高利貸ノ為メ非常ニ困難貧者ハ益極貧ニナリ高利貸ハ益利欲ヲ逞フシ其惨状見ルニ忍ヒス　因テ身命捨困民ヲ救フニ尽力スルモノト決シ田代栄助等ト共々相謀リ暴徒ヲ起シタル次第ナリ」（一・二一）

④ 新井周三郎供述

「自分ハ元来百文ノ借銭アルニアラサレ共村民等ノ困窮ヲ目ノアタリ傍観スルニ忍ヒス　於是乎或日石間村ニ

至リ織平等ト談合致居タル所追々ニ村民等集合シ別ニ是レト申ス決議モナク自然事ヲ起スニ至リタリ」(二・九六八)

## 2　政府転覆を目指した秩父事件

以上のように一群と二群、それぞれから蜂起が目指したものが見えてくる。ただし、それぞれが違った特徴を持って、つまり全く別の秩父事件像が見えてくるのである。政府転覆を目指す秩父事件と貧民救済、高利貸し征伐の秩父事件。果たしてどちらが真実なのか、或いは双方の特徴を持った事件なのか。各語群から特徴的な言葉を拾い出し、事件の本質を追ってみたい。

○一群より

「純然タル立憲政体ヲモ設立セント欲ス」

「暴発……自由政治ヲ実現」

「天下ノ政事ヲ直シ、人民ヲ自由ナラシメント欲シ」

「圧制ヲ変シテ良政ニ改メ、自由ノ世界トシテ、人民ヲ安楽ナラシムベシ」

「全国尽ク蜂起シ現政府ヲ転覆シ直ニ国会ヲ開クノ革命ノ乱ナリ」

○二群より

「惨状見ルニ忍ヒサルヨリ……強願スルノ目的ナリ」

「高利貸ヲ倒シ負債者ヲ救助スルノ目的ニ外ナラス」

「其惨状見ルニ忍ヒス……暴徒ヲ起シタル次第ナリ」

「村民等ノ困窮ヲ目ノアタリ傍観スルニ忍ヒス……自然事ヲ起スニ至リタリ」

第一群の「立憲政体ヲモ設立」「自由政治ヲ実現」「人民ヲ自由ナラシメ」「圧制ヲ変シテ」「現政府ヲ転覆シ」などは当時急進化しつつあった自由党員がさかんに口にしていた文言であり、この事件が自由党の強い影響下に引き起こされたことをうかがわせる。それに対し、第二群には「惨状見ルニ忍ヒス」「高利貸ヲ倒シ」「負債者ヲ救助スル」等が目立つ。第一群が対政府であるのに対し、第二群は対高利貸しである。前者が政府転覆・新政治体制の確立であるのに対し後者は貧民救済と高利貸し征伐である。あまりにも大きな隔たりと言わなければならない。この大きな秩父事件像の隔たりはなぜ生じているのか、この点を考えなくてはならない。

秩父事件はこの二面性を持った事件であるとの見方もあるが、それは違う。仮に多くの農民がその貧しさから高利貸し征伐の呼びかけに応じ、困民党軍として大きな軍団が形成されたとしても、これを動かす立場にある幹部たちが別の目標を持って行動計画を進めていたとすれば、それこそが真の目標と言わなければならない。まして、「東京ニ上リ、板垣公ト兵ヲ合シ、官省ノ吏員ヲ追討シ、圧制ヲ変シテ良政ニ改メ、自由ノ世界トシテ人民ヲ安楽ナラシムベシ」などの文言が公然と駆り出しの際に使われていたのである。政府転覆や新政治体制の樹立などが秩父困民党の目標と見なければならない。また、第二群が幹部の言であり、逮捕後の尋問の中で語られていることに注意しなければならない。幹部らが供述のように貧民救済、高利貸し征伐の戦いを志向し、このことのみを説いていたなら、いったい一群の文言は誰から発せられたのかということである。田代栄助らは当初からその目的で組織を作り上げ、その目的で行動を起こしたのである。秩父事件は明確に政府転覆・新政治体制の確立を志向した戦いであった。幹部は警察での尋問において、明らかに真実を隠している。彼らの尋問調書を読むとき、彼らが何を語り、何を語っていないのか、つまり何を隠そうとしているのか、この点に注意を払わなくてはくてはならない。

彼らの尋問調書からは、いくつかの特徴を読みとることができる。次の点である。

①自由党との関係が見られない。

②対政府を語っていない。

③広域性を語っていない。

田代栄助はもちろん、副総理の加藤織平も、参謀長の菊池貫平も、会計長の井上伝蔵も幹部はみな自由党員である。事件参加者の中で自由党員であったと読みとれる人物は幹部を中心に三百名を越える。秩父事件は自由党が関係した事件であり、政府打倒の戦いであった。にもかかわらず、自由党との関係が感じ取れないのは、彼らがそれを隠しているからである。彼らは自由党との関係について、次のように供述している。

○小柏常次郎

「自分ハ本年九月六日埼玉県秩父郡矢納村親戚島崎周作方へ相越同家ニ三日間滞在罷在候処自由党之者カ同村字高丑ト唱フル所へ集合騒動に及ト云フ風評ヲ聞キ込且又自分ハ該党員故駈付見受候処右ハ自由党ノ者ニ無之同郡阿久間〔矢納〕村平民浅井米吉石間村姓不知博徒定二郎同村字半根小ノ寅市高岸善造坂本総作等集合致居ルニ付其様子ヲ聞クニ高利貸等ノ為メ人民困究致スニ依リ今回年賦或ハ置キ据之事ニ相談申故」（三・一七二）

小柏は「右ハ自由党ノ者ニ無之」と党員でない事を強調しているが、落合寅市、坂本宗作らここに名前が挙がっている全員が自由党員である。高岸はこの年三月に東京浅草井生村楼で開かれた自由党大会に参加している。

○井出為吉

「本年十月二十三日村ノ菊池官(貫)平来リ言フニ埼玉県秩父郡ノ者共カ国会期限ヲ短縮スルノ請願ヲ致サント思フニ付来リ呉レヨトノ使来リシ趣キヲ以テ該郡へ同行ヲ促サレ依テ菅(貫)平ト共ニ十月二十七日居村出発十月二十九日秩父郡下日野沢村ニ至リ田代栄介(助)ニ面会スルニ同人等ハ借金党ニシテ大尽ヨリ借受ケタル金円ノ据付ケヲ迫リ場合ニヨレハ大家ヲ潰ス積リト申ニ付左様ノ儀ナレハ自分等ハ帰国セント答フルニ栄介曰ク　此場合ニ至リ仮令外人タリトモ返ス事ハ不相成ト申スニ付不得止栄介ノ意ニ従ヒ同人之手ニ付夫ヨリ下吉田村ニ押出シ」（三・九四四）

井出はこの中で「自由党」の文言を使っていないが、「貧民党」の名前を出すことによって田代等秩父側の指導者が自由党員でないと強調し、事件が貧民党事件つまり負債騒擾であると偽っているのである。井出の供述は小柏のそれと酷似している。

○田代栄助

「問　自由党員中当郡中ニ重立チタルハ井上村上ノ外ナキカ如ク申立ツルモ井上伝蔵ノ上ニ立テ汝ハ総理トナリタルニアラスヤ

答　自分総理ニ推サレタル次第ヲ申述フヘシ　自分ハ生来強ヲ挫キ弱ヲ扶クルヲ好ミ貧弱ノ者便リ来ル時ハ附籍為致其他人ノ困難ニ際シ中間ニ立チ仲裁等ヲ為ス事実ニ十八ヶ年間子分ト称スルモノ二百有余人　今般井上伝蔵等ノ目論見タル四ヶ条ハ貧民ヲ救フノ要用ナルヲ信シ同意ヲ表シタル処総理ニ推サレタリ」（一・四六）

田代は、秩父困民党総理になった経緯を自由党との関係から追及されたが、いわば任侠の立場からこれを引き受けたと強調し、蜂起が自由党とは無関係の貧民救済の戦いであるとごまかしている。

以上のように、秩父困民党幹部は徹底して自由党との関わりを否定し、事件を負債騒擾にしたてあげようとしているのである。

### 3　一斉蜂起計画（事件の広域性）

次に事件の広域性についてである。秩父事件は埼玉県の一地方である秩父に限られた狭い範囲での事件ではなく、すでに紹介したように群馬県で起こった新田騒擾事件は秩父と同一日に蜂起している。事件の広域性を示す典型的な例である。この新田騒擾事件をふくめ、その広域性を示す次のような史料がある。

①群馬県多胡郡上・下日野村（藤岡市）

「近年農方一般疲弊ヲ極メ難渋ニ付自由党ノ総理板垣退助ト申ス者大坂（阪）ニ在テ全国ノ人民ヲ救ノ為メ事ヲ起シ所々方々ヨリ一時ニ騒立高利貸シヲ潰シ租税向等モ減少スル様ニ相成ル筈ニテ秩父郡ニテハ本月一日ヲ期シ人民騒立候ニ付同所へ赴キ模様見来リ群馬県ニ於テモ続イテ騒立ル積リニ付秩父郡ノ模様見ニ可参ノ勧メニテ……(15)」（三・一二七）

この農民は秩父に次いでこの地方でも蜂起する計画があり、秩父の様子を見て帰り、幹部の呼びかけがあれば蜂起に参加するつもりだったと供述している。この地方では、事件当時数百人が集合していたとの記録もあり、状況次第で蜂起した可能性が高い。

②群馬県新田郡（太田市）

「総理板垣退助ノ命ニ依リ各地ニ散在セル自由党員十万人カ十一月一日ヨリ三日間ニ暴発各県庁警察署監獄署ヲ打毀シ自由政事トナシ租税百分一トナス趣(16)」（五・三四五）

群馬県新田地方では一一月一日二〇〇名あまりが蜂起したが、紛れ込んでいた警官に幹部数名が逮捕され、その混乱の中で峰起軍は解体した。この蜂起の指導者の中には秩父に隣接する群馬県南西部の人がいた。明確に秩父と連携を取り合っての蜂起であった。

③榛沢郡人見村（深谷市）

「十一月六日

榛沢郡人見村近傍暴徒嘯集ノ儀ハ昨夜二時頃六七十名集マリシモ其巨魁ナルモノ同郡岡部村ニ在リテ其者ノ来会セサルカ故ニ解散セリ今夜ハ先ツ平穏ノ模様ナレトモ若シ岡部村ノ巨魁来レハ又暴発スルヤモ知レス右ハ曩キニ

集合シタル貧民等ノ輩ニシテ既ニ秩父群徒ノ煽動ニ因テ加盟シ居ルヤニ聞ク併シ現今ハ独立ノ姿ニテ其巨魁タルヘキモノノ力ニハ到底集合スルモ暴発ノ勢ニ至ラス故ニ昨夜モ空敷解散シタリト云フ
笹田書記官　　深谷ニテ雨宮警部[17]」（四・五三七）

岡部村に近い人見山には数十人が集合し蜂起の時を待ったが、幹部が姿を見せなかったため、蜂起しなかったとこの報告書は述べている。この事件を人見山騒擾事件と呼ぶこともある。この近村からは、秩父に赴き蜂起に加わった人びともいる。数名は長駆信州まで転戦している。

④群馬県高崎市

「根小屋山名村ハ七八日已前集合其後今日迄祭典（八幡宮）ニ非常ノ人カ出テアリ　何レ祭典仕舞次第集合スルトノ事ニ付秩父ノ方長ビク時ハ自然応援ノ為メ暴起スルヤノ懸念アリ　同所辺ハ烟火製造人多ク最モ懸念ノ地ニテ殊ニ今度集合スル時ハ山ノ上トカ申拾軒程人家アル山上ノ由……〔中略〕明治十七年十一月三日[18]」（五・二五三）

「右ニ付尚高崎近傍ニ於テ彼ノ暴民ニ応援スル勢ノ有無探偵候処今日迄ハ異常無御座候　緑野郡落合村近傍阿久津、山名、吉井等ハ七八日以前大集会ヲ為シ本日（二日）ノ祭典ヲ（八幡神社ナリ）終リ次第何トカ可致協議ノ由右村々ヨリハ総代一名宛埼玉地方へ相越シ候由……[19]」（四・一五九）

八幡宮とは山名八幡神社のことである。初詣や祭礼では今も多くの人出でにぎわっている。山ノ上集落は今も一〇軒ほどの民家があり静かなたたずまいを見せている。この報告書を裏付けるように、緑埜郡の諸村からは総代が選ばれ秩父に向かった模様である、との記録が残されている。[20]

⑤愛知、静岡、長野

「同年十月ノ末埼玉県ノ挙アルヤ辰三真悊小林私トモ覚眠社ニ集リ此上ハ愛知ト連合シ事ヲ挙ケント。私ガ同年十一月ニ該地ヘ趣〔ママ〕キタレハ宮本広瀬村上モ居リ村松愛蔵八木重次〔ママ〕江川甚太郎ト謀リ尾張派三河派モ信州飯田桜井平吉ヘ面会ノ為メ参リ居ル川澄徳〔次脱カ〕カ帰ルヲ待ツテ合併シ事ヲ挙ケントスル内、松村〔ママ〕愛蔵等捕縛ニ相成タリ」(21)
（湊省太郎尋問調書）

「元来静岡辺ニ於テ同志ヲ募リ気脈ヲ通シ挙兵ヲナスノ目的ノ所埼玉ニ於テ暴徒蜂起シタルヲ以テ俄ニ目的ヲ変シ八日ノ集会ヲナシ其議決ニ随ヒ手ヲ分ツテ兵員ヲ募ルコトニ着手シタルコト有之。然ルニ埼玉ノ勢ヒ日々挫ケ退縮セシニヨリ其計画ハ相止メタル訳ケニテ其后ハ旧議ニ復シ専ハラ屈強ノ士ヲ募リ目的ヲ達スルコトニナシタル義ニ候」(22)（八木重治検察尋問調書）

静岡、愛知、飯田各事件の関係者が秩父事件の報に俄に行動を起こしている様子が語られている。『自由党史』には、一八八四年三月の自由党大会で、急進派が集会し、一斉蜂起を約した旨が記録されており、この会合との関係が注目される。

秩父事件はこのように広汎な地域に関係した広域事件である。実際に蜂起した地域は、秩父の他には群馬県新田郡だけだが、状況によっては、各地で蜂起が続く可能性があったのである。田代栄助をはじめとする幹部たちは、自由党の関わりを隠蔽するだけでなく、「我ラノ目的ハ当秩父郡中高利貸ノ為メ身代限リヲ為ス耳ナラス」（田代栄助供述）と、秩父郡に限定された事件であるように印象づけ、各地の組織と連携している事実もまた隠しているのである。

## 4　真の目標を隠蔽する「困民党四目標」

次に示す「困民党四目標」もこの流れの中で考えなければならない。

【困民党の四目標】

一　高利貸のため身代を傾け生計に苦しむ者多し
　よって債主に迫り十カ年据え置き四十カ年賦に延期を乞うこと
一　学校費を省くため三カ年間休校を県庁へ迫ること
一　雑収税の減少を内務省へ迫ること
一　村費の減少を村吏へ迫ること

この四目標は、彼らが目指した事として秩父事件を評価する上で重要な役割をになってきた。しかし、この四目標も田代栄助が自身の供述の中で言っていることであり、疑ってみなければならない。それぞれ「乞うこと」、「迫ること」で結ばれており、これらは政策は否定しているが、政府の存在までは否定していない。ここまでの一連の供述と内容的に一致するのである。なお、この「四目標」は田代の供述の他にはこれを記した史料が存在しない。田代がここで語っているだけなのである。田代は別の所では「立憲政体の設立」「岩鼻火薬庫ヲ破リ弾薬ヲ奪掠」「東京へ更ニ暴発」などを語っているが、これらの目標はどこで消えてしまったのか。ここでもその内容の大きな違いに驚かされるのである。先に紹介したとおり、困民党の真の目標は「立憲政体ヲモ設立」「自由政治の実現」「現政府の転覆」などと見て良い。これらは政府批判、政策批判というよりは、明治政府そのものを否定する内容である。したがって、「四目標」をもって彼らが目指したことと断定するのは大きな誤りである。田代は、これまで語ってきた貧民救済、高利貸し征伐の戦いをよりそれらしく見せるためにこれを語っているのである。真の目標を隠すために作られた、いわば表向きの看板である。ついでに言えば、ここで使われている「困民党」の名称も自由党との関連を隠蔽するために使われているようにも考えられる。また、田代が強調している「秩父」についても、事件の広域性を隠そうとして、敢えて使用している可能性がある。したがって、私たちが当たり前のように使っている「秩父事件」「困民党」の名称も一考の要がある。なお、「秩父困民党」の名称については、事件参加者は「困民党」のみを口にしており、「秩父」を付けた呼び名は後の研究者によって作られ、定着したものと考えられる。この呼称についても慎重に扱わなければならない。

## 第四節　田代栄助第五回尋問調書を読む

### 1　田代栄助供述の矛盾とその特徴

全体的に不審な点の多い田代栄助尋問調書の中でとりわけ矛盾が目立つのが第五回の尋問調書である。そのいくつかを挙げ、田代が隠そうとしていることを探ってみたい。

「一旦ハ申込ミタルモノノ脱党シタキ心底ユヘ示来同人ニ面会モセズ　又他ヨリ来タリタル者モナク往キタル事モナシ」（一・四五）

この部分は先に紹介したが、田代はこのように自由党に入党はしたもののその後は党とのかかわりは一切なかったと述べている。しかし、一方で次のようなことも述べている。

「本年十月十七八日頃ト覚へ　自分ハ他用ニテ小鹿野町へ出張中柴岡熊吉来リ大宮郷西野清明ナル者自由党員中有名ノ弁士一人ヲ東京ヨリ聘シ来リ本夜ヨリ演説会ヲ開クニ付疾ク来リ聴聞ス可シト申スニ付」（一・四五）

ここでは、大宮郷に住む柴岡熊吉が小鹿野町まで来て田代を訪ね、自由党の演説会への出席を促したことを供述している。

はじめの供述どおり、入党はしたものの、党との交流を全く断っていたとするならば、柴岡が小鹿野町までわざわざ呼びに来ることはありえない。日頃から党との付き合いがあればこそ、田代を誘いに来た、と見るのが自然である。

「問　汝ハ秩父郡中ノ貧民ヲ救フノ目的ニ出テタリト申立ツト雖モ群馬県長野県神奈川県等ヨリ態々来リ共ニ事ヲ謀リタルニアラスヤ　然ラハ何ソ秩父郡中ニ限ルヲ得ン」（一・四六）

これは、秩父困民党と各地組織との広汎な連携を感じ取った警察が、その実際を追及した場面である。これに対して、田代は次のように答える。

「群馬県小柏常次郎（当郡中ニ親族アリ）堀口幸助ハ三ヶ年以来当郡中ニ入込ミ代書ヲ為シ居リ神奈川県柏木太郎吉ハ博徒ニシテ加藤織平方ニ久敷出入致シ居リタルモノナレハ共ニ当郡中ノ人民ト見倣居レリ」（一・四六）

ここでは、小柏は堀口と同じく「三ヶ年以来当郡中ニ入込ミ代書ヲ為シ居」るため「共ニ当郡中ノ人民ト見倣居レリ」と語り、蜂起に際し秩父入りしたのではないと否定している。しかし、第一回尋問では「常次郎ハ他管下ニ来リ巳ニ六十日モ滞在前途ノ目的モ定マラサルニ頻リニ村民ヲ煽動シタルヨリ」（一・三五）と、「他管の人物」であると強調しているのである。両者は全く矛盾している。残念ながら、警察はこの明確な矛盾点については追及していない。

警察の尋問は次のように続く。

「問　菊池貫平井出為吉ハ十月三十日初ニ参リ共ニ暴挙ニ加入シタルニアラスヤ」（一・四七）

蜂起直前に秩父入りしたのであれば、当然「他管の人物」である事を認めなければならないところだが、これに対して田代は「此両人ハ何等ノ目論見アリタルモノナルヤ自分ハ一向存シ不申」とかわし、これだけでは不足と考えたのか、さらに次のように付け加える。

「去リナカラ自分ノ推スルニ菊池井出ノ両人ハ真ニ秩父郡ノ一揆ニ加担スルモノニアラス　幸ヒ当郡中ニテ兵ヲ挙ケタル上ハ之ヲ率ヒ長野県へ繰込ム了簡ニ出テタルモノナランカ」

結局、「真ニ秩父郡ノ一揆ニ加担スルモノニアラス」として、この二人の参加が秩父と連携しての行動であることを否定しているのである。

田代は、第一回尋問においては次のように述べている。

「今二十日間ノ猶予モアラハ埼玉県ハ不及申群馬県長野県神奈川県山梨県ノ人民一時ニ蜂起スルハ自然ナリ　然ル時ハ飽迄暴威ヲ逞フシ減税ヲ政府へ強願スルモ容易ナラン」（一・三五）

田代は各地の組織と連携しての蜂起を計画していたのである。二人の参加は、心強い支えになったはずである。田代はまた、「当地方ハ東京へ接近致居ル故一旦信州へ引揚ケ更ニ大兵ヲ挙ルノ目的ナリ」（一・三五）と自らも信州への転戦の方針を語っている。

これらの点から考えて、「問　汝ハ秩父郡中ノ貧民ヲ救フノ目的ニ出テタリト申立ツト雖モ群馬県長野県神奈川県ヨリ態々来リ共ニ事ヲ謀リタルニアラスヤ　然ラハ何ソ秩父郡中ニ限ルヲ得ン」（一・四六）に対する田代の供述は嘘である。

群馬県多胡郡の小柏常次郎、渋川の堀口幸介、神奈川の柏木太郎吉、信州南佐久の菊池貫平と井出為吉……、かれらは皆秩父と連携し、これに協力する目的で「他管」より秩父入りしたのである。

このようにこの回の田代の供述は偽りに満ちている。入党をめぐっての村上泰治と田代のやり取りの疑わしさについては先に述べた通りである。ではなぜこの回に供述の矛盾が集中しているのであろうか。

## 2　田代を追いつめた「自由党」

第一回から第四回までの尋問と比べ、この第五回は追及が急であり、尋問に鋭さを感じる。第一回が「本日ハ此処ニテ訊問ヲ止メ明日親ク訊問セン」と終わったのとは大きく違い、ここには緊迫したやり取りがある。厳しい追及に対し、田代の必死の防戦という展開である。

主な問いを取り出して並べてみると次の通りである。

問　汝ハ政党ニ加盟シタル事アリヤ

問　汝カ自由党ニ加入シタル当時ノ手続ハ如何

問　自由党員ニ加盟シタル后同党員ノ会議等ニ預カリタル事アルヘシ　如何

問　是等ノ者ハ何レモ自由党員ナルヤ

問　七日ニ高岸善吉方ニ至リ議決シタル四ヶ条ハ自由党本部ヨリ出タルモノナルヤ

問　本部ノ目的ハ何ト思フヤ

問　自由党員中当郡中ニ重立チタルハ井上村上ノ外ナキカ如ク申シ立ツルモ井上伝蔵ノ上ニ立テ汝ハ総理トナリタルニアラスヤ

このように追及は自由党との関係に集中する。ちなみに田代の尋問調書一回から六回までの中で「自由党」の文言が出てくるのは、第五回のみである。つまり、田代が多くの矛盾を露呈した供述の背景は「自由党」である。

自由党との関係の追及こそが田代を動揺させ、追い詰めたのである。第一回の尋問で、つい心ならずも一斉蜂起を口にしてしまったそれとはまったく違う状況が第五回にはある。警察は明確に自由党との関連に不審を抱き追及してきている。田代は、いくつかの事実は認めつつも肝心な部分はごまかし、隠し通した。全てを否定しては却って不信を大きくしてしまう。入党の事実まで否定してしまえば、肝心な部分にまで疑いの目を向けられてしまうのである。入党の場面、困民党総理を引き受ける場面などに見られる供述の矛盾はこのようなやりとりの結果として生じたものである。

田代は全くの防戦体制であったが、警察の準備不足に助けられた。多くの矛盾を露呈したにもかかわらず、追及は中途半端なものとなり、田代は肝心なことを守り通すことができた。

第五回の尋問調書において、真実の多くは供述の裏側にある。田代は、自由党の目的も理解し、本部とのつながりも持ち、各地の同志との連携も考えていた。これらを隠した結果として生じた矛盾であった。

このような尋問の流れと局面に気づくことなく、矛盾点をも無視して、これら供述をそのままに人物像を作り上げるのは大変な誤りである。

「自由民権思想を解さない人物[23]」、「任侠の世界に生きる博徒[24]」などの田代栄助像は、真実から最も遠いところにある虚像といってよい。

また、矛盾する供述の中に揺れ動く心情を見て、田代栄助の人間性に共感する研究者[25]もいるようだが、これも大きな誤りである。田代の信念は揺れていない。壮大な構想を隠すために生じた矛盾である。見なければならないのは、なぜそのように言わなければならなかったのかという供述の裏側である。もしも、人間田代栄助を書きたいならば、見なければならないのは、逮捕されてもなお闘い続け、最後まで真実を隠し守り通した不屈の姿であろう。

## 3　妙な利害の一致が作り上げた田代栄助と秩父事件像

しかし、ほころびかけた田代の供述をなぜ追及しきれなかったのか。警察の甘さも引っかかる。

自由党は蜂起数日前にすでに解党していたとはいえ、これが見せかけの解党であることは、警察も見抜いていたはずである。田代の入党後の活動がどうあれ、自由党の人物が事件の首領であるなら、それを根拠に自由党の勢力を一網打尽にすることもできたであろう。政府にとって、最も強力な反対勢力を壊滅させるチャンスであった。なぜ、その千載一遇とも言えるこの好機をみすみす逃したのか。この点は、今後究明して行かなくてはならない問題だが、政府自らが「自由党の事件」として対処した場合の影響が心配されたのかも知れない。田代が言うように「埼玉県ハ不及申群馬県長野県神奈川県山梨県ノ人民一時ニ蜂起スルハ自然ナリ」という状況があった。政府転覆をねらって万にも及ぶ人民が蜂起し、その行動が自由党の指導によるものとして報道されたなら、おそらくその想像は政府を震撼させたはずである。

影響の拡大を恐れて、事件を一地方の負債騒擾として扱おうとした政府と、各地自由党組織との連携をひたすら隠したい田代ら困民党幹部の利害が妙なところで一致したのである。高利貸し征伐を強調する田代等の言は官側にとって幸いであった。尋問に於ける追及の甘さはそこにある。各地の同志が後に続いてくれると信じていた田代等にとって、自由党との関連はどうしても隠さなければならない事柄であった。

# おわりに

秩父事件は自由民権運動の中で起こった最大の激化事件であり、明治専制政府に代わる新しい政権の樹立を目指した戦いでもあった。自由民権運動の影響を受けた農民一揆であるとか、近世以来の伝統的な負債騒擾である、などとした秩父事件に対する評価は、田代等幹部に対する尋問結果に頼りすぎたあまりにも短絡的な見方と断定せざるを得ない。膨大な史料の存在にもかかわらず、分析を怠ってきた結果としての失敗である。本論で繰り返し指摘したように、残された彼らの膨大な供述調書やその他の史料の中には、単なる記憶違いや短期間のうちの変身の結果などとしては説明の付かない決定的に相反する内容がある。これらを見過ごした結果、もっとも活動に積極的であり、誠実な民権活動家を軽はずみで無責任な人物と見たり、自由民権運動を解しない博徒などとする人物像を作り上げてしまったのである。彼らに率いられておきた秩父事件に対する評価もまた同じである。

冒頭に紹介した秩父事件の謎もこれで一部解ける。「立憲政体の設立」「自由政治の実現」等を目指して大衆を組織し、一万もの兵力を集めた秩父事件は自由民権運動の中の最大の事件として政治史、政治運動史などに明確に位置づけ、評価されなければならない。

田代栄助についてはは近年ますます誤った解釈が拡大増幅し、虚像が定着しかねない状況にある。それと関連して教科書や歴史書においても事件が明治期の農民一揆、負債騒擾として述べられることが多くなっている。

我が身を賭して、官憲を欺きとおし、被害を最小限に食い止めた行動は、田代栄助の高い政治意識と誠実な人柄を示している。この人物に焦点を当てることによって、秩父事件の真相はさらに明らかになると思われる。

**注**

（1）稲田雅洋「困民党の論理と行動」（新井勝紘編『日本の時代史二二　自由民権と近代社会』吉川弘文館、二〇〇四年）二六〇頁。
（2）『もういちど読む　山川日本史』（山川出版社、二〇〇九年）二三八頁。
（3）井出孫六『秩父困民党群像』（新人物往来社、一九七三年）一〇頁。
（4）『自由党史』下（岩波文庫、一九五八年）二三頁。
（5）小柏ダイ供述。ダイは常次郎の妻である。連絡任務中に逮捕された。
（6）新井寅吉供述。寅吉は群馬県上日野村の組織者の一人。
（7）「小鹿野神社祠官泉田瑝美十月二十六日夜小鹿野町旅舎ニ於テ石井警部以下五名ノ警部警部補ノ面前ニ在テ密告スルヲ雨宮警部ノ傍聴セル筆記ノ写書」（『秩父暴動始末』所収）。小鹿野町の神官泉田瑝美が密告してきた内容が記録されている。
（8）吉田耕作「秩父郡矢納村城峰神社ニ在宿中同地方ノ暴徒等ニ危難ヲ受ケタル顚末左ニ申進」。蜂起前日、城峰神社に宿泊中捕虜になった陸軍測量士の吉田耕作は田代栄助に面会し、田代から同志になるよう説得された。
（9）明治一七年一一月一日、秩父と同時に数百人が蜂起した群馬県新田騒擾事件で、逮捕者を取り調べた桜井警部の報告書である。桜井警部は蜂起参加者が語っていた内容としてこれを報告している。
（10）木戸為三供述。秩父困民党の幹部の一人、福井県の木戸為三は蜂起の数日前菊池貫平と会い、逮捕後菊池が自分に語った内容を警察で供述している。
（11）田中千弥『秩父暴動雑録』。秩父郡下吉田村の神官田中千弥は秩父事件の様子を詳細に記録に残した。この部分は、一一月一日深夜、坂本宗作の率いる一隊がこの地域を駆り出した際の様子である。
（12）田中千弥『秩父暴動雑録』。蜂起直後、事件参加者が語っていた内容をこのように記録している。
（13）〔注7〕と同じ。
（14）埼玉県土木課雇千葉正規上申書。蜂起当日の一一月一日、下吉田村で困民党軍に捕らえられた千葉正規は困民党幹部から同心するよう進められ、その時の様子を上申書に記している。これは菊池貫平が千葉に語っている場面である。
（15）群馬県上日野村から参加した農民の供述。この農民は上日野村の幹部新井寅吉がこのように語ったと答えている。

（16）〔注9〕と同じ。
（17）埼玉県深谷市岡部付近の様子についての報告書。
（18）高崎警察署伊藤警部より斉藤本部長への報告。
（19）同前。
（20）井上幸治ほか編『秩父事件史料集成』第五巻（二玄社、一九八八年）二七七頁に「山名近傍は別紙の概略に有之候　○印は三十一日大宮より呼に来りたりとて家出したるものなり」として、緑埜郡落合村、上栗須村などの二十名余りの人名が記録されている。
（21）静岡県民権百年実行委員会編『静岡県自由民権史料集』（三一書房、一九八四年）六六三頁。
（22）寺崎修「自由民権運動史上における村松愛蔵――飯田事件を中心に」（駒澤大学法学会編『法学論集』第三三号、一九八六年三月）九九頁。
（23）「自由党総理になったのは、自由党員であったからでも自由民権家であったからでもない。任侠の親分であったからだというわけだ。栄助の、これは偽らざる自己認識であった。」（高橋哲郎『律儀なれど任侠者――秩父困民党総理田代栄助』現代企画室、一九九八年、三四頁）「侠客田代栄助の面目躍如たる一光景であった。困民党の精神的シンボルとしての田代栄助の果たした役割は大きい。」（前掲井出孫六『秩父困民党群像』〔注3〕二五頁）などに、これらの田代評が顕著であるが、その他多くの秩父事件著作論考の中に、田代を明確に自由民権活動家として位置づけているものはない。
（24）同前。
（25）前掲高橋『律儀なれど任侠者』〔注23〕にこの傾向はかなり顕著であるが、井出孫六氏、井上幸治氏の著作にもこの傾向が見られる。井上幸治氏はその著作『秩父事件――自由民権期の農民蜂起』（中公新書、一九六八年）の中で、「侠客栄助」（五〇頁）という表現を使う一方、「存命ならば話を聞きたい風格ある人物であった」（一九〇頁）と結んでいる。

# 第Ⅲ部　語り継がれる激化事件

# 第八章　日露戦後の激化事件顕彰運動と『自由党史』

中元崇智



## はじめに

一九〇九（明治四二）年二月二五日、自由民権運動の指導者板垣退助らへの行賞を目的とする「憲政創設功労者行賞ニ関スル建議案」が内藤魯一（立憲政友会・愛知県選出）により衆議院に提出された。翌一九一〇年二月二四日には、加波山事件で死亡した関係者の表彰を求める「加波山事件殉難志士表彰ニ関スル建議案」が、小久保喜七（立憲政友会・茨城県選出）、森久保作蔵（立憲政友会・東京府選出）、平島松尾（憲政本党・福島県選出）により衆議院に提出されている。同年三月には、板垣退助監修『自由党史』が刊行されており、自由民権運動に対する顕彰が大きく進展したのが日露戦後であった。では、なぜ日露戦後に自由民権運動、とりわけ、激化事件に関する顕彰運動が進んだのであろうか。また、これらの顕彰運動にはどのような政治的背景があったのであろうか。

こうした自由民権運動、特に激化事件関係者に対する追弔や顕彰運動について、一九八〇年代以降、優れた実証研究が相次いで発表された。日比野元彦氏は内藤の「憲政創設功労者行賞ニ関スル建議案」について、短文ではあるが、事実関係を中心に初めて紹介した研究であり、内藤が「この藩閥政府をきびしく攻撃しながら、過去において犠牲を強いられた民権家の復権と、自由民権運動の再評価を行なおうとした、といっても過言ではない」と評価した[1]。また、寺崎修氏は有罪確定後の加波山事件関係者について、生存者の特赦出獄および公権回復、獄死者・刑死者の名誉回復について詳細に検討しており、その成果に筆者も負うところが大きい[2]。

一方、高島千代氏は秩父事件の「記憶」が、落合寅市による顕彰運動を経て、戦後、「暴動史観」克服の視点と、遺族の心に寄り添い、遺族の記憶への共感を通じて事件を意味づけようとする視点を生んだことを指摘している[3]。河西英通氏は高田事件について、明治から大正期における鉄窓会によって事件が記憶化され、一九三七年の国事犯高田事件記念碑建立につながったことを、戦後の歴史研究・教育を通じて解明した[4]。田﨑公司氏は福島・喜多方事件で獄死した田母野秀顕の顕彰活動について実証的に解明し、この顕彰活動が一八八四（明治一七）年の激化状況を支える要因の一つとなったことを指摘した[5]。大内雅人氏は加波山事件の顕彰活動について河野広體を中心に検討し、加波山事件が自由民権運動史のなかで大きな意義をもつ事件であることを論証している[6]。真辺将之氏は板垣退助、大隈重信の老年期を比較・検討した論考で、大正期に板垣が組織した旧友会、立憲同臭幽明会を自由民権の追憶の事例として紹介しているが[7]、本章で扱う日露戦後における激化事件顕彰運動については検討されていない。このように、一連の先行諸研究は、日露戦後における激化事件顕彰運動の政治的背景や政府の対応などについて、主たる分析対象とされておらず、十分に検討がなされているとはいえない。また、顕彰運動を実施していた旧自由党系団体の動向についての分析も不可欠と考える。

そこで、本章では旧自由党系団体の動向を踏まえて、激化事件の中でも、特に加波山事件に焦点をしぼり、検討を進めたい。筆者が激化事件の内、加波山事件の顕彰運動を取り上げるのは、以下の理由からである。第一に、『自由党史』が「加波山の激挙は、反動の悲劇中の最も悲惨なるものなりき」と定義づけ、解党への過程に位置づけて特筆している点にある[8]。また、『自由党史』の下巻口絵は民権家の写真に続き、激化事件関係者の写真が掲載されているが、「福島事件」（一頁）、「静岡事件」（二頁）、「大阪事件」（二頁）、「加波山事件」（四頁）、「飯田事件」・「群馬事件」・

「名古屋事件」（合計一頁）、「保安條例違犯入獄者」（一頁）、「大臣暗殺隠謀事件」（一頁）の構成になっている。[9] この内、加波山事件だけが四頁であり、事件関係者の写真や「自由党旗立石」の写真（事件関係者が見張りをしたとされる加波山の巨石）も掲載するなど、別格の扱いであることがわかる。

第二に、加波山事件が激化事件の中で史料収集・編纂が最も早期に実施された点である。加波山事件については、野島幾太郎『加波山事件』（明治三三年）、関戸覚蔵編『東陲民権史』（明治三六年）、田岡嶺雲『明治叛臣伝』（明治四二年）、板垣退助監修『自由党史（上・下）』（明治四三年）などが相次いで刊行された。そして、数ある激化事件の中で建議案が独自に提出されたのは、加波山事件のみであり、加波山事件の重要性が理解できよう。

上記の研究状況を踏まえて、本章では、日露戦後における激化事件顕彰運動について再検討する。特に、これまで本格的な検討がなされていない内藤魯一の「憲政創設功労者行賞ニ関スル建議案」を中心に、小久保喜七の「加波山事件殉難志士表彰ニ関スル建議案」についても併せて再検討することで、激化事件顕彰運動における政治的背景を解明する。その上で、激化事件の顕彰運動が『自由党史』の編纂過程に与えた影響についても分析し、『自由党史』編纂に対する激化事件関係者遺族の心情や協力姿勢についても指摘したい。

## 第一節　加波山事件における内藤魯一と小久保喜七の動向

加波山事件は、一八八四（明治一七）年九月、福島県の河野広體、茨城県の富松正安、栃木県の鯉沼九八郎ら自由党急進派が栃木県庁開庁式に臨席する政府高官や栃木県令三島通庸の暗殺を企てた一連の事件である。そして、東京神田区の質屋を襲撃した小川町事件（九月一〇日）、鯉沼九八郎らの爆弾製造中における負傷事件（九月一二日）の結果、追いつめられた自由党急進派一六名は茨城県真壁郡加波山に「挙兵」（九月二三日）した。その後、彼らは下妻警察署町屋分署を襲撃し、九月二四日に警戒中の警察官と長岡畷で衝突するが、東京飛鳥山での再会を期して解散した。

しかし、彼らは相次いで逮捕され、国事犯ではなく、常事犯、つまり強盗殺人犯として処罰されることとなった。この加波山事件に関しては、すでに数多くの研究成果が発表されており、本書第Ⅱ部第六章飯塚論文にも紹介されている通りである。本節では加波山事件顕彰運動に関わった内藤魯一と小久保喜七の加波山事件における行動についてみていくこととする。

内藤魯一は一八八一（明治一四）年に自由党幹事に就任した党幹部（一八八四年三月に常備員）であり、事件当時は自由党の壮士養成施設、有一館主幹であった。内藤は加波山事件に参加した小林篤太郎に逃走資金を与えた罪により逮捕され、軽禁固二月、罰金五円の有罪判決を受けている。(10)

では、加波山事件について、内藤は党幹部としてどのような役割を果たしたのか。この点について、長谷川昇氏は内藤自筆の「雑誌」から、内藤が一八八四（明治一七）年八月一七日に会合を開催、加波山事件関係者に決起を戒めたと推定し、その指導性の欠如を指摘した。(11)その論拠として、長谷川氏は当時未発見であったが、「雑誌」で存在が確認されていた七月三〇日付小針重雄宛内藤魯一書簡で、事件関係者の小針と小針を訪問するであろう河野広體を召集したと論じている。一方、三浦進氏はこの「雑誌」から七月三〇日付小針宛内藤書簡（三浦氏は小針ではなく、三浦文次宛と推定）は内藤が三浦に上京を急がせるための書簡と推測し、「雑誌」にある八月一四日付書簡（未発見）と併せて、栃木県庁開庁式襲撃計画の中心に内藤がいたと推定した。(12)しかし、近年、整理・目録化された「加波山事件関係資料」の明治一七年七月三一日付小針重雄宛内藤魯一書簡によると、長谷川・三浦氏の推定は実際の書簡と相違することが判明した。(13)その内容は次の通りである。

炎暑ノ下先以テ御健康奉賀候。陳ハ本年五月一日附ノ芳翰過日帰省ノ際拝読候処、某ヨリ脱党云々ノ談ハ実ニ無根ノ妄説ニ有之候間、幸ニ御安心有之度就テモ懇々御厚意ノ程誠ニ感謝ノ至ニ御座候。拙ハ目下吾党ノ寄附金ヨリ成立タル有一館（文ヲ講シ武ヲ演スルノ場）主幹ノ任ヲ委託セラレ不省其任ニ当ラサルモ日々勉励いたし居候次第ナレハ、他ニ如何ナル妄説ヲ唱ル者アルモ御疑無之様いたし度事ニ御座候。余ハ唯夕我党ト進退死生ヲ為スノミ幸ニ小人ノ言ニ惑フ勿レ。

この書簡によると、長谷川氏が推定したように、内藤が決起を戒めるために、小針と河野を召集したのではなく、また三浦氏が推測したように、三浦に上京を促したものでもない。つまり、小針が内藤に対する「脱党云々」の噂の真偽について確認した手紙に対し、内藤が「実ニ無根ノ妄説」と否定するために、小針に返書したことがわかる。この書簡を根拠に内藤と加波山事件の直接の関わりを見いだすことは難しい。

一方、小久保喜七は一八八四（明治一七）年夏、茨城県中田に文武館を設立して自由党壮士を養成していた。小久保は鯉沼九八郎の居宅から逃れて、九月一三日に文武館に到着した天野市太郎らに頼られるが、同席した有一館生保多駒吉が下館にあった富松正安の有為館への脱出を勧め、小久保も同意したとされる。小久保には「二十有余名の志士を引率」して東京に突入する計画があったともされるが、加波山事件関係者に呼応することはなかった[14]。その後、小久保は未決囚のまま約一年間拘留された後、八五年八月に釈放された[15]。このように、内藤と小久保は加波山事件の蜂起に直接的に関与せず、事件に連座して内藤は有罪判決を受け、小久保は拘留された。この点に両者の共通点を見いだすことができよう。

## 第二節　日露戦後における激化事件顕彰運動の展開と『自由党史』

一八八六（明治一九）年一〇月二日、加波山事件で死刑が確定した三浦文次・小針重雄・琴田岩松の死刑が市ヶ谷監獄で執行され（死刑確定者の内、横山信六は九月三日に獄死）、一〇月五日には富松正安・保多駒吉・杉浦吉副もそれぞれの監獄で死刑が執行された[16]。三浦、小針、琴田の遺体は翌三日に出棺し、谷中天王寺の墓地に埋葬された。そして、加波山事件の遺族や多くの民権家は加波山事件墓碑の建設や翌年一〇月に開催された加波山事件刑死一回忌などに参加し、加波山事件を支持したとされる[17]。

一八九三（明治二六）年二月一一日、加波山事件の有期受刑者鯉沼九八郎が特赦・放免され、門奈茂次郎、佐伯正門もほぼ同時に特赦・放免された[18]。翌一八九四年一一月五日、加波山事件の無期受刑者河野広體・玉水嘉一ら六名が恩赦により出獄し（小林のみ一一月七日出獄）、札幌、函館、福島、三春、須賀川、石川、白河と慰労会に臨み、一一月二三日に東京上野に到着、二五日に盛大な慰労会が開催された[19]。一八九九年一〇月三日には茨城県下館町妙西寺で加波山事件殉難志士建碑式が挙行された。発起人総代は玉水嘉一であり、憲政党本部代表者石塚重平らが祭文を朗読し、懇親会では石坂昌孝、堀内賢郎の両名が演説した[20]。

こうした明治二〇～三〇年代における激化事件顕彰運動が組織的に実施される契機となったのが日露戦争であった。一九〇五（明治三八）年二月二二日には旧自由党系の山口熊野、改野耕三、村野常右衛門が発起した旧友懇親会が東京池上曙楼で開催され、星亨の墓所本門寺に赴いた後、板垣退助が憲法政治創立の由来について演説した。板垣は「目下我軍が連戦連捷世界最強の暴露を懲し国運の隆興前途の多望春海の如きものあるは一に憲政の賜に外ならざる」と強調した上で、この制度の創立に尽力した友人達を悼むとしている。つまり、板垣は日露戦争において日本が最強国ロシアに勝利を収めているのは立憲制のおかげであり、そこで尽力した民権家を慰霊、顕彰すべきとの認識を示したのである。そして、次回幹事に旧自由党系の松田正久、林有造、河野広中を選挙し、会名を旧友会と決定するなど、旧自由党系の団体として継続されることが確認された[21]。一二月一七日には、中西悟玄（東京北多摩郡神代村祇園寺住職・旧自由党員）を発起人として、東京芝青松寺において「憲政創設功労諸氏の追悼会」が開催された。この時には、板垣、河野、杉田定一、加藤平四郎、栗原亮一、小林樟雄ら旧自由党関係者六〇余名が参加した。この席で板垣は憲政創設の志士たちの功績として、義務ある者は必ず権利がある国民を創出したことを挙げ、日露戦争の連戦連勝はこの「立憲政体の勝利」であり、自由主義が過去において勝利し、現在終局の勝利を得つつあると、志士たちの霊に報告している。[22] 一九〇六（明治三九）年三月一八日には板垣の寿筵が開催され、松田が発起人総代を務め、杉田、河野、林や大倉喜八郎ら財界人も参加した。この席で松田が板垣の寿像建設を発議すると、満場一致で決定された。[23] 翌年三月九日には貴衆両院議員等が会合し、「板垣退助翁寿像建設資金公募趣意書」が発表された。[24]「趣意書」は板垣の自由民権、立憲政治における尽力を称えた上で、金一〇万円を募集し、寿像を建設することを宣言している。しかし、銅像の建設は日露戦後恐慌により一度中断され、明治四二年四月に政友会が再び地方支部に寄付金募集を依頼している。[25] 八月には松田が板垣の銅像建設と養老基金をかねて一〇万円を募集し、一万四、五千円で銅像を建設し、残金を板垣の養老基金とする計画を立案した。[26] こうした紆余曲折を経て、一九一三（大正二）年四月一九日に板垣退助銅像除幕式が挙行されたのである。[27]

一方、日露戦後には加波山事件に関する史料調査も積極的に実施された。一九〇六（明治三九）年六月二三日、史談会（会長由利公正）は殉国志士英霊弔慰会を開催、一八四八（嘉永元）年から一八九〇（明治二三）年の間に国事上の戦闘、騒擾、事故により死亡した人物の事跡を調査し、その調査結果が一九〇七（明治四〇）年一一月一五日、『戦亡殉難　志士人名録』として公刊された。[28] ここには、加波山事件の刑死者（富松正安、保多駒吉、三浦文次、小針重雄、琴田岩松、杉浦吉副）、闘死者（平尾八十吉）、獄死者（横山信六、原利八、大橋源三郎）、有罪確定後の獄死者（山口守太郎、石橋鼎吉）の名前が挙げられているが、石橋鼎吉は事件とは無関係である。

先行諸研究では指摘されていないが、『戦亡殉難　志士人名録』の加波山事件の項目作成に協力したのが板垣と中西悟玄であり、板垣らは史談会に対して加波山事件の刑死者（富松、保多、杉浦、琴田、三浦、小針）、闘死者（平尾）、獄死者（横山、原、山口）合計一〇名の略歴を提出している。また、加波山事件関係者の仙波兵庫、玉水嘉一、小久保喜七も史談会に彼らの表彰を申請していた。史談会はこれに対して「不日贈位の申請を為す」と報じられているが、さらに「此外猶憲政創始の意見を有し国事犯を以て刑死若くは横死を遂げたる志士の事蹟調査」[30] を板垣に嘱託している。[29] 一九〇九（明治四二）年九月一二日、小久保が史談会の例会で加波山事件について回想した。小久保は加波山事件の関係者が国事犯でありながら強盗殺人犯で処罰されたことを強く批判した上で、加波山事件の関係者は「立憲政体の創設に捧げんとの誠意正心より出たのである」とし、日清・日露戦争に大勝した今こそ、国家が彼らの功績を表彰すべきであると主張したのである。こうした加波山事件の史料調査は『自由党史』編纂計画にも大きく影響した。『自由党史』の編纂は、政友会が脱稿した『自由党史』稿本一五巻を出版するつもりがなかったこと、板垣が憲政党残務委員から林有造を通じて『自由党史』稿本を貰い受けるのに時間がかかったことから大幅に遅れていた。しかし、和田三郎が稿本の修正・添削を行い、一九〇七（明治四〇）年一一月の時点で出版予定となっていた。それにもかかわらず、板垣は一九〇七年一一月に「更に旧自由党関係の人々に仍ほ遺事及ひ殉難死士の写真文書を徴するの必要ありとし去十二日衆議院議長官舎に杉田（定一――衆議院議長）、栗原（亮一）、改野（耕三）、山本（幸彦）、奥野（市次郎）等諸氏の出席を求め右に関する趣意を説明」している[31]。実際に、板垣らは明治四二年一二月頃まで写真や史料収集を実施しており、福島の自由民権家苅宿仲衛の遺族にも、「今回自由党史出版に付巻頭へ挿入の為御秘蔵の苅宿仲衛氏御写真乍御手数本端書着一週間以内に至急御送付被下度」と『自由党史』巻頭に掲載する写真を急送するよう求めている[32]。つまり、『自由党史』の刊行が遅れたのは、板垣が旧自由党関係者、特に激化事件関係者の史料収集を続けたこともその一因であったのである。

## 第三節　内藤魯一と「憲政創設功労者行賞ニ関スル建議案」の提出

一九〇八（明治四一）年三月二一日、東京芝青松寺で行われた加波山事件殉難志士第二三回忌追悼会が福島・喜多方事件殉難者五名を合祀する形で挙行された[33]。この追悼会では、「加波山事件に最も関係深き」人物として小久保喜七が事件の顛末について詳述し、内藤魯一が旧自由党略史について玉水嘉一の代役として演説した。その後、板垣退助が自由党解党と加波山事件の経緯について演説し、河野広中が閉会の辞を読み、記念撮影をして終了した。

この時の内藤、板垣の演説をまとめたのが『自由党歴史概要』である[34]。これによると、内藤は自由党の歴史を、初期＝明治維新から国会開設の勅諭まで、第二期＝一八八一（明治一四）年の自由党結成から憲法発布まで、第三期＝立憲政体国となって政党代議士の活躍しつつある現在までとしている。そして、内藤は自由党の歴史を述べた上で、日清・日露戦争の勝利を「上下一致の効」によるものであり、「国会開設の効」がなければ、「戦功を収めて其能く最強国の伍班に列することを得べけんや」と、国会開設＝立憲政体樹立を明治維新と並んで「二大事業の成功」と、高く評価した。一方、内藤は伊藤博文について、集会条例や保安条例などを制定し、「自由党の半世に在ては終生忘るべからざる不倶戴天の人」と厳しく批判し、憲法制定も伊藤だけの功績ではなく、「我が国論強大の刺激」によるものであるとした。また、内藤は有一館について、板垣により創設・命名され、「而して魯一の管理にかゝりし短（ママ）刀直入的の壮烈鬼神を泣かしむる底の刺客養成所」であると強調した。そして、板垣を高く評価した上で、加波山事件や福島・喜多方事件などの刑死・獄死者たちを追悼したのである。つまり、内藤演説の特徴は自由民権運動史を三期に分け、日本が日清・日露戦争を勝ち抜き、一等国となった理由を立憲政体樹立に求めて高く評価する歴史観であり、伊藤ら藩閥政府を激しく批判する点にあった。

一九〇九（明治四二）年二月二五日、「憲政創設功労者行賞ニ関スル建議案」が内藤魯一により衆議院に提出された[35]。建議案は「立憲政体創設ノ業ハ王政維新ノ業ニ待テ我カ国政体上ノ首尾ヲ成」すものであり、「千歳不磨ノ国是」であるとの考えから「政府ハ宜ク其ノ功労者ヲ取調ヘ以テ上聞ニ達スルノ道ヲ講スヘキナリ」と、するものであった[36]。内藤は加波山事件殉難志士第二十三回忌追悼会同様、第一期「国会開設願望ノ時代」、第二期「完備ナル憲法ノ制定ヲ期待シ、準備政党発生ノ時代」、第三期「国会開設、憲政実施ノ効果タル秋収ヲ獲ルノ時代」に分けて憲政史の大要を演説し、殉難志士の追弔を主張した。演説の第一の特徴は、憲政創設の功労者として板垣を始め、大隈重信、後藤象二郎を高く評価し、「之に相当」する待遇（昇爵）を迫る一方、命をかけて憲政第二期に活躍した河野広中、大井憲太郎、片岡健吉の功労を賞賛している点である。第二の特徴は憲政の第二期を重視し、激化事件の殉難者を追弔した点である。第三の特徴は、伊藤博文や井上馨、山縣有朋などの藩閥の元勲に対し、衆議院より「政治的大刑罰」を加えるべきであると主張した点である。このように、内藤の演説内容は加波山事件殉難志士第二三回忌追悼会の演説を多くの点で継承したものである。しかし、内藤が五ヶ条の御誓文を根拠に挙げて、「我国ニ於テハ特ニ当初ヨリ国民ノ大多数ヲ得ベキ一般的ナル普通選挙法デナケ(ママ)ラネバナラナイノデゴザイマス」と、普通選挙法の施行を訴えた点は重要な相違点といえる。

一方、内藤が藩閥政府の伊藤や山縣らを批判すると、議場では又新会、憲政本党が拍手喝采する有様であった。長谷場純孝議長（立憲政友会）は「言、問題外に出でざらんことを更に注意」するが、内藤は演説を続行し、「再び政友会側より問題外なりと叫び又新会側よりは遣るべし〳〵と叫」ぶ声が起きた。演説終了の際には、内藤は又新会、憲政本党の拍手を浴びて降壇している(37)。その後、建議案は憲政創設功労者行賞ニ関スル建議案委員会（委員長横井時雄）で「上聞ニ達ス」を削り、「之ヲ表彰ス」に修正され、三月二三日に衆議院本会議で可決・成立した(38)。これを受けて、一九〇九（明治四二）年一二月八日、賞勲局総裁から内閣総理大臣へ行賞実施の有無とその範囲について、政府の決定を踏まえた上で、審査する旨の意見具申が行われた。そして、一九一〇（明治四三）年一月一三日、内閣法制局長官から内閣総理大臣に、政府において功労ある者は遺漏なく表彰しているため、さらに憲政功労者を調査・行賞する必要はないと回答がなされ、閣議決定された(39)。このように、建議案は政府に認められなかったが、その反響は大きかった。

まず、政友会では、内藤が初代総裁の伊藤を批判し、議会を混乱させたことに対する反発の声が上がった。政友会では「政友会創設者たる伊藤公に対し会員たる内藤氏が此の如き悪声を放ちたるに対し何とか処分せざるべからずとの議論起りたる」が、当事者の伊藤が「内藤氏は憲政の創設に就き幾多の艱苦を嘗めたる功労者」であり、「多少の失言ありとも之を処分せんとするは穏かならず」と発言し、内藤の処分は沙汰止みとなった(40)。

一方、内藤には板垣や河野らだけでなく、加波山事件関係者の玉水嘉一や事件遺族から感謝状が殺到した(41)。その一人、小針鎮平は事件関係者で死刑となった小針重雄の父であった。小針は内藤に「我々死者関係遺族等ニ於テハ多年之思ひ一時ニシテ実ニ聊無残念御厚志之段重々感謝々々」と述べ、強い感謝の意を表している(42)。その上で、小針は建議案が議会で否決されたとしても、それは「一切残念無御座候」としており、議会で事件関係者の追弔が主張されたことが遺族にとって重要な意味を持っていたとみることができる。

ここで、内藤演説の反響について内藤の地元愛知県の新聞社説を確認しておきたい。政友会系の新聞『新愛知』は内藤の建議案提出が「実に機宜を得たりと謂ふ可し」と高く評価し、板垣、大隈の昇爵を主張する内藤演説は「実に我が国民の意志を代表したり」と内藤に感謝を示した(43)。しかし、その一方で、『新愛知』は内藤が伊藤批判を繰り広げたことに反発し、伊藤の功績を認める雅量があるべきと批判したのである。これに対して、非政友系の『名古屋新聞』は政界から一度は忘れられた内藤が演説によって新たな記憶を人々の胸に印象づけたと評価した(44)。その上で、『名古屋新聞』は内藤が伊藤を揶揄し、憲政の危機を叫んだ発言を政友会が阻む一方、清節の士である他党の人物が内藤を支持した点を挙げて、内藤演説が時弊に的中し、元老・伊藤批判は「国民大々部分の意志」であると支持した。最後に、『名古屋新聞』は「併せて老優内藤魯一氏が其復活の精力を失はしむる無く真乎憲政擁護の為めに余生を費さん事を冀ふ」と、内藤にエールを送っている。両紙の社説で重要な点は政友系の『新愛知』、非政友系の『名古屋新聞』が共に内藤演説は国民の意思を代表していると支持したことである。一方、『新愛知』は伊藤批判について反論しているが、『名古屋新聞』は逆に内藤を他党が応援したことを特筆しており、内藤演説が「反藩閥」であり、政友会に批判的な立場からなされたことを示しているといえる。

## 第四節　「憲政創設功労者行賞ニ関スル建議案」の政治的背景と国民議会

では、内藤はこの「憲政創設功労者行賞ニ関スル建議案」をなぜ提出したのであろうか。本節では、内藤の意図と政治的背景について考察する。一九〇九（明治四二）年一月九日、内藤は建議案の添削を山田という人物に依頼した書簡で、自らが自由党の歴史について板垣よりもよく記憶しており、「故ニ幸ニ此ノ時機ニ於て藩閥ノ醜類ニ一ト泡吹カセ置クも頗ル心地好キ奇劇」であるとする。(45)その上で、内藤は「出来得べくんは老生ノ演説か動機トナリて満場ノ賛同ヲ得て板垣伯等ノ生前ニ大公爵迄に昇爵セシメて我カ憲政ノ美ヲ世界ニ飾ル様ニ致して後世ノ人々をして永く敬意ヲ表さしむる様致さゞるべからすと存居候」と述べており、演説を通じて板垣を公爵に昇爵させようと考えていた。そして、内藤は桂太郎内閣の時期に建議案を提出したのは「他日現内閣ニ更ルへキ内閣」の時に昇爵を実現するための「種蒔演説」であったと述べている。その背景には、内藤がすでに前年の一九〇八（明治四一）年に建議案提出を考えており、「時日相迫リテ余日ナキト猶ホ取調ノ付カザル点モ有之候」ために、一九〇九年に建議案を提出したという経緯もあった。(46)

一方、内藤は建議案提出の際に、板垣や河野広中、大井憲太郎にも演説文の添削を依頼した。特に、内藤は河野の指摘を受け、演説文における藩閥批判の部分を「故ニ帝国議会ハ斯ル藩閥ノ醜類共ヲシテ天下国民ノ為ニ愧死セシメ得ベキ底ノ咎撃ヲ加ヒ（ママ）ザルヲ得ザルモノト存ジマス」と加筆した。そして、帝国議会がこうした政策を取らないのであれば、「是レ帝国議会ハ腐敗セシモノナリ、堕落セシモノナリ、責任ヲ無視セシモノナリト云ハザルベカラズ、更ニ又我々ハ何ノ面目アツテ上下ニ見エ且ツ憲政史中ノ殉難志士ニ答フル事ガ出来得マセウゾ」と加筆したのである。(47)では、内藤と河野、板垣や大井はどのような関係にあったのか。それを示すのが、一九〇九年二月一四日付河野宛内藤書簡である。(48)

一、板垣伯ハ板垣伯トシテ別ニ自由党ノ中堅トナリ或ル種ノ仕事ヲ為シ又ハ為サシメシ者ハ兄等ノ両三輩ニシテ他ハ殆ト穏和ナル附和雷同ノ党友ト云フモ可ナランカ。故ニ我ガ憲政史ヲ事実ニ作リ成シタル其両三輩ニアラサレハ我カ憲政史ヲ知ルノ理ナシ何トナレハ外面上ノ憲政史ト内面上ノ真　想（ママ）トハ自然異ナラサルヲ得ザル事ト存候。（中略）案スルニ御互ノ如キ者ニ在ラサレハ真正ノ憲政史ヲ知ルモノナク、又タ他ニ知ル者アリトスルモ今日トナテハ栗原ノ如キ杉田ノ如キ人々ニシテ而シテ此等ノ如キハ所謂筆ノ人ニ在ラザレバ口ノ人ニテ此ノ二人者ノ類ハ沢山ニアリトスルモ自由党ノ中堅者トテハ之レナキニ付彼レ等ハ由来憲政史ヲ（真正ノ）知悉スルノ人ニアラズト存候（中略）。

一、現下筆ノ人ト口ノ人ハ沢山世ニ中々有リ余ル様ナルモ、行ノ人ニ乏シ小生ハ行ノ人ヲ作リ度考ニ御座候。御互ノ相続人ハ行ノ人ニシテ口ノ人筆ノ人ニアラスト存居候故ニ、今一度若返りて国民議会ニ在テ終生国民ノ自覚ヲ企画スルノ考ニ御座候。現下ノ議会ニ於テ其人ニ乏シカラザル如キ見ユルモ、言行一致ノ人物少キハ慨嘆ノ至ニ御座候。

このように、内藤は自らと河野を「憲政史ヲ知ルモノ」と位置づけていた。そして、内藤は栗原亮一や杉田定一について「口ノ人」、「筆ノ人」とした上で、河野と自分こそが「行ノ人」、つまり、実行の人であるとの強烈な自負を示したのである。さらに、内藤は、現在の政界が「言行一致ノ人物」が乏しいことから、「行ノ人」を育てるために、「国民議会ニ在テ終生国民ノ自覚ヲ企画スルノ考」を示しており、この国民議会をめぐって両者は連携したのであった。

国民議会とは大井、河野らが前年の一九〇八（明治四一）年に計画した私設の国民議会のことである。一九〇八年八月二八日、大井は「私立国民議会一件」で河野の意見を聞くため、参上する旨を告げており[49]、九月二四日には大井らが国民議会の「協議案」を河野広中に送付し、一覧を求めた[50]。この経緯を含めた国民議会関係史料が「内藤魯一関係文書」に残されている[51]。この史料によると、「協議案」は九月二六日の国民議会第一回協議会で一部修正の上、「準備事務所内規定」として可決された。そして、国民議会は準備委員を設置し、準備委員長を河野に依頼すること、準備委員から専任された常務委員（一〇名）に大井、奥野市次郎ら八名（残り二名は後に補充予定）を選任することとした。また、庶務部、調査部を設置する一方、当初の「協議案」にはなかった議案調査局を設置し、河野、大井、奥野、奥宮健之らに調査委員を依頼することが決定された。この議案調査局では、調査中の議案として「議員選挙法改正」、「営利的事業ノ官営全廃」、「悪税廃止」が列挙された。さらに、会員は会則で一九〇九（明治四二）年二月上旬に予定された大会に府県同志者から府県選出貴衆両院議員の倍数の代議員を選挙することとなっていた。そして、国民議会第一回準備会も九月二六日に開催され、国民議会が「憲政扶植ノ為メニ最モ痛切ナル問題」を取り上げて、国民大多数の賛成を得た上で、政府、議会に「国民ノ輿望ヲ容レシメン」こと、「真誠ナル立憲内閣」の樹立を決議した。

一〇月八日、大井は内藤に対し、国民議会への加入と国民議会常務委員就任の要請を行ったが、内藤は関係者から国民議会設立に延期説が出ているとして、一度は断っている。それに対し、大井は国民議会について「名ハ国民議会ト称スレトモ其実質ハ短簡率直ナル仕組ニテ全国有志大会ニ過キ」ないこと、国民議会には「下層社会即チ労働者小作人ノ如キ」も代表者を出せることから、「代議員」も「有志惣代ニ過キサル」と、その組織の実態について説明している。[52]その上で、大井は「国民議会起ラハ社会一般ニ政治問題ヲ等閑視セス自然熱誠ヲ以テ討究スル風ヲ馴致」することが可能であり、国民議会の延期説は第二回準備委員会で否決される見込みであるとして、内藤の再考を求めた。

こうした波乱を含みつつも、国民議会は延期されることなく、一九〇八（明治四一）年一〇月二八、二九日に国民議会趣意発表政談演説会が開催された。[53]二八日には大井や奥宮健之、山口弾正、三澤綱蔵、田中弘之、山田喜之助に加えて、一度は国民議会への加入を断った内藤も「国民議会趣旨発表に就て選挙法改正の急務を論す」の演題で演説した。[54]内藤はまず、国民議会は「非政社組織にして何れの党派へも偏倚せず単に政界の革新を以て目的とする者でありまする」と述べ、政界革新こそ国民議会の目的であるとした。そして、内藤は現在の帝国議会が国民の多数を代表していないとした上で、「帝国臣民ニシテ公権ヲ有スル二十五歳以上ノ男子ニシテ一ヶ年以上公費ヲ負担シ猶ホ引続キ其負担ヲ継続スル者」に衆議院議員選挙権を有する形の普通選挙を主張したのである。さらに、内藤は「故に今日の急務は国民議会を組織して天下世論の府を築き以て国民自ら憲政有終の美を成さん事に任ずるの外はありません」

と述べ、国民議会の結成により、選挙法改正に必要な国民の覚醒を主張した。なお、内藤は「憲政掉尾の害毒を流さしめたる人」と伊藤博文ら長州閥を弾劾する一方、現在の代議士を「権勢家金力家の奴隷にして私利是れ事」としていると批判しており、代議士の改造についても主張した。

大井憲太郎も翌二九日の演説会で「藩閥者流」による非立憲行動を批判する一方、政党の堕落を糾弾し、「今日ハ憲政危期（ママ）ノ時代」であると強調した。[55]その上で、大井は「即チ五千万同胞ガ自覚自動ニ於テ救フノ外ハ無イ」として、国民議会の組織による選挙界の矯正＝普通選挙の実施を主張したのである。このように、内藤・大井の主張は国民議会による政界革新、選挙界の矯正であり、普通選挙実施を志向するものであったといえよう。

二八日夜の懇親会では板垣も登場し、明治維新は外面の改革にとどまり、国民自覚の改革でなかったために社会道義腐敗を招いたとし、国民の自覚・道義心に待ち、選挙改革・政党覚醒をすべきであると演説した。[56]この懇親会では正面演壇の右側に「我が憲政の創設に尽力せる志士の位牌を装り燭を点じ其の前に白髯長き板垣老伯の座を設け」ており、「来会者をして一種無限の感慨に打たれしめ」ている。板垣も志士の位牌に礼拝して演壇に進むなど、国民議会が憲政創設の志士を顕彰する場でもあったことがうかがえる。[57]

このように、内藤の「憲政創設功労者行賞ニ関スル建議案」提出の目的は藩閥を攻撃する一方、憲政創設の功労者板垣らを昇爵させ、憲政創設に尽力した志士を追弔することにあった。そして、その背景には自由民権運動を率いた「行ノ人」内藤の自負と、大井・河野らとの政界革新・普通選挙実施を目指す国民議会を通じた連携があったのである。

## 第五節　小久保喜七と「加波山事件殉難志士表彰ニ関スル建議案」の提出

一九一〇（明治四三）年二月二四日、加波山事件で死亡した関係者の表彰を求める「加波山事件殉難志士表彰ニ関スル建議案」が、小久保喜七、森久保作蔵、平島松尾により衆議院に提出された[58]。その内容は加波山事件関係者の内、現場・刑場・獄中で死亡した人物に「相当ノ表彰アラムコトヲ望ム」ものであった。小久保の提案理由は前述の史談会における談話を継承したものであり、自らの出身県（茨城県）であり、自身も「本事件に多少の関係」があったために建議案を提出したとする[59]。その上で、小久保は加波山事件が国事犯ではなく、強盗殺人の罪名で処断された不当性を厳しく批判した上で、事件について弁護した。

二月二五日、加波山事件殉難志士表彰ニ関スル建議案第一回委員会が開催され、委員九名（小久保喜七、内藤魯一、本出保太郎、望月圭介、大津淳一郎、平島松尾、高橋政右衛門、鈴木力、山口熊野）から委員長に小久保が推薦され、理事に山口が指名された[60]。小久保、内藤、平島、山口は旧自由党系であり、彼らは加波山事件関係者の顕彰を図っていた。第二回委員会（三月一日）では、内藤が殉難志士は「立憲政体ノ基礎ヲ為」したにもかかわらず、政府が「謀叛者」として表彰しなかったのではないかと質問した[61]。これに対して、政府委員一木喜徳郎内務次官は事件関係者に「衷情」を示しつつも、「其ノ手段方法ヲ誤レル為」表彰しなかったとし、「閑却」した方が国家発展のために適当との意見を示した。これに対して、各委員から反発が相次いでいる。第三回委員会（三月三日）では、平島が「福島事件」から「加波山事件」に至る民権運動弾圧の経緯を述べて、事件関係者が常事犯として裁かれた不法を批判し、彼らを顕彰すべきと強調した[62]。この意見に各委員も賛成し、委員会は満場一致で建議案を可決した。

三月六日、「加波山事件殉難志士表彰ニ関スル建議案」は衆議院本会議で可決された[63]。しかし、建議案に対する三月二八日付の内務大臣平田東助の請議は、加波山事件が時の大勢に通ぜず、方向を誤ったものであり、何ら表彰すべき理由はないと、建議の採用を拒否した。これを受けて、四月六日、内閣法制局長官が建議の否決を回答し、これが閣議決定されたのである[64]。

# おわりに

本章では、内藤魯一の「憲政創設功労者行賞ニ関スル建議案」の政治的背景を中心に検討し、小久保喜七の「加波山事件殉難志士表彰ニ関スル建議案」についても併せて検討した。その結果、日露戦後における旧自由党系の激化事件顕彰運動、とりわけ、加波山事件の顕彰運動がその背景にあったことを解明した。特に、内藤の建議案提出の背景には板垣を昇爵させ、加波山事件など激化事件の志士たちを追弔する意図があったことが明らかになった。また、内藤は旧自由党幹部として「行ノ人」の自負を持ち、政界革新・普通選挙を掲げる国民議会で河野広中・大井憲太郎と連携していたことを指摘した。

一方、小久保も日露戦後、加波山事件関係者として茨城県側を代表し、加波山事件関係者の顕彰を図っており、激化事件関係者の顕彰という点では内藤と共同歩調を取っていた。しかし、小久保は国民議会とは距離を置いており、内藤の死（一九一一年）後も自由民権運動・加波山事件の顕彰運動に関わっていくこととなる。

また、本章では、激化事件顕彰運動と『自由党史』との関係についても検討した。『自由党史』は明治三三年の編纂決定から一〇年の時を経て刊行されたが、その一因に日露戦後における激化事件関係者の史料収集とそれによる時間の経過があったことを指摘した。そして、その間に『自由党歴史概要』の出版や内藤魯一の「憲政創設功労者行賞ニ関スル建議案」での演説があり、それらのすりあわせの中で板垣、内藤、河野、大井の間で「憲政史」が確認されていった。つまり、激化事件顕彰運動の中で、現在の政界に対する批判が展開される一方、回顧の中で理想像として自由民権運動が語られてきたといえよう。

そして、激化事件関係者の遺族は事件関係者が国事犯ではなく、常事犯として処刑されたことへの不満と悲しみの中で内藤らを支持し、旧自由党系の歴史編纂に協力した。その一人が加波山事件の刑死者小針重雄の父小針鎮平であり、彼は一九〇七（明治四〇）年一月に「自由党史予約」として金五円を支払い、「板垣伯家内担任者へ注文」している[65]。このように、『自由党史』は自由民権運動、特に激化事件顕彰運動の中で最終的に成立したといえよう。

**注**

（1）日比野元彦「内藤魯一の殉難志士追悼演説」（『東海近代史研究』第三号、一九八一年）。
（2）寺崎修「有罪確定後の加波山事件関係者」（寺崎『自由民権運動の研究――急進的自由民権運動家の軌跡』慶應義塾大学法学研究会、二〇〇八年所収、以下前掲寺崎論文と略す）。
（3）高島千代「秩父事件顕彰運動と地域」（『歴史学研究』第七四二号、二〇〇〇年）。
（4）河西英通「高田事件――その記憶のされ方」（『上越教育大学研究紀要』第二四巻第一号、二〇〇四年）。
（5）田﨑公司「自由党と明治一七年激化状況――田母野秀顕の獄死と顕彰活動」（安在邦夫・田﨑公司編『自由民権の再発見』日本経済評論社、二〇〇六年所収）。
（6）大内雅人「明治一七年　加波山事件再考――事件後の顕彰活動と河野広體の動向について」（前掲安在・田﨑編『自由民権の再発見』〔注5〕所収）。
（7）真辺将之「老年期の板垣退助と大隈重信」（『日本歴史』第七七六号、二〇一三年）。
（8）板垣退助監修、宇田友猪、和田三郎編纂『自由党史』（五車楼、明治四三年）下巻、二三八頁。
（9）同右、口絵。
（10）寺崎修「明治十七年・加波山事件の附帯犯について」（手塚豊編著『近代日本史の新研究』Ⅷ、北樹出版、一九九〇年）六二～六五頁。
（11）長谷川昇「明治十七年の自由党――内藤魯一日誌を中心として」（一）（二）（『歴史評論』第六一、六二号、一九五四～五五年）。
（12）三浦進『明治の革命――自由民権運動』（同時代社、二〇一二年）第四章。
（13）明治（一七）年七月三一日付小針重雄宛内藤魯一書簡（国立国会図書館憲政資料室所蔵「加波山事件関係資料」三八）。日付は三一日となっているが、「雑誌」の記述と同じく、宛所が「福島県西白河郡矢吹村長尾半次郎方」となっており、これが長谷川氏の論じた七月三〇日に出されたとする書簡と考えられる。
（14）野島幾太郎著、林基、遠藤鎮雄編『加波山事件』（平凡社、一九六六年）二〇五～二〇七頁、二二三頁。なお、三浦氏は小久保

を東京蜂起計画の「本隊」の一員としている（三浦進・塚田昌宏『加波山事件研究』同時代社、一九八四年）第五章。
(15) 小久保喜七「加波山事件（三）」（『日本弁護士協会録事』第二五三号、大正九年）五六〜五七頁。
(16) 大江志乃夫「自由民権家の死刑場——赤井景韶・三浦文治・小針重雄・琴田岩松」（『歴史学研究』第五三二号、一九八四年）、前掲大内論文〔注6〕一二七頁。
(17) 前掲大内論文〔注6〕一二七〜一三一頁。
(18) 前掲寺崎論文〔注2〕一四四〜一四七頁。『自由党報』第三三号党報「准国事犯者の出獄」。
(19) 前掲寺崎論文〔注2〕一四七〜一五〇頁。『自由党報』第七三号党報「加波山事件出獄諸氏の一行」。
(20) 『新愛知』明治三二年一〇月六日付雑報「加波山殉難志士建碑式」。
(21) 『土陽新聞』明治三八年二月二四日付雑報「旧友懇親会」。第一回旧友会は明治四〇年一二月二四日に東京美術倶楽部で開催された。板垣はその席上で『自由党史』が出版の運びになったことや、愛国社設立、国会願望、三大事件の建白、加波山事件、名古屋事件、大阪事件とそれに関係した人々の紀念碑を設立したいとの希望を述べている（『東京朝日新聞』明治四〇年一二月二六日号雑報「旧自由党旧友会」）。
(22) 『土陽新聞』明治三八年一二月二〇日付雑報「憲政功労者追悼」。
(23) 『土陽新聞』明治三九年三月二三日付雑報「板垣伯の寿筵」および三月二五日号雑報「板垣伯寿筵の記」（和田三郎筆）。なお、寿像建設とは別に、明治四一年一〇月、板垣の高齢と国家への尽力を慰藉する無形会も設立された（『土陽新聞』明治四一年一〇月二一日付社説「無形会の挙」）。
(24) 『土陽新聞』明治四〇年三月一四日付雑報「板伯寿像建設の檄」。
(25) 『土陽新聞』明治四二年四月二日付雑報「板伯銅像建設」。
(26) 『土陽新聞』明治四二年八月一九日付雑報「板垣伯養老金」。
(27) 『土陽新聞』大正二年四月二〇日付東京電報「板伯銅像除幕式」。
(28) 前掲寺崎論文〔注2〕一五四〜一五五頁、史談会編纂『戦亡殉難　志士人名録』（明治四〇年）三四九頁。
(29) 『土陽新聞』明治四〇年一一月一四日付雑報「加波山事件志士の旌表」。
(30) 『史談速記録』二〇二輯、二七〜三八頁。
(31) 『土陽新聞』明治四〇年一一月一九日付雑報「自由党史編纂」。
(32) 明治四二年一二月付（日付欠）苅宿仲衛様御遺族宛板垣退助書簡（苅宿俊風『自由民権家乃記録——祖父苅宿仲衛と同志にさゝ

ぐ』（大盛堂印刷出版部、一九七六年）二二〇〜二二一頁。

（33）『土陽新聞』明治四一年三月二五日付雑報「加波山殉難者追弔会（ママ）」。追悼会の発起人は旧自由党系の板垣退助、河野広中、大井憲太郎、松田正久、内藤魯一、栗原亮一、平島松尾、小久保喜七、玉水嘉一、鯉沼九八郎ら四三人であった（明治四一年三月付〔日付欠〕小針鎮平宛加波山事件殉難志士追悼会発起人書簡（前掲「加波山事件関係資料」〔注13〕八〇）。なお、一〇月二六日には下館町妙西寺でも加波山事件追悼会が開催され、板垣、内藤、大井、小久保らが参加し、板垣が追悼演説を行っている（『東京朝日新聞』明治四一年一〇月二八日付雑報「加波山追悼会（下館）」）。

（34）『自由党歴史概要』（知立市歴史民俗資料館寄託「内藤魯一関係文書」四-一-一-二〇）。内藤演説について、長谷川昇氏は「『語るに落ちた』自己弁護と美化としか受取れぬ板垣と内藤の『自由党歴史概要』の追憶」と批判しているが、内藤演説の歴史観と、その政治的背景についてはふれていない（前掲長谷川論文（一）〔注11〕三頁、長谷川昇「自由党歴史概要」『歴史評論』第八八号、一九五七年）。

（35）建議案の賛成者は河野広中（又新会・福島県選出）、山口熊野（又新会・和歌山県選出）、平島松尾（憲政本党・福島県選出）、杉田定一（立憲政友会・福井県選出）、栗原亮一（立憲政友会・三重県選出）、小久保喜七（立憲政友会、茨城県選出）ら五一名であった（前掲「内藤魯一関係文書」〔注34〕六-一-一-五、「憲政創始功労者行賞ニ関スル建議案提出書」）。

（36）『帝国議会　衆議院議事速記録』二三（東京大学出版会、一九八〇年）二二七〜二三一頁。

（37）『新愛知』明治四二年二月二六日付雑報「衆議院議事」。

（38）前掲『帝国議会　衆議院議事速記録』二三〔注36〕五五〇〜五五一頁。

（39）国立公文書館所蔵「衆議院建議憲政創設功労者表彰ニ関スル件」纂01169100。

（40）『新愛知』明治四二年三月四日付雑報「内藤氏処分問題の沙汰止」。

（41）知立市歴史民俗資料館編『内藤魯一自由民権運動資料集』（知立市教育委員会、二〇〇〇年）三五七〜三九三頁。

（42）明治（四二）年二月二七日付内藤魯一宛小針鎮平書簡（前掲「内藤魯一関係文書」〔注34〕六-一-一-二八）。

（43）『新愛知』明治四二年三月二日付社説「憲政創設の功労者」。

（44）『名古屋新聞』明治四二年三月一日付社説「記憶されたる老優」。

（45）明治（四二）年一月九日付山田先生宛内藤魯一書簡（前掲「内藤魯一関係文書」〔注34〕六-一-一-二）。なお、山田先生という人物については、現時点では特定できていない。

（46）明治（四二）年二月一四日付河野広中宛内藤魯一書簡（国立国会図書館憲政資料室所蔵「河野広中関係文書」九六一-七）。

(47)　明治（四二）年二月二一日付河野広中宛内藤魯一書簡（同前「河野広中関係文書」九六一-二）。内藤は河野に二月一四日と、一七日の二度にわたって演説文の加筆、修正を依頼している（〔注46〕および明治（四二）年二月一七日付河野広中宛内藤魯一書簡〔同前「河野広中関係文書」九六一-四〕）。
(48)　〔注46〕に同じ。
(49)　明治（四一）年八月二八日付河野広中宛大井憲太郎書簡（前掲「河野広中関係文書」〔注46〕一二六-一）。
(50)　明治（四一）年九月二四日付河野広中宛大井憲太郎書簡（前掲「河野広中関係文書」〔注46〕一二六-三）。
(51)　前掲「内藤魯一関係文書」〔注34〕六-四-三「国民議会趣意書」。
(52)　明治（四一）年一〇月九日付内藤魯一宛大井憲太郎書簡（前掲「内藤魯一関係文書」〔注34〕六-三-一）。
(53)　『土陽新聞』明治四一年一〇月三〇日付雑報「国民議会演説会」、『東京日日新聞』明治四一年一〇月二九日付雑報「国民議会演説会」。
(54)　内藤魯一「国民議会趣旨発表に就て選挙法改正の急務を論す」（明治四二年一月一日付、前掲「内藤魯一関係文書」〔注34〕六-四-六）。
(55)　大井憲太郎「国民議会設立の趣旨」（国立国会図書館憲政資料室所蔵「憲政資料室収集文書」一二〇〇-四）、『土陽新聞』明治四一年一〇月三一日付雑報「国民議会第二日目」。
(56)　『土陽新聞』明治四一年一〇月三〇日付雑報「板垣伯の演説」）。
(57)　前掲『東京日日新聞』明治四一年一〇月二九日付雑報「国民議会演説会」〔注53〕。
(58)　『帝国議会　衆議院議事速記録』二四（東京大学出版会、一九八一年）二三五～二三七頁。建議案上程の直前には、下館町長多内達三郎他三〇名が内藤魯一、小久保喜七、平島松尾らの紹介を得て加波山事件殉難者を表彰する請願書を衆議院に提出していた（『東京朝日新聞』明治四三年二月一四日付雑報「加波山事件表彰請願」）。
(59)　小久保喜七「加波山事件殉難志士表彰建議案提出理由」（『雄弁』第五号、明治四三年六月）。
(60)　『帝国議会　衆議院委員会議録』六一（東京大学出版会、一九八九年）一八七頁。
(61)　同前書、一八九頁。
(62)　同前書、一九一～一九五頁。
(63)　前掲『帝国議会　衆議院議事速記録』二四〔注58〕二九二頁。
(64)　国立公文書館所蔵「加波山事件殉難志士表彰ニ関スル建議ノ件」纂01169100。

（65）　明治四〇年一月二二日付小針鎮平宛近藤徳次書簡（前掲「加波山事件関係資料」〔注13〕一五九）。

# 第九章　秩父事件顕彰運動

篠田健一

## はじめに

秩父の人々が初めて「暴徒」という言葉に接したのは、一八八四年一一月六日、村々に掲示された埼玉県令の告諭であった。

「今般蜂起の暴徒等……殆ど鎮定に至れり。……此際速やかに自首する者ハ、夫々恩典を以て其罪を減免せらるべきに付、篤く其意を體し、心得違無之様致すべし[1]」

「暴徒」とは多くの者が集まって騒ぎを起こし、社会の秩序を乱す、不穏な行動をした者という意味である。告諭は、悪い奴らなのだが自首すれば罪を軽くすると、官の慈悲を強調した。

警察の拷問による取り調べをへて、裁判では「首魁及び教唆者」と「殺死」「焼燬」した者に対しては厳罰に処し、一般参加者を「付和随行」者として罰金・科料とした。死刑一二名（執行八）、懲役刑一四〇余名、罰金・科料約三七〇〇名。これによって、多くの参加者が少数の指導者に扇動された「暴動」であるとされた。

この「暴動・暴徒」観を民衆の中に広める役割を果たしたのが、「秩父ぼうとたいさんくどき」や「時勢阿保太郎経」だった。前者は、暴徒が金貸会社や役場に乱入して書類を焼き、諸方に乱入して奪う金銭限りも知れずとうたう。後者もまた裁判所や警察署を壊して郡役所を乗っ取り、戸長役場に人足催促して、出さねば首をはねるの放火するのと脅迫し、「無法で勝手な奴ら」と印象づけ、「大長は金銀くすねて身上こしらえ何処かへ出奔」してしまったと。だから「お先もっこにゃ乗りたくないもの」と説教した。このようにして「暴動・暴徒」史観が浸透していった。

本章では「暴動・暴徒」がどのようにして「事件」として評価されるようになったのか。秩父事件の顕彰のあゆみをたどってみる。

## 第一節　戦前の秩父事件顕彰と研究

### 1　落合寅市の顕彰活動と井上伝蔵の死

「加藤織平之墓」の建立

戦前、秩父事件の復権と顕彰に取り組んだのは秩父郡下吉田村の落合寅市だった。寅市は重懲役一〇年の刑に処せられたが、一八八九年二月、大日本帝国憲法発布の大赦で出獄し帰郷する。親しかった高岸善吉と坂本宗作、「親分」と仰いだ加藤織平は死刑となり、事件が「暴動・暴徒」とされていることに憤慨する。国家のあり方を問題にした事件が何で「暴動・暴徒」なのかと。

やがて寅市は事件参加者の家々を訪ねて寄付を募り、死刑となった副総理「加藤織平之墓」を明治末年に建立する。「暴徒」に対して立憲志士を対置して、墓の台石に「志士」と刻んだ。

「秩父殉難志士慰安碑」建立活動

寅市は一九一二年頃キリスト教の救世軍に加わり、一七年頃から「秩父殉難志士慰安碑」建立活動を開始する。寅市が同志に送った「秩父殉難志士慰安碑趣意書」(2)に、「何ぞ志国事に殉ずるを暴動と名づくる者ぞ、圧制の政治を回復し自由の大儀を敷かんとするを暴動と称する者ぞ」と「暴動」呼ばわりに抗議し、高利貸によって悲惨な生活を余儀なくされた人々を見るに忍びず、「生命財産を抛ち兵を挙げて自由壮大の思想憲政を実現せん」としたのが秩父事件なのであり、その犠牲となった戦死者、死刑者、獄死者の同志の殉難碑を建てて慰霊したい、と述べている。

寅市の生存中には碑の建立は実現しなかったが、四男落合九二緒氏がその意志を継いで寄付を募り、一九六四年秋、秩父市羊山公園に「秩父事件追念碑」を建立した。

井上伝蔵の死

秩父困民党の会計長を務めた井上伝蔵は事件後、下吉田村の斉藤家に匿われた。潜伏中に欠席裁判で死刑を宣告されたが、一八八七年秋、北海道に渡った。石狩に住み着き伊藤房次郎と名のり代書屋で働く。石狩で高浜ミキと再婚し三男三女をもうけた。俳句結社尚古社の一員となり多くの句を残した。一九一一年に石狩を去り札幌に移るが、翌年、野付牛に移住した。

一九一八年春、伝蔵は腎臓病が悪化して札幌の病院に入院。伝蔵は長男の洋(ひろうみ)を呼び寄せ、妻と長男に自分の来歴を語った。二人は初めて伊藤房次郎の本名が秩父事件の井上伝蔵であると知る。退院後一〇日目、伝蔵は危篤状態となり六月二三日朝死去。洋は秩父郡下吉田村の丸井商店に電報を打ち、伝蔵の弟莱作とその次男義久が野付牛に向かった。野付牛の聖徳寺の過去帳には、こう記された。

「大正七年六月廿三日　彰神院釈重誓　一条通り高浜道具店　井上伝蔵　六十五才　長男洋ノ実父ナリ　遵護

取置　此人埼玉県秩父ノ人　明治十七年秩父事件ノ国事犯人　逃亡北海道ニ入リ高浜氏ニ入リ　后死期ニ至ツテ妻及子洋ニ実ヲツグ　実弟雷蔵（莱作）及其二男来リ会葬　明治初年秩父事件ノ巨魁ノ一人ナリ」（傍点と括弧内は引用者、以下同じ）。

伝蔵は札幌の病院で秩父事件は暴動ではない、国事犯でなかったのが残念だ、と洋に語っていた。洋が住職にこれを伝えたから、過去帳にこのように記されたのである。

莱作親子は分骨をもって帰郷し、洋が同行した。下吉田村の丸井商店で開かれた秩父での葬儀には落合寅市が弔辞を述べて、参列者の涙を誘ったという。

伝蔵の死後、『釧路新聞』が一九一八年七月四日から二四回にわたり「秩父颪」を連載した。『東京朝日新聞』は七月八日「秘密の三十五年　秩父事件ノ首魁　井上傳蔵死に臨んで妻子に舊事を物語る」の見出しで報じた。また、『東京毎夕新聞』が七月一〇日から一六日まで、社員の井上宅治（井上伝蔵の甥）を取材する形で伝蔵の来歴を報道した。

## 2　画期的な二つの論文

一九二八年一〇月号の雑誌『改造』に堺利彦の「秩父騒動」が掲載された。堺は前年秩父を訪れ、秩父事件の総理田代栄助の長男啓助宅を訪問した。啓助が保存していた栄助の裁判記録などを借り受け、これらをもとに「秩父騒動」を書いたのである。

堺論文について、井出孫六氏は「それにしても、田代裁判記録と当時の『二、三の新聞』によって、このように正確な秩父事件の骨格をとらえた(3)」と高い評価を与えている。

もう一つの論文は、一九三三年一二月号の『歴史科学』に掲載された、平野義太郎の「秩父暴動――その資料と検討」である。井出氏は平野論文を「堺利彦のこの画期的な論稿を受けて、これを社会科学的に歴史学の対象として位置づけた画期的論文」だとし、「戦前の秩父事件研究の最高峰に登りつめた姿がうかがえる。そして、戦前の秩父事件研究は、この平野論文をもって凍結されて戦後に引き継がれると考えてよいだろう[4]」と結んでいる。

### 3 「秩父暴徒戦死者之墓」の建立

長野県東馬流の戦闘で犠牲となり、引き取り手のなかった九体の遺体を葬った場所に一九三三年秋、「秩父暴徒戦死者之墓」が参謀長で信州進出時には総理となった菊池貫平の孫たちによって建立された。この年は事件五〇回忌にあたる。墓碑の揮毫者は菊池隊の本陣となった井出家の当主井出直太郎である。墓とはあるが記念碑でもある。満州事変二年後という時代であり「暴徒」と刻まざるを得なかった。

菊池貫平は晩年、東馬流の人々に意外の損傷を被らせて慚愧肝に銘じと、白昼この地を通らなかったという。

墓の脇には、墓建立の経緯の案内板が小海町教育委員会・文化財調査委員会によって建てられている。その表示には「暴徒」ではなく、「秩父事件戦死者の墓」が使われている。

## 第二節 記念集会の開始と秩父事件通史の出版

### 1 記念集会の始まり

秩父事件を記念する最初の集会は、一九五四年一一月の秩父市でもたれた「秩父騒動七〇周年記念集会」である。秩父市の中澤市朗氏らが中心となって開催したもので、「秩父暴動――その資料と検討」を執筆した平野義太郎氏が「自由民権運動と秩父事件」を、歴史小説「秩父困民党」を執筆中の西野辰吉氏が「秩父騒動と農民」を、それぞれ講演した。

中澤氏は後年、一九五二年夏に秩父郡吉田町石間の加藤織平の家を訪れたことをふりかえり、庭で大豆をたたいていた老婆に尋ねた時のことをこう記している。

「『秩父騒動のことで、話をうかがいたいのですが――』

私はそういったが、その老婆は振り返りもせず、一言も口をきかぬまま、豆をたたきつづけていた。手ぬぐいをかぶり、腰を曲げたまま、全く無表情で、たんたんとして農作業をつづけていたその人の姿を、私は今でも忘れることはできない。私はその時、この老婆の沈黙の姿勢の中に、吹き荒れた『秩父暴動』史観の中で、かたくななまでに口を閉ざし、『秩父暴動』への追憶を拒否しつづけてきた、遺族のきびしい人生をみたように思った。

その老婆とは、多分加藤織平の嫁にあたる人であったろう。

『語らない遺族の口を開けてゆく、それが俺の歴史研究の目的の一つなのだ――』

そのときふと、そんなふうに思った。私たちが秩父事件七〇周年の集会を秩父市で開いたのは、その翌々年の秋であった」(5)

ここに集会を開いた目的が明確に示されている。

一九六四年一一月には秩父市で東京芸術座が「野火」を上演した。主催は「秩父事件八〇周年記念実行委員会」である。集会名も一〇年前の「秩父騒動」から「秩父事件」に変わった。五年後には「秩父事件八五周年集会」が秩父市で開催され、松本新八郎氏が「自由民権運動について」、中澤市朗氏が「秩父困民党の人々」を講演した。同年一〇月に東京演劇アンサンブルが「秩父困民党」を東京で上演し、筆者も観劇した。

### 2　秩父事件通史と歴史小説の出版

一九五〇年、江袋文男『秩父騒動』[6]が出版された。戦後初めての秩父事件通史である。江袋氏は騒動の原因として、農民の経済的窮乏、高利貸の農民搾取、自由民権運動の三つをあげた。そして、秩父騒動は「日本における民主主義発達史の上に輝かしい光彩を放つものというべきである」とされた。

五六年、西野辰吉『秩父困民党』[7]が出版された。これは先述したように歴史小説だが、多くの人々に秩父事件を知らせる役割を果たした。

六八年五月、井上幸治『秩父事件――自由民権期の農民蜂起』[8]が出版された。本書は秩父事件の全体像を解明して、秩父事件のバイブルともいわれた。本書を読んで秩父事件の研究や顕彰に関わるようになった人たちは数知れない。筆者もその一人である。

著者は「まえがき」で「秩父事件が自由民権運動の最後にして最高の形態」だといい、本書の結びは「秩父事件の記憶は、日本の歴史のなかで、民主主義の理想が生きているあいだは、ある積極的な発言をしつづけるだろう」である。井上氏は秩父事件を自由民権運動のなかに位置づけた。

## 第三節　一九七〇年代の記念集会の発展と事件関係書籍の出版

### 1　記念集会の発展

遺族が多数参加した八八周年集会

一九七二年一〇月に開催した秩父事件八八周年記念集会は事件顕彰の歴史にとって特筆される。埼玉県歴史教育者協議会（埼玉県歴教協）、秩父歴史教育者協議会（秩父歴教協）、秩父教育の会が主催したこの集会は、事件蜂起の地吉田町で開かれ、遺族二三名と地元をはじめ関東近県から五〇〇余名が参加した。畑和県知事のメッセージ、中澤市朗・小池喜孝両氏の「追念のことば」、若狭蔵之助氏の講演「秩父事件が語るもの」、小鹿野中学校卒業生有志による創作劇「野火」の上演と多彩で、地元町議新井健二郎氏が「百年祭をめざして」記念碑建立をよびかけた。

この集会が実現した背景には、①北海道歴教協の小池喜孝氏が歴教協北海道大会で井上伝蔵の掘りおこしを報告したこと、②これを聞いて衝撃を受けた埼玉県歴教協は秩父事件の記念碑建立をめざし事件のフィールドワークを開始したこと、その事前学習で井上幸治氏や若狭蔵之助氏、中澤市朗氏などから指導・助言を受けたこと、③フィールドワークの過程で秩父歴教協が結成されたこと、こうした経緯があった。

誕生したばかりの秩父歴教協は遺族調査を行い、集会参加をよびかけて遺族が集会に参加したのである。加藤織平の孫衛一氏には何回も参加を促したが、出席するとはいわなかった。しかし、集会当日受付に現れ、「副総理」だといったという。田代栄助の孫小泉伝四郎氏は「八八年ぶりに陽の目をみた」といった。

この集会に参加した大野喜十郎の孫茂富氏は集会後お礼の手紙のなかで、「祖父は東馬流の戦闘で戦死し、親戚の者が遺体の確認に行ったが、累が及ぶことを恐れて遺体を引き取らなかった。父から東馬流に墓参に行けといわれていたが、まだ実現していない」と。翌年夏、秩父歴教協の信州フィールドワークに大野茂富氏を誘い、墓参が実現した。茂富氏は東馬流の「秩父暴徒戦死者之墓」に焼香し、そこの土を持ち帰った。

ところで、この集会に参加した高校生の感想「秩父の人間でありながら、秩父事件の本質を知らなかった。なぜ知らされなかったのか、怒りを感じます」は、秩父事件の授業実践の課題を歴史教育者に突きつけた。以後、埼玉県歴教協は秩父事件の小中高の授業実践に、秩父歴教協は「スライド秩父事件」の制作に取り組んでいった。

**全国的な集会となった九〇周年集会**

一九七四年一一月、秩父市の織物厚生会館で開催した九〇周年集会は、北は北海道から南は九州まで九〇〇名の参加による全国的な集会となった。中澤市朗氏の基調報告「秩父事件顕彰運動の系譜と九〇年祭」、平野義太郎氏の講演「自由民権運動と秩父事件」、それに「秩父事件九〇周年北海道集会」に参加した新井健二郎氏の「北海道集会報告」が行われた。集会会場隣の秩父市中央公民館で「史料・写真展」を開催した。

集会翌日から一泊二日の「秩父事件史跡探訪――秩父・上州・信州」に一〇〇名が参加し、これにTBS「歴史はここに始まる」の撮影隊が加わった。主催したのは集会実行委員会と現代史出版会である。また、岡野和興氏の「秩父事件連作画展」を秩父市の矢尾百貨店で開催。これらの行事への参加者は二千人を超えた。

**秩父事件顕彰運動実行委員会と遺族会の結成**

九〇周年集会の一連の事業を主催したのは「秩父事件九〇周年集会実行委員会」である。そのメンバーは秩父歴教協、秩父文化の会、埼玉県歴教協、埼玉民衆史研究会、埼教組秩父支部、埼高教秩父支部、自治労埼玉県職秩父分会、中澤市朗、新井健二郎である。集会実行委員会はそのまま「秩父事件顕彰運動実行委員会」へと改称して、以後毎年集会を開催していく。会は会誌『秩父事件研究顕彰』を一九七六年から発行する。

「秩父事件史跡探訪の旅」に参加した遺族たちは山中谷の宿舎で遺族会結成を誓い合い、翌年「秩父事件遺族会」を立ち上げて、会誌『秩父事件』を発行していく。遺族会は発足とともに「秩父事件顕彰運動実行委員会」に加入。中澤市朗氏が「語らない遺族の口を開けていく」と決意してから二三年後、ついに遺族会が結成されたのである。

**上州と信州での集会**

九一周年から九九周年まで毎年集会を開いてきたが、そのなかの二つに触れておく。一九七八年の「九四周年上州フィールドワークと困民党の夕べ」と、一九八〇年の「秩父事件九六周年佐久集会」である。

九〇周年集会に参加した上州出身の記録映画作家藤林伸治氏は、上州側の掘りおこしが進んでいないことを知り、事件参加者と資料の掘りおこしを精力的に進めていった。この成果を学ぶためにフィールドワークと群馬県藤岡市日野で集会を開催したのである。集会では、藤林伸治氏が「秩父事件と日野谷」を講演し、遺族との交流会を行った。

後者は八千穂夏季大学、信州民権百年実行委員会との共催で開催した。秩父から中型バスで山中谷を抜け、十石峠を越えて長野県八千穂村自然休養村センターでの集会に参加した。中澤市朗氏の「秩父事件と信州」、井出正義氏の「佐久からみた秩父事件」の講演と、井上伝蔵の孫で俳優井上和行氏の語り「いきばて」、遺族紹介を行った。集会会場の別室で「史料展」が開催された。

翌日、東馬流の「秩父暴徒戦死者之墓」での墓前祭と東馬流公民館で集会を開催。墓前祭では主催者を代表して有賀義人信州民権百年実行委員長が追悼の言葉を述べ、参加者の献花と焼香が行われた。集会では、色川大吉氏〈東京経済大学教授〉が「民権運動における秩父事件」、菊池貫平の孫菊池麟平氏が「秩父暴徒戦死者之墓について」を講話した。麟平氏によると、墓の建立に一八〇円かかったという。

この二つの集会によって秩父事件の舞台となった武州・上州・信州が結びあった。

この間、一九七〇年代から秩父事件が小中学校の歴史教科書に記述されるようになった。七七年小学校の六年社会科教科書の本文に一社が秩父事件を記述した。その執筆者は八八周年集会で講演した若狭蔵之助氏である。七九年には「秩父事件を歩く会」が結成され、秩父事件の現地を歩いて調査研究を進めた。

## 2　各種の事件関係書籍の出版

一九七〇年代から秩父事件百年の前年までに秩父事件関係書籍の出版が相次いだ。主なものをあげてみる。

七一年に小野文雄・江袋文男編『秩父事件史料』[9]全六巻の発刊開始、七三年に井出孫六『秩父困民党群像』[10]、七四

年に中澤市朗『埼玉民衆の歴史』[11]、同『自由民権の民衆像――秩父困民党の農民たち』[12]、小池喜孝『秩父颪――秩父事件と井上伝蔵』[13]、七五年に井出孫六編著『自由自治元年――秩父事件資料・論文と解説』[14]、七七年に中澤市朗編『秩父困民党に生きた人びと』[15]、大村進・小林弌郎・小池信一共編『田中千弥日記』[16]、七八年に戸井昌造『秩父事件を歩く』[17]三部作の出版開始、七九年に新井佐次郎『秩父事件――震源地からの証言』[18]、八一年に新井佐次郎『秩父困民党会計長井上伝蔵』[19]、八二年に浅見好夫『幻の革命――秩父事件顛末記』[20]、吉田町教育委員会編『吉田町史』[21]、八三年に千島寿『困民党蜂起――秩父農民戦争と田代栄助論』[22]。

## 第四節　自由民権運動全国集会と秩父事件百年

### 1　自由民権百年全国集会

#### 横浜集会

一九八一年一一月、二日間にわたって自由民権百年全国集会が神奈川県横浜市で開かれ、全国から三八〇〇人が参加した。集会は『自由民権と現代』を基本テーマとし、日本の民主主義運動の出発点である自由民権運動の歴史の検討をとおして、現代の民主主義と人権と平和の問題を考えようとした。集会の内容は同実行委員会編『自由民権百年の記録』[23]に収録されているので省略するが、なぜこのような集会がもたれるようになったのか。実行委員長の遠山茂樹氏は次のように述べている。

「自由民権一〇〇年を記念しようとの声が各地からあがる直接のきっかけとなったのは、一九七四年の秩父事件九〇周年集会を機に、各地の自由民権研究サークルの連絡がとられはじめたことでした。これ以降、こうした運動は日を見はる勢いで広まりました[24]」。

このように各地の活動が合流して、自由民権百年全国集会実行委員会が結成されたのである。実行委員会には、北海道から沖縄まで六二団体が参加して、二年間にわたる準備を重ねて集会開催となった。秩父からも遺族や秩父事件顕彰運動実行委員会のメンバーなどが大型バスを仕立てて参加した。

**東京集会**

横浜集会の三年後の一九八四年一一月、三日間にわたり自由民権百年第二回全国集会が早稲田大学で開かれ、二六〇〇人が参加した。集会の目標を遠山委員長は二つあげた。一つは、全国各地で展開された自由民権百年の顕彰と学習を総括し、今後の展望を探ること。もう一つは、近年の地域史研究の発展をふまえて、自由民権運動の歴史的意義を検討しなおすことである。

集会は二つの全体会と一一の分科会が設定された。秩父事件に直接関わる分科会としては、第二分科会「遺族の百年をともに語る」、第三分科会「新しい歴史運動は何をなげかけているか」、第五分科会「激化事件とは何だったのかⅠ 秩父事件を考える」である。第五分科会では井上幸治氏「秩父事件研究の今後の課題[25]」、岩根承成氏「負債農民騒擾から群馬・秩父事件へ[26]」、佐藤政憲氏「秩父事件の基礎的研究をとおして[27]」、稲田雅洋氏「困民党論[28]」が報告された。

井上氏は報告のなかで、自由党と困民党の関係を真剣に考えないと、なぜ激しい反権力蜂起をしたのか説明できない、自由党の「専制政府打倒は当初からのリーダーのなかで高利、村税、国税に対する具体的問題と結合し、あい補完しあっていたのではあるまいか」と述べた。これに対し稲田氏は、「秩父事件が他の農民騒擾とちがうのは、自由党員が事件の指導層のなかにいたことと、事件が国家に対する武装蜂起だったことの二点」であるが、要求や駆り出しなど「他の農民騒擾とその本質においてはほとんど同じものが流れて」おり、基本的には伝統的な民衆思想にもとづく運動であったと述べた。討論のまとめによると、自由党と困民党の関係については議論が深まらなかったという。その後、稲田氏は『日本近代社会成立期の民衆運動』(29)を出版して、秩父事件は自由民権運動とは別の民衆運動であるとしている。

### 高知集会

一九八七年一一月、三日間にわたり自由民権百年第三回全国集会が高知市で開催された。秩父事件研究顕彰協議会からも集会に参加するとともに、落合寅市が滞在した土佐山村のフィールドワークを行った。集会内容は、土佐自由民権研究会編『自由は土佐の山間より』(30)に収録されている。

## 2　秩父事件百年

### 青年像・記念碑除幕式と吉田町集会

一九八四年一一月三日、吉田町の椋神社に約七〇〇人が詰めかけるなかで、青年像と記念碑除幕式が盛大に行われた。この像と碑は、秩父事件百年吉田町記念事業推進委員会と秩父事件顕彰運動実行委員会がよびかけ、吉田町民をはじめ秩父郡市民、埼玉県民、さらに秩父事件に関心をよせる全国の人々の寄付金――この年歴教協埼玉大会が秩父市で開かれカンパを募った――によって建立された。寄付者は二千人を上回った。

吉田町記念事業推進委員会が主催する記念大会は、吉田中学校体育館を会場として、『吉田町史』編纂の中心者小林式郎氏の「事件の時代背景」と秩父事件遺族会の古林安雄氏の「吉田町と秩父事件」の研究報告、それに俳人の金子兜太氏が「困民蜂起の根っ子」を講演した。参加者は約五〇〇人だった。吉田中学校の武道場では「資料展」が開かれた。また、除幕式と記念大会に合わせて記念誌『秩父事件百年』(31)を発行した。

## 秩父市集会

秩父事件百年記念事業実行委員会は、秩父事件顕彰運動実行委員会、埼玉自由民権運動研究会、埼玉県歴教協、埼玉民衆史研究会、秩父事件遺族会がよびかけ、個人九二名と一三団体で構成された。

この実行委員会が主催した集会は、一九八四年一一月四日、秩父市民会館大ホールで開催し、約千人が参加した。全体集会は田島一彦実行委員長の「秩父事件百年を迎えて」のあいさつ、畑和埼玉県知事のメッセージ、加藤博康秩父市長の来賓あいさつ、色川大吉自由民権百年実行委員会代表委員の連帯あいさつ、遺族を代表して大野福次郎の孫大野長作氏のあいさつと続いた。武州・上州・信州などから参加した遺族子孫五〇名が壇上に上がり、中澤市朗氏が一人一人を紹介し、参加者の拍手をあびた。記念講演は実行委員会名誉会長である井上幸治氏の「秩父事件と地域社会」[32]であった。

講演後、「秩父事件を学ぶ」、「子孫をまじえて顕彰の問題を考える」、「秩父事件を考える」、「秩父事件と現代」の四分科会に分かれ、それぞれ複数の報告がなされた。

分科会後、再び全体会となり、俳優鈴木瑞穂氏の作品朗読「明治十七年の或る日の出来事」(菊池貫平の孫娘志満さんの手記)、シンガーソングライター梅原司平氏の「桑の木のうた」、そして最後に実行委員の板倉三重氏が「集会アピール」を朗読した。

集会では同実行委員会編記念誌『秩父事件百年』[33]と記念品「決起の鐘」が飛ぶように売れた。集会のほか「史料展」が秩父市福祉婦人会館で、また「秩父事件絵画展」を矢尾百貨店で開催した。

この集会以前に開催された埼玉各地での学習講座や集会、秩父市・小鹿野町・浦和市での劇団銅鑼による「虹のゆくえ――女たちの秩父事件」公演などを含めれば、その参加者数は一万人を超えた。

### 史料集の出版

秩父事件百年に合わせて二つの史料集が出版された。一つは井上幸治・色川大吉・山田昭次編『秩父事件史料集成』[34]第一巻の発刊である。この史料集は一九八九年までに全六巻を出版した。第一巻から三巻までが農民裁判文書、第四巻から第五巻が官庁文書、第六巻が日記・見聞記・報道・評論他という編集である。集会で「秩父事件元年」という声があったが、それはこの史料集の出版により、秩父事件研究の一層の進展を意識しての発言だった。

もう一つは、埼玉自由民権運動研究会編『埼玉自由民権運動史料』[35]である。この史料集は埼玉自由民権運動の初期、高揚期、衰退期、大同団結期に分けて合計五〇九の史料と、埼玉の自由民権運動関係論考五本、それに埼玉自由・改進党員名簿と文献目録を収録している。埼玉の自由民権研究には必携の史料集である。

## 第五節　百年以降の顕彰運動

### 1　秩父事件研究顕彰協議会の結成と活動

#### 秩父事件研究顕彰協議会の多彩な活動

百年集会の翌年秋、秩父事件百年記念事業実行委員会を母体に個人加入の「秩父事件研究顕彰協議会」（以下、協議会と略）を結成した。会は年一回総会を開き、活動報告と総括、決算、役員、予算、活動方針と年間計画を決める。総会後には原則として記念講演会を開催する。

年間計画にもとづき、定期的な研究会・フィールドワーク・東京勉強会を開催し、節目の年には集会やシンポジウムを開催してきた。二〇一四年一月で研究会は四七回。一九九二年『秩父事件ガイドブック』[36]刊行記念として始めた春と秋のフィールドワークは三九回となった。九九年に改訂版『ガイドブック秩父事件』[37]を出版。また、特別企画として八九年の「三宅島ツアー」、九三年の「道東民衆史の旅」、二〇一〇年の「北海道フィールドワーク」を実施した。九〇年から始めた東京勉強会は一三一回となった。

会報は二カ月に一回発行し、二〇一四年三月号で一六〇号となった。一二五周年記念の一つとして第一三〇号までの会報合本（二分冊）を作製した。会誌『秩父事件研究顕彰』は二年に一回発行し、総会記念講演や研究会報告などを掲載してきた。二〇一三年三月には第一八号を発行した。

**自由民権一一〇周年・秩父事件一〇七周年記念集会**

協議会は歴史研究団体・労働団体・民主団体によびかけて実行委員会を組織して、一九九一年秋「自由民権一一〇周年・秩父事件一〇七周年集会」を東京神田パンセで開催し、四五〇余名の参加があった。午前の部は映画『ショッキング・オ・ジャポン』（藤林伸治監督、一八八四年）と『秩父事件　絹と民権』（野村企鋒監督、一九八四年）の上映。ロビーには協議会の品川栄嗣事務局員の写真パネルを展示。

午後のオープニングは秩父市高野社中による秩父屋台囃子。塩田庄兵衛氏の「私のなかの自由民権運動」と中澤市朗氏の「秩父事件が問いかけるもの」の講演、きたがわてつ氏の歌「日本国憲法前文」という内容だった。後日、秩父事件フィールドワークを実施した。この企画の実施を契機に協議会に入会される方が相次いだ。

**一一〇・一一五周年集会**

一九九四年一一月、一一〇周年を記念する吉田町椋神社での碑前祭と、吉田町やまなみ会館で集会が行われた。集会は色川大吉東京経済大学教授の「民衆史のなかの秩父事件」の講演と梅原司平コンサートだった。参加者は二五〇人。主催したのは秩父事件一一〇周年吉田町記念事業推進委員会であるが、協議会が一一〇周年企画を町に働きかけて実現した。協議会はコンサートの費用を会員のカンパで賄った。

一一五周年は群馬県中里村で集会を開くことになった。東京勉強会のメンバーが数度にわたる山中谷調査を行うなかで、中里村集会の気運が高まり、中里村教育委員会との共催で一九九九年八月「中里村と秩父事件」が実現した。シンポジウムには、人口千人の村で二〇〇人の参加者があり、篠田健一「自由民権運動と秩父事件」、岩根承成氏「上州民権と群馬事件」、黒沢正則氏「山中谷と秩父事件」、飯島積氏「中里村と秩父事件」の報告とフロアーからの積極的な発言で盛り上がった。まとめは安在邦夫早稲田大学教授が行った。翌日のフィールドワークは中里村に残る秩父事件史跡を徒歩で訪ねた。この記録は会誌第一一号『秩父事件研究顕彰——中里村と秩父事件の記録集』[38]に収録した。

## 2　二つの秩父事件資料館

二〇〇一年、吉田町は廃校となった旧石間小学校を改装して石間交流学習館を開館した。二階が秩父資料展示である。根岸君夫氏制作の「秩父事件連作画」二〇点、羽田信彌氏制作の版画「峠の叫び——秩父事件の風土と群像」四〇点、養蚕製糸の道具や実物、文書史料や写真パネルなどが四室と廊下に展示された。展示の中心者は色川大吉東京経済大学名誉教授である。

続いて二〇〇四年四月末「秩父事件資料館・井上伝蔵邸」がオープン。前年、映画『草の乱』（神山征二郎監督、二〇〇四年）が制作されるのに合わせて、吉田町が井上伝蔵邸を復元し、映画の撮影に使用されたあと資料館としたのである。映画のスチール写真と井上伝蔵と古まの衣装、秩父事件と映画『草の乱』の新聞記事、井上伝蔵関係の文書や書籍等を展示している。展示の責任者は筆者である。

## 3　百年以降の事件関係書籍の出版

主なものをあげてみると、一九八四年に大沼多鶴子ほか編『女たちの秩父事件[39]』、八千穂夏季大学実行委員会編

『民衆大学　秩父事件〈佐久戦争〉』[40]、八五年に春田国男『裁かれる日々——秩父事件と明治の裁判』[41]、九〇年に浅見好夫『秩父事件史』[42]、九一年に中澤市朗『歴史紀行秩父事件』[43]、九八年に高橋哲郎『律儀なれど、任俠者——秩父困民党総理田代栄助』[44]、二〇〇〇年に中嶋幸三『井上伝蔵——秩父事件と俳句』[45]、〇二年に鈴木義治『埼玉の自由と民権を掘る』[46]、〇三年に若狭蔵之助『秩父事件——農民蜂起の背景と思想』[47]、〇四年に中嶋幸三『井上伝蔵とその時代』[48]、秩父事件研究顕彰協議会編『秩父事件——圧制ヲ変ジテ自由ノ世界ヲ』[49]などである。

最後にあげた『秩父事件——圧制ヲ変ジテ自由ノ世界ヲ』は、〇一年から「事件史検討委員会」を組織して、一五回にわたる原稿検討会を重ね、秩父事件一二〇周年の夏に出版できた。映画『草の乱』制作と上映開始によって、秩父事件への関心が急速に高まり、そのなかで本書は会の予想を超えて普及した。

## 4　秩父事件一二〇周年記念映画『草の乱』の上映

二〇〇四年九月、映画『草の乱』が有楽町スバル座で先行ロードショーされ、連日盛況の入りだった。その後、すべての都道府県で上映されたのだが、目標の百万人には遠く及ばなかった。

秩父郡市では吉田町と秩父市で試写会がもたれ、映画制作に協力された人たちが視聴した。この効果は大きく、全自治体で上映実行委員会立ち上げの気運が高まった。首長が上映実行委員長に就任する自治体があり、実行委員会事務局も各自治体の自治交流課、教育委員会、公民館に置かれた。チケットが販売されると間もなく完売となり、上映回数を増やす自治体も出た。

全自治体での上映回数は四〇回を超え、鑑賞者は二万五千人余。秩父郡市一市五町四村の人口は約一万二千人であるから、人口の二〇％が観たことになる。秩父市吉田では、「吉田で『草の乱』をみる会」が、毎年秋に上映を続けている。また映画『草の乱』のＤＶＤが制作され普及されている。

## 5　一二〇・一二五周年集会

二〇〇四年一一月、協議会は一二〇周年集会を吉田町で開催した。一日目は町内を二コース（バス組と徒歩組）に分けてフィールドワークを実施。遠くは高知市立自由民権記念館友の会の一行と福島自由民権大学の方々が参加された。この夜はホテルの会場で協議会と参加者による懇親会を開き、神山征二郎監督も駆け付けた。

二日目の午前中は、吉田町役場の三階を会場にしてシンポジウムを開催。篠田健一「秩父事件研究と顕彰」、高島千代氏「秩父事件研究の争点」、葭田幸雄氏「映画『草の乱』エキストラ友の会の活動」の三報告と質疑討論が行われた。参加者は約八〇人だった。

午後は吉田町やまなみ会館で吉田町民とともに、神山征二郎監督の講演「映画『草の乱』が問いかけるもの」を聴き、映画『草の乱』を鑑賞した。参加者は四〇〇人を上回った。

二〇〇九年一一月、協議会と「吉田で『草の乱』をみる会」の共催で一二五周年集会を秩父市福祉女性会館ホールで開催した。参加者は一二五人だった。

午前は映画『草の乱』の上映。午後は浅尾忠男詩集『秩父困民紀行』のなかの詩を岩本昌子事務局員が朗読し、映画『草の乱』元エキストラ友の会有志による演劇「一二五年前に秩父で本当にあった話」、それに筆者の講演「封印された歴史を開く」だった。

## おわりに

映画『草の乱』制作の頃から秩父事件への関心が急速に高まった。各種団体からフィールドワーク案内と講演要請が協議会に殺到した。小中学校の「総合学習」で秩父事件の話をしてほしいという依頼もあった。エキストラ友の会もいくつもの学校で「〇〇〇年前に秩父で本当にあった話」を演じた。

しかし、一三〇周年を迎えようとする今、フィールドワーク案内と講演依頼は年に数えるほどしかない。時間の経過とともに、秩父事件への関心は薄れている。若い世代の参加を期待して始めた秋の入門講座だが、二〇歳代から四〇歳代の参加者はほとんどないのが実情である。二年前に一三〇周年に向けて『秩父困民党列伝』の作成を提起したが、遅々として進んでいない。

協議会発足から二九年が経ち会員の高齢化が進み、会員数が下降線をたどっている。若い世代にどう加入を働きかけたらいいのか、秩父在住の会員をいかに増やしていくのかなど、協議会の課題は多い。

## 注

(1) 井上幸治ほか編『秩父事件史料集成』(二玄社)第四巻、一九八六年、八五七頁。
(2) 小野文雄ほか編『秩父事件史料』(埼玉新聞社)第三巻、一九七六年、六二六頁。
(3) 井出孫六編著『自由自治元年——秩父事件資料・論文と解説』(現代史出版会、一九七五年)一七六〜一七九頁。
(4) 同前書。
(5) 中澤市朗「殉難者遺族との対話を」(自由民権百年全国集会実行委員会『自由民権百年』所収、一九八一年一〇月二〇日発行)。
(6) 江袋文男『秩父騒動』(秩父新聞出版部、一九五六年)。
(7) 西野辰吉『秩父困民党』(講談社、一九五六年)。
(8) 井上幸治『秩父事件——自由民権期の農民蜂起』(中公新書、一九六八年)。
(9) 小野文雄ほか編『秩父事件史料』全六巻(埼玉新聞社、一九七一〜七九年)。
(10) 井出孫六『秩父困民党群像』(新人物往来社、一九七三年)。
(11) 中澤市朗『埼玉民衆の歴史』(新埼玉社、一九七四年)。
(12) 中澤市朗『自由民権の民衆像——秩父困民党の農民たち』(新日本新書、一九七四年)。一九九六年に改訂版。
(13) 小池喜孝『秩父颪——秩父事件と井上伝蔵』(現代史出版会、一九七四年)。
(14) 井出孫六編著『自由自治元年——秩父事件資料・論文と解説』(現代史出版会、一九七五年)。

(15)中澤市朗編『秩父困民党に生きた人びと』(現代史出版会、一九七七年)。
(16)大村進ほか『田中千弥日記』(埼玉新聞社、一九七七年)。
(17)戸井昌造『秩父事件を歩く』三部作(新人物往来社、一九七八〜八二年)。
(18)新井佐次郎『秩父事件——震源地からの証言』(新人物往来社、一九七九年)。
(19)新井佐次郎『秩父困民党会計長井上伝蔵』(新人物往来社、一九八一年)。
(20)浅見好夫『幻の革命——秩父事件顛末記』(埼玉新聞社、一九七五年)。
(21)吉田町教育委員会編『吉田町史』(吉田町、一九八二年)。
(22)千島寿『困民党蜂起——秩父農民戦争と田代栄助論』(田畑書店、一九八三年)。
(23)自由民権百年全国集会実行委員会編『自由民権百年の記録』(三省堂、一九八二年)。
(24)同前書、二頁。
(25)自由民権百年全国集会実行委員会編『自由民権運動と現代』(三省堂、一九八五年)二四三〜二五二頁。
(26)同前書、二五三〜二五九頁。
(27)同前書、二六〇〜二六六頁。
(28)同前書、二六六〜二七五頁。
(29)稲田雅洋『日本近代社会成立期の民衆運動』(筑摩書房、一九九〇年)。
(30)土佐自由民権研究会編『自由は土佐の山間より』(三省堂、一九八九年)。
(31)秩父事件百周年吉田町記念事業推進委員会『秩父事件百年』(一九八四年)。
(32)秩父文化の会『文芸秩父——秩父事件百年　記録・報告集』第五〇号(一九八五年)。
(33)秩父事件百年記念事業実行委員会編『秩父事件百年』(一九八四年)。
(34)井上幸治ほか編『秩父事件史料集成』(二玄社、一九八四〜八九年)全六巻。
(35)埼玉自由民権運動研究会編『埼玉自由民権運動史料』(埼玉新聞社、一九八四年)。
(36)秩父事件研究顕彰協議会編『秩父事件ガイドブック』(新日本出版社、一九九二年)。
(37)秩父事件研究顕彰協議会編『ガイドブック秩父事件』(新日本出版社、一九九九年)。
(38)秩父事件研究顕彰協議会編『秩父事件研究顕彰——中里村と秩父事件記録集』第一一号(二〇〇〇年)。
(39)大沼多鶴子ほか編『女たちの秩父事件』(新人物往来社、一九八四年)。

(40) 八千穂夏季大学実行委員会編『民衆大学　秩父事件〈佐久戦争〉』(銀河書房、一九八四年)。
(41) 春田国男『裁かれる日々――秩父事件と明治の裁判』(日本評論社、一九八五年)。
(42) 浅見好夫『秩父事件史』(言叢社、一九九〇年)。
(43) 中澤市朗『歴史紀行秩父事件』(新日本出版社、一九九一年)。
(44) 高橋哲郎『律儀なれど、任侠者――秩父困民党総理田代栄助』(現代企画室、一九九八年)。
(45) 中嶋幸三『井上伝蔵――秩父事件と俳句』(邑書林、二〇〇〇年)。
(46) 鈴木義治『埼玉の自由と民権を掘る』(埼玉新聞社、二〇〇二年)。
(47) 若狭蔵之助『秩父事件――農民蜂起の背景と思想』(埼玉新聞社、二〇〇三年)。
(48) 中嶋幸三『井上伝蔵とその時代』(埼玉新聞社、二〇〇四年)。
(49) 秩父事件研究顕彰協議会編『秩父事件――圧制ヲ変ジテ自由ノ世界ヲ』(新日本出版社、二〇〇四年)。

# 第十章　秩父事件の伝承をめぐって

鈴木　義治

## はじめに

秩父事件の歴史的な意義や大きさが意外に知らされていない。本章では、まず、秩父事件と呼ばれる秩父地域農民の武装蜂起参加者の声を確認し、発生時における評価状況を地方新聞等から見ていき、さらに、それが官側によって「消されていく」過程を追った。そして、最後に、それに対する地域住民や事件研究者の「掘り起こし」（研究顕彰）の動向を探っていった。

## 第一節　秩父事件の大きさを思う

秩父事件を見ていくと、農民たちの言葉に驚かされる（以下、かっこ内の新聞名にはカギ括弧を省略した）。

○　圧制政府を転覆（秩父暴動雑録）

○今般自由党の者共、総理板垣公の命令を受け、天下の政事を直し、人民を自由ならしめんと欲し、諸民の為に兵を起す（秩父暴動雑録）

○今般の一挙は、専ら天下泰平の基にして、貧民を助け、家禄財産をも平均する目的なれば、金穀銃器等を供して兵力を助くべし（秩父暴動雑録）

○埼玉県を打破り軍用金を備へ、且浦和の監獄を破り、村上泰治を援ひ出し、沿道の兵と合し、東京に上り、板垣公と兵を合し、官省の吏員を追討し、圧政を変して良政に改め、自由の世界として、人民を安楽ならしむべし（秩父暴動雑録）

○田代栄助秩父暴徒の総理なれば秩父大将と称し、今日より郡中の政則を出すこと大将の権に在り（秩父暴動雑録）

○近年農方一般疲弊を極め難渋に付、自由党の総理板垣退助と申す者大阪に在て人民を救の為め事を起し、諸所方々より一時に騒立、高利貸を潰し、租税向等も減少する様に相成る筈（新井庄蔵訊問調書）

○金のないのも苦にしやさんすな　今に御金も自由党（秩父暴動雑録）

○此度世直をなし政治を改革するにつき斯く多数の人民を嘯集せし訳なれば（柴岡熊吉の言――秩父暴動事件概略）

○恐れながら天長様へ敵対するから加勢をしなければ切る（坂本儀右衛門訊問調書）

○高利貸や銀行を潰し平らの世にする（新井貞吉訊問調書）

○自勇（由）の旗（中沢鶴吉訊問調書）

○御見掛けの通り人民斯くの如く蜂起せしは来る二十三年の国会を待ち兼てのことなり、今十七年十一月一日全国尽く蜂起し現政府を転覆し、直ちに国会を開くの革命の乱なり（菊池貫平の言――千葉正規上申書）

○自分は元来百文の借金あるにあらされとも村民の困難を目の当たりに傍観するに忍ひす……教員の念を断ち

一に細民救助に尽力（甲大隊長新井周三郎訊問調書・裁判言渡書）

○天の斯の民を生ずる、彼に厚く此れに薄きの理なし。……拙者等富者に奪ひて貧者に施し、天下の貧富をして平均ならしめんと欲する者なり（朝野新聞）

○「鮮血染出自由魂」（絵入自由新聞、新潟新聞）

○十一月一日を期し日本国中何処となく一起して大戦争か始まる手筈（菊池貫平の言――木戸為三訊問調書）

○（巨魁ハ一土木技手に）然からば、其の方、平生執る所の主義は、自由・改進・帝政、何れの目途なるや、語れ、聞かんと、突立ちたり（時事新報）

○軍律五箇条

一　私に金円を略奪するものは斬る

一　女色を犯す者は斬る

一　酒宴を為したる者は斬る

一　私の遺恨を以て放火其の他乱暴を為したる者は斬る

一　指揮官の命令に違背し私に事を為したる者は斬る

（東京日日新聞、普通新聞には軍法五箇条）

○暴徒約定書

第一　困窮人を救ふ事

第二　金貸掛合示談整はさるときは合薬を以て打破り本人を殺害すへき事

第三　各村戸長役場へ乱入し奥印帳簿並諸書類消滅致すへき事

第四　該件張本人たる者捕縛相成拘留の節は合薬を以て警察署を打破り破檻の上拘留人を援ひ出す事

第五　国税を除くの外諸税並学校費の廃止を強訴する事

（秩父暴動雑録）

○　運動目標

一　高利貸の為身代を傾け目下生計に困む者多し、依て債主に迫り十ヶ年据置四十ヶ年賦に延期を乞ふ事
一　学校費を省く為三ヶ年間休校を県庁へ迫る事
一　雑収税の減少を内務省へ迫る事
一　村費の減少を村吏へ迫る事　（田代栄助訊問調書）

一三〇年前の一八八四（明治一七）年一〇～一一月秩父を中心に起こったこの事件は、警官隊では抑えられず、憲兵隊でも抑えられず、ついに東京鎮台および高崎分営の兵などの軍隊を派遣するまでになったのである。それは士族の最大蜂起・西南戦争以来のことであり、天皇へもこの事件は詳細に報告された。

埼玉県人民が暴動を起し群馬長野の二県にまでも乱入したることを徳大寺侍従長より奏上し奉りしに畏こくも聖上には痛く叡慮を悩ませ給へ速かに鎮定し良民を害せざるよふ望むとの　勅語ありたりと承はる（信濃毎日新聞、明治一七年一一月一二日）

又聖上ハ近頃内閣へ御定日の外にも大臣参議を召させられ政治上の事項を御下問あらせられ就中秩父暴徒の事情ハ最も詳細に聞こし召さるゝに依り警保局にて取調べたる実況を逐一奏上せらるゝとか承る（朝野新聞明治一七年一一月一五日）

また、事件は『ジャパン・ウィークリー・メイル』やフランスの『ル・タン』(1)や中国の『申報』(2)に報道されている。外国紙に報道されていることは生糸貿易に関係している。

生糸は山国・秩父人の命であった。坂本宗作は競進社品評会で入賞し、高岸善吉、田代栄助らの山繭生産、犬木寿

作らの揚げ返し場設立への取組等の、地域からすすめられていた「産業革命」を考える必要がある。地域住民の生活向上への取組を破壊していったもの、それが明治政府の松方デフレなどの上からの産業政策であった。政策への「否」は、地域住民の生活を守る闘いであった、「生糸貿易」で活きる地域住民が提起したもう一つの「近代化への道」であった。

山縣有朋ら明治政府は、全国的結合をもつ自由党が地方民衆と共に立ち上がり、各地で呼応する動きがあるとみたこの事件を徹底的に封殺しようとした。呼称も、「福島事件」、「群馬事件」、「加波山事件」などとは異なり、「秩父暴動」と命名した。

次の新聞に「秩父に呼応」、「人民不穏」などの報道がある。報道されること自体が政府にとって脅威であったはずである。

榛沢郡人見村（山梨日日新聞・日本立憲政党新聞・今日新聞・普通新聞・時事新報・絵入朝野新聞・読売新聞）
深谷最寄りの人民（日本立憲政党新聞・福井新聞・伊勢新聞・秋田日日新聞・岩手新聞・絵入朝野新聞）
児玉・那珂・比企各郡の村々（日本立憲政党新聞）
北埼玉郡北河原村（福井新聞・出羽新聞）
新田郡大原本町（新潟新聞・時事新報）「自由と大書せし蓆旗を押し立て」（郵便報知新聞）
甘楽郡（今日新聞・熊本新聞・読売新聞）
南甘楽郡保美濃山村（新潟新聞・海南新聞・熊本新聞・福井新聞・奥羽日日新聞・東京絵入新聞・明治日報・絵入朝野新聞）
山田郡西中岡村（日本立憲政党新聞・出羽新聞・絵入朝野新聞）
群馬県吉井地方（東京絵入新聞・明治日報）

草加警察署長・岩田警部履歴書（秩父暴動始末三）には十一月四日、熊谷署で「暴徒を訊問す午後大里郡石原村辺人民不穏の聞へあるを以て探偵に従事す[3]」という記録がある。秩父のみならず、大里郡、群馬県、長野県への広がり、また、そのなかで、群馬県の農民と埼玉県北部の農民との関係が特に目につく。福島事件、群馬事件研究者が自由党員と農民との連携を研究の中で追求しているが、自由党員活動の地域広域化と関連して注目したい。

実際、参加者の中には、「会津の先生」、「東京の先生」などとよばれた指導者となって活躍した他地域出身者も居り、山中谷では富山等出身の杣人や養蚕労働者が参加し、「東京府士族・中野了随」のような四〇冊弱の著作を持ち、英語も解する知識人もこの事件に何らかの関係があるのではないかと解明が進められている。

## 第二節　評価されていた「秩父事件」

ところで、多くの新聞が「徴兵・税金・学校負担問題」が事件の要因であると報じ、事件が単なる農民一揆という認識を越え、明治政府への要求が多くの人々の関心を呼んでいたこと、共感を得る可能性があったことを、教えてくれる。

徴兵問題については、井出孫六は『朝野新聞』「徴兵と民権を論ず」を事件に触発された論説としている。なかでも次の二つが目に付いた。

「自由党なるものは倅を徴兵に出さすとも済むもの故、加入しては如何と相談これあり」（飯田米蔵訊問調書）

山田懿太郎（いたろう）らは「近来郡民の頻りに徴兵を規（忌）避せる体なるより」、徴兵拒否を防ぐため一八八四（明治一七）年八月に「勇進社」（社長伊藤栄）をつくっている（朝野新聞一八八四年一一月二六日）

それとともに、旗や襷に「鮮血染出自由魂」（絵入自由新聞一一月五日、自由燈に挿絵）、「自由社」「輝武社」の文字（絵入自由新聞・自由新聞一一月五日、時事新報八日、新潟新聞一二日、熊本新聞・福井新聞一四日）、そして、「自由党様」

（朝野新聞一二月一四日）、「自由隊」などの報道があったことは興味深い。

さらに、「革命本部と書かれた領収書」（東京日日新聞・明治日報一一月一五日、読売新聞一六日、出羽新聞一九日、普通新聞二二日、朝野新聞一二月一四日など六紙）と報道されていたことは一七年という時代を考えると注目に値する。

「革命本部へ領収候云々の証書を渡しあるやに聞けり」（朝野新聞一二月一四日）

秩父事件報道に「国会開設年限縮小」、「立憲政体希望」、「現政府を転覆して新政府を建てる」（時事新報一一月六日、熊本新聞八日、日本立憲政党新聞・岩手新聞九日）などの文言が出てきたことは全国の自由党急進派の人々を鼓舞したことと思う。

それは、当時において、新聞読者には農民騒擾を越えた自由民権運動の一環として事件をとらえていたことが読みとれるのである。であるからこそ、後の飯田事件・名古屋事件関与者が秩父に呼応して蜂起したいとの証言も残っているのである。

○　遂に埼玉の騒擾に乗し直に革命の義兵を挙げ現に政府を顚覆して政治を改良すへしとの事に決議したるものに相違無之（飯田事件・川澄徳次調書(4)）

○　今度右埼玉県下の騒動に付、逃げ隠れ致し居る者の内にて能き人あらば……一緒に事をなすものならば……自分は東京にて其れらの周旋なす（名古屋事件・大島渚の言(5)）

政府が当初予想していた以上に「秩父事件」は影響力を持つ可能性があった。

田代栄助、加藤織平の裁判がはじまる。その盛況さは政府の望むものではなかったはずである。

○　傍聴人は早天より詰め掛け腰掛けの処ろは宛然（さながら）人の山を築きし如く其混雑云はん方なかりしが午後一時に至

り愈よ開廷との知らせあるや我れ先にと駆け込みたり　去れば公廷の内は被告人と弁護人の外は傍聴人のみにて立錐の地なき迄に詰め切り尚ほ廷外に溢るゝもの多きに依り予儀なく硝子窓を明け放し其外の廊下に臨時傍聴席を設けられたり（東京横浜毎日新聞一八八五年二月一二日）

○　斯く大騒動を企てし被告人の審問ならバ傍聴人ハ恰も人の山を築きし如く便を汽車に仮て続々詰懸る　多人数ゆゑ多くハ空席のなき為めに拒絶せらる、趣きなり　然もあるべし（改進新聞二月一三日）

○　扨当日途中に出で見物するもの夥〻しく一時は車馬の不通となる程にて中には声を立て泣き叫ぶものありしが午前十時に至りその処刑全く了れり（絵入朝野新聞五月二〇日）

熊谷監獄の絞首台は黒板塀の上に高く突出していて、外部からもよく見えたが、いつも行刑の際には其周囲は黒幕を張った。ただし田代等の死刑執行のときは特に板囲いとしたということである。(6)

官側は何かを恐れていた。

政府としては、秩父事件報道は、「お上に逆らった」「暴徒・暴動」という評価だけにしたかったのであろうが、次のような報道がある。

百姓一揆に稀なる天晴の剛兵（金屋の戦い）（海南新聞一八八四年一一月一六日）

新井周三郎の勇気は如何にも暴徒中比類なき人物（甲斐新報八五年二月二三日、出羽新聞二月二七日）

暴徒には大砲あり発射は巧みなり（絵入朝野新聞八四年一一月五日）

此隊には小隊長の如き者ありて五十人を一組となし進撃の時は大砲二発を連発し之を合図として劫略に着手する由なるが思の外に隊伍整のひ軍機頗る敏捷き由（絵入自由新聞一一月六日）

此時の賊の働らきは実に目ざましく三十人程を一隊として一斉に銃先を揃へて打出し烟の中より左右へ颯と分る

れば後隊の者直に入替りて又打つといふ……進退も敏捷なり狙撃も巧みなりとぞ（絵入朝野新聞一一月六日）

警察署裁判所等戸障子畳其他の雑具は悉く近辺の原野に運搬し去りて焼捨てたり郡役所は少しも破壊せず只ランプ一箇を破壊せし迄なり是れとても過て破壊せしものならむとの説なり（朝野新聞一一月八日）

栄助は更に少しも隠す所なく是までの来歴顚末とも残らず白状に及びたる趣きなり（東京日日新聞一一月一八日）

こうした評価報道は、讒謗律（ざんぼうりつ）、新聞紙条例、集会条例など、当時の新聞等言論出版統制が厳しかったことを考えると興味深い。次のような報道が流れていただけに興味深いのである。

「暴徒ノ数ハ其千タルモ万タルモ固ヨリ烏合ノ徒一些事ダモ能クナス能ハザルハ論ヲ待タズシテ」（明治日報一一月一五日）

「秩父事件物語」ともいうべき物語が蜂起壊滅後一カ月の時点で愛媛『海南新聞』に登場していた（詳細は後掲）。愛媛は、行方不明の乙大隊長・飯塚盛蔵の戸籍・位牌・過去帳などがのちに見つかった所である（一九八二年八幡浜市）。

事件について比較的詳しく報道している新聞は次のものである。

『信濃毎日新聞』、『山梨日日新聞』、『下野新聞』

『新潟新聞』、『日本立憲政党新聞』、『福井新聞』

前三紙は、事件の波及に関わる地域のために詳しく報道したものと思われる。

後三紙は、自由民権運動の盛んであったことや自由党員が多かった地域ということが関係していると考えられる。

『福井新聞』は、「暴徒は人民に対して害を加へず物品を購買し飲食などを為すときは何時も代価を払へり」（一八八四年一一月一九日）、「其軍に規律ありて稍々尋常の土寇に同じからず」（一一月二〇日）など興味深い報道をしている。

自由民権運動との関係と同時に、各紙で、静岡や八王子なども含めて農民一揆や貧民党・借金党・小作党などの報道があることも政府が秩父事件を封殺した要因と考えられる。

## 第三節　なぜ民衆の中に「暴徒暴動」史観がつくられたのか

民衆にも秩父事件が「一揆」とは違うという印象と影響を与えたと考えられる。にもかかわらず、一万人からの農民が関わった事件が、なぜ日本の民衆に語り継がれなかったのか?

一八八四（明治一七）年一一月二日に蜂起後最初の報道をした『東京横浜毎日新聞』は「人民」「貧民」と報じていたが、五日には「暴民」「暴徒」となっている。『東京日日新聞』は四日に「暴徒」と報じて、『郵便報知新聞』は四日に「人民」と「暴徒」の両語を使っている。『自由新聞』は、五日に「貧民蜂起」と報道し、『時事新報』は五日に「埼玉暴徒事件」として報じている。二日が日曜日、三日が天長節であった。県などの電報を報道源とすることが多く、「暴徒暴民暴動」の用語が一般的になり、官側の圧倒的な情報操作が行われていく。「電信柱は敵」（井出孫六『峠の廃道』）であった。

例えば、情報操作のひとつが、埼玉県令の諭達・告諭報道が意識的に報道されたことである。（今日新聞・普通新聞・福井新聞・奥羽日日新聞・出羽新聞・山梨日日新聞、掲載）。

人民にして多衆を集め戸長役場を襲ひ人家を焼き人を傷け官吏に抗抵するが如きは実に容易ならざる儀にて右等の者は国法を紊せる兇徒なるに依り不日撃攘ふべし　就ては一時彼等の脅迫に遇ひ是非の弁なく付和随行せし輩は此際其父兄能く説諭解散帰宅せしむべし　此旨諭達候事

明治十七年

埼玉県令吉田清英

今般蜂起の暴徒等不容易挙動に付既に撃攘ひの事に着手せしに殆んど鎮定に至れり　依て一般人民に於ては毫も疑懼の念なく各其業に安すべし　又暴徒の中には一時脅迫に不堪して附随せしものも不少哉に相聞え甚だ憐憫の至に候此際速かに自首する者は夫々恩典を以て其罪を減免せらるべきに付篤く其意を体し心得違ひ無之様致すべし　此旨更に告諭候也

明治十七年十一月五日

埼玉県令吉田清英

「此際速かに自首する者は夫々恩典を以て其罪を減免せらるべきに付」と、参加農民への「憐憫」と官側の「恩典」を強調するものであった。実際には、自首してきた農民たちは「塵芥」のように扱われ、訊問はまず棒でたたく事から始められた、と残された当時の『記録』には書かれている（秩父暴動事件概略、秩父暴動雑録）。

為政者は事件指導者や警察官殺害者を厳罰に処し、民衆を畏怖させ、破廉恥罪として民衆の「蔑み」を助長した。司法省の対応は、国事犯事件を高等法院の手から奪うだけでなく、国事犯として処断すること自体を極力減らそうともした。強盗・放火・殺人などの普通犯罪として処理しようとする方針で、「国事犯」＝「志士」という殉教者としての栄誉が生じがちな風潮に、破廉恥罪を適用して、この方面からも民権運動に冷水をあびせかけようとしたのである。その転機は一八八四年一〇月の加波山事件裁判からで、以後群馬事件、秩父事件裁判などは強盗・放火・殺人、そして兇徒聚衆罪で処断されている。加波山事件では国事犯として裁こうとした水戸始審裁判長は更迭され、司法卿から「形跡上顕レタル暴行ヲ取調ヘ一モ思想上ニハ言及セサル様呉々モ御注意之有度」と内訓が発せられていた[7]。

そうした背景での秩父事件裁判であった。

さらに、秩父事件参加者への判決は他の激化事件に比して異例に早い。政府は早急な判決を司法に要求するほど秩父事件を「畏怖」したものと考えられる。

| | 逮捕 | 一審判決 | 上告棄却 | 処刑 |
|---|---|---|---|---|
| 群馬事件 | 一七年 五月一五日 | 二〇年 七月 | 二〇年九月一二日 | |
| 加波山事件 | 一七年 九月二七日 | 一八年 三月＊ | 一九年七月 | 一九年一〇月二日 |
| 飯田事件 | 一七年一二月 三日 | 一八年一〇月 | なし | |
| 秩父事件 | 一七年一一月 | 一八年 二月 | 一八年四月 | 一八年五月一七日 |

＊予審終結月

明治政府は、欧米「文明」国に伍して植民地獲得（朝鮮等への侵略）を考えて外征用の軍隊をつくりつつあった。一八八二（明治一五）年の壬午軍乱の勃発はそれを加速させた。政策の妨害となる農民たちの徴兵拒否や「重税」反対の動きは弾圧の対象であった。そのうえ、自由党員と農民が連携して全国的な動きを起こされることは、明治政府が最も恐れたことであった。そのためには、民衆の口の端にも「秩父事件」は語られてはならない、そういう「世情」をつくりだす必要があった。

困民党軍の軍事組織、軍事規律、多くの鉄砲の存在（二五〇〇挺ともいわれる）などは政府を驚愕させた。軍隊経験者の事件参加探索を問い合わせる文書は、近隣はもちろん、北足立郡大宮近辺や八王子でも発見されている。木砲は靖国神社・「遊就館内へ保存し置かる、と云ふ」（郵便報知新聞・東京絵入新聞一八八四年一一月一五日、新潟新聞一一月一九日）と報ぜられた。竹橋事件から七年、軍人への警戒心が強くあった。

同（埼玉）県を始め群馬、長野、山梨、福岡（福島?）、栃木等の諸県下の予備軍後備軍の兵員も多少交り居る由に付（（ ）内引用者　自由新聞一一月一六日、絵入自由新聞一一月一八日）

新聞には、「オンナ」と「カネ」に対する不道徳の体現者としての困民党員像も報ぜられている。特に婦女子への暴行は事件中実際には確認できないにもかかわらず、『東京日日新聞』（一一月五日）の「郡吏の妻子、巡査の妻殺害」報道や『絵入自由新聞』（一一月八日）、『山梨日日新聞』・『新潟新聞』（一一月一一日）で「（女房、長女を）強姦したうゑ、栄次郎を殺害し其の所持金千三百七拾円を奪い取り」などの報道が見られる。

他方、官側では、「暴徒鎮圧協力者」、「民衆説得者」の表彰、顕彰碑建立に地域名望家を巻き込んで意識的にすすめていった。埼玉県内市町村史にそれを散見することができる。

たとえば、比企郡滑川村の大塚爹恵八（たえはち）は、「秩父事件鎮圧の功績があった」として県に表彰されている。(8) 秩父郡荒川村上田野の国道端には、「自由党屯所」の旗を掲げた宮川寅五郎を捕縛したとして上田野村連合戸長役場雇の鈴木安吉を称える記念碑「烈士鈴木安吉碑」（一九三一［昭和六］年の建立、書は頭山満）がある。

加藤太次郎が処刑された、その日に群馬県前橋で故柱野巡査の慰霊祭が行われた。各地の警官慰霊碑には現在も警察による慰霊祭が挙行されている所がある。

井出孫六氏は、江袋文男氏と畑和氏（当時埼玉県知事）との対談で次のように発言している。

秩父には日清、日露戦争で戦死した人の忠魂碑がきめこまかく建てられている。秩父事件で殉職した警官の墓も、手厚く行われています。山縣有朋など政府高官の直筆の碑も目につくが、それは衝撃（秩父事件）を受けた政府が懸命に手当てしたという側面があると思うんです。(9)

## 第四節　民衆への暴徒史観押付けの具体相と民衆伝承、遺族の思い

政府は民衆の心の中に「火付け強盗」の類という「暴徒暴動」史観を植え付け、さらに、指導者は金を持ち逃げし

た、民衆はおだてもっこに乗せられた、と、「チョボクレ」「口説き」「のぞきから繰り」「琵琶語り」などの民衆芸能や学校教育によって、押しつけ、植え付けたのである。(10)

次の「琵琶語り」は、朝香宮が来秩中の一九三二（昭和七）年七月六日に、井上如常作品を松本勘次郎大尉によって御前弾奏されたものであった。(11)

（前略）時は明治の十七年／降り続きたる長雨に／五穀実らず繭ならず／豊けき秋は名のみにて／葦の枯葉に吹き渡る／風は荒びにすさびけり／此のありさまに驚ける／人はこころも狂ひけん／国の法規と道理も／かへりみずして蓆旗／押し立て出でしぞ浅間しき／はやりにはやる彼の群は／手に手に竹槍火縄銃／隊伍を組みて横行す／昨日は彼処今日は此処／富める家をば脅迫し／金銀財宝掠め奪り／家宅を壊ち火を放ち／暴状さながら修羅の場／猛り狂へる暴者等は／ひた寄せに寄せ今ははや／秩父町にぞ入り立ちぬ／（以下略）

「火付け強盗」の破廉恥な秩父事件像が語られたのである。

アジア太平洋戦争下における秩父の学校においても、軍事教練がスムースにいかないときに「お前たちは秩父暴徒の子孫だからうまくゆかないのだ」と教官に怒鳴られたという。

戦時下、学校で逆賊と教えられた子どもが道沿いにたつ副総理・加藤織平の墓に石をぶつけることもあった。その傷は今も墓石に残っている。織平の遺体は処刑地の熊谷から峠を越えて大八車で妻が引いてきた、そして、事件関係の書類はすべて焼き捨てた、と子孫は語っている。「栄助の妻クニは栄助が処刑される直前、熊谷監獄へ通い、お百度を踏むようにして許可を取付け、手縫いの衣装を差し入れたという(12)」。そのクニも、秩父往還を熊谷の人の手助けで大八車にのせて遺体を引いていった。

高岸善吉の子孫は、「お寺さ戒名もらいに行ったら、罪で死んだ人には、戒名はやれねえ。過去帳にも載ってねえから、俗名のままにしろ」といわれた。北海道野付牛（現北見市）聖徳寺では井上伝蔵の死後「彰神院釈重誓」の戒名をつけ、過去帳に「明治十七年秩父事件ノ国事犯」と書いているのと対照的である。新井甚作の遺族は「獄死したとき、この位牌さ、縄まいて送ってきたそうだ。いくら暴徒だからって、死んでからまで、縄かけて送らなくったてよかんべえに」と、事件研究者に語っている(13)。

秩父事件は「圧政を変じて良政に改め、自由の世界として人民を安楽ならしむべし」などとは無縁の、地域民衆には触れてはならない事件として脳裏に刻み込まれていった。

一方で、民衆の口承として秩父事件が語り伝えられていた。

横瀬町刈米（かりごめ）耕地は、横瀬村連合の中で、自由困民軍の中に最も積極的に参加し活躍した耕地であったという。その中で中心となった千島周作（重禁固四年六月）の「後妻ハルさんの孫にあたる黒沢サワ先生が、小学生の頃、母が『本家のおじいさん（千島周作）は、大将で佐倉宗五郎のようなことをしたんだよ』、と話してくれたことを記憶している(14)」。

上州と秩父を結んだ三波川村・横田周作（軽懲役八年、獄死）について藤林伸治が、孫の島崎タネさんの話を書いている。

「おじいさんは捕まってから三年目に監獄で死んだんです。妹ヶ谷の実家が遺体をひきとったという報らせに、モトばあさん（周作の妻）は八才の孫四郎を背負ってあいにいったんですね。妹ヶ谷の人たちが墓をほって対面させたら、孫四郎は父の変りはてた顔をみるなり鼻血をふきだしたそうです。二人ともその場に泣きふして長いこと動かなかったそうです。」このあと、藤林はこう書き添えている。「『むげいことだ』……宇奈室の人々の間には今もこの話が語り伝えられ、一時は紙芝居にまでとり入れられた(15)」。

下小鹿野村で子どもたちが「カータミカー、シートミカー、ホーイン（法印）カー、ワン（狗）ワンダー、カン（奸）カンダー」と意味も分からず歌って遊んでいたという。それは密告者となって埼玉県警鎌田警部補たちに陳述していた泉田瞿美（かたみ）への村人たちの「揶揄」であった(16)。

風布では、「田代栄助その時こそは　壇に立ちたるその勇ましさ」と、秩父音頭の節でうたわれていた。風布村に残ったこの歌が秩父一円に広がることはなかった。明和の兵内踊りや佐倉宗吾の江戸時代とは異なる政府の「情報操作統制」の厳しさが見える。しかし、熊谷で処刑された栄助の遺骸が風布を通る時、手越しで峠を運んだという言い伝えを残し、事件十年後の釜伏神社の祭礼旗には大野福次郎、大野国蔵ら自由困民党幹部の名が堂々と染め抜かれ、青空にはためいたのであった。風布村を何度も訪ね事件の詳細な分析をした若狭蔵之助は次のように書いている。

私は風布村を何度か訪ねるうちに、次のような話を聞いた。事件の翌る春栄助が処刑された。村々には言い伝てがとんだ。彼が村を通る日、村中の人は峠へ登った。壮者たちは峠の下まで彼のなきがらを迎えに出て、その死体（むくろ）をかわるがわる背おって登った。人々は涕ながらにむくろを迎えた。次の村の人たちも同じようにしたと。彼等が其指導者を敬愛したさまが目にうかぶ(17)。

下吉田太棚部耕地の高岸善吉・遠縁の神棚から「困った時に伝蔵さんが救いに来る」という伝蔵伝説を裏づける御札も見つかっている。その善吉の妻の実家（石間戸大二郎）から『自由党員名簿』（明治一七年五月改正）が二〇〇五年に発見された。

遺族たちは、先祖の「復権」を目指して活動し始めた。八八周年集会における田代栄助の孫・小泉伝四郎の「八八年目にして陽の目を見た」という発言はそれを端的に示している。遺族会を結成し、百周年を機会に、先祖の供養を集団として意識的に進めていくようになっていった。伝四郎の弟・小泉忠孝は『鎮魂秩父事件――祖父田代栄助の霊に捧ぐ』を描き上げた(18)。

小森茂作の子孫・神岡奈々子は先祖の冤罪を雪ぐ活動を進めていった。

民衆史家、小池喜孝さんらの努力で「小森茂作は放火に直接タッチしていない。徒刑十年はえん罪だった」ことが書類上はっきりしたのも、ことしの夏だ。／　奈々子さんは「小池先生や戸井先生（画家『秩父事件を歩く』三部作の著者）のおかげで『おじいさんよかったね』と墓前に報告することができました。事件が、隠して生きなくてはならないものでないことがわかり、こんなにうれしいことはありません。遺族たちは十人十色の苦労を背負ってきたんだと思います。わたしも事件を正当に子孫に伝える努力をしていきたい」という（以下略）[19]。

神岡奈々子はこの秩父事件百周年の年、祖父の居た北海道標茶町の釧路監獄跡地、霊園、労働を課せられた硫黄山等を訪れて合掌し、同囚の獄死した高野作太郎のために、囚人合葬地の土をお骨代りに骨箱に納めて故郷秩父に持ち帰ったのであった。

北寒の地で獄死した高野作太郎も冤罪の可能性があった。弟を悼んだ兄・岩松は、吉田赤柴・金剛院（現秩父市）に地蔵を立てて供養した。地元民は「作太郎地蔵」とよぶ。

横瀬村・大野茂吉は「放火」の罪で罰金一〇円を科せられたが、納金できず換刑で入獄中、獄中死した（放火で罰金刑は裁判官も事実認定に自信がなかった証明であろう）。遺族の手記には、「死亡後も遺骨は秩父に帰されず、浦和市常盤町六の十七　在監人獄死者合葬墓地に埋葬される。現在の更生園なり」とある。大野家の墓地には一九三一（昭和六）年まで茂吉の墓は無かった。建立した墓には「明治十七年五月廿六日茂吉」と刻み、事件参加と獄死を隠したという。お寺の過去帳には明治十九（一八八四）年の頁中に小さく「一乗明禅信士友蔵養父獄中死亡」とある。精力的に調査してきた茂吉の曾孫・満二は、秩父事件遺族会結成後、手記、インタビューに応じ、隠されていた事実を公表した[20]。

供養といえば、一八八五（明治一八）年八月二四日の吉田町貴船神社境内で行われた芝居は「事件参加死亡者への供養＝鎮魂の芝居」であったという[21]。

群馬県・日野の栗崎神道を支えた栗崎一覚は事件に参加して弾薬箱を運んだ。警察から釈放されると、戦死した太田政五郎・山田鉄五郎、処刑された小板橋貞吉が「おかみ」をはばかって墓標がたてられずにいるのを、若宮八幡の立派な石祠にまつって追悼している。[22]

小鹿野町長留に、宗吾神社がある。拝殿奥に一八八四（明治一七）年四月と八月に奉納された俳額がある。森山軍治郎は都々逸と俳句を分析している。うち二つを例示する。[23]

四月　武家を廃いして徴兵さわぎ　親の苦労が絶はせぬ　幸三

散るは覚悟で咲いたる桜　千歳経るとも香は残る　政札

## 第五節　小説化映像化された秩父事件

先に第二節でふれた『海南新聞』掲載の秩父事件の物語を詳しく見る。

秩父自由困民軍が八ヶ岳山麓野辺山高原で解体した後の一八八四（明治一七）年一二月九日に、「埼玉奇聞　秩父の紅染」という挿絵付き連載のリードには次のように書いてあった。

ここに説き出す十有余回の物語は、この度埼玉県下より起こりて、遠く長野山梨の境界まで暴威を逞しくしたる彼の騒民の群中に加わって一方の旗頭と仰がれたる旧会津の藩士橋口建造なるもの、一子が旧き戊辰の際の怨恨を明治の今日まで存じて、即ち斯も暴挙に及びたるまでの始末を不思議にも聞き出だしたれば、斯は物することとはなりぬ。素より本話の如きは世に陳腐作り物語の如く潤筆を加へしものに非ずして只有し儘を掲げ出だすものなれば、行文の拙劣なるは実事にお許しあって御寛読のほどを願うになむ。

ところが、いよいよ秩父事件に入っていく段になった第九回が一二月一八日、第一〇回は二三日と、連載が途切れた。それも「十有余回」連載であるはずが、この一〇回で終わってしまった。終わりにさせられている感があった。というのは、新聞を見ていて、はじめて「伏字」の報道が同日にあるのである。まるで、「秩父の紅染」は「終わらせられた」かのようであった。

そもそもタイトルの「紅染」の由来も見えずじまいであった。時間の経過で官側の統制網は厳しくなっていったと考えられる。

他にも、『時事新報』は、一八八四年一一月二九日から一二月六日まで総理・田代栄助の紹介と事件経過を「田代栄助暴挙の顚末」と題して連載している(24)。『静岡大務新聞』は、「武蔵野の風」と題して田代栄助伝を一八八四年一二月一二日から二八日まで連載し、翌年二月二四日から田代の判決文を載せてそれを閉じているのである(25)。

なお、東京の講釈師今井南竜が一二月一日から大阪西区新町二丁目の寄席で「明治水滸伝」と題して「埼玉暴動事件に関する軍談」を演ずるという記事がある（日本立憲政党新聞一八八四年一一月二八日）。

後になるけれども、事件二〇年後の『信濃毎日新聞』に、参謀長・菊池貫平の伝記が子孫佐藤桜哉の手によって「秩父暴徒の巨魁菊池貫平」と題して一九〇五（明治三八）年三月一日より連載されている。

さらに、会計長・井上伝蔵を登場させた木下尚江『火の柱』（一九〇四［明治三七］年、平民社）、潜伏地・北見で死の床にあった伝蔵の告白『秩父颪』を岡部清太郎が『釧路新聞』に連載（一九一八［大正七］年七月四日～八月二日）したことは知られている。

ところで、『東京毎日電報』に加藤織平を題材に据えた渡辺黙禅『匕首芸妓』という小説が、一九一〇（明治四三）年九月九日から一一〇回連載されている(26)。『匕首芸妓』で気づいた三点を記してみたい。

題名通り「女性が主人公」であったことに興味がひかれた。前編では主人公・偽「華族令嬢」春枝は加藤織平の

「恋人」として配され、後編で事件参加の姿を描いている。栄助の妹が拳銃を操る女傑として登場し、本には拳銃を撃つ場面が挿絵となっている。

二つ目に、織平を二松学舎、攻玉舎に学び、国会開設運動にも携わる民権家として位置づけていることである。自由民権運動激化事件の一つとして渡辺默禅は考えていたのである。その母や従妹が彼の足を引っ張る役として登場し、『草の乱』で「行ってきない」と励ます妻タツとは対照的な描き方である。

三つ目に、作られたのが一九一〇（明治四三）年（出版は明治四四年）ということに注目した。「幸徳事件」（六月）、「韓国併合条約」（八月）がこの年で、連載は九月九日から一二月二九日までである。幸徳らの死刑執行は翌年一月のことであった。

「手段は兎もあれ、一揆を起した人々の心の裡に立入って想ひ遣れば、いづれも愛国の至誠に駆られて、勢ひ止むを得ず命を殞したのだ」などの記述があり、蜂起を批判しているけれども、それだけに終わっていない。また連載最終近くに、主人公春江と金玉均との接触場面や復讐に燃えて芸者となった春江が匕首をのんで高官暗殺未遂事件を起こす場面をつくっている。その後看護婦となり、米国行きを設定する場面などは当時の「自立した女性像」を反映しているようで興味深かった。その描き方は、この一九一〇（明治四三）年に完成し「金品を略奪分配し」「実に一種恐るべき社会主義的性質」と書いた『自由党史』とは大きな違いがあった。

戦前における埼玉県人の作品もある。

『雪之丞変化』等の作者であり庄和町出身の作家「三上於兎吉」が『秩父騒動』を『実話雑誌』創刊号（一九三一）と第二号に書いている。[27] そこでは「高利貸の借金取立て」の場面で終わっていて、秩父事件そのものの描写までに至っていない。これまでの古書店などとの確認では、第三号には掲載されていない可能性が大である。第四号は確実に掲載されていない。これをどう考えたらよいか。三上の思想的な意味での断筆と掲載禁止が考えられる。事件後一カ月で連載された先の『海南新聞』が突然連載中止になっていることと、この例は類似している。

二回分しか見つかっていない三上の「秩父騒動」であるが、一九三一（昭和六）年という発表された年も興味深い。満州事変勃発の年で、一方彼が最も売れっ子の時で、待合で原稿を書く脇には何人もの編集者が待っていたという。

三上の「秩父騒動」発表の一九三一年に高橋中禄が「秩父一揆巨魁の逃竄」を出し[28]、前年の三〇年に尾佐竹猛は『武蔵野』に「秩父暴動」を田代の判決を引用して発表している[29]。一九三四（昭和九）年、事件が起こって五十年後に「秩父暴徒戦死者之墓」（『伊藤痴遊全集』第九巻平凡社）が長野県・東馬流に立つ。同年、伊藤痴遊が伝蔵と栄助の子孫を通じて書いた「秩父暴動と自由党員」（『伊藤痴遊全集』第九巻平凡社）が再刊されている（初出は『巨人星亨』忠誠堂　大正一四年）[30]。一九三五（昭和一〇）年には油井熊蔵の『秩父事件と其前後』[31]、林有章の「秩父暴動記」[32]が出され、また、尾佐竹猛は「秩父暴動の真因と其幹部」[33]を、さらに一九三六（昭和一一）年に『明治文化』で、寅市の死去を知らせるとともに、五十年を経過したこの頃、秩父事件研究が盛んになっていることを指摘している[34]。平凡社の昭和一四（一九三九）年発行『百科事典』に「秩父騒動」の項目がある。執筆は菊池貫平の孫・麟平である。この間に堺利彦[35]（一九二八年）や平野義太郎[36]（一九三三年）の秩父事件研究が発表されている。

一九三九（昭和一四）年、プロレタリア作家同盟の本庄陸男『石狩は懐く』[37]が出た。井上伝蔵と思しき人物のセリフがある。

「はい」と善兵衛がそれに答へたのだ、「あれは明治の何年でありましたかな？　憲法発布の二十二年――の、それからの後でした、洪水がありまして、隣の部落の開墾地からあの男が来ましたのじゃ。お？　あ？　と云ひました、邂逅でしたな、井田伝兵衛先生はこゝに居られたかと叫びましたな、いやいや、俺は太田善兵衛と云ふものじゃ、拙者は山科儀助とあの男は名乗りましたな、××騒動の一味でござった、われらの指導者の一人に井田伝兵衛先生が居られたが、騒動なかばに行く方が知れず、外国にでも渡られたかと思ってゐたが、――間違ってはいけませんぞ、わしは太田善兵衛、役場の永井殿に訊ねて見られよ、と、わたしはあんたの先代を名指しましたな、――しかしあいつは、拙者は前科もんでござる、と――」

本庄は、北海道開拓地の成功者である太田に、××騒動（秩父事件）の同志で憲法恩赦によって出所した山科が会った場面を回想させている。一九四〇年に発刊された名作『石狩川』と同時に再版されたのであろう。ファシズムが吹き荒れるなか、彼は一九三九年七月に死去し、この本を見ていない。

アジア太平洋戦争前に秩父事件への関心、研究はひとつの山を作っていた。

戦後になって、井上幸治、中沢市朗、若狭蔵之助、山田昭次らは事件史料を群馬、長野まで渉猟している。江袋文男『秩父騒動』(38)が出たのは一九五〇年、「とうませいた」（藤間生大）が五二年九月に出した『秩父風雲録――秩父農民斗争記』(39)は、題名が同年の山本薩夫監督『箱根風雲録』を思い出させる。

小説といえば、毎日出版文化賞を受賞した西野辰吉『秩父困民党』(40)は有名である。一九五四～五六年に『新日本文学』に連載され、単行本（講談社）となった。

一九五三年には、読売新聞連載の村松梢風『近世名勝負――秩父水滸伝』(41)がある。大宮郷の高野佐三郎と両神逸見道場の岡田伝七郎との対立を田代栄助が登場する事件を交えて描いた。映像化もされ、次の二作は梢風の二男・道平が脚本を手掛けている。

ひとつは一九五四年に小石栄一がメガホンを取った河津清三郎主演の東映作品（白黒）である。もうひとつは六〇年に安井昌二主演で早川恒夫が演出した作品がＮＴＶで一〇月一六、二三日の二回にわたって放映された。

一九六五年には二一歳の高橋英樹主演、野口晴康監督による『秩父水滸伝　必殺剣』として映像化され、二年後その続編『秩父水滸伝　影を切る』（監督・井田深）が劇場公開された。前者では主人公と総理・田代栄助との交流を描き、決起の場には、徴兵令改正、圧制政府顛覆などの幟旗を林立させている。脚色はいずれも宮本智一郎と岩崎孝である（日活）。

八ミリカメラの記録映画がある。秩父生まれの山口（浅見）美智子は一九七三年からカメラをまわし始め、ドキュメント『秩父事件』を作成している。渡辺生監督・撮影『秩父事件ドキュメント　山襞の叫び』（八一年七月）がある。粥新田峠に使ったフイルムを埋めた地蔵が立っている。七八年に「らんる舎」が十六ミリ製作作品『秩父困民党』をつくった。同じ十六ミリで野村企鋒監督・南文憲撮影のドキュメント『秩父事件　絹と民権』（青銅プロ）は一九八四年の秩父事件百年を記念して各地で上映された。

テレビドラマでは、一九八〇年のＮＨＫＴＶ『獅子の時代』は山田太一脚本でもあり、有名である[42]（シナリオは教育史料出版）。演出の清水満によると、最初福島事件で終わる予定であったが、スタッフの協議で秩父事件まで伸ばしたとのことで、菅原文太もその意見を強調し、最後の「自由自治元年」の旗をなびかせる場面を提案したとのことである。

演劇では、一九六五年、秩父事件八十周年記念演劇「野火」が上演され、八四年、事件百年を記念して取組まれた劇団銅鑼の早川昭二著『虹のゆくえ――女たちの秩父事件』がある。その間、井上伝蔵の子孫・井上和行（民衆舞台）は秩父事件の一人語りを演じている。埼玉県民オペラ『秩父晩鐘』が埼玉会館で上演されたのが一九八八年であった。当時、秩父事件シンポジウムとともに開催されている。

そして、二〇〇四年に一二〇周年記念映画作品『草の乱』が神山征二郎監督のもと、地域住民の協力もうけて作られたのである。

小説に戻ると、井出孫六の『秩父困民群像』[43]が一九七三年、『峠の軍談師』[44]が七六年である。埼玉県人の新井佐次郎が『秩父事件小説集』[45]を出したのが八一年で、『新日本文学』、『文芸秩父』などで精力的な作家活動をすすめていた。図書館に勤めた下山二郎の『炎の谷』[46]は八四年の出版である。八七年には斎藤成雄が三部作の一環として『秩父に革命の嵐吹く――秩父暴動事件』[47]を上梓した。

山田風太郎の『地の果ての獄』[48]も秩父事件参加者に触れている。有馬四郎太を主人公に北海道を舞台に展開する小説で西部劇をみるようなおもしろさであった。その下巻に獄に繋がれた秩父困民党員が登場してくる。加波山事件の囚人が秩父事件関係者を見下すシーンを設定したり、井上伝蔵の手引きで脱獄を決行する場面があったりする。秩父事件を紹介する場面などは同情的であり、のちに取り上げる内田康夫の『菊池伝説殺人事件』とは対照的である。

同じ北海道の囚人たちを扱った吉村昭『赤い人』（講談社文庫、一九八四年）がある。樺戸集治監の赤い服を着せられた囚人たちを描いている。多くは自由民権家たち、政治活動に携わった人々で、道内の道路・港湾・鉄道敷設・鉱山労働などに携わった[49]。

内田康夫『菊池伝説殺人事件』に、秩父事件が使われていた[50]。

ヒロインの恋人辻の先祖が「秩父事件の首魁」菊池貫平で、秩父事件を「明治時代に秩父地方であった農民一揆のようなものだと思います」といわせ、「（ヒロインの父の家）菊池家は信州佐久の名家でしてな、秩父騒動の際、高橋貫平はその菊池家の人間であると名乗って、秩父から十石峠を越えて信州に乗り込み、略奪をほしいままにしたのですよ」というセリフもある。事件の経過と「極悪人のように紹介された」貫平観が記されている。この小説には批判的事件観をみることができる。警察官殺害事件を取り上げたり、貫平が持ち逃げしたり？　軍資金の隠し場所をめぐる推理などが設定されたりして、「いまだに火付け強盗」の秩父事件像が描かれていた。

これはフジテレビで二〇〇五年四月に放映された。そこでは学芸員を登場させて「暴徒」菊池貫平像に肯定的な発言をさせている。その後、二〇一一年、TBSでもドラマ化され、一二五年たっても「暴徒暴動」史観をぬけでられない作家、映像作家たちの怠慢が問題となった。公共電波に流されただけに看過できない。

ところで、県立浦和図書館に、金子直一『影（金子直一小説集）』[51]（一九七九年）がある。二つの短編で事件が扱われていた。作者は皆野出身で、地元を題材として描いている。「かんぼう」では、「金子多四郎」の子孫との交流から「証憑書類」を史料に事件への参加過程を追ってゆく物語である。「少年――秩父事件異聞」はより物語性を増し、事件が始まり村に困民党が来る中で隠れて過ごす様子を描いている。中畦一誠『やまなみ残照』[52]も皆野在住者によるものであるが、事件参加に消極的な影が気になった。

もっと秩父人の「誇り」というか、「気概」というか、英字新聞やフランスや中国の新聞に取り上げられ、養蚕製糸を通して、世界の先端技術につながっていたこと、薩長明治政府の上からの「近代化」路線とともに、上武甲信州の在地農民たちのすすめていた繭・生糸と結ぶ地域からの「近代化」路線を描き、地域の経済を潰したのが松方デフレ策であったこと、一方では、解放された突き抜けた楽天性を話題にしたり、圧制政治をすすめる政権担当者の「不正義」に「異を唱え」「義に生きる」秩父人の律義さを描いたりする、「ひと」が持っている明るい部分や人間らしさをもっと積極的に掘り起こすこと、描きだすことが大切だと思う。山林集会や高利貸請願、郡役所請願等で学んだのであろうか、「同胞人民ヲ救フハ至極良キ策ト感心仕リ」参加した青年がいたのである。[53]

先の金子直一は、金子兜太に「密告料に眼がくらんで、栄助を密告した老婆の村芝居が、事件後ひそかに上演されていたことを話していた[54]」。

新井佐次郎は、大正期に秩父で田代を主人公に芝居が上演され、密告のため老婆が家を抜け出す段で聴衆が「この糞婆！」、「ごうつく婆、くたばれ！」と、口々に野次ったことを紹介し、「妙見宮境内での田代妻子と水盃の別れ」が伝承されていたことは『秩父義民伝』の一齣だったかも知れないのである、と書いている。[55]

また、事件当時の秩父という位置を考えることが大事であろう。鉄道は高崎から先は通っておらず、碓井峠も未開通である。上州、信州、甲州の人々が行き交う街道は秩父を経由して江戸・東京、そして横浜に入った。[56]「山国秩父」が閉ざされた領域ではなく、養蚕生糸を通じ、上武甲信間の交流する結節点・秩父、それゆえの先進性を描けないかと思う。上野—横川間の鉄道開通は一八八五年、軽井沢—横川間の碓氷峠越えは一八号線道路を一八八八〜九三年にかけて官営鉄道が開業するまで馬車鉄道が二時間半かけて越えていたという。

今の過疎問題があって、明治期の真の秩父像がつかめず、描かれていないように思う。

# おわりに

最後に、児童文学について少しだけ触れたい。

秩父事件の物語化は重要な教材となる。事件像をつかみやすい本が欲しい、という教育界の要求がある。伝承という意味でも大事な分野である。

これまで管見のところ、次のようなものがある。

真鍋元之『秩父困民党物語』（国土社、一九七五年）

川村善二郎「秩父事件」（和島誠一等編『日本歴史物語5　近代のあけぼの』河出書房、一九五五年）

井上栄次「秩父困民党」（和島誠一等編『日本歴史物語5　近代のあゆみ』河出書房新社、一九六三年）

和歌森太郎等編上川淳著『少年少女おはなし日本歴史8　明治維新』（岩崎書店、一九七〇年）

早船ちよ「椋神社の竜勢——日本からベトナムへ」（『いっぱいのひまわり』新日本出版社、一九七四年）

「秩父事件」（『おはなし日本歴史⑫　自由民権』岩崎書店、一九七四年）

埼玉県社会科教育研究会「立ち上がる秩父農民」（埼玉県社会科教育研究会編著『埼玉の歴史ものがたり』日本標準、一九八一年）

歴史教育者協議会編「『自由』の旗をかかげて」（『おはなし歴史風土記⑪　埼玉県』岩崎書店、一九八四年）

内田映一『うるし木の娘』（岩崎書店、二〇一〇年）

子どもにわかりやすいこと、それは各地に『民話（むかしばなし）』を生み出す素地となるように思う。一万もの人びとが関わった壮大なドラマがある。生活のため、子孫のため、世のために命をかけて戦った人々の息吹が残るような作品が欲しいと思う。「炉端話」、「読み聞かせ」などによって、語り伝えられれば、「秩父事件参加者の復権」が果たせるのではないかと思う。

特に、秩父の地は歌舞伎の盛んな所、「織平（または栄助）、子別れの段」を作り上演してもらいたいと念願している。小鹿野飯田の鉄砲祭りの夜、そんな歌舞伎の舞台を見てみたい。

事件を取り調べた川淵龍起氏（のち宮城控訴院検事長）は「暴徒の幹部中、人物の最もしっかりしてゐたのは加藤織平であった」と語った[57]。また、報道にこうある「加藤は死刑を申し渡されし時も泰然自若として更に平日に異なることなく、其豪胆なる自ら言語動静に見られし[58]」。

総理・田代栄助もまた、次のように記録されている。

「浦和監獄署ヨリ熊谷監獄署ニ送致ノ途中　汽車ノ窓ヨリ秩父ノ山岳ヲ望見シツヽ、善吉苦笑シテ曰ク秩父ノ遠望モ現世ノ見終ハリナリト　栄助平然微笑シテ曰ク特リ山色而巳ニ非スト　一行唖然タリト[59]」

群馬から参加した一農民・新井貞吉はこのような辞世を位牌に残している。

「国憂う心の曇り晴れもせで　死出の旅路を辿るわが身は」

田代の微笑、貞吉の辞世、そして冒頭の農民たちの言葉とを重ね合わせると、参加者の「思い」が私たちに問いかけているように思えるのである。

事件後、十年刻みに日清戦争、日露戦争、第一次世界大戦と戦争の歴史が続いていった。

**注**

（1）　井上幸治ほか編『秩父事件史料集成』（二玄社）第六巻・一九八九年、八六〇〜八九一頁、第三巻・一九八四年の附録井上幸治

論文。埼玉県歴史教育者協議会編『自由にかけた夢』一三三〜一三六頁。
（2）国際ニュース事典出版委員会編『外国新聞から見る日本②』（毎日コミュニケーションズ、一九九〇年）。
（3）「秩父暴動始末三」（前掲『秩父事件史料集成』〔注1〕第四巻・一八八六年）三五一頁。
（4）長谷川昇「明治十七年の自由党」（『明治史研究叢書 IX 民権運動の展開』一九五八年）。
（5）長谷川昇『博徒と自由民権』（中公新書、一九七七年）。
（6）林有章「秩父暴動記」（『幽嶂閑話』一九三五年、のち『熊谷史話』と改題複製、国書刊行会、一九八一年）。
（7）荻野富士夫「明治期司法権力の社会運動抑圧取締（1）」（小樽商科大学『商学討究』第三九巻一号、一九八八年八月）。
（8）「埼玉県にゆかりの偉人データーベース」http://www.pref.saitama.lg.jp/site/ijindatabase/
（9）『埼玉新聞』昭和五三年四月二六日（江袋文男『松庵人生雑録』一九八〇年所収）。
（10）高島千代「秩父事件裁判考」（関西学院大学法政学会編『法と政治』第五一巻一号、二〇〇〇年四月）に「時勢阿房太郎経」の分析がされている。
（11）『光栄乃秩父』昭和七年八月一日発行（日本弘道会秩父支部発刊、のち大阪で発行された『秩父聖人』昭和一七年七月発行に再録されている）。
（12）小河和男「『首魁』の妻クニ」（秩父事件研究顕彰協議会会報『秩父』第一二一号、二〇〇七年一一月）。
（13）小池喜孝『秩父颪——秩父事件と井上伝蔵』（現代史出版会、一九七四年）。
（14）秩父文化の会『文芸秩父』第一一六号、二〇〇一年一一月、四三頁。
（15）藤林伸治「上州からみた秩父事件」（『文芸秩父』第一七号、一九七六年一〇月）。
（16）田島一彦「秩父事件外伝5、12」（秩父事件研究顕彰協議会会報『秩父』第三〇号・一九九二年九月、第六四号・一九九八年五月）。
（17）若狭蔵之助「秩父事件を考える——民衆のとりで共同体」（『毎日新聞』一九七四年一一月一二日）。
（18）小泉忠孝『鎮魂秩父事件——祖父田代栄助の霊に捧ぐ』（まつやま書房、一九八四年）。
（19）『アサヒグラフ』第三二二九号「秩父事件百年ワイド特集」（一九八四年一一月九日）。
（20）秩父事件九五周年時には遺族会として熊谷、浦和両監獄における慰霊祭のきっかけを作り、遺族会『秩父事件』創刊号・一九八〇年一一月、第二号・一九八一年五月に茂吉一代記や慰霊祭が掲載されている。遺族については高野寿夫『秩父事件子孫からの報告』（一九八一年）、会発行『秩父事件』第一〜四号、一九八〇〜八三年がある。

(21)　新井佐次郎「秩父事件――震源地からの証言」(新人物往来社、一九七九年)。
(22)　藤林伸治「火の谷」(中澤市朗編『秩父困民党に生きた人びと』現代史出版会、一九七七年)。
(23)　森山軍治郎『民衆蜂起と祭り――秩父事件と伝統文化』(筑摩書房、一九八一年)。
(24)　前掲『秩父事件史料集成』第六巻〔注1〕にも所収。
(25)　小野文雄・江袋文男監修『秩父事件史料　第三巻』(埼玉新聞社出版局、一九七六年)にも所収。ただし翌年の記事については所収がない。田代については、大沼田鶴子所蔵文書に「秩父侠客田代栄助氏――暴徒ノ巨魁栄助氏と其の人格と事件の真相」と表紙に手書きされた史料がある。最後に「大正三年三月二九日から四月七日まで『報知新聞』連載、大正九年　新井書」とメモされてもいる。『秩父事件』第三号(秩父事件遺族会発行、一九八一年一一月)に両神村・出浦三男宅所蔵の同記事の切り抜きが掲載されている。しかし、当該新聞にはこれは見当たらなかった。記名された連載日は興味深い。事件を弾圧した内務省警保局長の清浦圭吾が首班指名されながら流産してしまう時期なのである。
(26)　埼玉県立浦和図書館に複製されている。なお、渡辺黙禅『匕首芸妓――事実小説』(樋口隆文館、明治四四年)は、国会図書館の「近代デジタルライブラリー」にも収録されている。
(27)　三上於兎吉「秩父騒動」(『実話雑誌』創刊号　昭和六〔一九三一〕年四月、非凡閣)。
(28)　高橋中禄「秩父一揆巨魁の逃竄」『文芸春秋』昭和六年三月号。
(29)　尾佐竹猛「秩父暴動」(『武蔵野』第一五巻一二号、一九三〇〔昭和五〕年、のち『尾佐竹猛著作集』第二四巻、二〇〇六年所収)。
(30)　伊藤痴遊「秩父暴動と自由党員」(伊藤仁太郎『巨人星亭』東亜堂書房、大正二年、のち大正一四年、忠誠堂版。昭和四年に平凡社版『伊藤痴遊全集』第九巻に収録)。
(31)　油井熊蔵『秩父事件と其前後――自由党事件史』(汗牛充棟閣、昭和一〇年)。
(32)　前掲林有章「秩父暴動記」〔注6〕。
(33)　尾佐竹猛「秩父暴動の真因と其幹部」財政経済学会『三朝史話』一九三五年(のち明治大正史談会編『明治史話』昭和一二年、国会図書館所蔵本)。
(34)　「秩父事件の落合寅市翁逝く」(『明治文化』昭和一一年九月)、秩父事件研究顕彰協議会会報『秩父』第五四号、一九九六年九月。
(35)　堺利彦「秩父騒動」(『改造』昭和三年一〇月号)。
(36)　平野義太郎「秩父暴動――その資料と検討」(『歴史科学』昭和八年一二月号)。

(37) 本庄陸男『石狩は懐く』(大観堂書店、昭和一四年) 利用本は一九四〇 (昭和一五) 年四月の一二版である。
(38) 江袋文男『秩父騒動』(秩父新聞出版部、一九五〇年)。
(39) とうませいた (藤間生大)『秩父風雲録——秩父農民斗争記』(埼玉県義民顕彰記念刊行準備会、一九五二年)。
(40) 西野辰吉『秩父困民党』(講談社、一九五六年)。
(41) 村松梢風『本因坊物語——近世名勝負物語』(新潮社、一九五四年、のち五七年『近世名勝負物語 第一 秩父水滸伝、女侠剣豪伝』、自由国民社)。
(42) 山田太一脚本『獅子の時代』全五巻 (教育史料出版、一九八〇年)。
(43) 井出孫六『秩父困民党群像』(新人物往来社、一九七三年)。『アトラス伝説』で直木賞作家となったが、『困民党群像』でのそれでなかったのを悔しがったという。
(44) 井出孫六『峠の軍談師——連作・秩父困民党稗史』(河出書房新社、一九七六年)。
(45) 新井佐次郎が『秩父事件小説集』(まつやま書房、一九八一年)。
(46) 下山二郎『炎の谷——秩父事件始末記』(国書刊行会、一九八四年)。
(47) 斎藤成雄『秩父に革命の嵐吹く——秩父暴動事件』(近代文芸社、一九八七年)。
(48) 山田風太郎『地の果ての獄』文藝春秋、一九七七年 (初出『オール讀物』一九七六年六～八月号)。
(49) 吉村昭『赤い人』(筑摩書房、一九七七年) は『文芸展望』第一七号 (一九七七年四月) および第一八号 (七月) に掲載された。苛酷な囚人の労働状況は小池喜孝の『鎖塚』(現代史資料センター出版会、一九七三年) など連作に詳しい。
(50) 内田康夫『菊池伝説殺人事件』(角川春樹事務所、一九九七年)。初出は一九八九年に『野生時代』に連載。
(51) 金子直一『影 (金子直一小説集)』(私家本、一九七九年)。
(52) 中畦一誠『やまなみ残照』自費出版、二〇〇八年。
(53) 井上幸治『秩父事件』(中公新書、一九六八年) 八七頁。
(54) 金子兜太「秩父困民党」(『思想史を歩く』朝日新聞社、一九七四年)。なお、困民党側に立つ神道無念流剣士・飯塚千太郎や校長・天沼要が指摘されている。
(55) 新井佐次郎『秩父事件——震源地からの証言』(新人物往来社、一九七九年)、同『秩父困民軍会計長 井上伝蔵』(新人物往来社、一九八一年)、同『秩父事件の妻たち』(東京書籍、一九八四年)。新井は、大棚部耕地の芝居を刑死した坂本宗作 (墓に志士と刻む) の初七日供養芝居と推定している。

(56)　前掲尾佐竹猛「秩父暴動の真因と其幹部」(注33)。
(57)　『東京横浜毎日新聞』一八八五年二月二二日付ほか。
(58)　『静岡大務新聞』一八八五年三月四日。
(59)　「秩父暴動実記」(前掲『秩父事件史料集成』第六巻〔注1〕)。

# コラム5　もみじ寺の「大阪事件」犠牲者慰霊碑をめぐって

竹田　芳則

一九九五年一一月二三日、「大阪事件」首謀者の大井憲太郎と小林樟雄が逮捕されて、ちょうど一一〇年目にあたるこの日、大阪市天王寺区の寿法寺（通称もみじ寺）において、「自由民権『大阪事件』犠牲者追悼のつどい」（以下「つどい」）が、大阪民衆史研究会により開催され、松尾章一氏による記念講演などが行われた。

大阪事件渡韓グループの一員として予定され、逮捕された壮士のうち、福島県出身の加藤宗七は送検前に、群馬県出身の山崎重五郎、長野県出身の土屋市助、茨城県出身の川北虎之助が予審中に病死した。もみじ寺には彼ら四人の慰霊碑があり、道路計画などのために長らく境内の外に放置されていたのが、関係者の働きかけにより、この年の春に再建され、「つどい」はこれを記念したものであった。

四人の慰霊碑は、大阪事件裁判中の一八八七（明治二〇）年に、当初はもみじ寺の西南約一キロ離れた安居天神に、「在阪の有志者」により建立された。同年九月一〇日には、これを記念して天神山において「慰霊懇親会」が盛大に開催された（『大阪日報』明治二〇年九月一三日付）。これには、板倉中ら大阪事件被告弁護団も参加し、各地の民権家が追悼の演説を行った。

しかし、慰霊碑には大阪事件の内容を記すことも認められず、いつしか忘れられ倒壊して、天神の片隅に片付けられてしまったという。その後、電車敷設のため有志協議の上、もみじ寺へ移石し、一九一〇（明治四三）年五月に同寺境内にて追悼会が行われ、元立憲政党幹部で「大阪事件」弁護人の一人、その後大阪府知事にもなった菊池侃二を初め三十余名が参加した（『大阪毎日新聞』明治四三年五月九日付）。一方で、この年の八月には「日韓併合」が行われたのであり、その意味は深長であるとせねばならない。

早稲田大学大学史編集所所蔵の『自由党史』（一九一〇年三月、五車楼刊）に、犠牲者の山崎重五郎の実兄で、元自由党幹部の斎藤壬生雄の書き込みがあることが、大日方純夫氏により発見された（『歴史評論』第三八七号、一九八二年）。斎藤は、同書の山崎の部分に傍線を付して、欄外に「愚弟」についてのコメントを書き込んでいる。その中で、追悼会の年の一〇月に、大阪府下の浜寺公園で開催された大会（日本基督教会と考えられる）参加の帰途、「紅葉寺ニ墓参」したと触れている。

大阪事件一一〇年の「つどい」を主催した大阪民衆史研究会は、その数年前から慰霊碑の再建に向けた取り組みを準備していた。一方で斎藤、山崎兄弟の甥の娘にあたる河合和子さんが、寿法寺（もみじ寺）と同じ浄土宗の京都の塔頭（たっちゅう）に嫁いでおり、河合さんの寿法寺への熱心な働きかけで、再建が実現したのであった。

「つどい」に参加した大阪事件犠牲者の子孫の皆さんと再建された慰霊碑

「つどい」開催にあたっては、四人全員の犠牲者の子孫についてリサーチを行ったが、川北虎之助だけは子孫の所在を見つけることができなかった。当日に参加いただいた関係の子孫は、加藤関係が奈良市在住の加藤安夫氏と康之氏、土屋関係が長野県佐久市在住の土屋次男氏、山崎関係は、東京在住で当時九四歳の斎藤忠一氏をはじめ、八名の血縁の方々であった。子孫の中には、以前にもみじ寺を訪れ、随分と慰霊碑の保存について心配していた人もおり、皆さん一様に、碑の再建と「つどい」の開催を非常に喜んでいた。

「つどい」開催から十数年を経て、もみじ寺境内の墓地整備に伴い、さらに慰霊碑は寺内で移転し、寺の努力で現在も美しく保たれている。

もみじ寺の現在の慰霊碑

「ヘイト・スピーチ」に象徴される今の社会状況を見た時、大阪事件を「顕彰」することについては、慎重に考えなければならないだろう。しかし一方で「つどい」に参加した子孫も代替わりが進んでいる。慰霊碑の持つ様々な意味を考え、その議論を風化させないためにも、そろそろ再び「つどい」を開催する必要があるのではないかと考えている。

# コラム6　宮崎兄弟の生きた自由民権

森永　優子

宮崎兄弟とは、肥後国荒尾村の郷士、宮崎長蔵の息子たちをいう。六男・民蔵（一八六五〜一九二五）、七男・彌蔵（一八六七〜一八九六）、八男・寅蔵、号は滔天（一八七〇〜一九二二）、それに長男真郷、通称八郎（一八五一〜一八七七）を加える。兄弟の精神的支柱は八郎であった。在野の武士の矜恃をもつ父親の薫陶を受けた激しい民権論者であり、西南戦争が起こると、熊本協同隊を組織して参加する。八郎の身を案じた仏学塾の師、中江兆民が急遽西下し一考を促すが、「西郷に天下取らせて復た謀反するも快ならずや、併し今度は兎に角やり損ふた」（宮崎滔天『三十三年の夢』平凡社東洋文庫、一九六七年、以下同じ）。後悔しながらも義に殉じて戦死した、と滔天は回想している。多感な少年たちは八郎の背中を追って、それぞれ仏学塾や徳富蘇峰の大江義塾で民権論、自由主義を吸収した。滔天がのちに自称した「先天的自由民権家」ということばは兄弟みなのものである。

寅蔵の目を中国にたいして開かせたのは彌蔵であった。二〇代に入ったばかり、キリスト教に帰依するもその信仰が揺らいでいた彼に帝国主義による東洋侵略を防衛することの重要性を説く。中国が疲弊するいまこそ「命を革め極を立つべきの好機」であり「言論畢竟世に功なし」。「腕力の権」によって中国が復興すれば影響は他の東洋諸国に及び、「遍く人権を恢復して、宇宙に新紀元を建立」するのである。中国革命の意義を悟った滔天の「一生の大方針は確立せり」。彌蔵は行動に移り、中国人になるために弁髪を結い、商館で働きながら中国語を学んだ。だが無理がたたって志半ばで世を去る。享年二九歳。死の直前に興中会員を介して孫文という革命家の存在が伝えられた。

ふたりのやり方にまっこうから異を唱えたのが民蔵である。その精神に異存はないが、中国人と偽って道を説くのは「正義の目的を達せんが為に権道を用ひるものにして、吾が断じて採らざる所なり」。彼にとって社会改革とは土地問題の解決であり、その手段として暴力を否定する。土地というものの性質とそれにたいする人類の権利に「正当合理の解釈を与へられんか、啻に天下貧民の状態を一変するを得るのみならず、同時に現社会の根底を革むるを得て、真の平和幸福始めて庶幾すべきなり」。だが自由民権運動はその解決策を示せず、民蔵はやがて土地均享主義という独自の社会改革論を編みだす。これは小所有者の立場に立って土地を再分配する構想である。議会での立法をめざして土地復権同志会を設立し地方を遊説、志ある有力者を個別に説得するという気の遠くなるような活動に乗りだした。その主張はしだいに社会主義者の関心をよび、彼自身「社会主義」を標榜するようにもなったが、資金難、大逆事件とのかかわりを疑われて活動を止め、その後は滔天に協力して中国革命に奔走する。しかし、そこにはかつての思想はまったくなかった。

滔天はアジア主義者とよばれる。アジア主義は、さまざまな対外認識と政治行動の交錯する複雑な思想である。そして、孫文との信頼関係、真摯な革命支援によって滔天は、アジア主義者のなかでも特別の地位を与えられている。彼は破天荒な生き方で人を魅了するが、その出発点は自由民権にある。若くして死んだ彌蔵、ある時期までの民蔵も民権に殉じた八郎の思想の継承者であり、さらには三人のみならず、貧窮のなかで彼らの活動を支えつづけた母、佐喜や妻たちも思想の実践者といっていい。自由民権運動に身を投じた多くの人々のなかでも実践の激しさでこれほどまでに徹底した一家があるだろうか。

孫文の秘書だった戴季陶の優れた日本分析、『日本論』（一九二七年）に出あって以来わたしは、中国と日本とのかかわりに興味をもち、勉強してきた。そして、中国の対日観から滔天をへて熊本の自由民権へたどりついた。自由民権からアジア主義を見る日本史の視点とはちょうど逆の方向を行ったことになる。中国革命における民族主義と国際主義の関係を考えるうえでこれは新鮮な切り口を与えてくれた。もし彌蔵が長生きをしていたら、彼らの〝中国革命〟はどのように展開されただろう。自由主義の挫折した民蔵は、なぜいっきに「権道」へ飛躍したのだろう。いっぽう最晩年の滔天の胸中にあった日本の国内改革の行方は？疑問はつぎつぎに湧いてくる。答えを求めてこれからも学んでいきたい。

# あとがきにかえて

横山真一

近年、激化事件を自由民権運動からの「逸脱」と捉え、自由民権運動は明治政府と共通の基盤に立つ国民国家建設の運動であったとする見解が提起されている。一八九〇年代から日露戦争までを通観するなら、国民国家論は有効かもしれない。しかし、この視点だけで八〇年代を語ることができるのだろうか。それは、幕末維新期から八〇年代をどのように捉えていくのかという視点とも大きく関係している。八〇年代を国民国家論の立場で見るのか、それとも富国強兵を性急にめざす明治政府と自由を始めとする諸権利の確立をめざす自由民権派の対立と考えるのか、拠って立つ視点によって歴史像は大きく異なる。

激化事件研究会は、自由民権運動と「激化」を重視する立場に立つ。これまで二六回研究会が開催され、会員各自数回の発表を経て、本書に一〇論文がまとめられた。これに六コラムが加えられ、深みのある内容になっている。研究史や問題意識をまとめた第一章を序論とし、個別九論文が本書の中心になる。以下、この九論文を自由民権と激化の関係・主体・弾圧・顕彰の視点から整理し直し、「激化」について考えてみよう。

まず自由民権運動と「激化」の関係を、岩根は国会開設請願運動から群馬事件までを見通す視点を提起した。宮部襄らは自由党中央と地域を結ぶ役割を果たし、八四年の減租請願集会の中心になる。群馬事件は孤立した蜂起になったが、武装蜂起を通して政府転覆・負債解放を実現しようとする動きは同時蜂起へ引き継がれていった。

減租請願を、自由党との関わりで追及したのが高島である。減租請願は自由党中央・地域自由党員・激化事件参加者のなかから行われた運動で、地域住民の要求に即して展開し、さらに徴兵・学校費へ問題が拡大化していった。高田事件以降の激化事件は、減租請願運動を介し、中央自由党の主張・運動の延長線上に位置づけられる事件であった。岩根・高島両論文から、自由民権運動と激化事件が密接な関係にあったことがわかる。

次に「激化」の主体について、どのようなことが言えるのか。まず「激化」の中心人物について、黒沢が田代栄助を、飯塚が富松正安を追求した。黒沢はこれまでの田代像を見直し、田代は「もっとも活動に積極」的で、「誠実な民権活動家」であったとした。さらに、田代らは事件を契機に「各地の同志が後に続いてくれる」ことを確信し、このことを官憲から隠し通そうとしていたと推論する。

これに対し、富松の「本志」を追及したのが飯塚（彬）である。大井憲太郎の影響を受けた富松は、鯉沼九八郎の爆弾暴発事故後、琴田岩松ら福島グループと栃木県庁襲撃に踏み出していく。県庁襲撃・その後の蜂起が、富松の「本志」であった。しかし、神田質商襲撃事件後突発的に起きた加波山蜂起で、「本志」は頓挫する。田代・富松ともに武力による実力行使をめざしたが、その後の対応は異なる。このことは、「激化」の中心人物の最終目標は同じであったが、その細部を見ると一様でなかったことを明らかにしている。

横山は、「激化」の中核を担った青年層の動きに注目した。一八八一年前後から活発化した青年層の動きは、八二年に急進化し、福島・喜多方事件の「盟約書」と高田事件の「天誅党主意書」へ結びつく。この動きが、八三年の高等法院公判で全国に報道され、また同年の自由運動会や野外懇親会で尖鋭化・広域化する。群馬事件・加波山事件・秩父事件は、この青年民権運動の「激化」の延長線上にあった。

「激化」に対する、官憲の弾圧はきびしいものがあった。このことを、安在は福島・喜多方事件の内乱陰謀予備罪・凶徒聚衆罪・官吏侮辱罪に注目し追及した。そこに見られる事実は、官憲の執拗なまでの弾圧の姿勢と開削工事に反対する一般農民へのきびしい処断である。弾圧の追究は緒に就いたばかりの新しい研究課題であり、秩父事件への弾圧を含めて新たな研究視点を提起したといえよう。

激化事件は、軍隊・警察を動員した官憲の鎮圧で終結したが、そこで終わらない。このことは、その後の顕彰を見れば明らかである。顕彰は二つに分けられ、日露戦後の加波山事件顕彰を追及したのが中元である。内藤魯一の顕彰活動は、日清・日露の戦勝を背景に、板垣退助の昇爵・志士の追弔・内藤の自負心・国民議会連携らが入り混じりながら展開しており、政治的な思惑の強い顕彰活動であった。

これに対し秩父事件の顕彰は、民間の手になる「暴徒」史観からの脱却が中心だった。鈴木は、秩父事件の伝承から事件の意義・官憲の脅威・「暴徒」史観の形成を指摘した。さらに現代に至るまで発表された秩父事件に関する小説・芝居・映画・演劇・児童文学を紹介し、この動きの中で顕彰運動を位置づけようとした。

一方篠田は、落合寅市の顕彰活動から筆を起こし、戦後の秩父事件記念集会・自由民権百年全国集会・事件関係書籍出版・映画上映などを通じて、「暴徒」史観が克服されていく過程を追った。顕彰があったからこそ、「暴徒」史観が克服されて「激化」が追想され、新たな視点が提起されていく。両論文は、このことをあらわしていた。

以上の簡単な紹介からも、「激化」には、人々の暮らしから政治のあり方にまで関わる、多様な側面があったことがわかる。国民国家論の視点に立てば、これらの側面を語ることはできない。地域と民衆の視点に立ち、自由民権運動を再構築していく際に、「激化」の内実を明らかにする作業が今後も必要になる所以である。

最後に、清水吉二氏のことに触れよう。二〇〇九年八月一五日、激化事件研究会はスタートした。この時の報告者の一人が、清水氏である（報告題「民権家長坂八郎の生涯——清く貧しく潔く」）。同じころ、私は秩父鉄道の車中で清水氏と話し合う機会があった。その時強く印象に残ったのは、群馬自由民権研究の第一人者でありながら、いまだに衰えぬ民権研究への強い想いであった。なぜ、その強い想いを長い間維持できたのか。氏の話や最後の報告から考えれば、それは自由民権が持つ清廉な魅力にあったのではないだろうか。もっとその話を御聞きしたかったが、残念ながらその後清水氏は病魔に冒され、昨年四月帰らぬ人となった。清水氏のご冥福を祈るとともに、残された者の務めとして清水氏の志を受け継ぎ、自由民権研究をさらに押し進めていくことを心に深く刻みたい。

# 付記

本書は日本経済評論社、なによりも同社社長の栗原哲也氏、出版部の新井由紀子さんにたいへんお世話になりました。研究書の出版が日に日に厳しくなる状況のなか、同社の温かいご理解とお力添えがなかったならば本書の刊行はなかったでしょう。
末尾にではありますが、栗原・新井両氏、陰ながら応援して下さった同社出版部の谷口京延氏、および本書表裏カバーの画像を、それぞれ提供していただきました早稲田大学図書館特別資料室、三春町歴史民俗資料館・自由民権記念館の皆様に厚くお礼を申し上げます。

執筆者を代表して　田﨑公司

| 参加者等 | 出典・参考 |
| --- | --- |
| | 『自由民権運動と静岡事件』141〜145頁 |
| | 「内藤魯一関係文書」4-8-16「裁判言渡書」 |
| | 『博徒と自由民権』254頁 |
| 内藤魯一 | 「三島通庸関係文書」535-9 |
| 大島渚・富田勘兵衛・鈴木松五郎の3名に死刑判決、奥宮健之ら7名に無期徒刑判決 | 『博徒と自由民権』255〜258頁、『新修名古屋市史』5巻194頁 |
| 湊省太郎・宮本鏡太郎は有期徒刑15年、中野二郎三郎・鈴木音高は同14年、広瀬重雄は同12年など | 『自由民権裁判の研究』中巻271〜277頁 |
| | 『自由党史』下巻189〜284頁、「三島通庸関係文書」538-15・16、川口暁弘『明治憲法欽定史』210〜262・付録18〜19頁 |
| 大井憲太郎・磯山清兵衛・小林樟雄が軽禁獄6年など | 松尾章一「解題」、『自由民権運動の研究』168〜173頁 |
| 11月15日来会者に荒川高俊・早川啓一・前田案山子・庄林一正・前島格太郎など | 『自由党史』下巻285〜326頁、『明治憲法欽定史』258〜266頁・付録18〜19頁、安在邦夫「『三大事件建白運動』について」(『自由は土佐の山間より』) |
| | 『自由党史』下巻316頁 |
| 庄林一正・川出光太郎・鈴木盛公 | 「三島通庸関係文書」543-11 |
| 愛知では庄林一正・白井菊也、岐阜では早川啓一などが保安条例の対象に | 『自由党史』下巻318〜345頁、「三島通庸関係文書」540-22、『明治憲法欽定史』340〜363頁・付録18〜19頁、寺崎修「保安条例の施行状況について」(手塚豊編『近代日本史の新研究Ⅸ』) |
| 飯田事件、保安条例違反事件などの関係者を含む | 『自由民権運動の研究』199〜260頁 |

| 西暦年月日 | | 内容 |
|---|---|---|
| 1886 | 6.11～20 | 静岡事件関係者が捕縛　【静岡事件】<br>・11日湊省太郎、12日鈴木音高・広瀬重雄・宮本鏡太郎、13日荒川高俊・山田八十太郎・鈴木辰三・清水高忠、14日真野真恷・清水綱義、16日小池勇、17日（か）村上左一郎、20日中野二郎三郎 |
| | 7.3 | 内藤魯一ら加波山事件附帯犯5名に対して罪状の言渡、内藤は事件参加者小林篤太郎に旅費を与え隠避した罪により軽禁固2月、罰金5円が言渡される |
| | 8.22 | 富田勘兵衛が大阪事件の資金調達のための強盗で逮捕、1887年3月中条勘助（名古屋事件関係者）が長野県で逮捕 |
| | 9 | 内藤魯一が大政党組織のため愛知県・長野県の有志団結に尽力、陸奥宗光・後藤象二郎と結託 |
| 1887<br>M20 | 2.20 | 名古屋重罪裁判所で名古屋事件の判決言渡し |
| | 7.13 | 東京重罪裁判所で静岡事件の判決言渡し |
| | 7～8 | 条約改正に関するボワソナード意見書提出（6月1日）、谷干城の意見書提出・辞任（7月3・26日）などをきっかけに条約改正中止・言論の自由に関する建白運動へ<br>8月以降星亨らが秘密出版、片岡健吉らが建白・請願を計画 |
| | 9.24 | 大阪重罪裁判所で大阪事件の判決言渡し、大井憲太郎・小林樟雄・新井章吾・舘野芳之助は大審院に上告 |
| | 10～12 | 片岡健吉・星亨らの建白運動開始（三大事件建白運動へ）、11月15日（鴎遊館）星亨・後藤象二郎らが有志懇親会 |
| | 11.10 | 警察令20号 |
| | 11 | 庄林一正らが租税の軽減・言論の自由・外交の刷新を求めて建白書を提出 |
| | 12.15<br>12.25 | 三大事件建白運動から保安条例へ<br>・2府18県（山形・宮城・岩手・福島・新潟・富山・福井・茨城・栃木・千葉・群馬・埼玉・山梨・長野・愛知・京都・大阪・兵庫・高知・愛媛）の代表90余名が建白書提出、星亨と片岡健吉を代表として総理大臣・伊藤博文に26日直談判することを決定<br>・保安条例公布（「内乱ヲ陰謀シ又ハ教唆シ又ハ治安ヲ妨害スルノ虞アリ」と認められる者を皇居・行在所より三里以内の地から三年以内の期間、退去させる） |
| 1889<br>M22 | 2.11～ | 帝国憲法発布、大赦令で出獄（強盗罪・殺人罪に処された名古屋・静岡事件の関係者は除外） |

| 参加者等 | 出典・参考 |
|---|---|
| | 1885.10.23・24） |
| 湊省太郎・広瀬重雄・小池勇（静岡事件）、久野幸太郎・塚原九輪吉・祖父江道雄・岡田利勝（名古屋事件） | 『静岡県自由民権史料集』819頁、『博徒と自由民権』252～253頁 |
| 皆川源左衛門・鈴木松五郎・種村鎌吉・佐藤金次郎・山内徳三郎・寺西住之助・鬼島貫一・大島渚・奥宮健之など | 『東海新聞』1884.12.17、『博徒と自由民権』224～227・251～254頁 |
| | |
| | 『東海新聞』1884.12.9 |
| | 『静岡県自由民権史料集』819頁 |
| | 『長野県史』通史編7巻417頁 |
| | 『静岡県自由民権史料集』819頁 |
| 愛国交親社員の小原佐忠治に重懲役10年、鈴木忠三郎・林弥曽八・高井太助に重懲役9年など | 「加茂事件」 |
| | 『自由党史』中巻293頁、『下野新聞』1885.7.11・29、『新潟新聞』同年7.26～8.16 |
| 坂崎斌・湊省太郎・龍野周一郎ら（10月25日～11月3日頃）、広瀬重雄・伊藤平四郎と桜井平吉の妻・光石すずなど（11月3日） | 『長野県史』通史編7巻417頁、『新修名古屋市史』5巻200頁 |
| | 『自由民権運動の研究』99～103頁、『自由民権裁判の研究』中巻254頁 |
| 内藤六四郎・富田勘兵衛などが関係 | 「大阪事件年表」（大阪事件研究会『大阪事件の研究』）337～338頁 |
| | 『静岡県自由民権史料集』820頁、『自由民権運動と静岡事件』306～331頁 |
| | 『静岡県自由民権史料集』820頁 |

| 西暦年月日 | | 内容 |
|---|---|---|
| 1884 | | |
| | 12.7、8 | 飯田事件の検挙で静岡事件関係者・名古屋事件関係者が拘引 |
| | 12.14 | 知多郡長草村戸長役場襲撃事件で皆川源左衛門が逮捕されると、これをきっかけに名古屋事件関係者の捕縛へ 【名古屋事件】<br>・12月19日名古屋事件参加者・鈴木松五郎捕縛、以下月末までに事件関係者が一斉に捕縛され強盗事件・挙兵計画が発覚<br>・政府転覆のための強盗・贋造紙幣計画、「四日市ノ三菱会社」砲撃、「地租ヲ減ジテ貰フ願ヲ飽ク迄スル」など目的は多様<br>・富田勘兵衛は大阪事件に参加 |
| | 12.27 | 爆発物取締罰則・火薬取締規則の制定 |
| | 12 | 名古屋の旧自由党員、板垣退助の遭難記念碑を本月20日までに建設のため奔走、尽力中 |
| 1885<br>M18 | 1.10頃 | 小池勇釈放 |
| | 2.16 | 飯田事件愛知関係者について長野軽罪裁判所松本支庁の予審終結（9月24日長野重罪裁判所で内乱罪に問われた被告が一括公訴） |
| | 2.19 | 湊省太郎釈放 |
| | 6.29 | 岐阜加茂事件関係者に対し岐阜重罪裁判所が判決言渡し |
| | 7.8、26<br>～8.16 | 7月8日赤井景韶の上告を大審院棄却、27日東京重罪裁判所で死刑執行、湊省太郎が26日から8月16日赤井景韶の追悼文作成の広告を『新潟新聞』に連載 |
| | 10.10～ | 長野重罪裁判所の公判、27日言渡し<br>・村松は軽禁獄7年、川澄軽禁獄6年、桜井軽禁錮3年6ヵ月など<br>・湊省太郎らが長野町で、裁判大詰めの10月25日から裁判後11月3日頃まで政談演説会 |
| | 10下旬 | 飯田事件で無罪判決を受けた広瀬重雄（10月27日）が帰途、宮本鏡太郎・湊省太郎と要人暗殺計画を名古屋で協議 |
| | 11.23～<br>1886.8 | 大井憲太郎らの朝鮮独立計画・内治革命計画が発覚し大阪・長崎で捕縛<br>福島・富山・新潟・茨城・栃木・神奈川・長野・群馬・秩父・愛知・高知などの旧自由党員が関係【大阪事件】 |
| | 12.25 | 湊省太郎・山田八十太郎・中野二郎三郎・宮本鏡太郎らが結盟 |
| 1886<br>M19 | 4.10 | 湊省太郎が伊藤博文邸に建白書を提出するが拒否される |

| 参加者等 | 出典・参考 |
|---|---|
| 村松愛蔵・八木重治・川澄徳次・江川甚太郎 | 「飯田国事犯事件」（『信濃毎日新聞』1885.10.14） |
| 中野二郎三郎・湊省太郎・真野真悠・鈴木辰三・小林喜作 | 「湊省太郎上申書」653頁、『静岡県自由民権史料集』818頁 |
|  | 『日本立憲政党新聞』1884.11.9・14 |
| 村松愛蔵・川澄徳次・八木重治・江川甚太郎・伊藤平四郎 | 「明治十七年十二月十六日付伊藤平四郎警察尋問調書」、寺崎修『自由民権運動の研究』30～32頁、『長野県史』近代史料編3巻126～133・146～147頁、家永三郎『植木枝盛研究』716～719頁 |
|  | 『長野県史』通史編7巻415～416・419～420頁 |
| 村松愛蔵・八木重治・江川甚太郎 | 「明治十七年十二月十五日付江川甚太郎警察訊問調書」（『自由民権運動の研究』2章32～34頁） |
| 久野幸太郎・鈴木松五郎・田中文次郎・広瀬重雄 | 「明治十七年十二月二十九日付塚原九輪吉警察訊問調書」（『自由民権運動の研究』35～36頁） |
|  | 「明治十七年十二月十九日付広瀬重雄警察訊問調書」（『自由民権運動の研究』36～37頁） |
|  | 「明治十八年二月二十五日付広瀬重雄警察訊問調書」（『自由民権運動の研究』37～38頁） |
|  | 「明治十七年十二月二十一日付八木重治警察訊問調書」・「明治十七年十二月九日付福住大宣警察訊問調書」（『自由民権運動の研究』38～39頁） |
| 村松愛蔵・八木重治・伊藤平四郎・岡田利勝・祖父江道雄・村上左一郎・広瀬重雄・湊省太郎 | 「明治十七年十二月十九日付広瀬重雄警察訊問調書」（『自由民権運動の研究』39～41頁） |
| 村松愛蔵・八木重治・伊藤平四郎・江川甚太郎 | 「明治十七年十二月十七日付八木重治警察訊問調書」（『自由民権運動の研究』41頁） |
|  | 手塚豊『自由民権裁判の研究』中巻11～13頁、「村松愛蔵拘引状」（『自由民権運動の研究』43頁）「飯田国事犯事件」（『信濃毎日新聞』 |

| 西暦年月日 | | 内容 |
|---|---|---|
| 1884 | 10下旬 | 村松愛蔵ら飯田事件グループが諸県に「百姓一揆」が起こっている情勢を前提に檄文の秘密出版を協議 |
| | 10.31〜11上旬 | 秩父での蜂起（秩父事件）に対して静岡事件グループが攪民社で会合、盟約どおり挙兵することで呼応しようとする |
| | 11.6 | 内藤魯一が加波山事件参加者・小林篤太郎に逃走資金を渡したとして滋賀県大津で捕縛 |
| | 11.8 | 村松愛蔵宅で明治政府打倒の決意を固める会合を開催<br>・政府が課税を厳にし「民ノ疾苦」を顧みないので「埼玉県ノ如キ暴動」が起る<br>・「志士」はこれを「黙過」せず「兵ヲ挙ゲテ政府ニ迫マラン」<br>・檄文の末尾を変更し「愛国義党革命委員」が決起を呼びかける文章へ（集会・結社・言論の自由尊重や立憲政体樹立、裁判権の独立、諸税軽減、国威発揚等を掲げ、施政を私物化する有司専制を批判、「革命の義挙」を訴える）<br>・「愛国義党軍令概略」「職員総則」「軍令職緒言」、暗号表・旗章の準備へ |
| | 11.12 | 川澄徳次が飯田町の愛国正理社へ（西日本・三洲社、愛知・岐阜の愛国交親社、飯田・愛国正理社による挙兵を構想し勧誘へ） |
| | 11.13 | 江川甚太郎宅で村松愛蔵らが秩父事件の沈静化や静岡との連携が不十分であることなどを理由に挙兵延期 |
| | 11.20頃 | 塚原九輪吉宅における強盗計画謀議に広瀬重雄が参加 |
| | 11.23 | 村松愛蔵と広瀬重雄・小池勇が村松宅で三者会談、「挙兵ノコトヲ約」す |
| | 11.26、27頃 | 広瀬重雄・八木重治が「要路ノ官吏ヲ暗殺シ地方ニ兵ヲ挙クル等」を盟約 |
| | 11.28、30 | 28日村松愛蔵・八木重治・伊藤平四郎と村上左一郎・湊省太郎らが公道館で会合<br>30日湊省太郎と八木重治・中島助四郎・伊藤平四郎・福住大宣らが公道館で接触 |
| | 12.1 | 村上左一郎宅に飯田・名古屋・静岡事件関係者が会談 |
| | 12.3 | 村松愛蔵らが公道館でさらなる遊説員募集・資金借入などについて相談 |
| | 12.3〜5 | 元愛国正理社員の密告により村松愛蔵らの計画発覚、一斉逮捕へ　【飯田事件】<br>3日川澄徳次・桜井平吉ほか愛国正理社員ら、5日村松愛蔵（八木重治もか）、6日江川甚太郎 |

| 参加者等 | 出典・参考 |
|---|---|
| 会主市古春平・内藤四郎・杉原重造・内藤六四郎・平岩隆三・相馬政徳・河合文三郎らが参加 | 『自由新聞』1884.9.2・12 |
| | 『長野県史』通史編7巻414頁 |
| | 『自由党史』中巻292～293頁、『自由民権運動と静岡事件』282頁、『自由党激化事件と小池勇』43頁、『自由新聞』1884.9.20 |
| | 「自由民権関係資料」13-8「重罪裁判所ニ移スノ言渡」 |
| 河野広體ら福島県グループと富松正安ら茨城県グループ | 『加波山事件関係資料集』494～496頁、「富松正安裁判傍聴筆記」（『千葉新報』1886.6.30）、『信濃毎日新聞』1885.10.21、上條宏之「遍歴型民権家の誕生とその明治維新観の考察」（津田秀夫編『近世国家と明治維新』） |
| 署名者は、遊佐発・白井菊也・白井伊蔵ら208名 | 「明治十七年公文附録元老院建白書第三」（国立公文書館所蔵） |
| | 「内藤魯一関係文書」4-8-16「裁判言渡書」 |
| 富田勘兵衛が皆川源左衛門・村上辰右衛門を勧誘 | 『博徒と自由民権』240頁 |
| | 『自由党激化事件と小池勇』43頁 |
| ②愛知から村雨案山子・吉田（祖父江）道雄・平岩隆三・内藤四郎（内藤魯一・伊藤平四郎も参加か）らが参加、岐阜から菅井三九郎らが参加、静岡からは参加なし | 『自由党史』下巻75～88頁、『自由民権機密探偵史料集』354～360・371～372頁、「自由党史研究のために」史料27、西潟為蔵『雪月花』72～73頁、『自由民権革命の研究』238～254頁、『明治自由党の研究』上巻222～230・235～253頁 |
| | 参加者の「訊問調書」「裁判言渡書」（『秩父事件史料集成』1～3巻）、「暴徒一件書類　明治十七年　警視部」（同4巻）963～964頁、「秩父暴動実記」・田中千弥「秩父暴動雑録」（同6巻）など |

| 西暦年月日 | | 内容 |
|---|---|---|
| 1884 | 9.4 | 内藤四郎・内藤六四郎らが碧海郡北大浜村から知多郡亀崎まで海上に船を浮かべた海上自由懇親会を開催 |
| | 9.7か | 八木が桜井に檄文印刷などの援助を託して名古屋へ帰る |
| | 9.10 | 鈴木音高・清水綱義に匿われていた赤井景韶が清水邸を出て大井川橋で逮捕される（11月小池勇、赤井景韶が広瀬重雄による小池宛の紹介状を所持していたため教師を免職） |
| | 9上旬 | 川澄徳次、東京から名古屋へ帰着、途中岡崎の江川甚太郎を同志に引き込む |
| | 9.23～25 | 富松正安ら16名が茨城県加波山に「自由魁」「圧制政府転覆」等の旗幟をかかげて蜂起、檄文配布、警官隊と衝突　**【加波山事件】**<br>病床にあった坂田哲太郎（愛国正理社総理）が「茨城暴徒」のことを聞き「慷慨シ」「狂態ニ近キ有様」（10月19日坂田亡くなる） |
| | 9.24 | 白井菊也らが減租建白書を元老院に提出 |
| | 9.28 | 内藤魯一が加波山事件参加者・有一館生の小林篤太郎に逃走資金を援助 |
| | 9頃 | 「名古屋ノ自由党員」が「地租ヲ百分ノ一ニ致シ貰フ願ヒヲスル」ための強盗に自小作農を勧誘 |
| | 9頃 | 清水綱義・広瀬重雄らが小池勇を訪問 |
| | 10.22～28<br><br><br><br><br><br><br><br><br>10.29 | ①大阪・相輝館などで準備会<br>・22～25日解党論をめぐり議論（解党論は岩手・岡山・新潟、解党反対論は富山・神奈川・千葉・三河・岐阜、党縮小論は伊予・高知・大阪・丹波など）<br>・27日「解党ヲ可トスルモノ在大阪ノ会員ト外一名ヲ除キ総起立」（自由新聞社・有一館は出来るだけ維持する）、他方、減租請願を行い採用されなければ「腕力ニ訴へ」る議論（森山信一）、「茨城ノ暴烈弾」のように「吾党ノ勢力ヲ示シ」「政府カ恐レヲ抱クヨウ」すべしとの説（内藤魯一ら）、戯言「東京横浜間ノ汽車ニハ貴顕カ屡々乗ル故アノ間タニ仕事ヲセバ随分行ルベシ」（大木権平）もあり<br>②大阪・大融寺において自由党解党大会<br>・「有形團體の利ならざる」ゆえの解党、満場一致で決定<br>・高橋基一・植木枝盛提案で国会開設期限短縮の建白決定、11月7日元老院へ提出<br>・新潟の党員が解党反対、星亨（新潟で官吏侮辱罪に問われ拘留中）も解党反対の電報 |
| | 10.31～11.9 | 秩父で農民・自由党員が武装蜂起<br>・高利貸打毀しや「秩父郡一圓ヲ平均」などの「世直シ」的な言葉とともに、一部では「立憲政躰」「壓制ヲ変シテ良政ニ改メ」「人民ヲ自由ナラシメ」ることが語られる　**【秩父事件】** |

| 参加者等 | 出典・参考 |
|---|---|
| | 湊省太郎「上申書」「参考調書」(『静岡県自由民権史料集』)652～653・662頁 |
| | 『自由民権運動と静岡事件』277～278頁 |
| | 「加茂事件」 |
| 愛国交親社の農民400～500人 | 「加茂事件」、『自由民権機密探偵史料集』741～744頁 |
| | 『自由新聞』1884.8.2 |
| | 「加波山事件関係資料」38（1884.7.31付）小針重雄宛内藤魯一書簡（国会図書館憲政資料室所蔵） |
| | 「自由民権関係資料」13-8「重罪裁判所ニ移スノ言渡」、『自由党史』下巻95頁 |
| 主幹・片岡健吉（大阪・相輝館に派出するため内藤魯一へ交代）、幹事・磯山清兵衛、武術教師は北田正董・内藤魯一など | 『自由新聞』1884.8.12、『日本立憲政党新聞』同年8.16、「自由党史研究のために」史料24・25、『自由党史』中巻377～385頁、『民衆運動』280～281・284・290頁（「三島通庸関係文書」510-6） |
| 大島渚・富田勘兵衛・鈴木松五郎・奥宮健之など | 『日本立憲政党新聞』1884.8.16、『博徒と自由民権』241～243頁 |
| | 「内藤魯一関係文書」4-5-13「雑誌（信州紀行）」 |
| 内藤魯一・草野佐久馬・山口守太郎・杉浦吉副・天野市太郎・琴田岩松 | 「内藤魯一関係文書」4-5-13「雑誌（信州紀行）」 |
| | 『長野県史』通史編7巻414～415頁、「自由民権関係資料」13-8「重罪裁判所ニ移スノ言渡」 |
| | 「内藤魯一関係文書」4-5-13「雑誌（信州紀行）」、『自由新聞』1884.9.2・10・12・14・16 |
| 60人以上の会員参加 | 『長野県史』通史編7巻414頁 |

| 西暦年月日 | | 内容 |
|---|---|---|
| 1884 | 7.16 | 湊省太郎が宮本鏡太郎の紹介で福田定一郎・平尾八十吉と接触、その結果福田・平尾は大臣暗殺計画をとらず挙兵方式に同意 |
| | 7.18、19頃 | 小池勇、村松愛蔵訪問 |
| | 7.19 | 警察署襲撃発覚で愛国交親社に結社禁止処分 |
| | 7.23 | 岐阜県加茂郡3ヵ村の戸長役場に、愛国交親社の農民が刀剣・竹槍・鎌などを携えておしかける<br>・地租百分の一への軽減、地租以外の諸税廃止、徴兵令廃止、さらにこれを岐阜県庁に強願するよう要求<br>・幹部の目的は警察・郡役所破壊、富裕者から資金を強奪、これを軍資金に名古屋監獄から社長・庄林一正を救うこと　**【岐阜加茂事件】** |
| | 7.27 | 『愛知自由燈』の開業式 |
| | 7.30 | 小針重雄が内藤魯一に「脱党云々」の噂の真偽について確認する手紙に対し、内藤が「実ニ無根ノ妄説」と否定 |
| | 7下旬〜8 | 村松愛蔵・川澄徳次が檄文秘密出版で上京、8月10日桜井平吉が上京し村松・川澄・八木と会合、檄文秘密出版の地を東京から飯田に移すことを決定 |
| | 8.10 | 文武館・有一館（築地新栄町）の開館式、500余名が出席（朝鮮からの賓客含む、板垣退助は病気欠席）<br>・撃剣道具の準備、テキストには「革命史ノ如キモノ」 |
| | 8.12 | 平田橋事件（たまたま加わった奥宮健之は逃亡し大阪事件へ） |
| | 8.12 | 内藤魯一が村松愛蔵同伴で桜田備前町の愛国正理社社長・桜井平吉を来訪 |
| | 8.17 | 内藤魯一がのちの加波山事件参加者らと会談 |
| | 8〜9 | 8月桜井平吉・村松愛蔵・川澄徳次・八木重治が手紙で連絡して上京、政府転覆の檄文起草（原文は植木枝盛に依頼か）・印刷を決定、檄文出版の地を東京から飯田に変更（8月下旬に八木重治は檄文一通を持参し東京から飯田へ出発）、桜井による資金・印刷機の調達は難航 |
| | 8.23、29<br>9.1〜3 | 桜井平吉の要請で8月23日内藤魯一（有一館主幹）と曽田愛三郎が信州遊説に向けて上野駅を出発（途中まで飯田へ向かう桜井・八木重治と同道）、29日内藤魯一・曽田愛三郎が飯田に到着、9月1・2日飯田伝馬町永昌寺で内藤魯一・曽田愛三郎らが政談演説会を実施、翌3日は懇親会を開催 |
| | 9.3 | 愛国正理社の懇親会「自由万歳」「圧制撲滅」などの旗 |

| 参加者等 | 出典・参考 |
|---|---|
| 重秀ら | 問調書」（法務図書館所蔵）「愛知県大島渚等強盗事件書類」、『新修名古屋市史』5巻203～204頁 |
| | 『自由党史』中巻370頁 |
| | 川澄徳次「奇怪哉」1884.4.16の記述 |
| | 川澄徳次「奇怪哉」1884.4.16の記述 |
| | 川澄徳次「奇怪哉）1884.4.27の記述 |
| | 「自由民権関係資料」（田原市博物館所蔵）13-8「重罪裁判所ニ移スノ言渡」 |
| 旧三陽自由党員の奥村錠太郎・川合文三郎・国島博・福岡精一・宮田仁造・高木又市・相馬政徳・白井菊也など | 『自由新聞』1884.5.14 |
| 小林安兵衛・湯浅理兵・野中弥八ら自由党員、東間代吉など | 「予審原本」（『群馬県史』資料編20巻）285～290頁 |
| 白井菊也・村松愛蔵（三河）、伊藤平四郎・渋谷良平・久野幸太郎（尾張）など140余名 | 「自由党史研究のために」史料23・26、『自由党史』中巻371～377頁・下巻41～42頁、『民衆運動』281・283・287・290頁（「三島通庸関係文書」510-6） |
| | 鈴木音高「国事犯罪申立書」645頁 |
| | 『自由民権運動と静岡事件』255～257頁 |
| | 『自由民権運動と静岡事件』272～274頁 |
| 発起人総代は渋谷良平・墨卯兵衛 | 『自由新聞』1884.6.15、『自由燈』1884.6.15 |
| | 『民衆運動』276～290頁（「三島通庸関係文書」510-6）、『自由民権機密探偵史料集』339～340・364頁 |
| 清水綱義のほか、湊省太郎・鈴木辰三・鈴木音高・宮本鏡太郎・村上左一郎・小池勇・広瀬重雄 | 『自由民権運動と静岡事件』270～271・275～277頁 |

| 西暦年月日 | | 内容 |
|---|---|---|
| 1884 | | |
| | 4初旬 | 本部から地方巡察員を派遣（東海を宮部襄、長野・新潟を杉田定一が担当） |
| | 4.16〜21 | 4月16〜20日川澄徳次が高槻村・江川甚太郎を訪問、21日川澄が名古屋・村松愛蔵を訪問し「共ニ計画スル処アルヲ以テ」田原へ戻る（名古屋訪問中、鹿児島・三州社の巡回員・竹崎一二と会い談話） |
| | 4・21か | 自由党派出員の片岡健吉・植木枝盛が田原来訪、川澄徳次らが交流 |
| | 4.27 | 川澄徳次再び信州へ向けて出発 |
| | 4〜5中旬 | 村松愛蔵・川澄徳次・八木重治らが政府弾劾の檄文5万部の秘密出版を計画<br>その後、川澄が愛国正理社社長・桜井（柳沢）平吉に資金調達を打診 |
| | 5.4、5 | 5月4日の宝飯郡形原村政談演説会が警察官により解散、そのため、翌5日に旧三陽自由党員が巨船音羽号を海上に浮かべての政談演説会を開催、相馬政徳が前後3回演説 |
| | 5.15 | 群馬で陣場ケ原集会が開催され、生産会社頭取・岡部為作宅（富岡市）の襲撃へ【群馬事件】 |
| | 6.5 | 大阪で関西有志懇親会<br>・政府の自由党弾圧に対して、党員が「専ら革命論に傾き、人々切歯扼腕、以て最後の運動に出ん」として開催される<br>・自由党本部より星亨・大井憲太郎（ただし大井は「関西懇親会ヲ破壊」・「隠密会議」「偽党ヲ排斥」する目的か）・加藤平四郎・宮部襄（清水永三郎・伊賀我何人を伴う）<br>・大井は7月中旬まで帰京せず、「帰京次第東京ニ於テ一派独立スル」ため大阪でしばしば隠密の会議を行い「彼地方ノ壮士ト契約シ東京ト相往復スルノ計画」 |
| | 6中旬 | 鈴木音高が奥宮健之に「胸中ノ秘事」を語り、同志との連絡を約す |
| | 6 | 静岡グループ（湊省太郎・鈴木音高）と愛岐グループ（広瀬重雄・小池勇）結合 |
| | 6 | 山田八十郎・湊省太郎、官金強奪計画のため村雨案山子を訪問するが不在 |
| | 6 | 公道協会の発足 |
| | 6〜8か | 探偵報告<br>・本部で板垣退助が在京有志40余名に対し「目下ノ人心ヲ振起セント欲スレバ、非常ノ断行ニ非ズンバ到底挽回スル能ハズ」<br>・「表面活潑活動ヲ主張スル人々」と「専ラ内密ニ過激ノ活動ヲ行ハントスル者」（「決死派」「実行委員」）の存在<br>・「決死派七十余名ハ本月中ニ尽ク上京ノ約ヲ為シタリ」 |
| | 7.13 | 清水綱義宅会合、常・野・尾・三の一斉蜂起方針と資金獲得を決して夜強盗へ |

| 参加者等 | 出典・参考 |
|---|---|
| | 大学経済学部図書室所蔵）、『新修名古屋市史』5巻201～204頁 |
| | 『自由民権運動と静岡事件』240～245頁 |
| 三陽自由党主事・国島博ら | 「一色町所蔵文書」B-19-2「通知（三陽自由党解党会議開催につき）」 |
| | 鈴木音高「国事犯申立書」644～645頁 |
| | 『自由民権運動と静岡事件』245～246頁 |
| | 『静岡県自由民権史料集』817頁 |
| | 『自由民権運動と静岡事件』249～250頁 |
| | 「加茂事件」、『函右日報』1884.3.6 |
| ②静岡から鈴木音高（静岡）参加、愛知からは参加者なし、内藤魯一が愛知担当の常備員 | 『自由党史』中巻363～370頁、「自由党史研究のために」史料21・22、『民衆運動』283～284頁（「三島通庸関係文書」510-6）、『自由民権機密探偵史料集』320～325頁、『明治自由党の研究』上巻214～222・235～253頁、鈴木音高「国事犯罪申立書」644～645頁、『自由民権運動と静岡事件』265～269頁 |
| | |
| | 『自由民権運動と静岡事件』248頁 |
| | 永木千代治『新潟県政党史』126頁 |
| | 『長野県史』通史編7巻406～408頁 |
| 祖父江道雄・渋谷良平・岡田利勝・村松愛蔵・三輪 | 「明治十七年十二月九日付祖父江道雄警察訊 |

| 西暦年月日 | | 内容 |
|---|---|---|
| 1884 | | 直し』が石版社から出版 |
| | 1〜2 | 湊省太郎・真野真恷・鈴木辰三・鈴木音高らが挙兵主義で一致（第一・二回賤機山会議） |
| | 2.3、4 | 三陽自由党大会、解党を決議 |
| | 2中旬以降 | 鈴木音高が富松正安・仙波兵庫と接触、鈴木は仙波の紹介で高崎の深井卓爾・伊賀我何人と「同盟連絡」し3月中旬高崎に行き、資金強奪について相談 |
| | 2.24 | 湊省太郎・鈴木音高・中野二郎三郎らが江尻町で会合し、行動計画（6ヵ条の盟約）決定 |
| | 2.29 | 遠陽自由党解党 |
| | 2〜4 | 山田八十郎、湊省太郎らと合流 |
| | 3.1 | 庄林一正拘引 |
| | 3.10〜13<br>3.13<br><br><br>3.17<br><br><br><br><br>—— | ①10日常議員会、11・12日出京党員の相談会・13日午前下会議<br>・資金募集困難で、板垣退助が解党か辞任を希望<br>②東京で自由党臨時大会<br>党常議員廃止と総理特選による諮問・常備員の設置（総理による党事の専断承認）や文武館設立・巡回員派遣などの「露骨明言シ難キコト」などを決定<br>③各地総代員の相談会<br>・板垣から「武ノ一途」に偏することへの注意あり<br>・君塚省三が15日公布地租条例に対して減租請願運動を続けることを主張、板垣退助「元来減租ノコトハ其地方有志ノ特ニ尽力スル所ニテ敢テ自由党ガ為スト云フニアラズ」との発言に対して片岡健吉が相談会後に協議することを提案<br>④大会で上京した各地方「決死派」の間で「専制政府顚覆改革運動」、またその一環として各戸長役場管理下にある「納税金ヲ奪取ル」計画が協議され、その帰趨を見定めるために大井憲太郎・宮部襄らが「実行委員」派遣へ<br>・3月中旬、鈴木音高が高崎に行き、仙波兵庫とともに、伊賀我何人・深井卓爾に対して「革命」のための資金強奪について経験者の派遣を依頼 |
| | 3.15 | 地租条例 |
| | 3中・下旬 | 宮本鏡太郎が静岡へ移住し、湊省太郎らと合流 |
| | 3.26 | 赤井景韶、石川島監獄脱獄 |
| | 3 | 諏訪郡に寄留中の坂田哲太郎（愛国正理社総理）らが、田野母秀顕の記念碑建立募金運動を展開（この年後半、坂田らは地主・高利貸などの過酷な小作料・借金取立ての緩和を勧解裁判所に嘆願する農民・元結職人の代言人の役割を果たす） |
| | 3か | 祖父江道雄らが減租請願を協議していたが中止 |

| 参加者等 | 出典・参考 |
|---|---|
| | 『新修名古屋市史』5巻189頁 |
| ②愛知から遊佐発が参加 | 『自由党史』中巻358～362頁、「三島通庸関係文書」510-2、『明治自由党の研究』上巻211～213・235～253頁、『自由民権機密探偵史料集』310～320・369～370頁 |
| | 『自由新聞』1883.11.30～12.2・4～9・11～14 |
| 大島渚・富田勘兵衛・鈴木松五郎ら | 「名古屋事件人名一覧表」(『博徒と自由民権』204～205頁) |
| | 『静岡県自由民権史料集』817頁 |
| 交親社員150名 | 『新修名古屋市史』5巻178～179頁、「加茂事件」150～152頁 |
| 愛国交親社員らと久野幸太郎・塚原九輪吉・大島渚・鈴木松五郎ら自由党員 | 「加茂事件」、『博徒と自由民権』217～219頁 |
| | 『自由民権運動と静岡事件』240～241頁 |
| | 鈴木音高「国事犯罪申立書」643～644頁 |
| | 長谷川昇『博徒と自由民権』177～195頁 |
| | 川澄徳次「奇怪哉」1884.1.5～24の記述、『長野県史』通史編7巻413頁 |
| | 「加茂事件」 |
| | 『静岡県自由民権史料集』817頁、『自由民権運動と静岡事件』251～254頁 |
| | 祖父江道雄『地租軽減掟之註釈(ちそへらしおきてのわけがら)　一名不景気直し』(東京 |

| 西暦年月日 | | 内容 |
|---|---|---|
| 1883 | 10 | 名古屋の自由民権演説会で遊佐発が福島･喜多方事件の顛末を説いて中止解散に、遊佐発・村松愛蔵が事件下獄者家族救済の義捐金募集を開始 |
| | 11.2、3<br>5、7<br>11.16<br><br><br><br><br>11.27 | ①大会前の相談会<br>・解党論から募金・維持論（山際七司ら）へ<br>②東京で自由党臨時大会<br>･「議案ノ表面ハ醵金ヨリ云々ノ事」だが「内幕ノ議ハ」党の維持か「一旦解党シテ一大運動ヲナシ以テ勝ヲ一挙ニ得ヘキカ」にあり、「自由党ノ要路ヲ占メシ腕力破壊主義ノ三百名中」によって発起される<br>・10万円募集運動による党の維持（26日にも板垣の談話）<br>③滞京党員の会合<br>･植木枝盛の意図をうけた片岡健吉が上京した党員に対して翌年春の「減租建白」を提案 |
| | 11.28 | 田母野秀顕が石川島監獄で獄死、12月1日に田母野秀顕葬儀（谷中天王寺） |
| | 12.9 | 大島渚ら東春日井郡稲葉村で最初の強盗傷害事件を起こす（広義の名古屋事件が開始） |
| | 12.16、17 | 駿東郡御厨で貧民数百名結集し、御厨銀行に借金無利息年賦返済の要求を決議 |
| | 12 | 中島郡朝宮村で交親社員の愛知自由党員（木全甚三郎）に対する殴打事件（朝宮事件、この頃から連累社員が大量に検挙、ただし庄林一正は自由党残留） |
| | 12 | 交親社が資金難で50数件の強盗・殺人傷害事件（～1886年8月）、これに「現日本政府ヲ転覆セン事ヲ目的トシ」資金のために紙幣贋造計画をもつ久野幸太郎ら自由党員が合流（名古屋事件へ） |
| | 12～1884.1 | 湊省太郎が真野真恷・鈴木辰三と政府転覆の盟約 |
| | 年末 | 1881年国会開設の詔勅、1882年福島・喜多方事件、その後の言論弾圧や地租軽減の約束不履行などに対して、鈴木音高が軍事力による政府転覆を決意 |
| 1884<br>M17 | 1.4 | 賭博犯処分規則 |
| | 1.5 | 川澄徳次は和合学校の教員をやめ、地租軽減の運動のため出発（この後、上伊那・諏訪郡から山梨で民権家と交流し、1月23日に寧静館へ） |
| | 1 | 愛国交親社全国大懇親会において諸税減額・地租百分の一建白（地租改正条例第六章を根拠）を決定 |
| | 1 | 愛知県半田村の村上左一郎宅で政府打倒挙兵の盟約なる（小池勇・広瀬重雄・村上左一郎） |
| | 1 | 近藤寿太郎『改正徴兵令註解・附免否猶予表　一名新徴兵令早はかり』、近藤の実弟・祖父江道雄『地租軽減掟之註釈（ちそへらしおきてのわけがら）一名不景気 |

| 参加者等 | 出典・参考 |
|---|---|
| | 史編6巻605～611頁 |
| 城山静一・沢田寧・山田八十太郎 | 『自由新聞』1883.4.3 |
| 内藤魯一・塚原九輪吉・祖父江道雄・久野幸太郎・岡田利勝・庄林一正ら | 『内藤魯一自由民権運動資料集』205頁、『博徒と自由民権』175～179頁 |
| | 川澄徳次「奇怪哉」（田原市博物館所蔵）1883.4.1の記述 |
| | 川澄徳次「奇怪哉」1883.4.2の記述 |
| | 『自由党史』中巻293～305頁 |
| 静岡から中野二郎三郎、愛知からは内藤魯一・庄林一正・荒川定英・村松愛蔵・白井菊也などが参加 | 『自由党史』中巻235～236頁、「三島通庸関係文書」496-22、『明治自由党の研究』上巻235～253頁 |
| | 「加茂事件」146～147・151頁 |
| | 川澄徳次「奇怪哉」1883.4.26～年末の記述、『長野県史』通史編7巻408・412頁 |
| ②内藤魯一など | 『朝野新聞』1883.6.23、『自由新聞』同年6.23、『土陽新聞』同年6.24・28・29、『自由党史』中巻306～316頁、『馬場辰猪全集』3巻89頁、『自由民権機密探偵史料集』292～309頁、『明治自由党の研究』上巻199～214・235～241頁、「自由民権革命と激化事件」 |
| 自由党員・立憲政党員ら200余名、吉田（祖父江）道雄（名古屋）も参加 | 『自由新聞』1883.8.24～26・28、『自由党史』中巻316～333頁 |
| 1,500余名が集合 | 「加茂事件」、『自由新聞』1883.8.26 |
| | 『東海新聞』1883.9.27 |
| 湊省太郎 | 『自由民権運動と静岡事件』200頁 |
| 鈴木音高 | 『自由民権運動と静岡事件』203～204頁 |
| 安芸喜代香・桜間登・宮部襄など100余人 | 『土陽新聞』1883.11.8、『自由新聞』同年11.2・7 |
| | |

| 西暦年月日 | | 内容 |
|---|---|---|
| 1883 | | |
| | 3.19、20 | 城山静一（日本立憲政党新聞社）を招き政談演説（浜松） |
| | 3.29 | 内藤魯一等が名古屋秋琴楼で愛知立憲改進党発会式を妨害 |
| | 4.1 | 川澄徳次、高田事件の実情探知の旅費を得るため信濃地方に向け出発 |
| | 4.2 | 川澄徳次ら豊川で軍隊演習を見学 |
| | 4.16 | 新聞紙条例の改正～6月29日出版条例改正 |
| | 4.20、23～29 | 東京で自由党大会・懇談会<br>・解党論・「本部維持」の方法について議論、「改進黨討撃」方針が決定される<br>・「実行者」「壮士」の養成と「文武館」設立構想が提起される<br>・大会後に開催された高知・東京・群馬・岡山・徳島・愛知・岩手・栃木有志の会合で、「相互ノ最初ノ約束」としての「革命」を達成するために常議員による各地巡回を実質化して「廣ク同志ヲ求メ且ツ実行者ヲ見出」すべきとの発言あり |
| | 4 | 愛国交親社と自由党が名古屋で対立し分裂、秋頃より交親社社員が大量退社 |
| | 5 | 愛知県田原町の川澄徳次が飯田町訪問（7月から年末まで下伊那郡和合村の小学校教員をつとめながら愛国正理社と交流） |
| | 6.22、24<br><br>6.30、7.2 | ①22日板垣退助・後藤象二郎らが帰国、24日帰国歓迎会の席上で板垣が解党論を主張<br>②常議員会で解党めぐり議論へ<br>・将来「一大運動」をなすか解党して各地の運動に任せるかの議論あり、一方で「真正ノ破壊主義ノ者ヲ以テ秘密ノ結合ヲ為サント」する解党論も<br>・運動の打開策として10万円募集、池松豊記を通じた九州改進党との連絡、自由新聞社の維持、文武館設立と「壮士」の養成 |
| | 8.20 | 大阪中之島で関西大懇親会、板垣退助が欧州情勢について演説 |
| | 8.21 | 愛国交親社、海東郡甚目寺村で野試合大撃剣会を開催 |
| | 9.24 | 自由党員と愛国交親社の絶交、内藤魯一らが「自由党維持金」3,000円の募金を要求するが庄林一正が拒否したため両者は決裂 |
| | 9.28 | 湊省太郎、9月20日の演説（賀茂郡下田）で1年間演説禁止（1884年10月13日静岡で政談演説復帰） |
| | 10.19、26 | 鈴木音高、10月13日に行った演説「国民の義務」（磐田郡見附）で1年間政談演説禁止（19日静岡県内、26日全国） |
| | 10.24 | 松山で四国自由大懇親会、各地における減租請願運動（1882年冬から準備していたが「政党創立の事業」で中断していた）への着手などを確認 |

| 参加者等 | 出典・参考 |
|---|---|
| | 経済史研究所『経済史研究』12号） |
| | 『自由党史』中巻224～225頁 |
| | 『田原町史』843頁 |
| 喜多方警察署に集結した農民は1,000余名 | 『福島県史』11巻580～582頁、『喜多方市史』6巻（中）287～289頁、『河野盤州伝』上巻573～574頁 |
| | |
| 祖父江道雄・渋谷良平・村松愛蔵ら | 『新修名古屋市史』5巻189頁 |
| | 湊省太郎「上申書」650頁 |
| ・幹事は内藤魯一・渋谷良平・庄林一正<br>・遠陽自由党より沢田寧・中野二郎三郎・山田八十太郎らが参加、内藤魯一・中野二郎三郎らが演説<br>・懇親会（7日夜）には愛知県以西の15国から260余名が参加 | 『自由新聞』1883.1.12、『日本立憲政党新聞』同年1.13、「杉田定一関係文書」29-8-3-42、『自由民権機密探偵史料集』384頁、「自由党成立後の杉田定一」、『自由民権運動と静岡事件』213頁、『静岡県自由民権史料集』816頁 |
| | 「杉田定一関係文書」29-8-3-150・151、「自由党成立後の杉田定一」 |
| 貧農・小作層、中小商人層、職工、一部富農層など2500人を組織） | 『長野県史』通史編7巻406～407頁、上條宏之「愛国正理社考」（『近代日本の国家と思想』） |
| 内藤魯一・国島博・後藤文一郎・相馬政徳・白井菊也が演説 | 『愛知新聞』1883.3.14 |
| 太田松次郎・杉浦善七・天野清兵衛・神谷半十・鳥山利平が設立に尽力、村上左一郎・内藤魯一・国島博・後藤文一郎ら演説 | 『愛知新聞』1883.3.11 |
| 庄林一正・村松愛蔵ら250名前後が参加 | 『自由新聞』1883.2.23・3.18、「杉田定一関係文書」36-14-1と14-14、『新潟県史』通史編6巻605～607頁、大槻弘『越前自由民権運動の研究』160～179頁、森山誠一「北陸七州有志大懇親会高岡集会とその前後」（『歴史評論』402号）、「自由党成立後の杉田定一」 |
| 赤井景韶・井上平三郎・風間安太郎・八木原繁祉・加藤勝弥など逮捕 | 『新潟新聞』1883.3.21、『越佐毎日新聞』同年3.27、『自由新聞』同年3.31、『新潟県史』通 |

| 西暦年月日 | | 内容 |
|---|---|---|
| 1882 | | |
| | 11.11 | 板垣退助・後藤象二郎が欧州へ出発 |
| | 秋 | 村松愛蔵が『愛岐日報』入社、主筆となる |
| | 11.28～<br>12.1 | 農民と喜多方警察署警官の衝突、河野広中ら自由党員の逮捕<br>【福島・喜多方事件】 |
| | 12.12 | 請願規則 |
| | 12か | 愛知自由党有志総代の祖父江道雄らが、福島・喜多方事件で投獄された党員について奥羽七州の臨時会を仙台に開催すること、自由党本部に実地の情勢報告と臨機の処置をすることを要請 |
| | 不詳 | この年、湊省太郎「人心ニ適セス」「国家ノ危急ヲ顧ミサル」政府の転覆を決意 |
| 1883<br>M16 | 1.6、7 | 名古屋で函西自由大懇親会開催<br>・1882年12月22日前に森脇直樹が内藤魯一らと協議して、杉田定一・池松豊記（相愛社）・小林樟雄・河野広中・井出正光らと「志士閑話会」を開きたいと相談したことがきっかけ<br>・森脇直樹が福島の様子を伝え党員の「感動ヲ興シ狂暴ノ気焔ヲ生セシメタリ」 |
| | 2.5 | 杉田定一・松村才吉宛の内藤魯一書簡<br>・2月上旬か3月下旬、島地正存が内藤を来訪する予定<br>・「天下ノ事ハ只タニ表面上ノミノ働ニテハ遂に目的ヲ達ス可カラサル事ハ歴史ノ裁判ニ於テ明カナリ故ニ以来ハ別テ御注意神出鬼没兎角○○(ママ)ノ意外ニ出テ秘密ニ御計画アレ」 |
| | 2.8 | 飯田に愛国正理社を結成、相互扶助と知識養成を目的<br>総理は坂田哲太郎（熊本出身、茨城県で水戸新聞社・真愛会に属す） |
| | 3.4 | 三陽自由党の懇親会が岡崎専福寺で開催され、三陽自由党規則を改正、同夜政談演説会も開催 |
| | 3.6 | 三河国西尾に英語学校設立、開業式挙行 |
| | 3.10、11 | 北陸七州有志大懇親会を開催（富山県高岡町）<br>発起人は杉田定一・松村才吉・稲垣示・小間粛・八木原繁祉・山際七司・加藤勝弥など（鈴木舎定・島本仲道・馬場辰猪・末広重恭・磯山清兵衛・大津淳一郎・斉藤壬生雄・保泉良輔・渋谷良平・内藤魯一・岩田徳義・藤公治・草間時福・小島忠里・小林樟雄・加藤平四郎・前田兵治・片岡健吉・箱田六輔・池松豊記・和泉邦彦・柏田盛文などにも案内状を出す） |
| | 3.19、20 | 北陸七州有志大懇親会に派遣されていた長谷川三郎の「自供」をもとに頸城自由党員、新潟県下自由党員が内乱陰謀等の容疑で一斉検挙される　【高田事件】 |

| 参加者等 | 出典・参考 |
|---|---|
| | 『自由党史』中巻105～154頁、『自由民権機密探偵史料集』633～637頁、『新修名古屋市史』5巻183頁 |
| | 『愛知新聞』1882.4.19 |
| 村松愛蔵・永田英・中村準蔵・鈴木鹿太郎・太田松次郎・遊佐発・加藤平吉・小野久六 | 『愛岐日報』1882.4.28 |
| | 『愛知新聞』1882.4.22 |
| | 『自由民権運動と静岡事件』199頁 |
| 長野から竹村大助（竹村盈仲代理）、静岡から古郡米作・土居光華（井上順三代理）らが参加（愛知・岐阜からは参加者なし） | 『自由党史』中巻154～184頁、外崎光広「酒屋会議と児島稔」（『高知短期大学研究報告　社会科学論集』42号）、『静岡県自由民権史料集』815頁 |
| | 『自由党激化事件と小池勇』171～193頁 |
| | 『自由党史』中巻185～189頁 |
| ・静岡から古郡米作・土居光華・曾田愛三郎（静岡）、愛知から内藤魯一・庄林一正・吉田（祖父江）道雄・平岩隆三、岐阜から菅井三九郎らが参加<br>・集会条例改正に対して岳南自由党がは解散（6月30日）、遠陽部は遠陽自由党として独立（7月1日、主幹・沢田寧）、三陽自由党は解党するも再興（11月） | 『自由党史』中巻197～201頁、「自由党臨時会関係書類」・「集会条例ノ件ニ付臨時会合ノ景況」（国会図書館憲政資料室所蔵「三島通庸関係文書」496-5・6）、安丸良夫ほか編『日本近代思想体系21民衆運動』271～273頁、『明治自由党の研究』上巻88～103・126～132・235～253頁、「自由民権革命と激化事件」、『静岡県自由民権史料集』816頁 |
| | 長谷川昇「加茂事件」（『自由民権期の研究』2巻） |
| | 『自由新聞』1882.7.25 |
| 年表Ⅰを参照 | 年表Ⅰを参照 |
| 庄林一正ら、3,000余名が集合 | 『愛知新聞』1882.9.17 |
| | 『自由新聞』1882.9.28 |
| | 大阪経済大学図書館所蔵「杉田定一関係文書」29-8-2-43・44「庄林一正書簡」、飯塚一幸「自由党成立後の杉田定一」（大阪経済大学日本 |

| 西暦年月日 | | 内容 |
|---|---|---|
| 1882 | 4.6 | 板垣退助が相原尚褧に襲撃され、内藤魯一が相原尚褧を取り押さえる（板垣遭難） |
| | 4.19 | 濃飛自由党本部、「板垣君記念碑建設ノ広告」を『愛知新聞』紙上に掲載 |
| | 4.29〜5.1 | 自由党田原部設置、巴江神社にて村松愛蔵らによる政談演説会 |
| | 4 | 豊橋の自由党を東海自由党と改称し、仮本部を設置 |
| | 4〜 | 湊省太郎、岳南自由党とともに政談演説 |
| | 5.10 | 京都で酒屋会議<br>・植木枝盛・児島稔（以上、高知）・小原鐵臣（島根）・磯山尚太郎（茨城）・安立又三郎・市橋保身（以上、福井）が発起人 |
| | 5〜6 | 5月15日『経世新誌』1号創刊（小池勇・広瀬重雄）、6月2日『学事新報』創刊（小池勇・広瀬重雄・村上左一郎）、ただし『経世新誌』は1882年8月6日に内務卿に休刊届提出 |
| | 6.3 | 集会条例改正 |
| | 6.12〜19<br><br><br>6.26<br><br>6.29 | 東京で自由党臨時大会（板垣退助が辞任を申し出）<br>・諮問（後藤象二郎）の設置・副総理廃止、党費・地方部分担金の徴収など自由党規則の全面改正<br>・警察に届出し地方部を廃する、解散して新聞株主となる、「腕力」に訴えるなどの諸説あったが、結局届出することに（地方支部もそれぞれ対応）<br>・出京惣代との懇親会で、各地「惣代」が「是迄ニ度々協議決シタル通り押シ通シ本年ニモ兵ヲ起シ候方可然」と迫り、板垣は「兵ヲ起スハ三ヶ年自後之見込」と主張 |
| | 7 | 愛国交親社の組織再編<br>・農民層と草莽隊出身者で指導部<br>・活動は農民に対する撃剣指南が中心に |
| | 7 | 自由党員・村雨信子、板垣退助宛に金5円を寄付 |
| | 8末〜10 | 板垣退助の洋行問題をめぐる党内対立、福島・石川への壮士・遊説委員の派遣、一般民衆へ働きかけ「中央集権」した「東京本部」のもと「各地各部一時ニ蜂起」する計画（「広域蜂起派」の形成）、農民に対する減税の提起について会議 |
| | 9.15 | 愛国交親社、愛知郡八事山で野試合大撃剣会を開催 |
| | 9.21 | 経世社の広瀬重雄らが名古屋大須眞本座で政談演説会を開催 |
| | 11.2か3以後 | 杉田定一・林包明らが内藤魯一と協議、杉田は庄林一正とも会談し農民の組織化を進めていた愛国交親社の社則提供を依頼 |

| 参加者等 | 出典・参考 |
|---|---|
| | 民権運動と静岡事件』）218頁 |
| | 『愛岐日報』1881.11.22、『新修名古屋市史』5巻174～175頁 |
| 太田松太郎・村雨案山子・村上左一郎・相馬政徳・林文三郎・福岡精一・国島博・渋谷良平 | 『植木枝盛集』7巻281～282頁 |
| 鷲野鎗太郎、井村輝太郎、金子庄次郎、鈴木土佐次郎が発起人、三輪重秀も臨場 | 『愛岐日報』1881.12.21 |
| | 「内藤魯一関係文書」4-5-4「福島紀行」 |
| | 『自由民権運動と静岡事件』212頁 |
| 内藤魯一・六四郎・四郎、林文三郎・広瀬重雄・村上左一郎ら | 『愛岐日報』1882.1.25、『日本立憲政党新聞』同年2.6、寺﨑修『明治自由党の研究』上巻55～57頁 |
| 内藤魯一・渋谷良平・久野幸太郎・近藤寿太郎・祖父江道雄ら | 『日本立憲政党新聞』1882.2.6、『新修名古屋市史』5巻176頁 |
| 土居光華・小林喜作・曾田愛三郎・鈴木音高・湊省太郎ら | 『明治自由党の研究』上巻45～48頁 |
| | 『自由民権運動と静岡事件』199頁 |
| | 『日本立憲政党新聞』1882.2.8 |
| 平岩隆三ほか | 『愛知新聞』1882.3.14、「三陽自由党規則」P515－S67（東京大学大学院法学政治学研究科附属近代日本法政史料センター 明治新聞雑誌文庫所蔵）、『明治自由党の研究』上巻52～55頁 |
| | 『静岡県自由民権史料集』815頁 |
| 演説者は板垣退助・村雨信子（以上、豊橋）、板垣・村松愛蔵・安芸喜代香・宮地茂春・竹内綱（以上、田原） | 『愛知新聞』1882.3.29 |
| 幹事は祖父江道雄・岡田利勝 | 『新修名古屋市史』5巻183頁 |
| | 『自由党激化事件と小池勇』145頁 |
| 沢田寧・中野二郎三郎・鈴木貫之ら | 『静岡県自由民権史料集』815頁 |
| | 『日本立憲政党新聞』1882.4.2 |

| 西暦年月日 | | 内容 |
|---|---|---|
| 1881 | | |
| | 11頃 | 愛国交親社が徴兵免除・士族取り立てなどを掲げて社員を拡大（この年、自作・自小作・小作層に組織を拡大し社員は15,000名に） |
| | 12.1～10 | 植木枝盛の愛知県における政談演説（豊橋1～2、岡崎3～7、知立8、名古屋9～10日に滞在） |
| | 12.16 | 知立駅人民による少年の親睦会 |
| | 12.27 | 内藤魯一が福島県を自由新聞株券募集のため遊説（～1882年2月） |
| | 12 | 中野二郎三郎が浜松で政談演説（その後、1882年1・3・4月にも浜松・榛原郡などで演説） |
| 1882<br>M15 | 1.10 | 愛知県自由党知立地方部設置 |
| | 1 | 愛知自由党尾張支部「名古屋自由党」結成、人員800余名 |
| | 1下旬～<br>2前半 | 岳南自由党結成 |
| | 2 | 政府改革運動に失望し帰県した湊省太郎が政談演説会（静岡） |
| | 2 | 愛知県渥美郡神戸村の有志者高和、井上、中上が演説討論組織共研夜会を警醒社という自由主義団体に組織変更のため尽力 |
| | 3.5 | 三陽自由党設立、三陽自由党本部を三河国額田郡岡崎と定め、党中に主事・副主事1名、常議員5名を置くことを決定 |
| | 3.11～16 | 板垣退助が静岡県下を遊説 |
| | 3.18～20 | 板垣退助の豊橋・田原遊説、18日豊橋の懇親会で演説、20日田原の懇親会で演説 |
| | 3.29 | 板垣退助が愛国交親社主催の懇親会および愛知自由党尾張部の懇親会双方に出席 |
| | 3 | 小池勇・広瀬重雄、岐阜県多治見村で演説 |
| | 4.1 | 浜松に自由党遠陽部結成 |
| | 4.2 | 静岡攪眠社社主・前島豊太郎と客員荒川高俊が重禁錮に処せられるに際し、4月2日に哀弔政談演説会を開催予定 |
| | | |

| 参加者等 | 出典・参考 |
|---|---|
| | |
| | 『自由党史』中巻36頁 |
| 有志者15,735人 | 『静岡県自由民権史料集』319～321頁 |
| | 村上貢『自由党激化事件と小池勇』30～31・123頁 |
| 深浦藤太郎・段証依秀 | 『静岡県自由民権史料集』814頁 |
| | 『長野県史』近代資料編3巻(1)59～60頁 |
| | 『静岡県自由民権史料集』814頁 |
| 内藤魯一・村雨案山子・村松愛蔵・太田松次郎・国島博・渋谷良平ら63名が参加 | 「内藤魯一関係文書」4-5-1 |
| | 「山田八十太郎書取書」(『静岡県自由民権史料集』) 669頁 |
| | 『自由党激化事件と小池勇』123頁 |
| | 『愛岐日報』1881.8.18・19 |
| | 『自由党激化事件と小池勇』31～32頁 |
| | 『静岡県自由民権史料集』814頁 |
| | 『愛岐日報』1881.9.29・30 |
| | 広瀬重雄「公訴状」(後藤靖「飯田事件裁判記録」)、『自由民権運動と静岡事件』218頁 |
| 山際七司・竹内綱・林包明・鈴木舎定らが自由党組織原案を起草<br>結成大会には、愛知から内藤魯一・村松愛蔵・荒川定英・庄林一正・渋谷良平、岐阜から岩田徳義・早川啓一などが参加 | 『自由党史』中巻79～87頁、江村栄一『自由民権革命の研究』145～169頁、寺﨑修『明治自由党の研究』上巻235～253頁、『博徒と自由民権』168頁 |
| | 『自由党史』中巻77～79頁、湊省太郎「上申書」・鈴木音高「国事犯罪申立書」(『静岡県自由民権史料集』) 642～643・650頁 |
| | 『静岡県自由民権史料集』815頁 |
| 有志者19,089人 | 『静岡県自由民権史料集』332～334頁 |
| | 『自由党激化事件と小池勇』32～33頁、『自由 |

| 西暦年月日 | | 内容 |
|---|---|---|
| 1880 | | ・現政府について「早ク之ヲ顚覆シ、決死以テ自由政府ヲ置クヲ論ス」「激烈党派」の形成<br>・盟約「各自有志ノ士ヲ募リ、来ル五月ヲ期シ断然処置スヘキヲ論ス」 |
| | 12.9 | 太政官布告53号（「人民ノ上書」を元老院に対する「建白」に限定） |
| | 12.27 | 「国会開設建白書」（志太郡広住久道他7名）を元老院へ提出 |
| | 12 | 小池勇、教職を辞し『愛知新聞』客員さらに『愛岐日報』記者に（3日後に広瀬重雄も愛岐日報入社） |
| 1881 | 2 | 立権社結成（掛川） |
| M14 | 3 | 「建白書」（上伊那郡野木七郎） |
| | 6.7 | 広瀬重雄、『函右日報』に「告別県下三州諸君」発表（静岡県下を離れる） |
| | 6.18 | 岡崎「ます吉楼」において愛知県尾三両国自由党懇親会が開催 |
| | 7以降か | 山田八十太郎、官有物払下事件で革命の必要を認識 |
| | 7～11 | 小池勇・広瀬重雄が愛知県内で演説（9月22日には広瀬が「貧民救助論」） |
| | 8.18、19 | 内藤魯一が『愛岐日報』に「日本憲法見込案」を発表する |
| | 夏 | 小池勇・広瀬重雄『愛岐日報』退社 |
| | 9下旬 | 土居光華・荒川高俊が攪眠社に招聘される |
| | 9.29～30 | 村松愛蔵が『愛岐日報』に「憲法草案」を発表する |
| | 9 | 広瀬重雄、演説で罰金刑（名古屋） |
| | 10.1、2<br>6～16<br>18～11.4 | 1日から東京・国会期成同盟第3回大会で自由党結成を決議、18日から浅草井生村楼において自由党結成大会<br>・総理・板垣退助、副総理・中島信行、常議員に馬場辰猪・末広重恭・後藤象二郎・竹内綱、幹事に林包明・大石正巳・山際七司・林正明・内藤魯一らを選出<br>・自由党盟約・規則の審議 |
| | 10.12 | 国会開設の詔勅<br>・明治23年の国会開設を明言、しかし「故サラニ躁急ヲ争ヒ事変ヲ煽シ国安ヲ害スル者アラハ処スルニ国典ヲ以テスヘシ」<br>・湊省太郎・鈴木（山岡）音高は国会開設の詔勅批判へ |
| | 10.8、16 | 静岡で前島豊太郎（8日）と荒川高俊（16日）の舌禍事件（1882年3月17日上告却下） |
| | 10.13 | 「国会開設ノ建白」（志太郡清水綱吉以下11人）を元老院へ提出 |
| | 11.7～9 | 小池勇・広瀬重雄、知立村における演説で投獄・罰金刑（1882年4月上告却下） |

## 名古屋事件・静岡事件関連年表

| 参加者等 | 出典・参考 |
|---|---|
| | 「置塩藤四郎日記」1879.7.30ほか（『静岡県自由民権史料集』706・814頁） |
| 内藤魯一・庄林一正・荒川定英ら | 『内藤魯一自由民権資料集』27～28頁、『新修名古屋市史』5巻171～172頁 |
| 前島豊太郎・大江孝之・広瀬重雄ら | 『静岡県自由民権史料集』812頁・813頁下段 |
| | 原口清『自由民権運動と静岡事件』182頁 |
| 脇坂文助（安八郡）・黒田誠郎（中島郡）・玉井伊三郎（厚見郡）ほか | 『岐阜県史』通史編近代（下）109～110頁 |
| 愛知から「愛知県交親社」・内藤魯一が参加するが、その過程で内藤魯一らの三河組と尾張組（庄林一正ら）に分裂<br>岐阜から柴山忠三郎が参加 | 『自由党史』（岩波文庫版）上巻271～279頁、森山誠一「国会期成同盟の研究」1・2（『金沢経済大学経済研究所年報』6・10号）、長谷川昇『博徒と自由民権』（平凡社版）140～150頁 |
| | 『静岡県自由民権史料集』304頁、『自由民権運動と静岡事件』189～190頁 |
| | 『静岡県自由民権史料集』813頁上段 |
| | 『自由党史』上巻278～281頁 |
| 21,537人総代 | 『長野県史』近代資料編3巻⑴37～41頁 |
| | 『新修名古屋市史』5巻173～175頁、『博徒と自由民権』148～157頁 |
| | 『静岡県自由民権史料集』813・814頁 |
| 長野から松沢求策・上條螘司、愛知から内藤魯一・荒川定英などが参加（静岡・岐阜は参加者なし） | 『自由党史』中巻19～34頁、「國會開設論者密議探聞書」（『明治文化全集　雑史編』24巻・1993年復刻版）、家永三郎「自由民権に関する新史料」（『史学雑誌』71編11号）、松岡僖一「私立国会論」（『幻視の革命』）、江村栄一「自由民権革命と激化事件」（『歴史学研究』535号）、『河野磐州伝』上巻366～380頁、「内藤魯一関係文書」4-3-13（知立市歴史民俗資料館寄託） |
| 長野・愛知・岐阜・静岡からは参加者なし | 「自由民権に関する新史料」、「自由民権革命と激化事件」 |

## V．飯田事件・岐阜加茂事件・

| 西暦年月日 | | 内容 |
|---|---|---|
| 1879 M12 | 7.30 | 広瀬重雄、『函右日報』記者に（1881年5月退社） |
| | 11.13 | 内藤魯一・庄林一正ら名古屋の七ツ寺で尾三両国の有志結合・親睦等の会議を開催 |
| | 11.21 | 静岡で静陵社結成（しかし1880年4月集会条例のために廃社になる） |
| | 11 | この頃までに湊省太郎は県の学務課定傭（1879年中に御用掛となり81年末まで勤める） |
| 1880 M13 | 2.22 | 岐阜県安八郡・脇坂文助らが県下に国会開設請願の署名をよびかける |
| | 3.15～4.8 | 大阪で愛国社第4回大会・国会期成同盟創立大会、松沢求策の哀訴体と永田一二の請願体の対立（請願体の採用へ） |
| | 3.22～23 | 国会開設請願署名運動を推進するための蓬萊亭会議（広瀬重雄も関係） |
| | 4.4 | 広瀬重雄「国会希望者ニ問フ」（『函右日報』） |
| | 4.5 | 集会条例 |
| | 5 | 「国会開設ヲ上願スルノ書」（南安曇郡松沢求策・東筑摩郡上条螘司） |
| | 5 | 愛国交親社「愛国交親社創立趣意書」、社員は貧窮士族と都市細民層 |
| | 11.5～7 | 静岡で静陵社再興の演説会（しかし1881年5月下旬に解散） |
| | 11.10～27、30 | 東京で国会期成同盟第2回大会（11月11日愛国社大会を解散）<br>・「地方ノ團結ヲ鞏固ニシテ實力ヲ養成スル」ことによる私立国会論（愛国社系）<br>・翌年の大会に憲法案を持ち寄ること、自由党は別に立てることを決定 |
| | 11.24、25<br>12.6、9～11、13<br>12.16、17 | ①国会開設請願の続行<br>12月53号布告後も請願続行するが拒絶され「道理上ノ請願既ニ尽タル」を以て中止<br>②「激烈党派」の盟約 |

| 参加者等 | 出典・参考 |
|---|---|
| | |
| 11月15日来会者には早川権弥なども | 『自由党史』下巻285～326頁、川口暁弘『明治憲法欽定史』262～266頁・付録18～19頁、安在邦夫「『三大事件建白運動』について」（『自由は土佐の山間より』） |
| | 『自由党史』下巻316頁 |
| 群馬では斎藤壬生雄・高津仲次郎・新井毫・大木権平・伊賀我何人、長野では早川権弥などが保安条例の対象に | 『自由党史』下巻318～345頁、「三島通庸関係文書」540-22、『明治憲法欽定史』340～363頁・付録18～19頁、寺崎修「保安条例の施行状況について」（手塚豊編『近代日本史の新研究Ⅸ』） |
| 群馬・秩父事件、保安条例違反事件、秘密出版事件などの関係者を含む | 『自由民権運動の研究』199～260頁 |
| | 「秩父颪」（『釧路新聞』1918.7.4～7・9～14・16～21・23～28・30、8.2） |

| 西暦年月日 | | 内容 |
|---|---|---|
| 1887 | | ・伊賀我何人は罪人蔵匿罪で軽禁錮1ヵ月・罰金3円<br>・山崎重五郎は獄死（1886年7月20日） |
| | 10〜12 | 片岡健吉・星亨らの建白運動開始（三大事件建白運動へ）、11月15日（鴎遊館）星亨・後藤象二郎らが有志懇親会 |
| | 11.10 | 警察令20号 |
| | 12.15<br><br><br><br>12.25 | 三大事件建白運動から保安条例へ<br>・2府18県（山形・宮城・岩手・福島・新潟・富山・福井・茨城・栃木・千葉・群馬・埼玉・山梨・長野・愛知・京都・大阪・兵庫・高知・愛媛）の代表90余名が建白書提出、星亨と片岡健吉を代表として総理大臣・伊藤博文に26日直談判することを決定<br>・保安条例公布（「内乱ヲ陰謀シ又ハ教唆シ又ハ治安ヲ妨害スルノ虞アリ」と認められる者を皇居・行在所より三里以内の地から三年以内の期間、退去させる） |
| 1889<br>M22 | 2.11〜 | 帝国憲法発布、大赦令で出獄 |
| 1918<br>T7 | 6.23 | 北海道に逃亡していた井上伝蔵が野付牛町で死去（死の直前、家族に秩父事件への参加を告白） |

| 参加者等 | 出典・参考 |
|---|---|
| | それぞれの「裁判言渡書」(『集成』1〜3巻) |
| | 『東京横浜毎日新聞』1885.5.19 |
| | 『大阪事件関係史料集』上巻273頁、「大阪事件年表」(大阪事件研究会『大阪事件の研究』)334頁 |
| | 『大阪事件関係史料集』上巻224〜245頁、落合寅市「秩父大阪事件記録」(石川猶興『風雪の譜』)、同「綸旨大赦義挙寅市経歴」(『秩父事件史料』2巻) |
| | 『大阪事件関係史料集』上巻89・289〜290頁、鶴巻孝雄「大阪事件における内治革命計画」(『大阪事件の研究』) |
| | 中沢鶴吉ほか「裁判言渡書」(『集成』3巻) |
| 山崎重五郎・氏家直国・石塚重平・伊賀我何人・落合寅市などが関係 | 「大阪事件年表」337〜338頁、落合寅市「秩父大阪事件記録」(石川猶興『風雪の譜』)、同「綸旨大赦義挙寅市経歴」(『秩父事件史料』2巻)、「国事犯事件裁判言渡書の写」(『大阪事件関係史料集』上巻)11頁 |
| | 『集成』4巻208〜210頁(「三島通庸関係文書」535-32) |
| 会葬者は、板垣退助(代理)・西山志澄・林包明(代理)・加藤平四郎・星亨・宇田成一・赤城平六・大橋平三郎・宮部襄・長坂八郎・深井卓爾・伊藤仁太郎・三浦亀吉(代理)・井上敬次郎・池沢万寿吉・小勝俊吉など(神山八弥は香花料のみか) | 『朝野新聞』1887.6.22、『日野沢村誌』177〜182頁 |
| | 『自由党史』下巻189〜284頁、「三島通庸関係文書」538-15・16、川口暁弘『明治憲法欽定史』210〜262・付録18〜19頁 |
| 小林安兵衛は有期徒刑13年、湯浅理兵は同12年など | 「判決原本」(『群馬県史』資料編20巻)315〜325頁 |
| 石塚重平に軽禁錮1年6ヶ月・監視10ヵ月、氏家直国らは重禁錮2年・罰金30円など | 松尾章一「解題」、寺崎修『自由民権運動の研究』168〜173頁 |

| 西暦年月日 | | 内容 |
|---|---|---|
| 1885 | 2.6～<br>11.25 | 秩父事件主謀者への判決言渡し<br>・井出為吉は軽懲役8年（2月6日）、小柏常次郎は重懲役9年（2月12日）<br>・田代栄助・加藤織平（以上、2月19日）・高岸善吉・新井周三郎（以上、2月20日）・坂本宗作（5月18日）は死刑、菊池貫平（11月25日）・井上伝蔵（日付不明）は欠席裁判で死刑 |
| | 5.17 | 田代栄助・加藤織平・高岸善吉・新井周三郎の死刑執行 |
| | 9.26 | 稲垣示・石塚重平が有一館維持費募集の名目で茨城地方へ |
| | 10.3、10 | 3日落合寅市（秩父事件後潜伏、伊賀我何人の案内で大井憲太郎のところへ行き有一館に宿泊、磯山清兵衛に会い大阪へ）らが大和の千手院に強盗に入り失敗 |
| | 11.11～<br>13頃 | 11日前（か）大井憲太郎が伊賀我何人を介して神奈川グループ（水島保太郎・村野常右衛門ら）に資金提供を要請 |
| | 11.17 | 東毛の秩父事件同時蜂起事件の被告16名が前橋重罪裁判所において「兇徒聚集」罪などで有罪判決うける（最高刑は重禁固2年6ヵ月） |
| | 11.23～<br>1886.8 | 大井憲太郎らの朝鮮独立・内治革命計画が発覚し大阪・長崎で捕縛【大阪事件】<br>・福島・富山・新潟・茨城・栃木・神奈川・長野・群馬・秩父・愛知・高知などの旧自由党員が関係<br>・11月24日落合寅市が大井憲太郎の大阪事件関係者として下関で逮捕、1886年3月17日秩父事件につき重懲役10年を言渡される（その後、大阪・堀川監獄へ護送） |
| 1886<br>M19 | 12.4 | 菊池貫平が強盗教唆の容疑で山梨県甲府で捕縛 |
| 1887<br>M20 | 6.22 | 谷中天王寺で村上泰治（18日浦和監獄で獄死）の葬儀<br>宮部襄・加藤平四郎・池沢万寿吉が『朝野新聞』に会葬の告知 |
| | 7～8 | 条約改正に関するボワソナード・谷干城の意見書提出などをきっかけに条約改正中止・言論の自由に関する建白運動へ、8月以降は星亨らの秘密出版や片岡健吉らの建白・請願が計画される |
| | 7.29 | 群馬事件被告35名に前橋重罪裁判所において「兇徒聚集」罪などで有罪判決、最高刑は有期徒刑13年、三浦桃之助らは大審院に上告するも9月12日に棄却される |
| | 9.24 | 大阪重罪裁判所で判決言渡し<br>・落合寅市は秩父事件で重懲役10年をうけていたので大阪事件については不問 |

| 参加者等 | 出典・参考 |
|---|---|
| | 部」963～964頁、「秩父暴動実記」、田中千弥「秩父暴動雑録」（『集成』6巻）など |
| | 『郵便報知新聞』1884.11.4、『東京横浜毎日新聞』同年11.6 |
| 古室徳三郎・中沢鶴吉を指導者とする | 「中沢鶴吉裁判言渡書」（『集成』3巻）、「秩父暴徒犯罪ニ関スル書類編冊　明治一七年 警察部」（『集成』5巻）345～346頁など |
| | 『上毛新聞』1928.9.16 |
| | それぞれの「訊問調書」「裁判言渡書」（『集成』1～3巻） |
| | 『明治農民騒擾の年次的研究』74頁、『立憲政党新聞』1884.11.19 |
| 伊古田豊三郎・富田太平次・西野清明・土川喜多蔵・宮前籐十郎が発起人で、郡村吏・小学校教員等にも賛成者 | 『東京横浜毎日新聞』1884.11.26、『朝野新聞』同年11.26 |
| | |
| | 『佐久自由民権運動史』118～119頁、『信濃毎日新聞』1884.11.11・12 |
| 高梨哲四郎・山中道正・斉藤孝治・小川三千三・大岡育造（浦和組合代言人としては大島寛爾・宮崎鏻三郎・近藤勝復・渡辺知彦・榧木寛則・仙石豊・大田忠恕・高橋安爾） | 『東京横浜毎日新聞』1885.1.23 |
| | |

| 西暦年月日 | | 内容 |
|---|---|---|
| 1884 | | 民が蜂起、清泉寺門前での巡査との戦い、小鹿野町・大宮郷占拠し高利貸を打ち壊すとともに裁判所・警察所などを襲撃、郡役所を占拠し大宮郷を掌握（11月1・2日）、皆野町占拠、親鼻の銃撃戦で憲兵隊は撤退、児玉郡金屋村で軍隊と衝突・敗退（3・4日）、坂本村への進出と敗退（4・5日）、皆野町の指導部解体し菊池貫平らを指導部に群馬・長野へ転戦（5日）、東馬流の戦い、海ノ口で壊滅（9日）<br>・高利貸打毀しや「秩父郡一圓ヲ平均」などの「世直シ」的な言葉とともに、一部では「立憲政躰」「壓制ヲ変シテ良政ニ改メ」「人民ヲ自由ナラシメ」ることが語られる　【秩父事件】 |
| | 11.1 | 埼玉県幡羅・榛沢・北埼玉郡の村民再起、北葛飾・南埼玉・北足立郡で各村小民が地主に対して頗る不穏 |
| | 11.1、2 | 東毛（太田・桐生市）における秩父事件同時蜂起（10月12日から計画）<br>・旧新田郡西長岡村（太田市）地蔵堂山に集会、来会者に負債5年据え置き・10ヵ年賦と租税減額を約し、高利貸打毀し、太田警察署破壊、群馬県庁・前橋監獄・裁判所襲撃と収監中の自由党員奪取を指示<br>・解散後凶器をもって天神山（西長岡村）へ再集合を促し午後9時天神山を出発、藪塚村・大原本町村（以上太田市）・久宮村・阿左美村（以上みどり市）を経由、途中の村々で「駆り出し」を行い増員し寺院の鐘をつき「自勇等」（自由党）と大書した蓆旗を押し立て「抜刀、手槍、鳶口、六尺棒、鎌」など凶器を所持し行進<br>・2日未明広沢村（桐生市）へ至り総勢200名を超える規模となる、午前5時ごろ同村で指導者2人逮捕されると参加者は散乱して広沢山方面へ逃走 |
| | 11.4 | 児玉郡金屋の戦闘で明巳会員・自由党員の小泉信太郎（緑野郡上栗須村）が銃創を負う |
| | 11.6～15 | 秩父困民党主謀者の捕縛<br>加藤織平・高岸善吉（6日東京）、新井周三郎（9日西ノ入村）、小柏常次郎（13日万場村）、田代栄助（14日黒谷村）、井出為吉（15日東京） |
| | 11月中旬 | 幡羅郡善ヶ島村農民80人が負債年賦返済を求める |
| | 11 | 大宮郷で秩父事件終息後に「法律研究会」が盛んになり、東京より弁士を呼ぶことを決める |
| | 12.27 | 爆発物取締罰則・火薬取締規則の制定 |
| | 不詳 | この年、小諸・文武館での小作料引下げ要求集会、小県郡長久保地区の負債棒引き貧乏党、更級郡下・上下伊那の小作料引下げ集会など |
| 1885<br>M18 | 1.22 | 高梨哲四郎ら秩父事件の弁護団が自費で弁護すべく、熊谷駅に仮出張所を設置する旨、広告を出す（浦和組合代言人も自費で弁護） |

| 参加者等 | 出典・参考 |
|---|---|
| | 『長野県史』通史編7巻411頁 |
| 30～40ヵ村、700～800名 | 『郵便報知新聞』1884.10.28・11.4、『立憲政党新聞』同年10.31・11.6、『明治農民騒擾の年次的研究』72頁 |
| 井出為吉・菊池貫平・菊池恒之助・菊池市三郎・井出代吉・高見沢薫・木次嘉一郎 | 田代栄助（『集成』1巻）、門平惣平・木戸為三（以上、『集成』2巻）、井出為吉・井出代吉・菊池市三郎・菊池恒之助・菊池治忠郎・高見沢薫（以上、『集成』3巻）の「訊問調書」「裁判言渡書」 |
| ②群馬・埼玉からは参加なし | 『自由党史』下巻75～88頁、『自由民権機密探偵史料集』354～360・371～372頁、「自由党史研究のために」史料27、西潟為蔵『雪月花』72～73頁、『自由民権革命の研究』238～254頁、『明治自由党の研究』上巻222～230・235～253頁 |
| 井上伝蔵・小柏常次郎は「平和説」、加藤織平・柏木太郎吉 | 「小柏常次郎訊問調書」（『集成』3巻）、「秩父暴動実記」、『自由党史』下巻91～92頁 |
| 田代栄助・井上伝蔵・加藤織平・高岸善吉・坂本宗作・小柏常次郎ほか近隣の農民多数 | 「田代栄助訊問調書」（『集成』1巻）、「小柏常次郎訊問調書」（『集成』3巻） |
| | 『掘越寛介君哀悼録』11～12頁 |
| | 『下野新聞』1884.10.11 |
| 遠田宇一・坂本宗作・小柏常次郎・木下武平・古舘市蔵・新井貞吉・新井寅吉など | 遠田宇一ら関係者の「裁判言渡書」「訊問調書」（『集成』3巻） |
| | 参加者の「訊問調書」「裁判言渡書」（『集成』1～3巻）、「暴徒一件書類　明治十七年　警視 |

| 西暦年月日 | | 内容 |
|---|---|---|
| 1884 | | （石塚重平・早川権弥に決したが、10月21日石塚は自宅捜索・足止） |
| | 10.20 | 幡羅・榛沢・北埼玉三郡の農民が善ヶ島・弁財・葛和田3村共同の堤に集合、鋤・鍬・竹槍などをもち竹法螺・貝法螺を吹き23日まで続く（31日秩父蜂起がこの事件と混同される） |
| | 10.20〜11.2 | 10月20日萩原勘次郎が北相木村に来訪し秩父困民党の運動へ参加を要請したのに対し井出代吉が萩原に同行して秩父へ、10月25日菊池恒之助・市三郎が秩父へ行き（途中で戻ってきた代吉と会い秩父の状況を聞く）27日門平惣平・飯塚森蔵とともに帰宅、27日門平惣平・飯塚森蔵が菊池貫平を通じて参加をよびかけ井出為吉と菊池貫平は秩父へ出発（28日に加藤織平宅、30日に田代栄助と面会、同夜山口富蔵宅で為吉は国会の早期開設・地租減額・金利引下げなどを農民に提示）、11月2日夜井出為吉の書簡により菊池恒之助・高見沢薫らが武器を携え秩父へ出発 |
| | 10.22〜28<br><br><br><br><br><br><br><br>10.29 | ①大阪・相輝館などで準備会<br>・22〜25日解党論をめぐり議論（解党論は岩手・岡山・新潟、解党反対論は富山・神奈川・千葉・三河・岐阜、党縮小論は伊予・高知・大阪・丹波など）<br>・27日「解党ヲ可トスルモノ在大阪ノ会員ト他一名ヲ除キ総起立」（自由新聞社・有一館は出来るだけ維持する）、他方、減租請願を行い採用されなければ「腕力ニ訴ヘ」る議論（森山信一）、「茨城ノ暴烈弾」のように「吾党ノ勢力ヲ示シ」「政府カ恐レヲ抱クヨウ」すべしとの説（内藤魯一ら）、戯言「東京横浜間ノ汽車ニハ貴顕カ屡々乗ル故アノ間タニ仕事ヲセバ随分行ルベシ」（大木権平）もあり<br>②大阪・大融寺において自由党解党大会<br>・「有形團體の利ならざる」ゆえの解党、満場一致で決定<br>・高橋基一・植木枝盛提案で国会開設期限短縮の建白決定、11月7日元老院提出<br>・新潟の党員が解党反対、星亨（新潟で官吏侮辱罪に問われ拘留中）も解党反対の電報 |
| | 10.23 | 村上泰治の妻・村上はんから秩父の蜂起について聞いた自由党本部・大井憲太郎が、蜂起中止要請のため氏家直国を井上伝蔵方に派遣するが、抑えられず |
| | 10.26 | 粟野山集会で11月1日蜂起と椋神社集合を決める、田代栄助・井上伝蔵の延期説は受け入れられず |
| | 10 | 掘越寛介が加波山事件終息後、連累者として警察に拘引され厳しい取り調べを受ける（爆裂弾の製造法の伝習をうけるべく鯉沼九八郎の常宿・八丁堀飯塚旅館を訪れていたため） |
| | 10 | 埼玉県から加波山事件に関わったとして南鉞治郎が高崎駅戸長・斉藤義一方に潜伏しているところを発見され埼玉県へ引き渡される |
| | 10.27〜11.1 | 群馬県の北甘楽郡国峰・天引村、多胡郡上日野・下日野村、緑野郡三波川村などで秩父の蜂起へ勧誘（「借金年賦」「自由党ノ式」「平ラノ世」「租税減額」など掲げる） |
| | 10.31〜11.9 | 秩父で農民・自由党員が武装蜂起<br>・風布村民らが金崎村で永保社襲撃（10月31日）、秩父郡下吉田村椋神社に武装農 |

| 参加者等 | 出典・参考 |
|---|---|
| 内藤魯一・曽田愛三郎・深尾重城・柳沢（桜井）平吉・遠藤政治郎・桃井（田村）伊三郎・堀玄貞・渡辺抜山<br>松本の演説会に800人参加（懇親会には100人余） | 『自由新聞』1884.9.2·10·12·14·16、『南北佐久自由主義者の政治運動記録』30～36頁、『長野県史』通史編7巻414・418～419頁 |
| 大住・淘綾・高座・愛甲・南多摩・北多摩・西多摩・津久井郡などの負債農民 | 『武相自由民権史料集』6巻（第五編　民衆的諸運動の世界）3章、『加波山事件』166～168頁 |
| 高岸善吉・坂本宗作・井上伝蔵・小柏常次郎・新井駒吉など | 「田代栄助訊問調書」（『集成』1巻） |
| 50ヵ村、200人 | 青木虹二『明治農民騒擾の年次的研究』71頁、『朝野新聞』1884.9.24、『下野新聞』同年10.3 |
| 河野広體ら福島県グループと富松正安ら茨城県グループ | 『加波山事件関係資料集』494～496頁、「富松正安氏公判傍聴筆記」（『千葉新報』1886.6.30）、「秩父暴動実記」 |
|  | 『東京日日新聞』1884.9.30、野島幾太郎『加波山事件』223～225頁、『茨城県史料近代政治社会編Ⅲ 加波山事件』206～222頁 |
| 高岸善吉・犬木寿作・飯塚森蔵・村竹茂市・大野福次郎・吉橋勇次郎・駒井亭作を惣代とする100余名 | 大野福次郎・高岸善吉と小柏常次郎らの「訊問調書」（『集成』1・3巻）、「秩父暴徒関係書類一」（『集成』4巻） |
|  | 『朝野新聞』1884.9.14、「秩父暴動始末一」（『集成』4巻）213～216頁、『明治農民騒擾の年次的研究』72頁 |
| 菊池貫平・高見沢仙松・菊池恒之助・井出代吉・山口粂之助ら | 『自由党員名簿』 |
| 田代栄助・加藤織平・井上伝蔵・井上善作・落合寅市・高岸善吉・坂本宗作・新井周三郎・小柏常次郎・門平惣平など | 「田代栄助訊問調書」（『集成』1巻） |
| 田代栄助・柴岡熊吉・坂本宗作・新井周三郎・堀口幸助・新井甚作など（強借） | 「柴岡熊吉訊問調書」（『集成』1巻）、「新井周三郎裁判言渡書」（『集成』2巻）など |
| 清水兵太郎・長島孫平ほか | 「暴徒一件書類　明治十七年　警視部」（『集成』4巻）967～972頁 |
|  | 「田代栄助訊問調書」（『集成』1巻）、『朝野新聞』1884.10.19 |
|  | 『南北佐久自由主義者の政治運動記録』37頁、 |

| 西暦年月日 | | 内容 |
| --- | --- | --- |
| 1884 | 8~9 | 自由党本部から内藤魯一・曽田愛三郎らが信州入りし演説会・懇親会（桜井平吉の要請あり）<br>・岩村田町の遠藤政治郎らとの懇親会<br>・小諸・飯田・屋代・須坂・飯山・長野・松本などで地域の民権家と交流 |
| | 8~9 | 八王子南部農民の数度の結集から8月10・11日御殿峠大結集、津久井郡・八王子北部農民の結集と高利貸強談、9月農民の八王子警察署包囲・逮捕（以後も続く）<br>8月小林篤太郎・五十川元吉・平尾八十吉、武相の困民に接触 |
| | 9.6、7 | 新井駒吉・高岸善吉宅で田代栄助を迎え要求4項目（負債の据置・年賦、学校三ヵ年休校、雑税減額、村費減額）を決める（栄助の招聘は8月1日から行われている） |
| | 9.22、23 | 埼玉・児玉・賀美・那珂の四郡の負債農民が城山に集まり、八幡町の銀行・貸付会社へ強談計画、児玉町洪盛社（貸付会社）へ五ヵ年据置十ヵ年賦返却を要求するとの報道 |
| | 9.23~25 | 富松正安ら16名が茨城県加波山に「自由魁」「政府転覆」等の旗幟をかかげて蜂起、檄文配布、警官隊と衝突　【加波山事件】<br>秩父では「人氣ハ頗ル活気ヲ呈シ山老野夫ハ相語ケテ曰ク聽テ板垣翁カ世直シノ軍カ始マラン然ラバ復タ安楽ナル世ノ中ヲ見ルヘシト期待セシモノヽ如」 |
| | 9.23 | 栗橋宿はずれで挙動不審者として幸村仙太郎が逮捕される（加波山事件について証言、5月頃野口褧にも働きかけたとする） |
| | 9.30前後 | 田代栄助の指示で秩父郡・大宮郷警察署へ二度にわたり「高利貸説諭方請願」提出するが却下、10月上旬に高利貸との集団交渉へ移行するがいずれも拒否される |
| | 9 | 児玉郡入浅見村で農民60人屯集、児玉郡近傍各村および秩父郡内には借金党各所に屯集、秩父の方は二・三千人の団結という噂 |
| | 10.9 | 菊池貫平らが自由党入党 |
| | 10.12 | 下吉田村・井上伝蔵宅で武装蜂起を決定、各地の組織化へ |
| | 10.13~15 | 蜂起のための弾薬・資金調達について田代栄助・加藤織平が相談、横瀬・西ノ入村で「強借」による資金調達へ |
| | 10.13~27 | 男衾郡畠山村の農民28名が同村・飯野道徳に対する負債延期をめぐり請願・集合（「八王子邊ノ争動」を意識） |
| | 10.17か18 | 大宮郷の西野清明が「自由党員中有名ノ弁士」一人を東京から招聘し演説会、（日にち不明だが）代言人立川雲平が訴訟事件で秩父大宮辺に赴き演説会にも臨む |
| | 10.18 | 南北佐久郡自由主義者有志懇親会を開催し、大阪の自由党大会への代表者を投票 |

| 参加者等 | 出典・参考 |
|---|---|
| | |
| 石塚重平・植木枝盛・神山（神指）八弥（当時石塚方寄留、三春正道館講師で福島・喜多方事件の際に拘引）・小林秀太郎・大井憲太郎など | 『自由新聞』1884.8.9、『南北佐久自由主義者の政治運動記録』23～30頁、「三春地方福島事件関係者一覧」（松本登編『血縁の会十年の歩み』） |
| 愛国交親社の農民400～500人 | 長谷川昇「加茂事件」122～123頁（『自由民権期の研究』2巻）、『自由民権機密探偵史料集』741～744頁 |
| | 「太田義信訊問調書」（『集成』3巻） |
| 主幹・片岡健吉（大阪・相輝館に派出するため内藤魯一へ交代）、幹事・磯山清兵衛、武術教師は北田正董・内藤魯一など | 『自由新聞』1884.8.12、『日本立憲政党新聞』同年8.16、「自由党史研究のために」史料24・25、『自由党史』中巻377～385頁、『民衆運動』280～281・284・290頁（「三島通庸関係文書」510-6） |
| 高岸善吉・落合寅市・坂本宗作・飯塚森蔵・井上善作・柳原正男など | 「高岸善吉訊問調書」（『集成』1巻）、「小柏常次郎訊問調書」（『集成』3巻）、「綸旨大赦義挙寅市経歴」（『秩父事件史料』2巻） |
| | 『長野県史』通史編7巻408頁 |
| | 『郵便報知新聞』1884.12.5 |
| | 『帝国名士叢書』702頁 |
| 本部は星亨・植木枝盛、栃木県庁襲撃計画は河野広體・横山信六・佐藤折枝・鯉沼九八郎・大橋源三郎ら | 『茨城県史料近代政治社会編Ⅲ　加波山事件』73・79頁、「自由民権革命と激化事件」 |
| | |

| 西暦年月日 | | 内容 |
|---|---|---|
| 1884 | | 水戸から群馬にいく可能性も<br>・上野高崎間鉄道開開業式への天皇出席に対し高崎では捕縛中の新井愧三郎・長坂八郎・山田城之助らの「哀訴歎願」を計画し自由党本部は中止を説諭、秩父・茨城・群馬（山崎重五郎ら）・長野の「決死派」が種々奔走し「哀訴」か「非常ノ挙」に出るか不明だったが結局当日は無事<br>・山崎重五郎と「壮士四十人」が上京 |
| | 7.14 | 植木枝盛が東海道から北陸まわりで小諸へ、政談演説会開催<br>・会主・石塚重平、政談演説会御届差出人は神山八弥<br>・神山の演説は「平等論」「今日我邦ノ地位宜シク急進ノ進路ヲ取ラザル可カラズ」 |
| | 7.23 | 岐阜県加茂郡3か村の戸長役場に愛国交親社の農民が刀剣・竹槍・鎌などもち押しかける（地租百分の一への軽減、地租以外の諸税廃止、警察・郡役所破壊、名古屋監獄から社長・庄林一正を救うなどの目的）【岐阜加茂事件】 |
| | 8.2 | 太田義信・西郷旭堂が八王子角屋で会合し富松正安を含む「甲武野常」で「革命ノ軍」を起こす盟約を結ぶ（元号を「自由自治元年」とする）<br>・10月（か）21日太田義信が小諸で河西四郎（青森県士族）に会い支持を得る、10月27日河西が信州の同志40余名とともに軽井沢に集合<br>・10月20日秩父で太田・西郷が合流するが西郷による秩父の博徒・貧民の組織化が得策でないとして太田は計画を断念し河西の兵とともに解散、11月太田が自首 |
| | 8.10 | 文武館・有一館（築地新栄町）の開館式、500余名が出席（朝鮮からの賓客含む、板垣退助は病気欠席）<br>・寄付金千円ごとに入館生の人数を割り当て（寄付金の多かったのは高知・新潟・神奈川・東京・栃木など）<br>・撃剣道具の準備、テキストには「革命史ノ如キモノ」 |
| | 8.10、27<br>9.6、8 | 8月以降、秩父郡で数度にわたる山林集会<br>・高岸善吉らが和田山で集会し借金年賦の相談、債主との交渉も行うが警察出張<br>・秩父郡・粟野山で160名集会、9月8日蓑山で集会（いずれも警察出張で解散） |
| | 8.16 | 埴科郡杭瀬下村の有志が文武研究所・養神館を設立 |
| | 8 | 高麗郡柏原村に八王子辺の借金党から参加の呼びかけ（～9月）<br>結局地元有力者が説得に奔走し、秩父事件沈静後、親睦会をつくり、貧人救済のための借金・小作の延期と義與をはかる |
| | 8 | 野口褧が撃剣道場「無一館」を創立 |
| | 8下旬～<br>9上旬 | 自由党本部に地方有志が集合し「本部ノ危急存亡」への対応につき議論<br>・河野広體・鯉沼九八郎ら福島・栃木県下「死士」の爆弾による栃木県庁開庁式襲撃（三島県令・大臣などの暗殺）計画と、星亨ら本部の一斉蜂起論（「東京埼玉群馬栃木福島茨城一時蜂起」により大臣参議を倒し「廟議ヲ変動」）が対立<br>・栃木県庁を焼き払う計画、東京蜂起説もあり |

| 参加者等 | 出典・参考 |
| --- | --- |
| | |
| | 「予審原本」287・299頁 |
| ①小林安兵衛・湯浅理兵・野中弥八ら自由党員が主催、東間代吉は菅原村で別の集会、その後両者合流 | 「予審原本」285～290頁、『郵便報知新聞』1884.5.20、「北甘楽郡治概略草案」(『群馬県史』資料編20巻) 326頁 |
| 140～150余名が参加 (関東からの参加者はなし) | 「自由党史研究のために」史料23・26、『自由党史』中巻371～377頁・下巻41～42頁、『民衆運動』281・283・287・290頁 (「三島通庸関係文書」510-6) |
| | 『自由新聞』1884.6.20、『自由燈』同年6.20 |
| | 『南北佐久自由主義者の政治運動記録』23頁 |
| 「表面活潑活動ヲ主張スル人々」として斎藤壬生雄・山崎重五郎ほか「群馬県ノ前橋縄張内ノ博徒」、「専ラ内密ニ過激ノ活動ヲ行ハントスル人々」(「決死派」「実行委員」) は宮部襄・斎藤壬生雄・山崎重五郎・新井愧三郎・伊賀我何人・清水永三郎・南関蔵・長坂八郎・岩井丑五郎・「高崎縄張内ノ博徒」など (下線部は重複する人) | 『民衆運動』276～290頁 (「三島通庸関係文書」510-6)、『自由民権機密探偵史料集』339～340・364頁 (『民衆運動』276～279頁) |

| 西暦年月日 | | 内容 |
|---|---|---|
| 1884 | | 40～50人規模の集会開く |
| | 5.14 | 雨天のため、陣場ケ原集会は翌日へ延期 |
| | 5.15、16 | ①15日陣場ケ原集会開催<br>・秩父・南甘楽勢をまとめる三浦桃之助も碓氷勢の山田平十郎も不参加、近傍の30余人が集合、ここで総長の小林安兵衛は「現政府ヲ転覆スルコトニ尽力アリタシ」と演説<br>・菅原村では同村の東間代吉ら30名程が集会<br>・同夜、両集会参加者が菅原村で合流し、武器補給や駆り出しを行い、生産会社頭取・岡部為作宅（富岡市）襲撃に向かう<br>②16日午前2時ごろ岡部宅に発砲、居宅・土蔵に放火。<br>・「二百余人勢揃ひして……午前一時半頃……岡部為作宅へ押寄せ……三時頃一同引上げ、菅原村の南なる大桁山の麓に集まり近傍大久保村の民家を脅かし六百人前の焚出しを命じ、之を食せし後ち……妙義山の奥へ栖籠りたり」<br>・「自由党員等人民ノ究迫ヲ奇貨トシ煽動セシヲ以テ、陰カニ之ニ組ミシ究民等四五十名大桁山ニ屯集シ、突然上丹生村生産会社頭取岡部為作宅ヲ襲ヒ家屋ヲ破毀シ火ヲ放テ悉ク焼尽セリ」　**【群馬事件】** |
| | 6.5 | 大阪で関西有志懇親会<br>・政府の自由党弾圧に対して、党員が「専ら革命論に傾き、人々切歯扼腕、以て最後の運動に出ん」として開催される<br>・自由党本部より星亨・大井憲太郎（ただし大井は「関西懇親会ヲ破壊」・「隠密会議」「偽党ヲ排斥」する目的か）・加藤平四郎・宮部襄（清水永三郎・伊賀我何人を伴う）<br>・大井は7月中旬まで帰京せず、「帰京次第東京ニ於テ一派独立スル」ため大阪でしばしば隠密の会議を行い「彼地方ノ壮士ト契約シ東京ト相往復スルノ計画」 |
| | 6.15 | 小諸町・石塚重平らが「文ヲ研キ武ヲ練リ」「活潑有為ノ烈士」を養成し、自由主義の実現をはかるために小諸文武館を設立、開業式を行う |
| | 6か | 南佐久自由党員の高見沢薫が有一館員たらんことを希望して早川権弥に推薦を依頼（実際に館員になったかは不明） |
| | 6～8か | 探偵報告<br>・本部で板垣退助が在京有志40余名に対し「目下ノ人心ヲ振起セント欲スレバ、非常ノ断行ニ非ズンバ到底挽回スル能ハズ」<br>・「表面活潑活動ヲ主張スル人々」と「専ラ内密ニ過激ノ活動ヲ行ハントスル者」（「決死派」「実行委員」）の存在、「実行委員」の行動としての照山峻三殺害事件<br>・九州改進党・頭山満、博徒（群馬の山田城之助・岩井丑五郎など）が自由党と連絡<br>・「決死派七十余名ハ本月中ニ尽ク上京ノ約ヲ為シタリ」<br>・6月18日関東の「決死派」・仙波兵庫が千葉から水戸へ出発か（千葉で佐久間亮茂・川名七郎・石井代二・君塚省三と打ち合せ、佐久間・富松正安・舘野芳之助・藤田壮之助らと水戸で集会）、上野高崎間鉄道開業式（25日）への天皇出席をきき |

| 参加者等 | 出典・参考 |
|---|---|
| 催 | 編20巻）330～331頁 |
| 坂本宗作ら | 「坂本宗作裁判言渡書」（『集成』2巻） |
| 高岸善吉・坂本宗作・落合寅市・井上伝蔵・竹内吉五郎・斉藤準次ら | 『自由党員名簿』 |
|  | 『佐久自由民権運動史』30～31頁、『自由党史』中巻370頁 |
|  | 油井熊蔵『自由党事件史　秩父事件と其前後』302～304頁、『佐久自由民権運動史』58～60頁 |
| 清水永三郎・三浦桃之助・小林安兵衛・湯浅理兵らが中心 | 関戸覚蔵『東陲民権史』183～184頁 |
|  | 『東陲民権史』184～185頁 |
| 村上泰治・岩井丑五郎・南関蔵 | 『埼玉自由民権運動史料』409～439頁、『東陲民権史』208～213頁、福田薫『蚕民騒擾録』246～248頁 |
| 小林安兵衛・三浦桃之介・湯浅理兵・野中弥八・山田平十郎 | 『東陲民権史』185～186頁 |
| 小林安兵衛・三浦桃之介・湯浅理兵・野中弥八・新井太六郎など | 「予審原本」（『群馬県史』資料編20巻）282～285頁 |
| 小林安兵衛・三浦桃之介・湯浅理兵・野中弥八・上野文平など | 『東陲民権史』188～189頁 |
| 小林安兵衛・湯浅理兵・野中弥八など | 「予審原本」287頁 |

| 西暦年月日 | | 内容 |
|---|---|---|
| 1884 | | 民」を集め「地租軽減請願」を掲げ、「砲術ノ練習」など行う |
| | 3 | 秩父郡役所に数度、高利貸説諭を請願するが採用されず |
| | 3〜5 | 群馬県の南北甘楽郡から56名が自由党入党<br>埼玉県秩父郡から高岸善吉・坂本宗作・落合寅市・井上伝蔵ら20名が自由党入党 |
| | 4.6〜 | 本部から地方巡察員として杉田定一が佐久・小県・埴科・飯山方面に巡遊し早川権弥宅に泊（東海道を経て北海道を片岡健吉・植木枝盛が担当） |
| | 4.8 | 高見沢薫が地租軽減の請願書を政府に送付<br>・3月16日高見沢は早川権弥に地租軽減請願書についての意見をきいており、同時期に前山の党員間でも地租減額論が論じられた<br>・地租改正条例第6章も根拠とされた |
| | 4上旬か | ・自由党員の清水永三郎らが、北甘楽郡内の黒滝山・大桁山・妙義山中で、運動会と称して軍陣進退の練習行う<br>・同じく碓氷郡八城村演説会の際、松井田警察署長が竹槍・蓆旗の撤去と演説中止の措置に出たため、巡査ともみ合いとなる |
| | 4.15未明 | 小林安兵衛・三浦桃之助・清水永三郎らが藤田錠吉家放火・殺害事件の首謀者一部を匿ったあと、清水らは高見沢薫方に逃亡、小林・三浦は信州歴遊 |
| | 4.17 | 照山峻三殺害事件<br>村上泰治・宮部襄・長坂八郎・深井卓爾らは逃亡し5・6・10月に拘引 |
| | 4末か | 高崎観音山の清水寺（観音寺）において軍議（「群馬事件」に向けた動き）<br>・5月1日予定の上野―高崎間の日本鉄道開通式（高崎駅）出席の政府高官を本庄駅で襲撃し政府転覆を謀るとの計画を立案し、総長に小林安兵衛、副に三浦桃之助を決定<br>・碓氷・甘楽・南佐久郡などの「博徒」らが東京鎮台高崎兵営を攻め、甘楽・秩父・多胡・緑野郡の党員を集め本庄付近で列車を待つ計画 |
| | 5.1〜2 | 1日予定の鉄道開通式が5日に延期され、指導部は博徒隊に連絡するため高崎へ<br>2日高崎から帰る途中で北甘楽郡相野田村で自由党勧誘の山林集会、そのあと同村戸長宅への強盗事件、7日にも多胡郡上日野・下日野村で強盗事件 |
| | 5.5以降 | 5月5日鉄道開通式が再延期、ここで小林安兵衛・三浦桃之助ら指導部は埼玉県児玉郡蛭川村の上野文平宅に移り計画の変更を検討<br>・秩父の党友（村上泰治・田代栄助）も誘い埼玉・群馬連合を組み、5月14日に妙義山麓陣場ケ原（安中市松井田八城）に結集し富岡・松井田・前橋警察署と高崎兵営を襲撃との計画に修正<br>・新たな計画を主張する小林・湯浅理兵と、宮部襄・清水永三郎の自重説をふまえた三浦（「天下同志の士と事を同じふせん」）とが激論 |
| | 5.11 | 小林安兵衛らが諸戸村入り同村田村源吉宅に宿泊、陣場ケ原集会案内回章を近隣に配布（回章に「刀剣ヲ用意シ集会スベキ」旨明記）、近傍の中里村・八木連村で |

| 参加者等 | 出典・参考 |
|---|---|
| 栗林愛之助・橋本乙太郎らが結成、伊賀我何人も参加 | 『朝野新聞』1884.4.1 |
| | 鎌田沖太「秩父暴動実記」(『集成』6巻)、三浦進・塚田昌宏『加波山事件』128～129頁 |
| | 木下武平・吉村角太郎・新井寅吉・小柏常次郎らの「訊問調書」(『集成』3巻) |
| 高崎の長坂八郎・深井卓爾・伊賀我何人が連名で集会案内を配布 | 『群馬県史』資料編21巻632～633頁 |
| 新井愧三郎・長坂八郎・照山峻三ら（照山が地租減額論を演説） | 1884.6.20前橋軽罪裁判所「予審終結言渡書」(前橋地方検察庁所蔵) |
| ②埼玉から新井源八・高岸善吉・村上泰治・加藤善蔵・南鉄二郎（以上、秩父郡）・野口褧、群馬からは伊賀我何人・深井卓爾などが出席<br>大井憲太郎が関東（同年5月辞任）担当の常備員 | 『自由党史』中巻363～370頁、「自由党史研究のために」史料21・22、『民衆運動』283～284頁（「三島通庸関係文書」510-6)、『自由民権機密探偵史料集』320～325頁、落合寅市「綸旨大赦義挙寅市経歴」(『秩父事件史料』2巻)、「湯浅理平裁判言渡書」(『群馬県史』資料編20巻）318頁、『明治自由党の研究』上巻214～222・235～253頁、鈴木音高「国事犯罪申立書」(『静岡県自由民権史料集』) 644～645頁、原口清『自由民権運動と静岡事件』265～269頁 |
| | |
| 杉田定一・宮部襄・伊賀我何人・深井卓爾・照山峻三ら（夜の懇親会には新井愧三郎も出席） | 『自由新聞』1884.3.26・30、4.1 |
| | 『新潟県政党史』126頁、町田市立自由民権資料館『民権ブックス26　武相自由民権運動関係年表』60頁 |
| 清水永三郎・深井卓爾・伊賀我何人・宮部襄らが主 | 富岡警察署「政党之沿革」(『群馬県史』資料 |

| 西暦年月日 | | 内容 |
|---|---|---|
| 1884 | 2 | 富岡の自由党員栗林愛之助・橋本乙太郎らが「学術を研究する目的」で「雑話会」を発足、3月に入り党幹部高崎の伊賀我何人も加わり「其主義を拡張せんと頗る尽力中」 |
| | 2か | 「自由党員大井某」秩父郡に来たり政談演説会を開く<br>鯉沼九八郎らが自由党本部「寧静館」を襲撃・占拠 |
| | 2〜3 | 上日野村（多胡郡）・小柏常次郎、三波川村（緑野郡）・木下武平らが自由党加盟・減租願などを通じて組織化 |
| | 3.3 | 減租請願上毛大集会を高崎の竜広寺で開催、地価100分の1までの減租を其筋へ嘆願することを決議、自由党幹部名の集会案内を県内各地域へ約400通配布 |
| | 3.6 | 南甘楽郡柏木村の島田安太郎宅で新井愧三郎・長坂八郎らが懇親会、その後長坂・新井・島田は集会条例違反で起訴される |
| | 3.10〜13<br><br>3.13<br><br><br>3.17<br><br><br><br><br><br>—— | ①10日常議員会、11・12日出京党員の相談会・13日午前下会議<br>・資金募集困難で、板垣退助が解党か辞任を希望<br>②東京で自由党臨時大会<br>党常議員廃止と総理特選による諮問・常備員の設置（総理による党事の専断承認）や文武館設立・巡回員派遣などの「露骨明言シ難キコト」などを決定<br>③各地総代員の相談会<br>・板垣から「武ノ一途」に偏することへの注意あり<br>・君塚省三が15日公布地租条例に対して減租請願運動を続けることを主張、板垣退助「元来減租ノコトハ其地方有志ノ特ニ尽力スル所ニテ敢テ自由党ガ為スト云フニアラズ」との発言に対して片岡健吉が相談会後に協議することを提案<br>④大会で上京した各地方「決死派」の間で「専制政府顚覆改革運動」、またその一環として各戸長役場管理下にある「納税金ヲ奪取ル」計画が協議され、その帰趨を見定めるために大井憲太郎・宮部襄らが「実行委員」派遣へ<br>・高岸善吉が帰郷し落合寅市・坂本宗作に「大井憲太郎外有志自由党員地方団結シテ専制政府転覆改革運動約」すと告げる<br>・3月26日北甘楽郡内匠村戸長・湯浅理兵が村民から徴収の税金60円19銭を郡役所へ納付せずもったまま逃走<br>・3月中旬鈴木音高が高崎に行き、伊賀我何人・深井卓爾に「革命」のための資金強奪について経験者派遣を依頼（仙波兵庫も同席） |
| | 3.15 | 地租条例 |
| | 3.22、25 | 自由政談演説会が一ノ宮光明院（富岡市・群馬事件指導者小林安兵衛＝日比遜が住職）で開催される「聴衆一千余名……僻地にハ未曽有の盛事」（婦人100名余の参加も）、これに続き後日に北甘楽郡菅原村・下仁田の龍栖寺でも開催された模様 |
| | 3下旬 | 石川島監獄を脱獄した（26日）赤井景韶が八王子・広徳館に潜入 |
| | 3 | 自由党員らが、「政府転覆」の準備として、妙義山の中之嶽神社において山麓の「土 |

| 参加者等 | 出典・参考 |
| --- | --- |
| | 料』386頁） |
| | 『自由新聞』1883.12.4 |
| | 『自由新聞』1883.11.30～12.2・4～9・11～14 |
| | 「明治十六年三月北甘楽東西群馬南勢多郡人民集合一件」、「明治十六・十七年管内雑事二号」中の「緊要雑件機密書類」（「群馬県庁文書」は『群馬県史』資料編20巻261～279頁に収録）、『郵便報知新聞』1883.12.21 |
| 片岡治郎（12月2・3日会主）、龍野周一郎（12月5・6日）・早川権弥（12月5日） | 秋山弥助『南北佐久自由主義者の政治運動記録』（国会図書館所蔵）11～14頁、『佐久自由民権運動史』29～30頁、『長野県史』通史編7巻405頁 |
| 聴衆350～800名、杉田定一・植木枝盛・星亨・加藤平四郎らが演説 | 『自由新聞』1883.12.26、『植木枝盛集』7巻331頁、『新編埼玉県史』通史編5巻353頁 |
| 高岸善吉・落合寅市・坂本宗作 | 高岸善吉・坂本宗作の「裁判言渡書」（『集成』1・2巻） |
| | 長谷川昇『博徒と自由民権』177～195頁 |
| 宮部襄・深井卓爾・伊賀我何人らが演説 | 「富岡警察署沿革史」（『群馬県史』資料編20巻329頁） |
| | 柴崎谷蔵「木公堂日記」（両神村加藤家所蔵）1884.1.23・24・25、2.16・20、3.3 |
| | 「田代栄助訊問調書」（『集成』1巻） |
| | 鎌田沖太「秩父暴動実記」（『集成』6巻） |
| | 鈴木音高「国事犯罪申立書」（『静岡県自由民権史料集』）644～645頁 |
| | |

| 西暦年月日 | | 内容 |
|---|---|---|
| 1883 | | |
| | 11.21 | 羽生町外52ヵ村の戸長総代会で納税延期願の委員を選挙、岡田孝八・金子亀蔵外二名が28日に郡役所に出頭 |
| | 11.28 | 田母野秀顕が石川島監獄で獄死、12月1日に田母野秀顕葬儀（谷中天王寺） |
| | 11〜12 | ①西群馬郡京目村（高崎市）など10数ヵ村の負債農民騒擾<br>各所での人民集合を背景に租税率100分の1・負債利子引き下げ・7ヵ年賦返済などの嘆願書を西群馬郡役所へ提出、この間生産会社を「世界困難ノ基」として「世界平均ノタメ取片付」るとの回状出る<br>②南勢多郡女屋村など30数か村（前橋市）負債農民騒擾<br>各所で最大1,300人規模の人民集合を背景に負債5年据え置き・10ヵ年賦返済などを要求し、戸長へ嘆願<br>③北甘楽郡小幡村（甘楽町）の負債農民騒擾<br>現地の2つの寺院住職に生産会社交渉を依頼、要求は負債の5ヵ年賦・利子引下げ<br>④東群馬郡徳丸村など13ヵ村（前橋市）の負債農民騒擾<br>300人規模の集会<br>⑤緑野郡根小屋村（高崎市）貧民39人の惣代<br>借金返済資金として県庁より「御貸下ケ」を要求し高崎警察署へ嘆願 |
| | 12.2〜7 | 奥宮健之（土佐）・勝山孝三（河内）が小諸・岩村田・前山などで政談演説会（勝山は演説中止、官吏侮辱罪で逮捕）<br>・魯国虚無党について講談あり<br>・奥宮は講談師「先醒堂覚明」として登壇 |
| | 12.21 | 行田自由亭で行田地方の自由党員主催の政談学術演説会、自由党本部が基金募集のため行田地方部へ来会、その後館林へ |
| | 12 | 高岸善吉らが秩父郡役所に負債据置・年賦の高利貸説諭を請願 |
| 1884 | 1.4 | 賭博犯処分規則 |
| M17 | 1〜 | 高崎の自由党員らが、北甘楽郡において「学校廃止、減租請願」等の演説行う |
| | 1〜3 | 秩父郡に「大宮役所下身代限七百戸余」・縊死や、高利貸が脅迫・危害を加えられた噂 |
| | 1下旬か2上旬 | 田代栄助が村上泰治に自由党入党を申込むが、諜者と疑う村上の態度に腹を立てる |
| | 1以降 | 村上泰治が、自家の小作人・負債者を招き自由党に勧誘するとともに小作金・金利軽減 |
| | 2中旬以降 | 鈴木音高が仙波兵庫の紹介で高崎の深井卓爾・伊賀我何人と「同盟連絡」し、3月中旬高崎に行き資金強奪について相談 |

| 参加者等 | 出典・参考 |
|---|---|
| 永田一二・小勝俊吉・小室信介・月岡朗・平田嘉吉演説 | 自由新聞1883.7.24 |
| 永田一二・小勝俊吉・加藤平四郎・植木枝盛ら演説、掘越寛介・斉藤珪次らが出席 | 『自由新聞』1883.8.2、『植木枝盛集』7巻323～324頁 |
| 斎藤壬生雄・小勝俊吉・岡田忠道ら7～8名 | 『自由民権機密探偵史料集』339～340・364頁 |
| | 「三島通庸関係文書」510-5 |
| | 「行政文書」明951-184（埼玉県立文書館所蔵）、『田中千弥日記』1883.8.14 |
| 会幹事は藤田順吉・内藤魯一 | 『朝野新聞』1883.9.14、『自由新聞』同年9.16・20 |
| 会主は土川喜多蔵、幹事は引間豊三郎・佐々木元八、弁士：堀口昇（尾崎行雄も？）、西野清明（大宮郷寄留）も出席 | 『朝野新聞』1883.9.29・10.6・11.7 |
| 石塚重平・早川権弥ら | 『自由新聞』1883.10.20、上原邦一『佐久自由民権運動史』27～28頁 |
| | 野島幾太郎『加波山事件』（東洋文庫版）118頁 |
| 安芸喜代香・桜間登・宮部襄など100余人 | 『土陽新聞』1883.11.8、『自由新聞』同年11.2・7 |
| 井出為吉・菊池音之助など大半が秩父事件の参加者 | 『佐久自由民権運動史』62～63頁 |
| ②群馬から新井愧三郎・深井卓爾・伊賀我何人・斎藤壬生雄・清水永三郎、埼玉から渡辺勘五郎（埼玉または秋田）、根岸貞三郎、長野からは石塚重平・早川権弥などが参加 | 『自由党史』中巻358～362頁、「三島通庸関係文書」510-2、『明治自由党の研究』上巻211～213・235～253頁、『自由民権機密探偵史料集』310～320・369～370頁 |
| 高知県士族・奥宮健吉が演説予定 | 「菖蒲町相原家文書」（『埼玉自由民権運動史 |

| 西暦年月日 | | 内容 |
|---|---|---|
| 1883 | 7.22 | 蕨宿三学院で板垣喜代平・渡辺勘五郎を会主とする偽党撲滅演説会、小室の演説が中止解散となる |
| | 7.28～30 | 大里郡熊谷町・北埼玉郡などで演説会、聴衆700名に及び女性も参加 |
| | 8.4前 | 斎藤壬生雄ら「壮士」が、板垣の岐阜遭難や福島の高等法院などについて「恥辱」とし、「然ル上ハ我々断然身命ヲ擲チ暗殺狙撃ノ挙ニ出テ目覚シキ挙ヲ為シテ以テ自由ノ大義ヲ天下ニ伸ヘサル可ラス」と評議 |
| | 8 | 「長阪八朗伊賀我何人外照山俊三」などが「栃木足利地方」を徘徊し「地方税ノ過多」「地租ノ減税ヲ政府ニ請願セント云フ」 |
| | 8 | 井上伝蔵戸長役場首座筆生（筆生12名）、10月31日には伝蔵がすでに売却した土地を吉川宮次郎からの借用金の抵当にいれる |
| | 9.16 | 常総武両野志士競漕大船遊会を開催 |
| | 9.30 | 秩父郡大宮町大宮亭で政談演説会（聴衆400余）、のち学術演説会を開催し千歳楼の懇親会に49名出席、福島敬三ら尽力 |
| | 9.20<br>～10.6 | 大井憲太郎・長坂八郎（のちに山梨巡遊から加藤平四郎も加わる）が党巡回員として派遣され小諸・上田・岩村田などへ（石塚重平ら案内）、「鮮血染出自由之郷」等の旗も |
| | 9～10 | 五十川元吉が9月に高崎の宮部襄、10月に信越地方の石塚重平・八木原繁祉・稲垣示・杉田定一らを訪問 |
| | 10.24 | 松山で四国自由大懇親会、各地における減租請願運動（1882年冬から準備していたが「政党創立の事業」で中断していた）への着手などを確認 |
| | 10 | 井出為吉ほか14名が物品税のがれの品物移出（「証券印税規則違反」）で北佐久郡岩村田治安裁判所に拘引される |
| | 11.2、3<br>5、7<br>11.16<br><br><br><br><br>11.27 | ①大会前の相談会<br>・解党論から募金・維持論（山際七司ら）へ<br>②東京で自由党臨時大会<br>・「議案ノ表面ハ醵金ヨリ云々ノ事」だが「内幕ノ議ハ」党の維持か「一旦解党シテ一大運動ヲナシ以テ勝ヲ一挙ニ得ヘキカ」にあり、「自由党ノ要路ヲ占メシ腕力破壊主義ノ三百名中」によって発起される<br>・10万円募集運動による党の維持（26日にも板垣の談話）<br>③滞京党員の会合<br>・植木枝盛の意図をうけ片岡健吉が上京した党員に翌年春の「減租建白」を提案 |
| | 11.16 | 長谷川関太郎から桶川警察署に学術講談会開催の届提出 |

| 参加者等 | 出典・参考 |
|---|---|
| | 史編6巻605～611頁 |
| 片山村の負債主惣代に野中弥八(群馬事件の指導者)の名あり<br>天引村の惣代古館竹二（次）郎、東谷村の惣代寺尾浅二（次）郎は秩父事件裁判被告となっている | 「明治十六年三月北甘楽東西群馬南勢多郡人民集合一件」(群馬県庁文書『群馬県史』資料編20巻235～261頁)、「伺書」写し（藤岡市「折茂幹一家文書」) |
| 村上泰治・小暮和十郎・福島敬三・若林哲三ら | 『自由党員名簿』 |
| | 「加藤団蔵訊問調書」（『集成』2巻） |
| 引間豊三郎・宮前籐十郎らが発起人 | 『埼玉新聞』1883.4.13 |
| | 『自由党史』中巻293～305頁 |
| 群馬から斎藤壬生雄・深井卓爾・中野了髄、埼玉からは堀越寛介・野口褧ら、佐久から石塚重平・小林秀太郎（以上、小諸）・遠藤政治郎（佐久郡岩村田）らが参加 | 『自由党史』中巻235～236頁、「三島通庸関係文書」496-22、『明治自由党の研究』上巻235～253頁 |
| 早朝は100余名の参加者、午後快晴となり会衆が続々来集し河原に満ちる | 『郵便報知新聞』1883.5.11、『朝野新聞』同年5.2・13 |
| ①大井憲太郎・植木枝盛・加藤平四郎・吉田暢四郎・斉藤珪次・掘越寛介・古市直之進・松本庄八・根岸貞三郎、中島義三郎が演説<br>②主唱者惣代は宮前藤十郎・茂木久之・山田懿太郎 | 『自由新聞』1883.5.31、『植木枝盛集』7巻321頁<br>「秩父教育義社規則」 |
| ②内藤魯一など（この時期の常議員には大井憲太郎・宮部襄・長坂八郎なども） | 『朝野新聞』1883.6.23、『自由新聞』同年6.23、『土陽新聞』同年6.24・28・29、『自由党史』中巻306～316頁、『馬場辰猪全集』3巻89頁、『自由民権機密探偵史料集』292～309頁、『明治自由党の研究』上巻199～214・235～241頁、「自由民権革命と激化事件」 |
| | 『自由新聞』1883.10.31 |
| 石塚重平・森多平・柳沢倎三ら | 『長野県史』通史編7巻403頁 |
| | 『新編埼玉県史』通史編5巻353頁 |
| 掘越寛介・斉藤珪次の主催 | 『自由新聞』1883.7.12、『埼玉自由民権運動史料』370～373頁 |

| 西暦年月日 | | 内容 |
|---|---|---|
| 1883 | | |
| | 3 | 北甘楽郡菅原・諸戸村（富岡市）など10余か村（群馬事件の舞台と重なる）で負債農民騒擾事件起る（負債の据え置き年賦返済などを要求し債主の富岡生産会社などを高崎治安裁判所へ提訴）<br>北甘楽郡蕨村・多胡郡片山村など12か村（富岡市・甘楽町・高崎市）で、人民集合を背景に負債返済延期の申し入れにつき、各村総代12名が郡長へ伺書を提出 |
| | 3〜6 | 村上泰治ら8名が自由党入党 |
| | 3後 | 村上泰治が減租の強願運動へ |
| | 4.7 | 秩父大宮郷で第一回「法律研究会」を開く |
| | 4.16 | 新聞紙条例の改正、6月29日出版条例改正 |
| | 4.20、23〜29 | 東京で自由党大会・懇談会<br>・解党論・「本部維持」の方法について議論、「改進黨討撃」方針が決定される<br>・「実行者」「壮士」の養成と「文武館」設立構想が提起される<br>・大会後に開催された高知・東京・群馬・岡山・徳島・愛知・岩手・栃木有志の会合で、「相互ノ最初ノ約束」としての「革命」を達成するために常議員による各地巡回を実質化して「廣ク同志ヲ求メ且ツ実行者ヲ見出」すべきとの発言あり |
| | 5.6 | 賀美郡勅使河原村神流川の中州で上武両国野遊懇談会が開催される |
| | 5.28 | ①北埼玉郡喜右衛門新田の森田屋で演説会<br>②秩父郡内子弟の学資貸与補助目的に秩父教育義社設置願を埼玉県に提出 |
| | 6.22、24<br>6.30、7.2 | ①22日板垣退助・後藤象二郎らが帰国、24日帰国歓迎会の席上で板垣が解党論を主張<br>②常議員会で解党めぐり議論へ<br>・将来「一大運動」をなすか解党して各地の運動に任せるかの議論あり、一方で「真正ノ破壊主義ノ者ヲ以テ秘密ノ結合ヲ為サント」する解党論も<br>・運動の打開策として10万円募集、池松豊記を通じた九州改進党との連絡、自由新聞社の維持、文武館設立と「壮士」の養成 |
| | 6 | 埼玉県議会で一度否決された見沼代用水路補修負担費を郡長通達で実施しようとした事に対して、永田荘作議員が福島事件を例に反対意見をのべる（10月も） |
| | 6 | 石塚重平ら自由党員が、北越に行く途中の大井憲太郎・鈴木舎定を招き小県郡上田町で自由大懇親会を計画 |
| | 7.1 | 自由党埼玉部、板垣退助帰朝出迎委員派遣を決定 |
| | 7.6 | 北埼玉郡発戸村利根川堤防上で埼玉自由運動会を開催 |

| 参加者等 | 出典・参考 |
|---|---|
| | 『自由党員名簿』 |
| | 『自由党史』中巻224〜225頁 |
| 演説会会主・雨森真澄、小笠原省三・久野初太郎らが演説 | 『朝野新聞』1882.11.26、『自由新聞』同年12.2・27 |
| 伊賀我何人・松井助一・大木権平・高橋壮多（以上高崎）、山口重脩（館林） | 『新編高崎市史』資料編9巻269〜270頁、『福島県史』11巻523〜524頁 |
| 喜多方警察署に集結した農民は1,000余名 | 『福島県史』11巻580〜582頁、『喜多方市史』6巻（中）287〜289頁、『河野盤州伝』上巻573〜574頁、『新編　高崎市史』資料編9巻270〜274頁 |
| 11〜12月新津安太郎ほか4名（小海村）・井出国治郎など（海尻村）が自由党入党 | 『自由党員名簿』、『長野県史』通史編7巻403頁 |
| | |
| | 上原邦一『佐久自由民権運動史』56頁、『長野県史』通史編7巻406〜407頁 |
| | 田中千弥「秩父暴動雑録」（『秩父事件史料集成』―以下『集成』―6巻） |
| 森脇直樹・島地正存（立志社副社長）・山田平左衛門 | 『自由民権機密探偵史料集』384〜386頁、「三島通庸関係文書」496-24、飯塚一幸「自由党成立後の杉田定一」（大阪経済大学日本経済史研究所『経済史研究』12号） |
| | 『朝野新聞』1883.2.28 |
| | 「北甘楽郡治概略草案（群馬県庁文書）」（『群馬県史』資料編20巻326頁 |
| | 『北相木村誌』202〜203頁 |
| 庄林一正・村松愛蔵ら250名前後が参加 | 『自由新聞』1883.2.23・3.18、大阪経済大学図書館所蔵「杉田定一関係文書」36-14-1と14-14、『新潟県史』通史編6巻605〜607頁、大槻弘『越前自由民権運動の研究』160〜179頁、森山誠一「北陸七州有志大懇親会高岡集会とその前後」（『歴史評論』402号）、「自由党成立後の杉田定一」 |
| 赤井景韶・井上平三郎・風間安太郎・八木原繁祉・加藤勝弥など逮捕 | 『新潟新聞』1883.3.21、『越佐毎日新聞』同年3.27、『自由新聞』同年3.31、『新潟県史』通 |

| 西暦年月日 | | 内容 |
|---|---|---|
| 1882 | 11.9 | 中庭蘭渓・若林真十郎（禊教徒）が秩父で自由党に入党 |
| | 11.11 | 板垣退助・後藤象二郎が欧州へ出発 |
| | 11.24、28 | 24日浅草井生村楼で人力車夫の演説会あり「腕力論」で演説中止、28日照山峻三・奥宮健之・三浦亀吉らが「高声放歌」し巡査と衝突（12.27官吏抗拒罪で有罪） |
| | 11.26 | 福島への応援のため、高崎から上毛自由党員ら4人と館林から1人が自由党本部の要請を受けて福島入り |
| | 11.28～12.1 | 農民と喜多方警察署警官の衝突、河野広中ら自由党員の逮捕【福島・喜多方事件】<br>12月5日党本部の宮部襄が長坂八郎を単身応援のため福島に派遣したが到着早々逮捕 |
| | 11～12 | 11月北相木・小海・海尻村など山間部から自由党へ入党、12月小海村周辺で南信自由党結成 |
| | 12.12 | 請願規則 |
| | 不詳 | 井出為吉が『深山自由新聞』(8月からのちの愛国正理社総理・坂田哲太郎が主幹）を購読か |
| 1883<br>M16 | 1 | 自由党の親睦会を吉田町で開くとの企画を椋神社神官梅村相保が聞く |
| | 2.1以降 | 2月1日高知に帰郷した森脇直樹らが「県下過激ノ党員ヲ各地ニ出シ以テ漸次東京ニ集会セシメ各地出京ノ党員ト共ニ謀リ」「事ヲ県外ニ生セシメ」んと計画、3月（か）高知の島地正存が上京し群馬・土佐などの党員に土佐人1,800人を「扇動委員」として各地に派遣すると述べる |
| | 2 | この頃秩父郡に「教育義社」設立のための義捐金募集が進められる<br>幼年生徒を上京させて法律政治を学ばせることを目的 |
| | 2 | 北甘楽郡相野田村（現富岡市）得成寺へ細民数百人集合、同時に諸戸・菅原（富岡市）周辺各村人民集合し、「債主ニ脅迫スルノ勢アリ」 |
| | 2 | 井出為吉が北相木村戸長に（1884年4月辞職） |
| | 3.10、11 | 北陸七州有志懇親会を開催（富山県高岡町）<br>・発起人は杉田定一・稲垣示・小間粛・八木原繁祉・山際七司・加藤勝弥など（磯山清兵衛・大津淳一郎・斉藤壬生雄・保泉良輔などにも案内状を出す）<br>・正体を疑われた長谷川三郎が警察分署に駆け込み高田へ護送さる |
| | 3.19、20 | 長谷川三郎の「自供」をもとに頸城自由党員、新潟県下自由党員が内乱陰謀等の容疑で一斉検挙される　【高田事件】 |

| 参加者等 | 出典・参考 |
|---|---|
| | 『自由党史』中巻105～154頁、井出孫六ほか編『自由民権機密探偵史料集』633～637頁、『新修名古屋市史』5巻183頁、『郵便報知新聞』1882.4.20 |
| 野口褧、末広重恭、堀口昇演説 | 『朝野新聞』1882.5.2 |
| 西群馬郡から武藤小文治・相川恒一（相川林次郎代理）、長野から竹村大助（竹村盈仲代理）らが参加 | 『自由党史』中巻154～184頁、外崎光弘「酒屋会議と児島稔」（『高知短期大学研究報告　社会科学論集』42号）、丑木幸男「明治前期の豪農・地方名望家」（明治維新史学会『講座　明治維新7』） |
| 久保喜三郎（佞言飴の如し）、三俣素平（自由は一国の元気なるを論す）、松本庄八（咄々怪事）など | 『朝野新聞』1882.5.14 |
| 5月10日埼玉県人野口褧・渡辺湜、茨城県人岡野満辰・小久保喜七・藤田秀雄が演説、傍聴無慮400名 | 『古河市史』通史編607頁、舘野芳之助「自由東道」解説4頁、『茨城県史料　近代政治社会編Ⅱ』497頁、『茨城日日新聞』1882.5.15・27 |
| | 『自由党史』中巻185～189頁 |
| ・斎藤壬生雄・山下善之（群馬）、堀越寛介・矢部忠右衛門・松本庄八（埼玉）らが出席、長野からは参加者なし<br>・集会条例改正に対して自由党埼玉部・上毛自由党は解散し東京自由党へ入党（活動は従来どおり） | 『自由党史』中巻197～201頁、「自由党臨時会関係書類」・「集会条例ノ件ニ付臨時会合ノ景況」（国会図書館憲政資料室所蔵「三島通庸関係文書」496-5・6）、安丸良夫ほか編『日本近代思想体系21民衆運動』271～273頁、『明治自由党の研究』上巻88～103・117～119・235～253頁、「自由民権革命と激化事件」、清水吉二「上毛自由党と秩父」（『秩父事件研究顕彰』9号） |
| | 明治史料研究連絡会『自由党員名簿』 |
| 五州志士舟遊会には埼玉から斉藤珪次・根岸貞三郎が出席、演説会は小久保喜七の主催で斉藤演説「免税の弊害」 | 『斉藤珪次翁伝』14・257～258頁 |
| 年表Ⅰを参照 | 年表Ⅰを参照 |
| 三浦亀吉ら車夫600～700人、宮部襄・照山峻三・河野広中・奥宮健之など | 『朝野新聞』1882.10.6、『自由民権機密探偵史料集』360～361頁 |
| | 『自由党員名簿』 |
| | |

| 西暦年月日 | | 内容 |
|---|---|---|
| 1882 | 4.6 | 板垣退助が相原尚褧に襲撃され（板垣遭難）、杉戸駅の自由偕進社社長野口褧が副社長渡辺湜より金五円の見舞金 |
| | 4.29 | 自由党地方部設置の趣旨を知らしめるため杉戸駅東福寺で演説会、中止解散のため懇親会になる。 |
| | 5.10 | 京都で酒屋会議<br>植木枝盛・児島稔（以上、高知）・小原鐵臣（島根）・磯山尚太郎（茨城）・安立又三郎・市橋保身（以上、福井）が発起人、小原鉄臣が議長 |
| | 5.10 | 上州新町専福寺で明巳会の演説会（自由党本部・埼玉地方部の要請） |
| | 5 | 茨城県の舘野芳之助・小久保喜七・藤田順吉と幸手の民権家が「武総共進会」（武総共心会）をつくり幸手・栗橋方面で演説会を開く、10日茨城県西葛飾郡元栗橋校で演説会（予定弁士の末広重恭が欠席、14日末広等の学術討論演説会開催） |
| | 6.3 | 集会条例改正 |
| | 6.12～19 | 東京で自由党臨時大会（板垣退助が辞任を申し出）<br>・諮問（後藤象二郎）の設置・副総理廃止、党費・地方部分担金の徴収など自由党規則の全面改正 |
| | 6.26 | ・警察に届出し地方部を廃する、解散して新聞株主となる、「腕力」に訴えるなどの諸説あったが、結局届出することに（地方支部もそれぞれ対応） |
| | 6.29 | ・出京惣代との懇親会で、各地「惣代」が「是迄ニ度々協議決シタル通リ押シ通シ本年ニモ兵ヲ起シ候方可然」と迫り、板垣は「兵ヲ起スハ三ヶ年自後之見込」と主張 |
| | 7.30 | 佐久郡岩村田・遠藤政次郎が長野県下で最初に自由党入党 |
| | 8 | 茨城県古河町で五州志士舟遊会を開催、相生座で政談演説会 |
| | 8末～10 | 板垣退助の洋行問題をめぐる党内対立、福島・石川への壮士・遊説委員の派遣、一般民衆へ働きかけ「中央集権」した「東京本部」のもと「各地各部一時ニ蜂起」する計画（「広域蜂起派」の形成）、農民に対する減税の提起について会議 |
| | 10.4、20 | 神田で人力車夫の演説会（鉄道馬車を郊外に斥ける演説など） |
| | 10.20 | 井出為吉・高見沢薫（為吉の学習塾の弟子）が入党 |
| | | |

| 参加者等 | 出典・参考 |
|---|---|
| 戸のうち署名総数1万2106筆)、埼玉からは福田久松・保泉良輔、長野から松沢求策・上條蝗司などが参加 | 新史料」(『史学雑誌』71編11号)、松岡僖一「私立国会論」(『幻視の革命』)、江村栄一「自由民権革命と激化事件」(『歴史学研究』535号)、『河野磐州伝』上巻366～380頁 |
| ①群馬から長坂八郎・木呂子退蔵・斎藤壬生雄、埼玉から保泉良輔などが参加(長野からは参加者なし、下線部は②の参加者) | 家永三郎「自由民権に関する新史料」(『史学雑誌』71編11号)、江村栄一「自由民権革命と激化事件」(『歴史学研究』535号) |
| | 『自由党史』中巻36頁 |
| | 『北相木村誌』202頁 |
| | 『上毛新聞』1881.2.20 |
| | 『上毛新聞』1881.9.30 |
| 代表に宮部襄・斎藤壬生雄 | 『新編高崎市史』通史編4巻49頁 |
| 高崎有信社の山下善之が来高を交渉、高崎駅に長坂八郎・木呂子退蔵ら出迎え、板垣・中島が演説 | 『上毛新聞』1881.10.4・10 |
| 山際七司・竹内綱・林包明・鈴木舎定らが自由党組織原案を起草<br>結成大会には、群馬から斎藤壬生雄・宮部襄、埼玉から保泉良輔・堀越寛介・松本庄八らが参加（長野からは参加者なし） | 『自由党史』中巻79～87頁、江村栄一『自由民権革命革命の研究』145～169頁、寺﨑修『明治自由党の研究』上巻235～253頁 |
| | |
| | 大村進ほか編『田中千弥日記』1881.10.20 |
| 聴衆300余名<br>明巳会の会員数は280人で、主な会員は三俣素平・同愛作・内田源六郎・高津仲次郎・松村亀作・針谷吾作・松本庄八など | 『朝野新聞』1881.11.19・20、江井秀雄「嚶鳴社研究（2)」(『和光大学人文学部紀要』16号) |
| 長坂八郎・斎藤壬生雄らが招集、集会議長は宮部襄 | 『郵便報知新聞』1881.12.27 |
| 中島祐八・湯浅治郎・野村籐太ら中心 | 丑木幸男『地方名望家の成長』155～159頁 |
| | |

| 西暦年月日 | | 内容 |
|---|---|---|
| 1880 | | |
| | 11.24、25<br>12.6、9<br>〜11、13<br>12.16、17 | ①国会開設請願の続行<br>・12月9日の53号布告後も請願続行するが拒絶され「道理上ノ請願既ニ尽タル」を以て中止<br>②「激烈党派」の盟約<br>・現政府につき「早ク之を顚覆シ、決死以テ自由政府ヲ置クヲ論ス」「激烈党派」の形成<br>・盟約「各自有志ノ士ヲ募リ、来ル五月ヲ期シ断然処置スヘキヲ論ス」 |
| | 12.9 | 太政官布告53号（「人民ノ上書」を元老院に対する「建白」に限定） |
| | 不詳 | 井出為吉が『月桂新誌』（松沢求策が編集長）を講読 |
| 1881<br>M14 | 2.13 | 「国会有志の大会議」高崎で開催、決定された「会憲」には「第一条……・吾党ハ自由を主義とし、……権理を拡充するをもって目的とす。第三条　吾党ハ立憲正（政）体を確立すべし」 |
| | 9.15 | 高崎の宮部襄が群馬師範学校校長を辞職、宮部は「純然たる民権家となられたり」 |
| | 9.25 | 上毛有志会大会が高崎の寺院・大信寺で開催される、国会期成同盟第3回大会へ向けて代表を決定 |
| | 9.27〜28 | 北陸遊歴に向かう途中の板垣退助と中島信行を高崎に迎え、劇場岩井座で講演会を開く「今日結合の急なる所以を痛論切言せられ、拍手喝采の声ハ満堂を動かせり」 |
| | 10.1、2<br>6〜16<br>18〜11.4 | 1日から東京・国会期成同盟第3回大会で自由党結成を決議、18日から浅草井生村楼において自由党結成大会<br>・総理・板垣退助、副総理・中島信行、常議員に馬場辰猪・末広重恭・後藤象二郎・竹内綱、幹事に林包明・大石正巳・山際七司・林正明・内藤魯一らを選出<br>・自由党盟約・規則の審議 |
| | 10.12 | 国会開設の詔勅 |
| | 10.20 | 井上伝蔵が下吉田村戸長役場筆生に就任（3名のうちの1人） |
| | 11.15 | 賀美郡藤木戸村吉祥院で「明巳会」主催の演説会、高橋基一・堀口昇が演説 |
| | 12.22 | 上毛自由党の結成、高崎の大信寺へ上州十四郡有志代表40余人が集会、17ヵ条の「上毛自由党規則」を議決 |
| 1882<br>M15 | 3 | 立憲改進党誕生に呼応して県会議員らを中心に前橋に上毛協和会設立、機関紙として『上野新報』刊行 |

## 父事件関連年表

| 参加者等 | 出典・参考 |
| --- | --- |
| 斉藤謙二・田中千弥・斉藤利平・井上類作 | 『埼玉新報』1878.4.13 |
| | 『北相木村誌』200頁 |
| 荒川高俊・土居光華・山川善太郎・英人貌刺屈（ブラック） | 『朝野新聞』1879.11.7 |
| 副議長に井上伝蔵 | 『埼玉自由民権運動史料』120～142頁 |
| | 『群馬新聞』1880.2.19 |
| 長野から松沢求策らが参加 | 『自由党史』（岩波文庫版）上巻271～279頁、森山誠一「国会期成同盟の研究」1・2（『金沢経済大学経済研究所年報』6・10号） |
| | 『自由党史』上巻278～281頁 |
| 社長：関根嘉右衛門・金子徳左衛門 | 中澤市朗「明治十年代の秩父製糸業」（『秩父事件研究顕彰』7号） |
| | 『群馬新聞』1880.4.4 |
| | 有賀義人他編『長野県自由民権運動　奨匡社資料集』81～100頁 |
| | 『群馬県史』資料編21巻571～573頁 |
| 有志者200余名、聴衆1,000余名 | 『群馬新聞』1880.9.23 |
| 小勝俊吉・斎藤壬生雄らが主催 | 『群馬新聞』1880.9.30 |
| 総代は高崎の長坂八郎、館林の木呂子退蔵 | 『群馬県史』資料編21巻583～584頁 |
| 上野国十四郡有志10,2106名の総代として高崎・館林・大間々・前橋から4人（長坂八郎・木呂子退蔵・新井毫・斎藤壬生雄）が出席（県内総戸数約12万8千 | 『自由党史』中巻19～34頁、「國會開設論者密議探聞書」（『明治文化全集 雑史編』24巻・1993年復刻版）、家永三郎「自由民権に関する |

# Ⅳ．群馬事件・秩

| 西暦年月日 | | 内容 |
|---|---|---|
| **1878** | 1 | 第11大区5小区下吉田村で「文明会」がつくられ、毎土曜日に学習 |
| M11 | 9〜 | 井出為吉が北相木村の村議に |
| **1879** M12 | 11.9 | 浦和で演説会（前回の傍聴者600余名） |
| | 11.22〜26 | 下吉田・久長・阿熊・上日野沢連村町村会議 |
| **1880** | 2 | 「民権説ヲ吐キ、或ハ国会開設ヲ説ク者、年々月々多キヲ加フ」 |
| M13 | 3.15〜 4.8 | 大阪で愛国社第4回大会・国会期成同盟創立大会、松沢求策の哀訴体と永田一二の請願体の対立（請願体の採用へ） |
| | 4.5 | 集会条例 |
| | 4.15 | 製糸結社「皆野竜門社」が結社願を提出<br>この年秩父郡では他に野上竜門社・日尾盟社・共精社（薄村）・呦鳴社（小鹿野町）・上吉田竜門社が結成される、年不詳で昇業社（大内沢村）・吉田竜門社（下吉田村）・竜門社（岩田村）・矢那瀬製糸社・圓山製糸社（矢那瀬村）・共精社（三山村）・白明社（白久村）がある |
| | 4 | 民権結社として尽節社（大間々）・交親会（館林）・有信社（高崎）・協同社（伊勢崎）・暢権社・集義社・精々社（以上前橋）は「屈指の社にて、是より各郡に陸続結社さるるの様子」 |
| | 5.30〜 7.10 | 奨匡社の松沢求策・上條螘司が上願書提出のため太政官へ出頭、以後元老院・左右大臣邸と交渉（請願権の確認を迫った上で受理させる） |
| | 8 | 国会開設請願をめざす「上毛連合会　創立委員」の名で「国会開設願望ノ檄文」が県内有志に配布、県内を5地区（高崎・前橋・館林・大間々町・七日市）に分けて請願署名・捺印を促す |
| | 9.12 | 高崎の寺院覚法寺で上毛連合会（この段階で「上毛有志会」と改称）の結成大会、国会開設請願署名が県内各地域から持ち寄られる、請願書草案委員公選と請願書提出の上京総代人選出方法など決議、大会は「立錐の地なきに至る」盛況 |
| | 9.23 | 前橋中心の上毛有志会第二区で「国会願望の同盟者集会」が前橋の寺院源英寺で開催、請願書草案の審議や上京総代の人選行う |
| | 10 | 上野国十四郡有志8980名の総代により「国会ノ開設ヲ願望シ奉ルノ書」を太政官へ提出 |
| | 11.10〜 27､30 | 東京で国会期成同盟第2回大会（11月11日愛国社大会を解散）<br>・「地方ノ團結ヲ鞏固ニシテ實力ヲ養成スル」ことによる私立国会論（愛国社系）<br>・翌年の大会に憲法案を持ち寄ること、自由党は別に立てることを決定 |

| 参加者等 | 出典・参考 |
|---|---|
| | 頁 |
| 9月2日「上書」署名者のほか、大木権平（群馬）ら11人が加わる | 「添申録」（東京都公文書館）、『明治建白書集成』8巻445頁 |
| 11月15日来会者に鈴木昌司・八木原繁祉・西潟為蔵・富田精策・広井一など | 『自由党史』下巻285～326頁、『明治憲法欽定史』262～266頁・付録18～19頁、安在邦夫「『三大事件建白運動』について」（『自由は土佐の山間より』） |
| | 『自由党史』下巻316頁 |
| 井上平三郎・井上敬次郎・長塩亥太郎ら | 「井上平三郎外7名内乱ニ関スル上告事件調書」 |
| 新潟では八木原繁祉・鈴木昌司・山際七司・加藤貞盟・西潟為蔵などが保安条例の対象に | 『自由党史』下巻340～345頁、「三島通庸関係文書」540-22、『明治憲法欽定史』340～363頁・付録18～19頁、寺崎修「保安条例の施行状況について」（手塚豊編『近代日本史の新研究Ⅸ』） |
| | 「裁判言渡書」（『痴遊雑誌』2巻10号） |
| 保安条例違反事件、秘密出版事件の関係者を含む | 『自由民権運動の研究』199～260頁 |

| 西暦年月日 | | 内容 |
|---|---|---|
| 1887 | | |
| | 10.20 | 井上平三郎ら「上書規則制定ノ儀ニ付建白」を元老院に提出（国約憲法論） |
| | 10〜12 | 片岡健吉・星亨らの建白運動開始（三大事件建白運動へ）、11月15日（鴎遊館）星亨・後藤象二郎らが有志懇親会 |
| | 11.10 | 警察令20号 |
| | 11.15頃 | 井上平三郎ら「十大臣ヲ除キ更ニ善良ノ政府ヲ組織スル」ことを訴えた「檄文」の配布決定、12月8日「檄文」配布発覚し逮捕 |
| | 12.15<br><br>12.25 | 三大事件建白運動から保安条例へ<br>・2府18県（山形・宮城・岩手・福島・新潟・富山・福井・茨城・栃木・千葉・群馬・埼玉・山梨・長野・愛知・京都・大阪・兵庫・高知・愛媛）の代表90余名が建白書提出、星亨と片岡健吉を代表として総理・伊藤博文に26日直談判することを決定<br>・保安条例公布（「内乱ヲ陰謀シ又ハ教唆シ又ハ治安ヲ妨害スルノ虞アリ」と認められる者を皇居・行在所より三里以内の地から三年以内の期間、退去させる） |
| 1888<br>M21 | 3.30 | 「檄文」配布未遂事件で東京軽罪裁判所判決、井上平三郎・井上敬次郎・長塩亥太郎軽禁固1年6ヶ月・罰金150円 |
| 1889<br>M22 | 2.11〜 | 帝国憲法発布、大赦令で出獄 |

| 参加者等 | 出典・参考 |
| --- | --- |
| 重松覚平・寺島松右衛門・南磯一郎・釜田喜作・島省左右・野崎栄太郎・金武央など | 『大阪事件関係史料集』上巻246～258頁 |
| | 『新潟新聞』1885.7.26～8.16 |
| | 『下野新聞』1885.7.29、『自由党史』中巻293頁 |
| | 『黒埼町史』資料編3近代344～345頁 |
| | 『大阪事件関係史料集』上巻273頁、「大阪事件年表」334頁 |
| | 『新潟新聞』1885.10.1～8・20～11.8 |
| 直接、米相場に関係したのは南磯一郎、寺島松右衛門・正節兄弟、釜田喜作 | 鶴巻孝雄「大阪事件における内治革命計画」（大阪事件研究会『大阪事件の研究』） |
| 稲垣示・重松覚平など富山グループ、山際七司などが関係 | 「大阪事件年表」337～338頁、『黒埼町史』別巻自由民権編284頁 |
| | 『新潟新聞』1885.10.25 |
| | 『黒埼町史』別巻自由民権編286～294頁 |
| | 上條宏之・緒川直人編『北信自由党史』120～121頁 |
| | 『新潟新聞』1887.5.31～9.22 |
| | 『新潟新聞』1887.5.31～9.22 |
| | 『自由党史』下巻189～284頁、「三島通庸関係文書」538-15・16、川口暁弘『明治憲法欽定史』210～262・付録18～19頁 |
| 井上平三郎（新潟）・井上敬次郎（熊本）・伊藤仁太郎（神奈川）ら32人・19府県の人々が署名 | 「井上平三郎外7名内乱ニ関スル上告事件調書」（山際七司文書）、「庶政要録」（東京都公文書館） |
| 90名が参加 | 「上書の運動」（『痴遊雑誌』2巻9号） |
| 稲垣示らは軽禁錮5年・監視2年など<br>重松覚平・山際七司などは無罪放免 | 松尾章一「解題」、『自由民権運動の研究』168～173頁、『黒埼町史』別巻自由民権編299 |

| 西暦年月日 | | 内容 |
|---|---|---|
| 1885 | 7上旬 | 重松覚平ら富山グループが稲垣示から磯山清兵衛らの計画を聞き、資金調達協力へ |
| | 7.26～8.16 | 湊省太郎が赤井景韶の追悼文作成の広告を『新潟新聞』に連載 |
| | 7.27 | 赤井景韶に対して東京重罪裁判所で死刑執行、引取人小島周治 |
| | 8.2 | 山際七司、「済急私言」を農商務省・大槻吉直に提出 |
| | 9.26 | 稲垣示・石塚重平が有一館維持費募集の名目で茨城地方へ |
| | 10.1～8<br>20～11.8 | 『新潟新聞』に飯田事件公訴状・傍聴筆記・宣告書掲載 |
| | 10.9 | 稲垣示が野崎栄太郎ら富山グループに米相場を提案、以後東京・大阪で着手 |
| | 11.23～1886.8 | 大井憲太郎らの朝鮮独立計画・内治革命計画が発覚し大阪・長崎で捕縛<br>福島・富山・新潟・茨城・栃木・神奈川・長野・群馬・秩父・愛知・高知などの旧自由党員が関係　【大阪事件】 |
| | 11頃 | 西頸城郡西海谷・根知谷・早川谷で借金党を唱える者たちが、金融会社へ10ヵ年賦返済願い出ようとして不穏な動き |
| 1886<br>M19 | 5～12 | 山際七司が大阪軽罪裁判所で尋問を受ける（5月10・22日）、大阪重罪裁判所へ移される（12月29日） |
| | 6.25<br>(8.25か) | 鈴木治三郎・井上平三郎、赤井景韶家への義捐の呼びかけを行う |
| 1887 | 5.25～ | 大阪事件公判開始 |
| M20 | 5.31～9.22 | 『新潟新聞』に大阪事件公判傍聴筆記掲載 |
| | 7～8 | 条約改正に関するボワソナード意見書提出（6月1日）、谷干城の意見書提出・辞任（7月3・26日）などをきっかけに条約改正中止・言論の自由に関する建白運動へ<br>8月以降星亨らが秘密出版、片岡健吉らが建白・請願を計画 |
| | 9.2、10 | 井上平三郎らが『上書」を宮内省へ提出したが却下（2日）、井上敬次郎（熊本、赤井景韶の逃亡を助ける）ら「上書」を東京府へ提出したが却下（10日） |
| | 9.7 | 井上敬次郎ら壮士懇親会開催（谷中天王寺） |
| | 9.24 | 大阪重罪裁判所で判決言渡し<br>大井憲太郎・小林樟雄・新井章吾・舘野芳之助は大審院に上告 |

| 参加者等 | 出典・参考 |
| --- | --- |
| 加藤平四郎が参加 | 『新潟新聞』1884.9.26 |
| 河野広體・富松正安など | 『加波山事件関係資料集』494～496頁、「富松正安氏公判傍聴筆記」(『千葉新報』1886.6.30) |
| 小林福宗・鈴木治三郎が参加 | 『新潟新聞』1884.10.3、『自由新聞』1884.10.4 |
| 委員・井上米治郎 | 『黒埼町史』別巻自由民権編275～276頁 |
| ②新潟から西潟為蔵・森山信一・本間勝作・新喜太郎・山崎厚三、富山から稲垣示・金瀬義明、福井から安立又三郎などが参加 | 『自由党史』下巻75～88頁、『自由民権機密探偵史料集』354～360・371～372頁、「自由党史研究のために」史料27、西潟為蔵『雪月花』72～73頁、『自由民権革命の研究』238～254頁、『明治自由党の研究』上巻222～230・235～253頁、『雪月花』72～73頁 |
| | 『自由新聞』1884.10.24～11.2 |
| 村松愛蔵ら飯田事件グループ、湊省太郎ら静岡事件グループ、久野幸太郎ら名古屋事件グループ | 手塚豊『自由民権裁判の研究』中巻11～13頁、「村松愛蔵拘引状」(寺崎修『自由民権運動の研究』43頁)、「飯田国事犯事件」(『信濃毎日新聞』1885.10.23・24) |
| | 『自由新聞』1884.12.24 |
| | |
| | 『大阪事件関係史料集』上巻267・274～275頁、『加波山事件関係資料集』812頁 |
| | 『新潟新聞』1885.2.17～3.29 |
| 200余名（借金党を称する） | 『新潟新聞』1885.3.29 |
| 元頸城自由党員・鈴木貞司 | 『吉川町史資料集』4集97～98頁 |
| | 『越佐毎日新聞』1886.6.12・13・16 |
| | 『下野新聞』1885.7.11 |
| | |

| 西暦年月日 | | 内容 |
|---|---|---|
| 1884 | 9.23 | 北蒲原郡新発田町政談演説会開催 |
| | 9.23〜25 | 富松正安ら16名が茨城県加波山に「自由魁」「圧制政府転覆」等の旗幟をかかげて蜂起、檄文配布、警官隊と衝突　【加波山事件】 |
| | 9.28 | 自由政談大演説会（高田町）、小島周治の演説で中止解散 |
| | 9 | 八木原繁祉・赤井景韶両家族への義捐 |
| | 10.22〜28<br><br><br><br><br><br><br><br>10.29 | ①大阪・相輝館などで準備会<br>・22〜25日解党論をめぐり議論（解党論は岩手・岡山・新潟、解党反対論は富山・神奈川・千葉・三河・岐阜、党縮小論は伊予・高知・大阪・丹波など）<br>・27日「解党ヲ可トスルモノ在大阪ノ会員ト外一名ヲ除キ総起立」（自由新聞社・有一館は出来るだけ維持する）、他方、減租請願を行い採用されなければ「腕力ニ訴へ」る議論（森山信一）、「茨城ノ暴烈弾」のように「吾党ノ勢力ヲ示シ」「政府カ恐レヲ抱クヨウ」すべしとの説（内藤魯一ら）、戯言「東京横浜間ノ汽車ニハ貴顕カ屡々乗ル故アノ間タニ仕事ヲセバ随分行ルベシ」（大木権平）もあり<br>②大阪・大融寺において自由党解党大会<br>・「有形團體の利ならざる」ゆえの解党、満場一致で決定<br>・高橋基一・植木枝盛提案で国会開設期限短縮の建白決定、11月7日元老院へ提出<br>・新潟の党員が解党反対、星亨（新潟で官吏侮辱罪に問われ拘留中）も解党反対の電報 |
| | 10.24〜11.2 | 山添武治、北陸七州有志懇親会の模様を『自由新聞』に投稿 |
| | 12.3、5〜8 | 村松愛蔵ら飯田グループの計画発覚〜静岡事件・名古屋事件関係者の逮捕へ【飯田事件】 |
| | 12.18 | 星亨に対して北陸七州有志懇親会での官吏侮辱罪につき判決言渡し |
| | 12.27 | 爆発物取締罰則・火薬取締規則の制定 |
| 1885<br>M18 | 1頃 | 稲垣示が原利八を匿う、2月6日福井で原が就縛 |
| | 2.17〜3.29 | 『新潟新聞』が田代栄助・加藤織平の公判傍聴筆記・裁判宣告を掲載 |
| | 3月頃 | 中頸城郡竹直村で借金党を称し金貸会社へおしかけるが、警官が説諭し解散 |
| | 4.14 | 永山県令に「高利社之義ニ付建白ス」を提出する動き |
| | 6.8 | 東京重罪裁判所で赤井景韶公判 |
| | 7.8 | 赤井景韶の上告を大審院が棄却 |
| | | |

| 参加者等 | 出典・参考 |
|---|---|
| | 『自由党史』中巻370頁 |
| | 「自由党高田事件裁判小考」 |
| | 『新潟新聞』1884.5.15 |
| 清水中四郎演説 | 『新潟新聞』1884.5.21 |
| 140名が参加（越前の松村才吉を含む） | 「自由党史研究のために」史料23・26、『自由党史』中巻371～377頁・下巻41～42頁、『民衆運動』281・283・287・290頁（「三島通庸関係文書」510-6） |
| | 『自由新聞』1884.8.9 |
| 愛国交親社の農民400～500人 | 長谷川昇「加茂事件」122～123頁（『自由民権期の研究』2巻）、『自由民権機密探偵史料集』741～744頁 |
| 関谷貞太郎主催 | 『新潟新聞』1884.8.15 |
| | 『自由新聞』1884.7.17 |
| 主幹・片岡健吉（大阪・相輝館に派出するため内藤魯一へ交代）、幹事・磯山清兵衛、武術教師は北田正董・内藤魯一など | 『自由新聞』1884.8.12、『日本立憲政党新聞』同年8.16、「自由党史研究のために」史料24・25、『自由党史』中巻377～385頁、『民衆運動』280～281・284・290頁（「三島通庸関係文書」510-6） |
| 清水中四郎が演説 | 『新潟新聞』1884.9.9 |
| | 『静岡県自由民権史料集』818頁、『自由民権運動と静岡事件』282頁、『自由党激化事件と小池勇』43頁、『自由新聞』1884.9.20 |
| 星亨・加藤平四郎参加 | 『新潟新聞』1884.9.16、『自由新聞』同年9.20 |
| 会主・小金井権三郎、野口団一郎・星亨・加藤平四郎が演説 | 『自由新聞』1884.9.23 |
| 会主・清水中四郎<br>鈴木昌司・森山信一・松村文次郎・山際七司・富田精策・西潟為蔵・山崎厚蔵・新喜太郎（新潟）、稲垣示（富山）、栗岩愿二（長野）などが参加 | 『新潟新聞』1884.9.21・23、『自由新聞』同年9.27・12.24、『自由民権機密探偵史料集』809～831頁、『自由党史』中巻387～399頁、『黒埼町史』別巻自由民権編261～265頁 |

| 西暦年月日 | | 内容 |
|---|---|---|
| 1884 | 4初旬 | 本部から地方巡察員を派遣（長野・新潟を杉田定一が担当） |
| | 5.8 | 山際七司・加藤勝弥の内乱陰謀容疑が免訴 |
| | 5.11 | 上越立憲改進党が解党 |
| | 5.18 | 北蒲原郡新発田町で大善寺学術演説会を開催 |
| | 6.5 | 大阪で関西有志懇親会<br>・政府の自由党弾圧に対して、党員が「専ら革命論に傾き、人々切歯扼腕、以て最後の運動に出ん」として開催される<br>・自由党本部より星亨・大井憲太郎（ただし大井は「関西懇親会ヲ破壊」・「隠密会議」「偽党ヲ排斥」する目的か）・加藤平四郎・宮部襄（清水永三郎・伊賀我何人を伴う）<br>・大井は7月中旬まで帰京せず、「帰京次第東京ニ於テ一派独立スル」ため大阪でしばしば隠密の会議を行い「彼地方ノ壮士ト契約シ東京ト相往復スルノ計画」 |
| | 7.4～12 | 植木枝盛、高田・柏崎遊説 |
| | 7.23 | 岐阜県加茂郡3ヵ村の戸長役場に愛国交親社の農民が刀剣・竹槍・鎌などもちおしかける（地租百分の一への軽減、地租以外の諸税廃止、警察・郡役所破壊、監獄から社長・庄林一正を救うなどの目的）　**【岐阜加茂事件】** |
| | 7.29 | 東頸城郡仁上村学術演説会、本山信次の演説で中止解散 |
| | 7頃 | 八木原繁祉、新潟監獄書で伝告になり、月6回囚徒に刑法の講義と修身の演説 |
| | 8.10 | 文武館・有一館（築地新栄町）の開館式、500余名が出席（朝鮮からの賓客含む、板垣退助は病気欠席）<br>・寄付金千円ごとに入館生の人数を割り当て（寄付金の多かったのは高知・新潟・神奈川・東京・栃木など）<br>・撃剣道具の準備、テキストには「革命史ノ如キモノ」など |
| | 9.4 | 北蒲原郡稲荷岡新田保舞座学術演説会開催 |
| | 9.10 | 鈴木音高・清水綱義に匿われていた赤井景韶が清水邸を出て大井川橋で逮捕される |
| | 9.13 | 刈羽郡柏崎町政談演説会開催 |
| | 9.15 | 長岡自由懇親会 |
| | 9.20、21 | 新潟区で北陸七州有志懇親会を開催<br>・20日演説が「革命」にふれるや中止解散、「北陸七州共同連合会規則」と幹事（山際七司・松村文次郎）を決定<br>・21日星亨の演説が中止され解散に（星は官吏侮辱罪で拘引）、その後の懇親会で星亨・山際七司らは200名余を率いて町中を行進して旗奪 |

| 参加者等 | 出典・参考 |
|---|---|
| | 『新潟新聞』同年11.12 |
| ②新潟からは江村正綱・小林勝右衛門・富田精策、福井から杉田定一、富山から稲垣示などが参加 | 『自由党史』中巻358～362頁、「三島通庸関係文書」510-2、『明治自由党の研究』上巻211～213・235～253頁、『自由民権機密探偵史料集』310～320・369～370頁 |
| | 『自由新聞』1883.11.30・12.2・4～9・11～14 |
| | 『新潟新聞』1883.12.15～30、「自由党高田事件裁判小考」 |
| | 『新潟新聞』1883.12.15～30 |
| | 『高田新聞』1883.12.21 |
| | 『自由新聞』1884.2.1 |
| | 長谷川昇『博徒と自由民権』177～195頁 |
| 清水中四郎演説 | 『新潟新聞』1884.2.29 |
| | 『自由新聞』1884.3.8 |
| 清水中四郎演説 | 『新潟新聞』1884.3.13 |
| ②新潟からは加藤貞盟・鈴木昌司（新潟担当の常備員）、福井から杉田定一などが出席 | 『自由党史』中巻363～370頁、「自由党史研究のために」史料21・22、『民衆運動』283～284頁（「三島通庸関係文書」510-6）、『自由民権機密探偵史料集』320～325頁、『明治自由党の研究』上巻214～222・235～253頁 |
| 江村正綱・井上平三郎が参加 | 『新潟新聞』1884.3.25 |
| | 『新潟県政党史』126頁 |
| | 『自由新聞』1884.4.6、「明治十五年刑法施行直後の不敬罪事件」 |
| | |

| 西暦年月日 | | 内容 |
|---|---|---|
| 1883 | | |
| | 11.2、3<br>5、7<br>11.16<br><br><br><br><br>11.27 | ①大会前の相談会<br>・解党論から募金・維持論（山際七司ら）へ<br>②東京で自由党臨時大会<br>・「議案ノ表面ハ醵金ヨリ云々ノ事」だが「内幕ノ議ハ」党の維持か「一旦解党シテ一大運動ヲナシ以テ勝ヲ一挙ニ得ヘキカ」にあり、「自由党ノ要路ヲ占メシ腕力破壊主義ノ三百名中」によって発起される<br>・10万円募集運動による党の維持（26日も板垣の談話）<br>③滞京党員の会合<br>・植木枝盛の意図をうけた片岡健吉が上京した党員に対して翌年春の「減租建白」を提案 |
| | 11.28 | 田母野秀顕が石川島監獄で獄死、12月1日の田母野秀顕葬儀（谷中天王寺）で江村正綱が弔辞朗読 |
| | 12.11～<br>14、17 | 高等法院で赤井景韶の公判、12月17日「天誅党旨意書」を唯一の証拠として内乱陰謀予備罪で重禁獄9年（石川島監獄へ） |
| | 12.15～30 | 『新潟新聞』に高田事件の高等法院傍聴筆記掲載 |
| | 12.20 | 頸城自由党解党 |
| | 12.28 | 八木原繁祉、内乱陰謀・不敬罪・銃刀取締規則の大審院宣告 |
| 1884 | 1.4 | 賭博犯処分規則 |
| M17 | 2.26 | 北蒲原郡井田村学術演説会 |
| | 3.1 | 中頸城郡新井別院で減租請願の集会、相羽某が起草 |
| | 3.10 | 北蒲原郡学術演説会開催 |
| | 3.10～13<br><br>3.13<br><br><br>3.17<br>—— | ①10日常議員会、11・12日出京党員の相談会・13日午前下会議<br>資金募集困難で、板垣退助が解党か辞任を希望<br>②東京で自由党臨時大会<br>党常議員廃止と総理特選による諮問・常備員の設置（総理による党事の専断承認）や文武館設立・巡回員派遣などの「露骨明言シ難キコト」などを決定<br>③各地総代員の相談会で板垣から「武ノ一途」に偏することへの注意あり<br>④大会で上京した各地方「決死派」の間で「専制政府顚覆改革運動」、またその一環として各戸長役場管理下にある「納税金ヲ奪取ル」計画が協議され、その帰趨を見定めるために大井憲太郎・宮部襄らが「実行委員」派遣へ |
| | 3.23 | 刈羽郡野田村政談演説会開催 |
| | 3.26 | 赤井景韶、石川島監獄脱獄 |
| | 4.1 | 八木原繁祉に対し不敬罪・銃刀取締規則違反につき重禁錮2年の裁判言渡し、4月18日に上告取り下げで判決確定 |
| | | |

| 参加者等 | 出典・参考 |
|---|---|
| 山際七司・松村文次郎なども） | 『自由民権機密探偵史料集』292～309頁、『明治自由党の研究』上巻199～214・235～241頁、「自由民権革命と激化事件」 |
| 内山真吉・荒川重勛・関矢儀八郎の主催 | 『新潟新聞』1883.6.9・7.4 |
| 山口健治郎の主催 | 『新潟新聞』1883.7.7 |
| 関谷貞太郎の主催 | 『新潟新聞』1883.7.14 |
| 関矢儀八郎の主催 | 『自由新聞』1883.8.25 |
| 桑原重正の主催 | 『自由新聞』1883.7.27 |
| | 『新潟新聞』1883.7.24～9.29 |
| 清水中四郎の主催 | 『自由新聞』1883.8.14 |
| 大沢豊太郎の主催 | 『自由新聞』1883.8.22 |
| | 『自由新聞』1884.1.30、『新潟県史』通史編6巻605～611頁、「自由党高田事件裁判小考」 |
| | 手塚豊「明治十五年刑法施行直後の不敬罪事件」（『自由民権裁判の研究』下巻、255頁）、『自由新聞』1884.2.1 |
| 新喜太郎ら主催 | 『新潟新聞』1883.9.2 |
| | 『新潟新聞』1884.3.18 |
| | 『新潟新聞』1883.9.16、『自由新聞』同年11.16、「自由党高田事件裁判小考」 |
| | 『自由新聞』1883.9.25 |
| 井上米次郎主催 | 『新潟新聞』1883.9.15 |
| | 野島幾太郎『加波山事件』118頁 |
| 宮沢喜文治・江口正英ら演説 | 『新潟新聞』1883.10.2・6 |
| 山口健治郎ら主催 | 『新潟新聞』1883.10.11 |
| 海沼英祐が主催 | 『新潟新聞』1883.10.12 |
| | 『新潟新聞』1883.10.27 |
| 新喜太郎・清水中四郎ら主催 | 『新潟新聞』1883.11.2、『自由新聞』同年11.6、 |

| 西暦年月日 | | 内容 |
|---|---|---|
| 1883 | | ・将来「一大運動」をなすか解党して各地の運動に任せるかの議論あり、一方で「真正ノ破壊主義ノ者ヲ以テ秘密ノ結合ヲ為サント」する解党論も<br>・運動の打開策として10万円募集、池松豊記を通じた九州改進党との連絡、自由新聞社の維持、文武館設立と「壮士」の養成 |
| | 6.23 | 青年自由懇親会（柏崎町）開催 |
| | 7.1 | 南蒲原郡山遊懇親会開催（大面村） |
| | 7.8 | 東頸城郡志士懇親会開催（大島村） |
| | 7.14 | 柏崎偽党撲滅演説会開催（柏崎町） |
| | 7.22 | 中魚沼郡志士懇親会開催（十日町） |
| | 7.24～9.29 | 『新潟新聞』に福島・喜多方事件高等法院傍聴筆記掲載 |
| | 8.7 | 新発田偽党撲滅演説会を開催（新発田町） |
| | 8.16 | 「菱権退治偽党撲滅」演説会開催（北蒲原郡水原町） |
| | 8.18 | 高田事件の予審が概ね終結、赤井景韶・井上平三郎・風間安太郎（内乱陰謀）は高等法院へ、八木原繁祉（内乱陰謀免訴）は不敬罪・銃刀取締規則違反で予高田支庁公判へ、山際七司・加藤勝弥は予審決定保留 |
| | 8.25前 | 八木原繁祉が予審決定言渡に対して故障（8・25前)、9月9日大審院へ上告、12月28日大審院で上告棄却 |
| | 8.31 | 北越青年有志大懇親会開催（新潟区） |
| | 9.5 | 頸城郡上野田村政談演説会、中島富士太郎（19歳）年齢詐称で罰金70円言い渡される |
| | 9.11～11.14 | 高田事件で高等法院の予審開廷、赤井景韶のみ公判へ（風間安太郎・井上平三郎は無罪放免へ） |
| | 9.13 | 江村正綱、赤井景韶・井上平三郎・風間安太郎の慰問のため上京 |
| | 9.15 | 中蒲原郡水上懇親会を開催（小須戸町） |
| | 9～10 | 五十川元吉が9月に高崎の宮部襄、10月に信越地方の石塚重平・八木原繁祉・稲垣示・杉田定一らを訪問 |
| | 10.1～2 | 越佐両州自由懇親会・政談演説会を開催（高田町） |
| | 10.7 | 舟遊懇親会を開催（長岡町） |
| | 10.15 | 岩船郡大懇親会を開催（関口村） |
| | 10.22 | 北辰自由党解党 |
| | 10.28～29 | 壮士自由懇親会・学術演説会開催（新発田町） |

| 参加者等 | 出典・参考 |
|---|---|
| 新喜太郎・山崎厚三主催 | 『新潟新聞』1882.12.10 |
| | |
| | 『吉川町史資料集』4集37頁 |
| ・幹事は内藤魯一・渋谷良平・庄林一正<br>・馬場辰猪・内藤魯一・中野二郎三郎・松村才吉らが演説 | 『自由新聞』1883.1.12、『日本立憲政党新聞』同年1.13、「杉田定一関係文書」29-8-3-42、『自由民権機密探偵史料集』384頁、「自由党成立後の杉田定一」 |
| 会主新喜太郎・井上平三郎ら11人 | 『新潟新聞』1883.2.2、『新潟新聞』同年2.17、『越佐毎日新聞』同年3.3、『自由新聞』同年3.7 |
| 庄林一正・村松愛蔵・永田一二・新井毫（立憲政党）・高島伸二郎・沢田平策・金瀬義明・大橋十右衛門・井上平三郎・清水中四郎・原田十衛ら250名前後が参加 | 『自由新聞』1883.2.23・3.18、「杉田定一関係文書」36-14-1と14-14、『新潟県史』通史編6巻605～607頁、大槻弘『越前自由民権運動の研究』160～179頁、森山誠一「北陸七州有志大懇親会高岡集会とその前後」（『歴史評論』402号）、「自由党成立後の杉田定一」 |
| 加藤勝弥・井上平三郎・清水中四郎参加 | 『自由新聞』1883.3.31 |
| 赤井景韶・井上平三郎・風間安太郎・八木原繁祉・加藤勝弥など逮捕 | 『新潟新聞』1883.3.21、『越佐毎日新聞』同年3.27、『自由新聞』同年3.31、『新潟県史』通史編6巻605～611頁 |
| | 「三島通庸関係文書」496-21、『新潟新聞』1883.4.20 |
| | 『自由党史』中巻293～305頁 |
| | 手塚豊「自由党高田事件裁判小考」（『自由民権裁判の研究』上巻、209頁） |
| 新喜太郎・山崎厚三・桑原重正・渡辺腆らが演説 | 『新潟新聞』1883.4.17 |
| 新潟からは松村文次郎らが参加、福井・富山・石川からは参加なし | 『自由党史』中巻235～236頁、「三島通庸関係文書」496-22、『明治自由党の研究』上巻235～253頁 |
| 新喜太郎・山崎厚三の主催 | 『新潟新聞』1883.6.1 |
| ②内藤魯一など（この時期の常議員には鈴木舎定・ | 『朝野新聞』1883.6.23、『自由新聞』同年6.23、『土陽新聞』同年6.24・28・29、『自由党史』中巻306～316頁、『馬場辰猪全集』3巻89頁、 |

| 西暦年月日 | | 内容 |
|---|---|---|
| 1882 | 12.10 | 新潟町で同憂会結成 |
| | 12.12 | 請願規則 |
| | 12 | 赤井景韶、「越後青年自由党」に参加予定 |
| 1883<br>M16 | 1.6、7 | 名古屋で函西自由大懇親会開催<br>・1882年12月22日前に森脇直樹が内藤魯一らと協議して、杉田定一・池松豊記（相愛社）・小林樟雄・河野広中・井出正光らと「志士閑話会」を開きたいと相談したことがきっかけ<br>・森脇直樹が福島の様子を伝え党員の「感動ヲ興シ狂暴ノ気焔ヲ生セシメタリ」 |
| | 2.25 | 新潟区で自由青年大懇親会開催、北陸七州大懇親会委員派遣を決定 |
| | 3.10、11 | 北陸七州有志大懇親会を開催（富山県高岡町）<br>・発起人は杉田定一・松村才吉・稲垣示・小間粛・八木原繁祉・山際七司・加藤勝弥など（鈴木舎定・島本仲道・馬場辰猪・末広重恭・谷重喜・磯山清兵衛・大津淳一郎・斉藤壬生雄・保泉良輔・渋谷良平・内藤魯一・岩田徳義・藤公治・草間時福・小島忠里・小林樟雄・加藤平四郎・前田兵治・片岡健吉・箱田六輔・池松豊記・和泉邦彦・柏田盛文などにも案内状を出す）<br>・正体を疑われた長谷川三郎が警察分署に駆け込み高田へ護送さる |
| | 3.17 | 富山県射水郡立野村で政談演説会開催 |
| | 3.19、20 | 高田での取調べで長谷川三郎（3月10日北陸七州有志懇親会で正体を疑われ放生津警察分署に駆け込み高田に護送されていた）が「自供」したことをもとに頸城自由党員23人の逮捕状作成、5月初までに県下自由党員が内乱陰謀等の容疑で一斉検挙される　**【高田事件】** |
| | 3 | 井上平三郎・赤井景韶・宮沢喜文治、飯山の博徒・押嵐を訪問 |
| | 4.16 | 新聞紙条例の改正、6月29日出版条例改正 |
| | 4.18 | 新潟軽罪裁判所高田支庁で高田事件の予審開始（赤井景韶・井上平三郎・風間安太郎・八木原繁祉・鈴木昌司・江村正綱・加藤勝弥ら） |
| | 4.18 | 自由党演説会開催（新潟区） |
| | 4.20、23〜29 | 東京で自由党大会・懇談会<br>・解党論・「本部維持」の方法について議論、「改進黨討撃」方針が決定される<br>・「実行者」「壮士」の養成と「文武館」設立構想が提起される |
| | 5 | 暁鐘会結成（新潟区） |
| | 6.22、24<br>6.30、7.2 | ①22日板垣退助・後藤象二郎らが帰国、24日帰国歓迎会の席上で板垣が解党論を主張<br>②常議員会で解党めぐり議論へ |

| 参加者等 | 出典・参考 |
| --- | --- |
| ら内田甚右衛門らが参加、富山・石川からは参加なし<br>・集会条例改正につき自由党越後部が解散、頸城自由党・北辰自由党が独立（北辰自由党は1883年10月22日解散し東京自由党入党）<br>・越前国七郡で杉田定一・安立又三郎らが南越自由党結成（9月1日） | 関係書類」・「集会条例ノ件ニ付臨時会合ノ景況」（国会図書館憲政資料室所蔵「三島通庸関係文書」496-5・6）、安丸良夫ほか編『日本近代思想体系21民衆運動』271～273頁、『明治自由党の研究』上巻88～103・122～126・235～253頁、「自由民権革命と激化事件」、『福井県史』通史編5（近現代1）124～125頁 |
| 赤井景韶・宮沢喜文治らが参加、聴衆700人 | 『新潟新聞』1882.7.1 |
| 年表Ⅰを参照 | 年表Ⅰを参照 |
|  | 岩切亭蔵編『県会議員稲垣示氏拘引顛末録』、宮崎夢柳『大阪事件事件志士列伝』上巻51頁 |
| 山際七司・新喜太郎ら | 「山際七司手帳」（山際七司文書）、『新潟新聞』1882.9.28 |
|  | 「中川元日記」（茨城大学五浦美術研究所蔵） |
| 新喜太郎ら7名主催 | 『新潟新聞』1882.9.16 |
| 主催は八木原繁祉、高橋基一・竹内正志・江村正綱ら演説、2,000人参加 | 『新潟新聞』1882.10.31・11.25、『朝野新聞』同年11.18 |
| 加藤平四郎（自由党本部）、龍野周一郎・鈴木治三郎（長野）ら参加 | 永木千代治『新潟県政党史』105～107頁 |
| 八木原繁祉・笠松立太・樋口亨太ら演説、聴衆7,800人 | 『新潟新聞』1882.11.2 |
|  | 「自由党史研究のために」史料12、飯塚一幸「自由党成立後の杉田定一」（大阪経済大学日本経済史研究所『経済史研究』12号） |
|  | 大阪経済大学図書館所蔵「杉田定一関係文書」29-8-2-43・44、「自由党成立後の杉田定一」 |
|  | 『新潟新聞』1883.12.18 |
| 井上平三郎ら10名主催 | 『新潟新聞』1882.10.24 |
|  | 『自由党史』中巻224～225頁 |
|  | 『新潟新聞』1882.12.2 |
| 喜多方警察署に集結した農民は1,000余名 | 『福島県史』11巻580～582頁、『喜多方市史』6巻（中）287～289頁、『河野盤州伝』上巻573～574頁 |

| 西暦年月日 | | 内容 |
|---|---|---|
| 1882 | | ・諮問（後藤象二郎）の設置・副総理廃止、党費・地方部分担金の徴収など自由党規則の全面改正 |
| | 6.26 | ・警察に届出し地方部を廃する、解散して新聞株主となる、「腕力」に訴えるなどの諸説あったが、結局届出することに（地方支部もそれぞれ対応） |
| | 6.29 | ・出京惣代との懇親会で、各地「惣代」が「是迄ニ度々協議決シタル通リ押シ通シ本年ニモ兵ヲ起シ候方可然」と迫り、板垣は「兵ヲ起スハ三ヶ年自後之見込」と主張 |
| | 6.25 | 長野飯山町で飯山と高田の青年民権家が演説会開催、井上平三郎演説で中止解散 |
| | 8末～10 | 板垣退助の洋行問題をめぐる党内対立、福島・石川への壮士・遊説委員の派遣、一般民衆へ働きかけ、「中央集権」した「東京本部」のもと「各地各部一時ニ蜂起」する計画（「広域蜂起派」の形成）、農民に対する減税の提起について会議 |
| | 9.8 | 稲垣示が石川県会での県令・千坂高雅に関する発言で官吏侮辱罪に問われ拘引される（10月9日重禁錮5ヵ月・罰金30円に）、県会紛糾へ |
| | 9.20、23 | 北辰自由党が越佐自由懇親会を開催し三大自由建白を決議、加藤勝弥・赤井景韶を遊説委員に選出（長岡町） |
| | 9 | 赤井景韶、被差別民に接近 |
| | 10.3 | 新潟区で自由青年懇親会開催 |
| | 10.26 | 高田町で高橋基一らの演説会、江村正綱「反逆論」演説中止解散 |
| | 10.27 | 金谷山（薬師山）で頸城自由党運動会開催、自由党本部や県外から参加者あり |
| | 10.30 | 中頸城郡横龍泉寺で政談演説会 |
| | 11.2前 | 北陸地方へ加藤平四郎を派遣、稲垣示の官吏侮辱罪を契機とした県会議場の紛議に対して「我党ノ人ハ最ド慷慨ノ念慮ヲ喚起シ此機会ニ際シテ大ニ計画スル所アラントス」 |
| | 11.2か3以後 | 杉田定一・林包明らが内藤魯一と協議、杉田が庄林一正と会談し農民の組織化を進めていた愛国交親社の社則提供を依頼 |
| | 11.4 | 高田町で赤井景韶・井上平三郎・風間安太郎が大臣暗殺の謀議 |
| | 11.5 | 薬師山（金谷山）で自由青年運動会開催 |
| | 11.11 | 板垣退助・後藤象二郎が欧州へ出発 |
| | 11.25～26 | 上越立憲改進党、高田町で定期会・討論会開催 |
| | 11.28～12.1 | 農民と喜多方警察署警官の衝突、河野広中ら自由党員の逮捕【福島・喜多方事件】 |

| 参加者等 | 出典・参考 |
|---|---|
| 内乱罪・強盗罪などで軽禁錮1年から無期徒刑に | 439〜583頁、「自由民権革命と激化事件」、秋田近代史研究会編『秋田県の自由民権運動』、長沼宗次『夜明けの謀略』、手塚豊「秋田事件裁判考」・「秋田事件裁判関係資料」・「秋田立志社暴動事件判決書」(『自由民権裁判の研究』上巻) |
| | 『新潟新聞』1881.9.3〜10.5 |
| | 『新潟新聞』1881.9.9 |
| 山際七司・竹内綱・林包明・鈴木舎定らが自由党組織原案を起草<br>結成大会には、新潟から山際七司・八木原繁祉、福井から松村才吉らが参加、富山からは参加者なし | 『自由党史』中巻79〜87頁、江村栄一『自由民権革命の研究』145〜169頁、寺﨑修『明治自由党の研究』上巻235〜253頁 |
| | 『新潟新聞』1881.10.9〜25 |
| | 『自由党史』中巻77〜79頁、『上越市史』資料編6巻121頁 |
| 鈴木昌司・室孝次郎ら | 本間恂一「頸城自由党小論」(『政治社会史論叢』305〜306頁) |
| | 『自由党史』中巻105〜154頁、『自由民権機密探偵史料集』633〜637頁、『新修名古屋市史』5巻183頁 |
| 山際七司・新喜太郎が中心、山崎厚三・清水中四郎・藤田覚太郎ら | 『黒埼町史』別巻自由民権編174〜175頁、『新潟新聞』1882.8.22 |
| | 『新潟新聞』1882.5.14 |
| 福井から安立又三郎・安立七郎らが参加、石川・富山・新潟からは参加者なし | 『自由党史』中巻154〜184頁、外崎光弘「酒屋会議と児島稔」(『高知短期大学研究報告　社会科学論集』42号) |
| | 『新潟新聞』1882.5.17 |
| 片桐道宇・松井広・丹羽義利ら | 『新潟新聞』1882.6.2・8.5 |
| | 『自由党史』中巻185〜189頁 |
| 新潟から山際七司・八木原繁祉・加藤勝弥、福井か | 『自由党史』中巻197〜201頁、「自由党臨時会 |

| 西暦年月日 | | 内容 |
|---|---|---|
| 1881 | | |
| | 8.27～<br>9.27 | 馬場辰猪・佐伯剛平が新潟県内を遊説 |
| | 9.9 | 清水中四郎ら「北越青年諸君ニ譲ル」を『新潟新聞』投書、新発田青年同盟会結成 |
| | 10.1、2<br>6～16<br>18～11.4 | 1日から東京・国会期成同盟第3回大会で自由党結成を決議、18日から浅草井生村楼において自由党結成大会<br>・総理・板垣退助、副総理・中島信行、常議員に馬場辰猪・末広重恭・後藤象二郎・竹内綱、幹事に林包明・大石正巳・山際七司・林正明・内藤魯一らを選出<br>・自由党盟約・規則の審議 |
| | 10.4～16 | 板垣退助が新潟県内遊説 |
| | 10.12 | 国会開設の詔勅<br>・明治23年の国会開設を明言、しかし「故サラニ躁急ヲ争ヒ事変ヲ煽シ国安ヲ害スル者アラハ処スルニ国典ヲ以テスヘシ」<br>・井上平三郎、国会開設の詔を嘆く |
| | 11.11 | 頸城三郡自由党結成 |
| 1882<br>M15 | 4.6 | 板垣退助が相原尚褧に襲撃される（板垣遭難） |
| | 4.9 | 新潟区で北辰自由党結成（新潟県下の主要民権家による）、8月21日認可 |
| | 5.9 | 頸城三郡自由党春季総会<br>自由党に合併決議、室孝次郎ら退党 |
| | 5.10 | 京都で酒屋会議<br>植木枝盛・児島稔（以上、高知）・小原鐵臣（島根）・磯山尚太郎（茨城）・安立又三郎・市橋保身（以上、福井）が発起人、小原鉄臣が議長 |
| | 5.12 | 高田町で頸城自由党演説会、宮沢喜文治の演説中止 |
| | 5.28 | 新潟区で青年自由党地方部結成 |
| | 6.3 | 集会条例改正 |
| | 6.12～19 | 東京で自由党臨時大会（板垣退助が辞任を申し出） |

## 件関連年表

| 参加者等 | 出典・参考 |
|---|---|
| | 『新潟新聞』1880.1.12 |
| | 『新潟新聞』1880.3.6 |
| 石川から杉田定一・稲垣示・高島伸二郎、新潟から木村時命らが参加 | 『自由党史』（岩波文庫版）上巻271～279頁、森山誠一「国会期成同盟の研究」1・2（『金沢経済大学経済研究所年報』6・10号） |
| | 『新潟新聞』1880.3.20 |
| | 『自由党史』上巻278～281頁 |
| 会頭・山際七司以下61人参加 | 『新潟県史』資料編19巻11～27頁 |
| | 『新潟県史』資料編19巻29～32頁 |
| 来会者23人 | 『新潟県史』資料編19巻35～37頁 |
| 杉田定一・稲垣示・沢田平作（石川）、八木原繁祉・山際七司・渡辺腆・羽生郁次郎（新潟）などが参加 | 『自由党史』中巻19～34頁、「國會開設論者密議探聞書」（『明治文化全集 雑史編』24巻・1993年復刻版）、家永三郎「自由民権に関する新史料」（『史学雑誌』71編11号）、松岡僖一「私立国会論」（『幻視の革命』）、江村栄一「自由民権革命と激化事件」（『歴史学研究』535号）、『河野磐州伝』上巻366～380頁 |
| 佐渡国有志290人 | 『新潟県史』資料編19巻59～60頁 |
| ①稲垣示・沢田平作（石川）、山際七司・渡辺腆（越佐両国1区15郡有志1,252人）、羽生郁次郎・山添武治（新潟）など（下線部は②の参加者） | 「自由民権に関する新史料」、「自由民権革命と激化事件」、『新潟県史』資料編19巻37～39頁 |
| | 『自由党史』中巻36頁 |
| 山際七司・渡辺腆 | 『新潟県史』資料編19巻39～41頁 |
| 山際七司ら | 『新潟県史』資料編19巻83～87頁 |
| 加藤勝弥ら | 『新潟新聞』1881.4.9 |
| 柴田浅五郎・舘友蔵・川越庫吉・柏木第六ら21名が | 井出孫六ほか編『自由民権機密探偵史料集』 |

## Ⅲ．高田事

| 西暦年月日 | | 内容 |
|---|---|---|
| 1880 | 1.12 | 山際七司「国会開設懇望協議案」が『新潟新聞』に掲載 |
| M13 | 3.6 | 江村正綱「小山山際二氏ニ望ム」が『新潟新聞』に掲載 |
| | 3.15〜<br>4.8 | 大阪で愛国社第4回大会・国会期成同盟創立大会、松沢求策の哀訴体と永田一二の請願体の対立（請願体の採用へ） |
| | 3.20 | 山際七司・小山宋四郎「告越佐両州有志諸君」が『新潟新聞』に掲載 |
| | 4.5 | 集会条例 |
| | 4.6〜<br>4.10 | 国会開設懇望協議会が新潟区浄泉寺で開かれる |
| | 7.8 | 山際七司・島田茂「国会開設建言書」を元老院に提出 |
| | 9.1 | 第2回懇望のため、県内の民権家第1回弥彦会議を開く |
| | 11.10〜<br>27、30 | 東京で国会期成同盟第2回大会（11月11日愛国社大会を解散）<br>・「地方ノ團結ヲ鞏固ニシテ實力ヲ養成スル」ことによる私立国会論（愛国社系）<br>・翌年の大会に憲法案を持ち寄ること、自由党は別に立てることを決定 |
| | 11.24 | 羽生郁次郎「国会開設哀願書」を太政官に提出 |
| | 11.24、25<br>12.6、9<br>〜11、13<br><br>12.16、17 | ①国会開設請願の続行<br>・12月9日の53号布告後も請願続行するが拒絶され「道理上ノ請願既ニ尽タル」を以て中止<br><br>②「激烈党派」の盟約<br>・現政府について「早ク之を顚覆シ、決死以テ自由政府ヲ置クヲ論ス」「激烈党派」の形成<br>・盟約「各自有志ノ士ヲ募リ、来ル五月ヲ期シ断然処置スヘキヲ論ス」 |
| | 12.9 | 太政官布告53号（「人民ノ上書」を元老院に対する「建白」に限定） |
| 1881 | 2 | 「新潟県越佐両国一区十五郡有志人民国会開設請願書奉呈始末」を配布 |
| M14 | 4.2 | 越佐共治会（自由党系）結成 |
| | 4 | 岩船郡親睦会開催 |
| | 6.9以降 | 柴田浅五郎ら秋田立志会員が強盗・殺害、内乱予備の容疑で捕縛　**【秋田事件】** |

| 参加者等 | 出典・参考 |
| --- | --- |
|  | 『東陲民権史』348頁、供野外吉『獄窓の自由民権者たち』23〜38頁 |
|  | 『自由党史』下巻189〜284頁、「三島通庸関係文書」538-15・16、川口暁弘『明治憲法欽定史』210〜262・付録18〜19頁 |
| 新井章吾らは軽禁錮5年・監視2年、田代季吉らに軽禁錮2年・監視1年、舘野芳之助に軽禁錮1年6ヶ月・監視10ヶ月など | 松尾章一「解題」、『自由民権運動の研究』168〜173頁 |
|  | 「三島通庸関係文書」539-4 |
| 11月15日来会者に大橋平三郎・君塚省三・川名七郎など | 『自由党史』下巻285〜326頁、『明治憲法欽定史』258〜266頁・付録18〜19頁、安在邦夫「『三大事件建白運動』について」（『自由は土佐の山間より』） |
|  | 『自由党史』下巻316頁 |
| 福島では目黒重真・岡田建長・岡野知荘・苅宿仲衛・栗原足五郎、茨城では森隆助、栃木では塩田奥造・山川善太郎・田中正造などが保安条例の対象に | 『自由党史』下巻318〜345頁、「三島通庸関係文書」540-22、『明治憲法欽定史』340〜363頁・付録18〜19頁、寺崎修「保安条例の施行状況について」（手塚豊編『近代日本史の新研究Ⅸ』） |
|  | 『自由党史』下巻351〜364頁 |
| 監修・森隆介、小久保喜七・中江兆民らが寄稿 | 『常総之青年』1号（茨城県立図書館所蔵）、『下妻市史』下巻84頁 |
| 秋田事件、福島・喜多方事件、保安条例違反事件の関係者を含む | 『自由民権運動の研究』199〜260頁 |

| 西暦年月日 | | 内容 |
|---|---|---|
| 1886 | 11.19 | 鯉沼九八郎（有期徒刑15年）・門奈茂次郎（有期徒刑13年）・原利七（無期徒刑）・玉水嘉一（同前）・天野市太郎（同前）・河野広體（同前）・小林篤太郎（同前）が北海道空知集治監に服役 |
| 1887<br>M20 | 7〜8 | 条約改正に関するボワソナード意見書提出（6月1日)、谷干城の意見書提出・辞任（7月3・26日）などをきっかけに条約改正中止・言論の自由に関する建白運動へ8月以降星亨らが秘密出版、片岡健吉らが建白・請願を計画 |
| | 9.24 | 大阪重罪裁判所で判決言渡し、大井憲太郎・小林樟雄・新井章吾・舘野芳之助は大審院に上告 |
| | 10.2 | 星亨らが加波山事件一周忌を谷中墓地近傍の「沢潟屋」にて行う |
| | 10〜12 | 片岡健吉・星亨らの建白運動開始（三大事件建白運動へ)、11月15日（鴎遊館）星亨・後藤象二郎らが有志懇親会 |
| | 11.10 | 警察令20号 |
| | 12.15<br><br><br><br>12.25 | 三大事件建白運動から保安条例へ<br>・2府18県（山形・宮城・岩手・福島・新潟・富山・福井・茨城・栃木・千葉・群馬・埼玉・山梨・長野・愛知・京都・大阪・兵庫・高知・愛媛）の代表90余名が建白書提出、星亨と片岡健吉を代表として総理大臣・伊藤博文に26日直談判することを決定<br>・保安条例公布（「内乱ヲ陰謀シ又ハ教唆シ又ハ治安ヲ妨害スルノ虞アリ」と認められる者を皇居・行在所より三里以内の地から三年以内の期間、退去させる） |
| 1888 | 6.1 | 後藤象二郎、雑誌『政論』を創刊し大同団結の地方遊説へ |
| M21 | 7.10 | 『常総之青年』（発行所：下妻町常総青年社）が創刊され、民権運動・激化事件も分析対象に、1890年6月22日発刊の20号で停刊（21号より現存が確認できず） |
| 1889<br>M22 | 2.11〜 | 帝国憲法発布、大赦令で出獄（強盗罪・殺人罪に処された加波山事件の関係者は除外） |

| 参加者等 | 出典・参考 |
|---|---|
| ②茨城から磯山清兵衛（か）、栃木から奥田塩造らが参加（福島からは参加なし） | |
| | 『茨城県史料Ⅲ』222～223頁 |
| | |
| | 『大阪事件関係史料集』上巻267・274～275頁、『加波山事件関係資料集』812頁 |
| | 『実業政治家仙波兵庫君之伝』9頁 |
| | 『大阪事件関係史料集』上巻90～91・305・511～513頁、鶴巻孝雄「大阪事件における内治革命計画」（『大阪事件の研究』） |
| | 『東陲民権史』392頁、寺崎修『自由民権運動の研究』140頁 |
| | 『小久保城南』85頁 |
| 田代季吉・玉水常治・舘野芳之助・新井章吾・小久保喜七らが関係 | 「大阪事件年表」337～338頁 |
| 富松正安・横山信六・三浦文次・小針重雄・琴田岩松・杉浦吉副・保田駒吉に死刑、草野佐久馬・五十川元吉・玉水嘉一・原利八・天野市太郎・河野広體・小林篤太郎は無期徒刑、鯉沼九八郎は有期徒刑15年、門奈茂次郎は有期徒刑13年、佐伯正門が重懲役10年、大橋源三郎は重懲役9年 | 『東陲民権史』323～349頁、知立市歴史民俗資料館寄託「内藤魯一関係文書」4-8-16「裁判言渡書」、寺崎修「加波山事件の裁判について」（手塚豊編『近代日本史の新研究Ⅵ』）116～117頁、寺崎修「明治十七年・加波山事件の附帯犯について」（手塚豊編『近代日本史の新研究Ⅷ』）75頁 |
| 佐久間吉太郎・斉藤孝三郎・加藤淳造・川名七郎・戸倉千代吉・金木周作 | 「明治十七年・加波山事件の附帯犯について」 |
| | 『自由民権運動の研究』127～128頁 |
| | 『東陲民権史』349頁、『自由民権運動の研究』135頁 |
| | 『官報』1886.10.5、『自由民権運動の研究』134～138頁 |
| | 『千葉新報』1886.10.6、『加波山事件関係資料集』576頁、『東陲民権史』350～351頁、『自由民権運動の研究』134～138頁 |

| 西暦年月日 | | 内容 |
|---|---|---|
| 1884 | 10.29 | ②大阪・大融寺において自由党解党大会<br>・「有形團體の利ならざる」ゆえの解党、満場一致で決定<br>・高橋基一・植木枝盛提案で国会開設期限短縮の建白決定、11月7日元老院へ提出<br>・新潟の党員が解党反対、星亨（新潟で官吏侮辱罪に問われ拘留中）も解党反対の電報 |
| | 11.2 | 富松正安が千葉県姉ヶ崎で就縛 |
| | 12.27 | 爆発物取締罰則・火薬取締規則の制定 |
| 1885<br>M18 | 1頃 | 稲垣示が原利八を匿う、2月6日福井で原が就縛 |
| | 3 | 加波山事件連累の嫌疑で軽禁固を命じられていた仙波兵庫が出獄 |
| | 7.25<br>（28か） | 舘野芳之助が加波山事件で免訴となり釈放、9月中旬に大井憲太郎からの手紙をうけとり下旬に上京して大井に会い資金提供へ |
| | 8.26 | 山口守太郎が栃木県監獄署栃木支所にて未決のまま死去（享年19）、福島県田村郡三春町紫雲寺に遺体を埋葬 |
| | 9 | 加波山事件連累嫌疑の小久保喜七が水戸監獄を出獄し、郷里の中田へ戻る |
| | 11.23～<br>1886.8 | 大井憲太郎らの朝鮮独立計画・内治革命計画が発覚し大阪・長崎で捕縛<br>福島・富山・新潟・茨城・栃木・神奈川・長野・群馬・秩父・愛知・高知などの旧自由党員が関係　**【大阪事件】** |
| 1886<br>M19 | 7.3 | 加波山事件関係者への判決言渡し（栃木・東京・千葉・山梨）<br>・富松ら7名に死刑、河野広體ら7名に無期徒刑<br>・山口守太郎は獄死<br>・附帯犯として栗原足五郎・神山八弥が軽禁錮3ヵ月・罰金10円、内藤魯一は軽禁固2ヶ月・罰金5円などの判決を受ける（同年9月出獄） |
| | 7.27 | 佐久間吉太郎ら6名が富松正安蔵匿の罪で、千葉軽罪裁判所において軽禁固2～5ヵ月・罰金5～10円の判決を受ける（夷隅事件） |
| | 8.12 | 大審院が富松正安の上告棄却 |
| | 9.3 | 横山信六が東京府鍛冶橋監獄で獄死、谷中天王寺墓地に埋葬 |
| | 10.2 | 三浦文次・小針重雄・琴田岩松の三名が東京市ヶ谷監獄署で死刑執行、その日の内に谷中天王寺墓地に旧自由党員加藤平四郎等により遺体を埋葬 |
| | 10.5 | 富松正安に千葉県寒川監獄審で死刑執行、下館町妙西寺に埋葬<br>杉浦吉副が栃木監獄署で死刑執行、栃木市の万福寺に埋葬<br>保多駒吉が甲府監獄署で処刑され、甲府市の善光寺に遺体を埋葬 |

| 参加者等 | 出典・参考 |
|---|---|
| | 『加波山事件関係資料集』53頁 |
| | 『新潟新聞』1883.9.16 |
| | 『加波山事件関係資料集』59～60頁、『明治天皇紀』6巻297～298頁 |
| | 『喜多方市史』3巻155～156頁 |
| 会主・清水中四郎、苅宿仲衛（福島）などが参加 | 『新潟新聞』1884.9.21・23、『自由新聞』同年9.27・12.24、『自由民権機密探偵史料集』809～831頁、『自由党史』中巻387～399頁、『黒埼町史』別巻自由民権編261～265頁 |
| | 『静岡県自由民権史料集』656頁 |
| 富松正安・玉水嘉一・保多駒吉・杉浦吉副・五十川元吉・天野市太郎・草野佐久馬・河野広體・三浦文次・小針重雄・山口守太郎・琴田岩松・原利八・横山信六・平尾八十吉・小林篤太郎 | 『加波山事件関係資料集』494～496頁、「富松正安氏公判傍聴筆記」（『千葉新報』1886.6.30） |
| | 『東京日日新聞』1884.9.30、『加波山事件』223～225頁、『茨城県史料Ⅲ』206～219頁 |
| | 『茨城県史料Ⅲ』23頁、『加波山事件関係資料集』460頁 |
| | 加藤時男「加波山事件　富松正安裁判関係資料」（『千葉史学』53号） |
| | 『自由党史』下巻75～88頁、『自由民権機密探偵史料集』354～360・371～372頁、「自由党史研究のために」史料27、西潟為蔵『雪月花』72～73頁、『自由民権革命の研究』238～254頁、『明治自由党の研究』上巻222～230・235～253頁 |

| 西暦年月日 | | 内容 |
|---|---|---|
| 1884 | 9.10 | 河野広體・横山信六・門奈茂次郎・小林篤太郎が東京神田の質商（山岸豊寿郎方）に強盗に入り、逃亡時に警官に爆裂弾を投げる（小川町事件）、門奈が捕縛される |
| | 9.11 | 高田事件予審開廷 |
| | 9.12 | 鯉沼九八郎の爆裂弾暴発事故、9月15日の栃木県庁開庁式は17日・23日と延期（最終的には10月22日に行われる） |
| | 9.15 | 会津三方道路開道式が若松町で行われる |
| | 9.20、21 | 新潟区で北陸七州有志懇親会を開催<br>・20日演説が「革命」にふれるや中止解散、「北陸七州共同連合会規則」と幹事（山際七司・松村文次郎）を決定<br>・21日星亨の演説が中止され解散に（星は官吏侮辱罪で拘引）、その後の懇親会で星亨・山際七司らは200名余を率いて町中を行進して旗奪 |
| | 9頃 | 茨城・栃木・福島の壮士が宇都宮で事を挙げる書翰を宮本鏡太郎に出すが、宮本は中止を申し入れる |
| | 9.23～25 | 富松正安ら16名が茨城県加波山に「自由取義自由友」「自由魁」「圧制政府転覆」等の旗幟をかかげ檄文を配布して蜂起をよびかける<br>・夜半に示威と金策・武器調達のため町屋分署・周辺の豪商家で金品強奪<br>・栃木県庁と監獄襲撃へと計画変更し東北の同志を糾合するため下山、途中の長岡畷で警官隊と衝突、爆裂弾を投げて切り込むがこの時平尾が死亡<br>・10月25日に東京・飛鳥山で再挙を期すことを約し最終的に離散【加波山事件】 |
| | 9.23 | 栗橋宿はずれで挙動不審者として幸村仙太郎が逮捕される（加波山事件について証言、5月頃同地の民権家・野口褧にも働きかけたとする） |
| | 9.27～10.15 | 加波山事件参加者の捕縛<br>天野市太郎・山口守太郎（9月26日栃木県喜連川宿）、河野広體・杉浦吉副（9月27日栃木県氏家宿）、三浦文次（9月29日板橋宿）、草野佐久馬（10月2日深川）、神山八弥（10月2日山梨県谷村付近）、横山信六（10月4日山梨県猿橋）、保多駒吉・小林篤太郎（10月3日山梨県谷村）、小針重雄（10月5日静岡県浜松）、玉水嘉一（10月6日 日本橋）、五十川元吉（10月15日三田）、琴田岩松（10月15日二子渡） |
| | 10.4頃 | 富松正安が千葉県安房郡の佐久間吉太郎方に到る（夷隅事件へ） |
| | 10.22～28 | ①大阪・相輝館などで準備会<br>・22～25日解党論をめぐり議論（解党論は岩手・岡山・新潟、解党反対論は富山・神奈川・千葉・三河・岐阜、党縮小論は伊予・高知・大阪・丹波など）<br>・27日「解党ヲ可トスルモノ在大阪ノ会員ト外一名ヲ除キ総起立」（自由新聞社・有一館は出来るだけ維持する）、他方、減租請願を行い採用されなければ「腕力ニ訴へ」る議論（森山信一）、「茨城ノ暴烈弾」のように「吾党ノ勢力ヲ示シ」「政府カ恐レヲ抱クヨウ」すべしとの説（内藤魯一ら）、戯言「東京横浜間ノ汽車ニハ貴顕カ屢々乗ル故アノ間タニ仕事ヲセバ随分行ルベシ」（大木権平）もあり |

| 参加者等 | 出典・参考 |
| --- | --- |
| | |
| 仙波兵庫・保多駒吉・玉水嘉一・舘野芳之助・鯉沼九八郎・河野広體・杉浦吉副・佐久間吉太郎ら17名が参加、富松正安は急病欠席（仙波に託す） | 『東陲民権史』214～216頁、『実業政治家仙波兵庫君之伝』8頁、『加波山事件』152～154頁、『民衆運動』283・286・287頁（「三島通庸関係文書」）、『加波山事件関係資料集』518頁 |
| 清水綱義のほか湊省太郎・鈴木辰三・山岡音高・宮本鏡太郎・村上佐一郎・小池勇・広瀬重雄 | 『自由民権運動と静岡事件』270～271・275～277頁 |
| 鯉沼九八郎・河野広體・横山信六・佐伯正門・杉浦吉副ら | 『加波山事件』163頁、『加波山事件関係資料集』112・196・243頁 |
| | 湊省太郎「上申書」「参考調書」（『静岡県自由民権史料集』）652～653・662頁 |
| | 『加波山事件』159頁、『大阪事件関係史料集』上巻34～35頁 |
| | 「太田義信訊問調書」（『集成』3巻） |
| 主幹・片岡健吉（大阪・相輝館に派出するため内藤魯一へ交代）、幹事・磯山清兵衛、武術教師は北田正董・内藤魯一など | 『自由新聞』1884.8.12、『日本立憲政党新聞』同年8.16、「自由党史研究のために」史料24・25、『自由党史』中巻377～385頁、『民衆運動』280～281・284・290頁（「三島通庸関係文書」510-6） |
| 内藤魯一・草野佐久馬・山口守太郎・杉浦吉副・天野市太郎・琴田岩松 | 「内藤魯一関係文書」（知立市歴史民俗資料館寄託）4-5-13「雑誌（信州紀行）」 |
| | 『東陲民権史』219頁 |
| 本部は星亨・植木枝盛、栃木県庁襲撃計画は河野広體・横山信六・佐藤折枝・鯉沼九八郎・大橋源三郎ら | 『茨城県史料―近代政治社会編Ⅲ』（以下『茨城県史料Ⅲ』）73・79頁「自由民権革命激化事件」 |
| | 『加波山事件』166～168頁 |
| 有為館長・富松正安、武術師範・玉水嘉一 | 『東陲民権史』222～223頁、玉水常治「自由か死か」（『日本人の自伝』二、233～234頁） |
| | |

| 西暦年月日 | | 内容 |
|---|---|---|
| 1884 | | 茨城・群馬（山崎重五郎ら）・長野の「決死派」が種々奔走し「哀訴」か「非常ノ挙」に出るか不明だったが、結局当日は無事 |
| | 7.9前後 | 福島・茨城・栃木・千葉の自由党員らが筑波山に集合（筑波山の会）、挙兵の「黙契」と鯉沼らの「早期暗殺実施の主張」とが対立 |
| | 7.13 | 清水綱義宅会合、常・野・尾・三4州の一斉蜂起方針と資金獲得を決して夜強盗に |
| | 7.13か | 鯉沼九八郎等、東京での大臣暗殺計画（伊藤博文主催の芝・延遼館襲撃）するが、宴会無期延引のため決行できず |
| | 7.16 | 静岡の湊省太郎が福田定一郎・平尾八十吉と謀議、その結果福田・平尾は大臣暗殺計画をとらず挙兵方式に同意 |
| | 7 | 磯山清兵衛が爆弾製造の薬品と材料を購入し、佐伯正門を経て鯉沼九八郎に与える |
| | 8.2 | 太田義信・西郷旭堂が八王子角屋で会合し富松正安を含む「甲武野常」で「革命ノ軍」を起こす盟約を結ぶ（元号を「自由自治元年」とする）<br>・10月（か）21日 太田義信が小諸で河西四郎（青森県士族）に会い支持を得る、10月27日河西が信州の同志40余名とともに軽井沢に集合<br>・10月20日秩父で太田・西郷が合流するが西郷による秩父の博徒・貧民組織化が得策でないとして太田は計画を断念し河西の兵とともに解散、11月太田が自首 |
| | 8.10 | 文武館・有一館（築地新栄町）の開館式、500余名が出席（韓国からの賓客含む、板垣退助は病気欠席）<br>・寄付金千円ごとに入館生の人数を割り当て（寄付金の多かったのは高知・新潟・神奈川・東京・栃木など）<br>・撃剣道具の準備、テキストには「革命史ノ如キモノ」 |
| | 8.17 | 内藤魯一がのちの加波山事件参加者、草野佐久馬らと会談 |
| | 8月下旬 | 鯉沼九八郎・河野広體・横山信六・杉浦吉副が栃木県庁開庁式襲撃を決定 |
| | 8下旬～9上旬 | 自由党本部に地方有志が集合し「本部ノ危急存亡」への対応につき議論<br>・河野広體・鯉沼九八郎ら福島・栃木県下「死士」の爆弾による栃木県庁開庁式襲撃（三島県令・大臣などの暗殺）計画と、星亨ら本部の一斉蜂起論（「東京埼玉群馬栃木福島茨城一時蜂起」により大臣参議を倒し「廟議ヲ変動」）が対立<br>・栃木県庁を焼き払う計画、東京蜂起説もあり |
| | 8 | 小林篤太郎・五十川元吉・平尾八十吉、武相の困民に接触 |
| | 9.4、5 | 4日下館町で有為館開館式、300人が集う<br>5日中館観音寺で富松正安主催大運動会、玉水嘉一が実弟・常治を有一館へ |

| 参加者等 | 出典・参考 |
|---|---|
| | 事件』265～269頁 |
| | |
| | 「地租軽減請願書控」（大和田広忠所蔵）「三春血縁の会保管資料」28-4 |
| | 『自由党史』中巻370頁 |
| 館長・小久保喜七 | 一文字欽也『小久保城南』76～77頁、『自由新聞』1884.5.8 |
| 小林安兵衛・湯浅理兵・野中弥八ら自由党員、東間代吉など | 「予審原本」（『群馬県史』資料編20巻）285～290頁 |
| | 『加波山事件』141頁 |
| 140～150余名（東北・関東からの参加者はなし） | 「自由党史研究のために」史料23・26、『自由党史』中巻371～377頁・下巻41～42頁、『民衆運動』281・283・287・290頁（「三島通庸関係文書」510-6） |
| 「表面活潑活動ヲ主張スル人々」として小勝俊吉・<u>磯山清兵衛</u>、「専ラ内密ニ過激ノ活動ヲ行ハントスル人々」（「決死派」「実行委員」）は大井憲太郎・<u>磯山清兵衛</u>・仙波兵庫・窪谷国五郎・舘野芳之助・藤田壮之助・富松正安・木内伊之助・藤田順吉・「野上某」（野上球平か）・関根庄五郎など（下線部は重複する人） | 『民衆運動』280～290頁（「三島通庸関係文書」510-6）、『自由民権機密探偵史料集』339～340・364頁（『民衆運動』276～279頁） |

| 西暦年月日 | | 内容 |
| --- | --- | --- |
| 1884 | | ・君塚省三が15日公布地租条例に対して減租請願運動を続けることを主張、板垣退助「元来減租ノコトハ其地方有志ノ特ニ尽力スル所ニテ敢テ自由党ガ為スト云フニアラズ」との発言に対して片岡健吉が相談会後に協議することを提案 |
| | ―― | ④大会で上京した各地方「決死派」の間で「専制政府顚覆改革運動」、またその一環として各戸長役場管理下にある「納税金ヲ奪取ル」計画が協議され、その帰趨を見定めるために大井憲太郎・宮部襄らが「実行委員」派遣へ<br>・3月中旬、鈴木音高が高崎に行き、仙波兵庫とともに、伊賀我何人・深井卓爾に対して「革命」のための資金強奪について経験者の派遣を依頼 |
| | 3.15 | 地租条例 |
| | 3.17 | 杉浦吉副の減租請願書 |
| | 4初旬 | 本部から地方巡察員を派遣（東海道を経て北海道を片岡健吉・植木枝盛、千葉・茨城は星亨、栃木は磯山清兵衛） |
| | 4 | 小久保喜七が中田に「文武館」設立、館員は70名余り |
| | 5.15 | 群馬で陣場ケ原集会が開催され、生産会社頭取・岡部為作宅（富岡町）の襲撃へ【群馬事件】 |
| | 5 | 新井章吾の挙兵主義と鯉沼九八郎の暗殺主義が対立 |
| | 6.5 | 大阪で関西有志懇親会<br>・政府の自由党弾圧に対して、党員が「専ら革命論に傾き、人々切歯扼腕、以て最後の運動に出ん」として開催される<br>・自由党本部より星亨・大井憲太郎（ただし大井は「関西懇親会ヲ破壊」・「隠密会議」「偽党ヲ排斥」する目的か）・加藤平四郎・宮部襄（清水永三郎・伊賀我何人を伴う）<br>・大井は7月中旬まで帰京せず、「帰京次第東京ニ於テ一派独立スル」ため大阪でしばしば隠密の会議を行い「彼地方ノ壮士ト契約シ東京ト相往復スルノ計画」 |
| | 6〜8か | 探偵報告<br>・本部で板垣退助が在京有志40余名に対し「目下ノ人心ヲ振起セント欲スレバ、非常ノ断行ニ非ズンバ到底挽回スル能ハズ」<br>・「表面活潑活動ヲ主張スル人々」と「専ラ内密ニ過激ノ活動ヲ行ハントスル者」（「決死派」「実行委員」）の存在<br>・「決死派七十余名ハ本月中ニ尽ク上京ノ約ヲ為シタリ」<br>・6月18日関東の「決死派」・仙波兵庫が千葉から水戸へ出発か（千葉で佐久間亮茂・川名七郎・石井代二・君塚省三と打ち合せ、佐久間・富松正安・舘野芳之助・藤田壮之助らと水戸で集会）、上野高崎間鉄道開業式（25日）への天皇出席をきき水戸から群馬にいく可能性も<br>・上野高崎間鉄道開開業式への天皇出席に対し高崎では捕縛中の新井愧三郎・長坂八郎・山田城之助らの「哀訴歎願」を計画し自由党本部は中止を説諭、秩父・ |

| 参加者等 | 出典・参考 |
| --- | --- |
| 芳之助・富松正安・霜勝之助、栃木から岩崎万次郎・鯉沼九八郎・大久保菊次郎らが参加 | 料集』310～320・369～370頁 |
| 主催者の一人は富松正安 | 『加波山事件』94頁、『自由新聞』1883.11.16 |
| | 『自由新聞』1883.11.30～12.2・4～9・11～14 |
| 河野広體・琴田岩松・草野左久馬・鈴木舎定に加藤平四郎（自由党幹事）が資金援助 | 野島幾太郎『加波山事件』110頁、関戸覚蔵『東陲民権史』373頁、『自由党史』下巻44～45頁 |
| 小久保喜七らが主催、大井憲太郎参加 | 『加波山事件関係資料集』704頁 |
| | 『加波山事件』101～102・105～106頁 |
| | 『加波山事件』99頁 |
| | 長谷川昇『博徒と自由民権』177～195頁 |
| | 大矢正夫「非常手段決意の顛末」（石川猶興『風雪の譜』） |
| | 「国事犯事件裁判言渡書の写」（『大阪事件関係史料集』上巻）5頁 |
| | 鈴木音高「国事犯罪申立書」（『静岡県自由民権史料集』644～645頁） |
| 富松正安・植木枝盛・奥宮健之らが参加 | 『自由新聞』1884.2.22 |
| 鯉沼九八郎・河野広體・窪田久米・琴田岩松など | 『加波山事件』125～130頁、『自由党史』中巻340頁、三浦進・塚田昌宏『加波山事件研究』65～70頁 |
| 柴田浅五郎は禁獄10年、舘友蔵・川越庫吉・柏木第六は無期徒刑 | 「秋田事件裁判考」・「秋田事件裁判関係資料」・「秋田立志社暴動事件判決書」 |
| ②福島から杉浦吉副、茨城から霜勝之助・磯山清兵衛・富松正安・仙波兵庫などが出席 | 『自由党史』中巻363～370頁、「自由党史研究のために」史料21・22、『民衆運動』283～284頁（「三島通庸関係文書」510-6）、『自由民権機密探偵史料集』320～325頁、『明治自由党の研究』上巻214～222・235～253頁、鈴木音高「国事犯罪申立書」644～645頁（『静岡県自由民権史料集』）、原口清『自由民権運動と静岡 |

| 西暦年月日 | | 内容 |
|---|---|---|
| 1883 | | ・「議案ノ表面ハ醵金ヨリ云々ノ事」だが「内幕ノ議ハ」党の維持か「一旦解党シテ一大運動ヲナシ以テ勝ヲ一挙ニ得ヘキカ」にあり、「自由党ノ要路ヲ占メシ腕力破壊主義ノ三百名中」によって発起される<br>・10万円募集運動による党の維持（26日にも板垣の談話） |
| | 11.27 | ③滞京党員の会合<br>・植木枝盛の意図をうけ片岡健吉が上京した党員に翌年春の「減租建白」を提案 |
| | 11.14（23か） | 東京で飛鳥山運動会、鯉沼九八郎と琴田岩松等が知り合う |
| | 11.28 | 田母野秀顕が石川島監獄で獄死、12月1日に田母野秀顕葬儀（谷中天王寺） |
| | 11 | 河野広體らが三島通庸暗殺計画 |
| | 12.6 | 古河町太田楼における政談演説会にて富松正安が政府転覆演説 |
| | 12.28（29か） | 天野市太郎・山口守太郎・大高末時が琴田岩松の紹介で鯉沼九八郎を訪ね三島通庸暗殺の謀議、その後、琴田が鯉沼と上京し河野広體に鯉沼を紹介 |
| | 年末頃 | 鯉沼九八郎、爆裂弾製造に着手 |
| 1884 | 1.4 | 賭博犯処分規則 |
| M17 | 1上旬 | 大矢正夫が教師を辞め上京し神奈川自由党の静修館に入る、静修館幹事・水島保太郎の紹介で富松正安と会い「堅ク志盟ヲ締シタリ」 |
| | 1 | 田代季吉が福島軽罪裁判所若松支庁で罪人蔵匿罪で軽禁錮15日・2円罰金に |
| | 2中旬以降 | 鈴木音高が富松正安・仙波兵庫と接触、鈴木は仙波の紹介で高崎の深井卓爾・伊賀我何人と「同盟連絡」 |
| | 2.17 | 下館政談演説会（於小島座） |
| | 2か | 鯉沼九八郎らが「壮士」宿泊所として自由党本部・寧静館の借用を申込むが断られたため2日間占拠へ（板垣退助の意をうけ退去を求める加藤平四郎らと対立） |
| | 3.7 | 秋田始審裁判所で秋田事件の柴田浅五郎ら4名に対する判決言渡し |
| | 3.10〜13 | ①10日常議員会、11・12日出京党員の相談会・13日午前下会議<br>資金募集困難で、板垣退助が解党か辞任を希望 |
| | 3.13 | ②東京で自由党臨時大会<br>党常議員廃止と総理特選による諮問・常備員の設置（総理による党事の専断承認）や文武館設立・巡回員派遣などの「露骨明言シ難キコト」などを決定 |
| | 3.17 | ③各地総代員の相談会<br>・板垣から「武ノ一途」に偏することへの注意あり |

| 参加者等 | 出典・参考 |
|---|---|
| | |
| | 『栃木新聞』1883.5.28、『自由新聞』同年10.19 |
| 富松正安が参加か | 『自由新聞』1883.5.22 |
| ②内藤魯一など（この時期の常議員には新井章吾・塩田奥造・磯山清兵衛なども） | 『朝野新聞』1883.6.23、『自由新聞』同年6.23、『土陽新聞』同年6.24・28・29、『自由党史』中巻306～316頁、『馬場辰猪全集』3巻89頁、『自由民権機密探偵史料集』292～309頁、『明治自由党の研究』上巻199～214・235～241頁、「自由民権革命と激化事件」 |
| 森隆介参加か | 『自由新聞』1883.7.25 |
| 河野広中は軽禁獄7年、田母野秀顕・愛沢寧堅・平島松尾・花香恭次郎・沢田清之助は軽禁獄6年 | 手塚豊「自由党福島事件と高等法院」・「自由党福島事件に関する二、三の資料」（『自由民権裁判の研究』上巻） |
| | 『喜多方市史』6巻（中）576頁、『喜多方市史』3巻153～154頁、『加波山事件関係資料集』29頁 |
| 塩田奥造・新井章吾・山口守太郎らが参加 | 『栃木新聞』1883.8.20・22 |
| 会幹事は藤田順吉・内藤魯一 | 『朝野新聞』1883.9.14、『自由新聞』同年9.16・20 |
| | 大日方純夫「立憲帝政党の結党をめぐる基礎的考察」（『日本史研究』240号） |
| | 『栃木新聞』1883.9.19 |
| | 野島幾太郎『加波山事件』118頁 |
| 安芸喜代香・桜間登・宮部襄など100余人 | 『土陽新聞』1883.11.8、『自由新聞』同年11.2・7 |
| | 『加波山事件関係資料集』579頁 |
| | 『加波山事件関係資料集』71頁 |
| ②福島からは苅宿仲衛、茨城から小久保喜七・舘野 | 『自由党史』中巻358～362頁、「三島通庸関係文書」510-2、『明治自由党の研究』上巻211～213・235～253頁、『自由民権機密探偵史 |

| 西暦年月日 | | 内容 |
|---|---|---|
| 1883 | | ・大会後に開催された高知・東京・群馬・岡山・徳島・愛知・岩手・栃木有志の会合で、「相互ノ最初ノ約束」としての「革命」を達成するために常議員による各地巡回を実質化して「廣ク同志ヲ求メ且ツ実行者ヲ見出」すべきとの発言あり |
| | 5.22～10.3 | 栃木県下都賀郡を中心に自由運動会実施 |
| | 5 | 茨城の結城・下館等の有志が自由党の方向性評議のため往復通信 |
| | 6.22、24<br><br>6.30､7.2 | ①22日板垣退助・後藤象二郎らが帰国、24日帰国歓迎会の席上で板垣が解党論を主張<br>②常議員会で解党めぐり議論へ<br>・将来「一大運動」をなすか解党して各地の運動に任せるかの議論あり、一方で「真正ノ破壊主義ノ者ヲ以テ秘密ノ結合ヲ為サント」する解党論も<br>・運動の打開策として10万円募集、池松豊記を通じた九州改進党との連絡、自由新聞社の維持、文武館設立と「壮士」の養成 |
| | 7.19 | 常総自由運動大懇親会（本宗道村） |
| | 7.19～8.28 | 河野広中らに対する高等法院の公判（有力新聞が公判傍聴筆記を掲載し河野らは「志士」と称される）、9月1日に判決言渡し（付帯犯に対する判決は10月2日） |
| | 8.3 | 赤城平六ら19名が不正工事廃止の訴状を宮城控訴院へ提出するが（第二次訴訟）即日却下、訴状を訂正・再提出するも赤城平六・原平蔵・三浦文次ら訴訟人が官吏侮辱罪に問われる（三浦文次暗殺実行に傾く） |
| | 8.17 | 会主・鯉沼九八郎で民権家追祭運動会（栃木県下都賀郡稲葉が原） |
| | 9.16 | 古河・中田間の利根川にて常総武両野志士競漕大船遊会を催す |
| | 9.24 | 立憲帝政党が解党 |
| | 9 | 新井章吾、1年間演説禁止 |
| | 9～10 | 五十川元吉が9月に高崎の宮部襄、10月に信越地方の石塚重平・八木原繁祉・稲垣示・杉田定一らを訪問 |
| | 10.24 | 松山で四国自由大懇親会、各地における減租請願運動（1882年冬から準備していたが「政党創立の事業」で中断していた）への着手などを確認 |
| | 10.30 | 三島通庸が栃木県令兼任 |
| | 10 | 鯉沼九八郎、大臣・参議暗殺を決意 |
| | 11.2、3<br>5、7<br>11.16 | ①大会前の相談会<br>・解党論から募金・維持論（山際七司ら）へ<br>②東京で自由党臨時大会 |

| 参加者等 | 出典・参考 |
| --- | --- |
| 喜多方警察署に集結した農民は1,000余名 | 『福島県史』11巻580～582頁、『喜多方市史』6巻（中）287～289頁、『河野盤州伝』上巻573～574頁 |
| | |
| | 『喜多方市史』6巻（中）320～326・341頁、手塚豊「自由党福島事件と高等法院」（『自由民権裁判の研究』上巻） |
| ・幹事は内藤魯一・渋谷良平・庄林一正<br>・馬場辰猪・内藤魯一・中野二郎三郎・松村才吉らが演説 | 『自由新聞』1883.1.12、『日本立憲政党新聞』同年1.13、大阪経済大学図書館所蔵「杉田定一関係文書」29-8-3-42、『自由民権機密探偵史料集』384頁、飯塚一幸「自由党成立後の杉田定一」（大阪経済大学日本経済史研究所『経済史研究』12号） |
| | 『加波山事件』72頁 |
| 庄林一正・村松愛蔵・井上平三郎ら400余人が参加 | 『自由新聞』1883.2.23・3.18、「杉田定一関係文書」36-14-1と14-14、『新潟県史』通史編6巻605～607頁、大槻弘『越前自由民権運動の研究』160～179頁、森山誠一「北陸七州有志大懇親会高岡集会とその前後」（『歴史評論』402号）、「自由党成立後の杉田定一」 |
| 赤井景韶・井上平三郎・風間安太郎・八木原繁祉・加藤勝弥など逮捕 | 『新潟新聞』1883.3.21、『越佐毎日新聞』同年3.27、『自由新聞』同年3.31、『新潟県史』通史編6巻605～611頁 |
| ②小島忠八・羽島諦吾・坂内代五郎・渡部数馬などが無罪に、富山悌次・梁取広次・神明要八は棄却、杉山重義・瓜生直七は若松軽罪裁判所に差し戻される（杉山は大審院で無罪放免になるが瓜生は1885年12月21日に重罪裁判所で重禁錮2年6ヶ月を言渡される） | 『喜多方市史』3巻149～153頁、『喜多方市史』6巻（中）509～547頁、『福島県史』11巻1041～1042頁 |
| | 『自由党史』中巻293～305頁 |
| 福島からは松本茂・安積三郎、茨城から富松正安・磯山清兵衛、栃木から新井章吾などが参加 | 『自由党史』中巻235～236頁、「三島通庸関係文書」496-22、『明治自由党の研究』上巻235～253頁 |

| 西暦年月日 | | 内容 |
|---|---|---|
| 1882 | 11.28～<br>12.1 | 宇田成一らリーダー逮捕・若松護送に対して農民が弾正ヶ原に集結、のち喜多方警察署警官と衝突、400余名が兇徒聚衆罪・内乱罪などで逮捕・河野広中ら自由党員が福島町等で逮捕　**【福島・喜多方事件】** |
| | 12.12 | 請願規則 |
| 1883<br>M16 | 1.4、31 | 4日若松軽罪裁判所で附和随行犯（兇徒聚衆罪）323名に判決（罰金1～2円）～31日国事犯（内乱罪）・附和随行犯（兇徒聚衆罪）57名に管轄違いを言渡し、郡民総代・坂内代五郎ほかは兇徒聚衆罪で若松重罪裁判所公判へ（他は放免） |
| | 1.6、7 | 名古屋で函西自由大懇親会開催<br>・1882年12月22日前に森脇直樹が内藤魯一らと協議して、杉田定一・池松豊記（相愛社）・小林樟雄・河野広中・井出正光らと「志士閑話会」を開きたいと相談したことがきっかけ<br>・森脇直樹が福島の様子を伝え党員の「感動ヲ興シ狂暴ノ気焔ヲ生セシメタリ」 |
| | 2 | 横山信六、栃木県上都賀郡赤塚村の政談演説会で官吏侮辱罪になる |
| | 3.10、11 | 北陸七州有志懇親会を開催（富山県高岡町）<br>・発起人は杉田定一・稲垣示・小間粛・八木原繁祉・山際七司・加藤勝弥など（鈴木舎定・島本仲道・磯山清兵衛・大津淳一郎・斉藤壬生雄・内藤魯一などにも案内状を出す）<br>・正体を疑われた長谷川三郎が警察分署に駆け込み高田へ護送さる |
| | 3.19、20 | 長谷川三郎の「自供」をもとに頸城自由党員、新潟県下自由党員が内乱陰謀等の容疑で一斉検挙される**【高田事件】** |
| | 4.14<br><br>4.23<br><br>―― | 14日高等法院で赤城平六・宇田成一ら50余名が内乱・兇徒聚衆罪について無罪放免の判決<br>①宇田らは23日官吏侮辱罪で告発され（逃亡中の宇田ら以外は）7月27日に判決（無罪放免～重禁錮1年・罰金10円）<br>②高等法院での無罪判決をうけすでに兇徒聚衆罪に服役していた者が大審院へ上告 |
| | 4.16 | 新聞紙条例の改正、6月29日出版条例改正 |
| | 4.20、23<br>～29 | 東京で自由党大会・懇談会<br>・解党論・「本部維持」の方法について議論、「改進黨討撃」方針が決定される<br>・「実行者」「壮士」の養成と「文武館」設立構想が提起される |

| 参加者等 | 出典・参考 |
|---|---|
| | 『自由党史』中巻185～189頁 |
| ・岩手から鈴木舎定、福島から岡野知荘・奥宮健之、茨城から富松正安・熊谷平三・木内伊之助、栃木から塩田奥造・新井章吾らが参加<br>・集会条例改正に対しては7月20日までに自由党福島部が解散届（活動は従来どおり）、茨城部は茨城自由党結成へ（1883年1月21日認可）、8月栃木では塩田・新井・中山・岡田ら46名が東京自由党に入党し（内部対立で自由党下野地方部の設立できず）10月19日栃木自由党結成 | 『自由党史』中巻197～201頁、「自由党臨時会関係書類」・「集会条例ノ件ニ付臨時会合ノ景況」（国会図書館憲政資料室所蔵「三島通庸関係文書」496-5・6）、安丸良夫ほか編『日本近代思想体系21民衆運動』271～273頁、『明治自由党の研究』上巻88～103・109～115・235～253頁、「自由民権革命と激化事件」、『栃木県史』通史編6巻158頁 |
| | 『加波山事件関係資料集』579頁 |
| | 「告発書」（「三島痛庸文書」499-15） |
| 花香恭次郎・沢田清之助等が関わる | 『福島県史』11巻1052～1058頁 |
| | 『喜多方市史』6巻（中）201～202頁、『福島県史』11巻553～576頁 |
| | 『馬場辰猪全集』4巻133～134頁（「樺山資紀関係文書」〈その1〉書類の部13「国事警察概況」）、『自由新聞』1882.8.29、『栃木県史』通史編6巻164～165頁 |
| 演説会は小久保喜七の主催で斉藤珪次演説「免税の弊害」 | 『斉藤珪次翁伝』14・257～258頁 |
| 年表Ⅰを参照 | 年表Ⅰを参照 |
| 鯉沼九八郎が中心 | 『栃木新聞』1882.9.20 |
| 権利恢復同盟に参加した農民は7,000余名 | 『喜多方市史』6巻（中）205頁 |
| 三浦亀吉ら車夫600～700人<br>河野広中・宮部襄・照山峻三・奥宮健之など | 『朝野新聞』1882.10.6、『自由民権機密探偵史料集』360～361頁 |
| 発起周旋人は富松正安 | 『栃木新聞』1882.9.28・10.12 |
| | 『喜多方市史』6巻（中）200頁 |
| | 『自由党史』中巻224～225頁 |
| | 『福島県史』11巻543～544頁 |
| 伊賀我何人・松井助一・大木権平・高橋壮多（以上高崎）、山口重脩（館林） | 『新編高崎市史』資料編9巻269～274頁、『福島県史』11巻523～524頁 |

| 西暦年月日 | | 内容 |
|---|---|---|
| 1882 | 6.3 | 集会条例改正 |
| | 6.12～19 | 東京で自由党臨時大会（板垣退助が辞任を申し出）<br>・諮問（後藤象二郎）の設置・副総理廃止、党費・地方部分担金の徴収など自由党規則の全面改正 |
| | 6.26 | ・警察に届出し地方部を廃する、解散して新聞株主となる、「腕力」に訴えるなどの諸説あったが、結局届出することに、地方支部もそれぞれ対応） |
| | 6.29 | ・出京惣代との懇親会で、各地「惣代」が「是迄ニ度々協議決シタル通リ押シ通シ本年ニモ兵ヲ起シ候方可然」と迫り、板垣は「兵ヲ起スハ三ヶ年自後之見込」と主張 |
| | 7.13 | 三島通庸が山形県令を退任し、福島県令専任になる |
| | 7.17 | 花香恭次郎が5月の三島県令告発冊子刊行について官吏侮辱罪で告発される |
| | 7～8 | 急進党結成・無名館での盟約作成 |
| | 8.17 | 田母野秀顕・宇田成一らを帝政党員が襲撃、反民権派の組織化進展 |
| | 8.20～22 | 馬場辰猪・佐伯剛平が宇都宮に来会し演説会、地方自由懇親会を開催することで「下等社会ノ人物則チ車夫消火夫等苟モ気魄アル者ヲ団結セシメ高知県等ニ流行スル旗奪等ノ自由健康運動ヲ爲サシムヘシトノ内約」を行う |
| | 8 | 茨城県古河町で五州志士舟遊会を開催、相生座で政談演説会 |
| | 8末～10 | 板垣退助の洋行問題をめぐる党内対立、福島・石川への壮士・遊説委員の派遣、一般民衆へ働きかけ「中央集権」した「東京本部」のもと「各地各部一時ニ蜂起」する計画（「広域蜂起派」の形成）、農民に対する減税の提起について会議 |
| | 9.17 | 自由懇親会（栃木県下都賀郡壬生町） |
| | 9.20 | 権利恢復同盟結成、宇田成一が規約書草案を作成 |
| | 10.4、20 | 神田で人力車夫の演説会（鉄道馬車を郊外に斥ける演説など） |
| | 10.8 | 常総野懇親会（茨城県結城郡結城町） |
| | 10.20 | 権利恢復同盟が若松裁判所へ勧解願の訴状を提出（第一次訴訟） |
| | 11.11 | 板垣退助・後藤象二郎が欧州へ出発 |
| | 11.17 | 耶麻郡長・佐藤志郎、新合村で赤城平六の公売処分強行 |
| | 11.26 | 福島への応援のため高崎から上毛自由党員ら4人と館林から1人が自由党本部の要請を受けて福島入り、12月5日党本部の宮部襄が長坂八郎を単身応援のため福島に派遣したが到着早々逮捕 |

| 参加者等 | 出典・参考 |
|---|---|
| 五十川元吉が中心 | 『高知新聞』1881.8.18・19 |
| | 『栃木県史』史料編（近現代1）582～591頁 |
| 山際七司・竹内綱・林包明・鈴木舎定らが自由党組織原案を起草<br>結成大会には、岩手から鈴木舎定、秋田から狩野元吉、福島から河野広中・田母野秀顕・三浦信六、茨城から磯山清兵衛・森隆介・富松正安、栃木から田中正造・山口信治・塩田奥造・福田定一朗・横堀三子（栃木）らが参加 | 『自由党史』中巻79～87頁、江村栄一『自由民権革命の研究』145～169頁、寺﨑修『明治自由党の研究』上巻235～253頁 |
| | 『自由党史』中巻77～79頁 |
| | 『三春町史』10巻196～205頁 |
| 富松正安・飯村丈三郎らが幹事 | 『水戸新聞』1881.12.5 |
| 板垣退助・馬場辰猪・竹内綱・栗原亮一ら | 『明治自由党の研究』上巻20～22頁、『馬場辰猪全集』4巻133頁（国会図書館憲政資料室所蔵「樺山資紀関係文書」〈その1〉書類の部13「国事警察概況」） |
| 栗原亮一ら参加（板垣退助は不参加） | 『水戸市史』下巻（1）286～287頁 |
| 河野広中・田母野秀顕・平島松尾ら | 『福島県史』11巻144～151頁 |
| 赤城平六・宇田成一・原平蔵ら | 『喜多方市史』6巻（中）69～70頁 |
| | 『自由党史』中巻105～154頁、『自由民権機密探偵史料集』633～637頁、『新修名古屋市史』5巻183頁、『加波山事件』91頁 |
| | 『福島県史』11巻254頁 |
| | 『福島県史』11巻1159～1160頁 |
| 原平蔵が中心 | 『喜多方市史』6（中）62～63頁 |
| 茨城から磯山清兵衛（茨城、千葉の総代・磯山尚太郎代理）が参加、福島など東北地方からは参加者なし | 『自由党史』中巻154～184頁、外崎光弘「酒屋会議と児島稔」（『高知短期大学研究報告　社会科学論集』42号） |
| 河野広中（同県会議長）が中心 | 『河野盤州伝』上巻475～481頁 |
| 5月10日埼玉県人野口褧・渡辺湜、茨城県人岡野満辰・小久保喜七・藤田秀雄が演説、傍聴無慮400名 | 『古河市史』通史編607頁、舘野芳之助『自由東道』解説4頁、『茨城県史料Ⅱ』497頁、『茨城日日新聞』1882.5.15・27 |
| | 『加波山事件』123頁 |
| | |

| 西暦年月日 | | 内容 |
|---|---|---|
| 1881 | 8 | 先憂社結成 |
| | 9.4 | 『自治政談』1号創刊（新井章吾） |
| | 10.1、2、6～16<br>18～11.4 | 1日から東京・国会期成同盟第3回大会で自由党結成を決議、18日から浅草井生村楼において自由党結成大会<br>・総理・板垣退助、副総理・中島信行、常議員に馬場辰猪・末広重恭・後藤象二郎・竹内綱、幹事に林包明・大石正巳・山際七司・林正明・内藤魯一らを選出<br>・自由党盟約・規則の審議 |
| | 10.12 | 国会開設の詔勅 |
| | 11.15 | 『三陽雑誌』1号創刊（編集長・琴田岩松） |
| | 11.25 | 自由党同志会結成（真壁郡下妻町にて） |
| | 12.4、5 | 4日自由党本部から板垣退助らが宇都宮に来会（横堀三子・塩田奥造らの周旋）、5日来年1月を期して自由党を組織せんと決定 |
| | 12.22<br>～25 | 自由党茨城部結成（水戸偕楽園好文亭にて） |
| | 12 | 自由党福島部結成 |
| 1882 | 2 | 自由党会津部結成 |
| M15 | 4.6 | 板垣退助が相原尚褧に襲撃される（板垣遭難）、鯉沼九八郎が板垣遭難に際し駆けつけようとする |
| | 4.23 | 自由党福島部が御山招魂祭で撃剣・玉奪いを行う |
| | 4～ | 政談演説会中止解散続出 |
| | 4～8 | 会津部が政談演説会開催 |
| | 5.10 | 京都で酒屋会議<br>植木枝盛・児島稔（以上、高知）・小原鐵臣（島根）・磯山尚太郎（茨城）・安立又三郎・市橋保身（以上、福井）が発起人 |
| | 5.12 | 福島県会で議案毎号否決 |
| | 5 | 茨城県の舘野芳之助・小久保喜七・藤田順吉と幸手の民権家が「武総共進会」（武総共心会）をつくり幸手・栗橋方面で演説会を開く、10日茨城県西葛飾郡元栗橋校で演説会（予定弁士の末広重恭が欠席、14日末広等の学術討論演説会開催） |
| | 5 | 佐伯正門、『下野新聞』に「政府転覆説」掲載して禁獄1年 |

| 参加者等 | 出典・参考 |
|---|---|
| 同志人民8,725人 | 『栃木県史』史料編（近現代1）514～516頁 |
| 柴田浅五郎・内桶圭三郎・狩野元吉（秋田）、菊池九郎（青森）、森藤右衛門（山形）、鈴木舎定（岩手）、若生精一郎（宮城）、河野広中・岡田健長・遠藤直喜・岡泰久・黒田豊・目黒重真・原平蔵（福島）など | 『河野磐州伝』上巻380～385頁、庫山恒輔「明治一四年の東北七州自由党」（秋田近代史研究会『秋田県の自由民権運動』） |
| ①秋田から柴田浅五郎・内桶圭三郎（秋田）、青森から菊池九郎（青森）、宮城から若生精一郎、福島から遠藤直喜、茨城から関戸覚蔵・内田林八・野手一郎、栃木から山口信治・横堀三子・塩田奥造などが参加（下線部は②の参加者） | 家永三郎「自由民権に関する新史料」（『史学雑誌』71編11号）、江村栄一「自由民権革命と激化事件」（『歴史学研究』535号） |
| 三浦茂次郎・三浦信六・原平蔵が中心 | 『喜多方市史』6巻（中）28～38頁 |
|  | 『栃木県史』史料編（近現代1）516～518頁 |
| 岩代・磐城2,000有余名 | 『喜多方市史』6巻（中）50～52頁 |
|  | 『自由党史』中巻36頁 |
| 有志人民270人 | 『栃木県史』史料編（近現代1）518～519頁 |
| 新井章吾 | 『栃木県史』史料編（近現代1）554～555頁 |
|  | 『福島県史』11巻111～118頁 |
|  | 『東陲民権史』376頁 |
|  | 『喜多方市史』6巻（中）52～55頁 |
| 花香恭次郎・佐藤清が関係 | 『福島県政治史』上巻322頁 |
| 花香恭次郎が関係 | 『福島県史』11巻1085頁 |
| 柴田浅五郎・舘友蔵・川越庫吉・柏木第六ら21名が内乱罪・強盗罪などに問われる | 井出孫六ほか編『自由民権機密探偵史料集』439～583頁、「自由民権革命と激化事件」、秋田近代史研究会編『秋田県の自由民権運動』、長沼宗次『夜明けの謀略』、手塚豊「秋田事件裁判考」・「秋田事件裁判関係資料」・「秋田立志社暴動事件判決書」（『自由民権裁判の研究』上巻） |
| 教師に西原清東・弘瀬重正 | 『三春町史』第3巻（近代1）362～363頁 |
|  | 『茨城日日新聞』1881.9.8 |
|  | 『栃木県史』史料編（近現代1）558～569頁 |
|  | 『栃木新聞』1881.8.17 |

| 西暦年月日 | | 内容 |
|---|---|---|
| 1880 | 11.12 | 「上書（国会開設建白書）」（栃木県5郡・群馬県邑楽郡、田中正造）を元老院提出 |
| | 11.12か | 愛国社支社で東北有志会<br>・東北有志の結合、新しい政党の中心勢力になり立憲政体建設に貢献することなど確認<br>・盟約書「東北有志者の旨趣」に署名、「仮規則」を決定 |
| | 11.24、25<br>12.6、9〜<br>11、13<br>12.16、17 | ①国会開設請願の続行<br>・12月9日の53号布告後も請願続行するが拒絶され「道理上ノ請願既ニ尽タル」を以て中止<br>②「激烈党派」の盟約<br>・現政府について「早ク之を顚覆シ、決死以テ自由政府ヲ置クヲ論ス」「激烈党派」の形成<br>・盟約「各自有志ノ士ヲ募リ、来ル五月ヲ期シ断然処置スヘキヲ論ス」 |
| | 11 | 先憂党結成 |
| | 12.6 | 「国会開設建白書」（栃木県梁田郡、大谷宗七・秋田啓三郎）を元老院へ提出 |
| | 12.7 | 「国会開設請願書」（遠藤直喜外3名）を太政官へ提出 |
| | 12.9 | 太政官布告53号（「人民ノ上書」を元老院に対する「建白」に限定） |
| | 12.14 | 「国会開設建言」（栃木県塩谷郡・那須郡、阿久津譲・見目清） |
| | 12 | 囂々社結成 |
| | 不詳 | この年「国会設立ヲ請フノ建言」（三師社）作成 |
| | 不詳 | 横山信六、鯉沼九八郎に会う |
| 1881 | 1 | 遠藤直喜、三条実美へ国会開設請願 |
| M14 | 2 | 『福島日日新聞』創刊 |
| | 5 | 『東北自由新誌』創刊 |
| | 6.9以降 | 柴田浅五郎ら秋田立志会員が強盗・殺害、内乱予備の容疑で捕縛**【秋田事件】** |
| | 6 | 正道館授業開始 |
| | 6以降 | 富松正安月1回下館の演劇場「小島座」（現筑西市金井町近辺）で政談演説会開催 |
| | 8.11 | 都賀演説会（栃木県都賀郡、横尾輝吉） |
| | 8 | 佐伯正門、『栃木新聞』仮編輯長 |

## 加波山事件関連年表

| 参加者等 | 出典・参考 |
|---|---|
| 森隆介・関戸覚蔵・飯村丈三郎ら参加 | 関戸覚蔵編『東陲民権史』4〜8頁 |
| | 『栃木新聞』1880.2.16 |
| 河野広中・岡田健長・遠藤直喜・原平蔵出席 | 小野徳吉『会津民権史』3頁 |
| 岩手から鈴木舎定、福島から岡田健長・山口千代作・河野広中ら、茨城から大津淳一郎らが参加<br>柴田浅五郎（秋田）・苅宿仲衛（福島）が傍聴 | 『自由党史』（岩波文庫版）上巻271〜279頁、森山誠一「国会期成同盟の研究」1・2（『金沢経済大学経済研究所年報』6・10号）、野島幾太郎『加波山事件』（東洋文庫版）109頁 |
| 人民11,814人 | 『茨城県史料—近代政治社会編Ⅱ』（以下『茨城県史料Ⅱ』）449〜454頁 |
| | 『茨城県史料Ⅱ』454〜458頁 |
| | 『自由党史』上巻278〜281頁、『東陲民権史』353頁 |
| 塩田奥蔵・新井章吾主催 | 『栃木新聞』1880.5.26 |
| 人民405人 | 『茨城県史料Ⅱ』458〜470頁 |
| | 『喜多方市史』6巻（中）41〜42頁 |
| 森隆介中心、林正明や岡本武雄ら（東京曙新聞）が関係 | 『茨城県史料Ⅱ』423〜425頁 |
| | 『栃木新聞』1880.10.15、大町雅美『自由民権運動と地方政治』52頁 |
| 建言人名134人 | 『栃木県史』史料編（近現代1）509〜514頁 |
| | 『茨城県史料Ⅱ』470〜471頁 |
| 秋田から柴田浅五郎・内桶圭三郎・狩野元吉、青森から菊池九郎、岩手から鈴木舎定、宮城から若生精一郎、福島から河野広中（三師社）・岡田健長（北辰社）・遠藤直喜（愛身社）・岡泰久ら、茨城から大津淳一郎・野手一郎、栃木から田中正造・塩田奥造・山口信治・横堀三子らが参加 | 『自由党史』中巻19〜34頁、「國會開設論者密議探聞書」（『明治文化全集 雑史編』24巻・1993年復刻版）、家永三郎「自由民権に関する新史料」（『史学雑誌』71編11号）、松岡僖一「私立国会論」（『幻視の革命』）、江村栄一「自由民権革命と激化事件」（『歴史学研究』535号）、『河野磐州伝』上巻366〜380頁、小野徳吉『会津民権史』3頁 |
| 人民684人 | 『栃木県史』史料編（近現代1）519〜521頁 |
| | |

## Ⅱ．福島・喜多方事件、

| 西暦年月日 | | 内容 |
|---|---|---|
| 1880 | 2.15〜16 | 国会開設請願運動「筑波山の会」により、「茨城県連合会」結成 |
| M13 | 2.16 | 小室重弘が『栃木新聞』論説「国会設立ノ建言結果如何」で国会開設主張 |
| | 2 | 東北連合会開催 |
| | 3.15〜4.8 | 大阪で愛国社第4回大会・国会期成同盟創立大会、松沢求策の哀訴体と永田一二の請願体の対立（請願体の採用へ） |
| | 3.27 | 「東茨城ほか三郡人民の国会開設之建議」（茨城県東茨城郡・那珂郡・久慈郡・多賀郡　総代：大津淳一郎）を元老院提出 |
| | 3.27 | 「国会開設之義」を元老院へ提出（芳川源蔵） |
| | 4.5 | 集会条例、富松正安「憤然」とし直後に教員を辞す |
| | 5.23 | 教育勧業演説会結成 |
| | 6.8 | 「国会開設ノ勅許ヲ上願スルノ書」（茨城県真壁郡・豊田郡・行方郡・新治郡　総代：渡辺豊八郎）を太政大臣三条実美に提出 |
| | 7.29 | 「国会開設ノ儀ニ付建白」（三浦茂次郎） |
| | 8 | 常総共立社が真壁郡近傍諸郡・下総諸郡の有志達により下妻に設立 |
| | 10〜12 | 山川善太郎・荒川高俊・土井光華、栃木県内遊説 |
| | 11.1 | 「国会開設建言書」（栃木県河内郡・都賀郡・芳賀郡、戸田譲・円山信庸）元老院へ提出 |
| | 11.2 | 「徴兵事件ニ付国会建言」が元老院に提出される（永田友彦） |
| | 11.10〜27、30 | 東京で国会期成同盟第2回大会（11月11日愛国社大会を解散）<br>・「地方ノ團結ヲ鞏固ニシテ實力ヲ養成スル」ことによる私立国会論（愛国社系）<br>・翌年の大会に憲法案を持ち寄ること、自由党は別に立てることを決定 |
| | 11.11 | 「国会開設請願書」（栃木県7郡、横堀三子・塩田奥造）請願 |

| 参加者等 | 出典・参考 |
|---|---|
| 秋田事件、福島・喜多方事件、群馬・秩父事件、飯田事件、大阪事件、保安条例違反事件、秘密出版事件、官吏侮辱罪・出版条例違反事件などの関係者を含む | 『自由民権運動の研究』199～260頁 |
| | 田岡嶺雲『明治叛臣伝』(1909年) 169～174頁、供野外吉『獄窓の自由民権者たち』68～77頁 |
| | 供野外吉『獄窓の自由民権者たち』119～128頁 |
| | |
| | |
| ①発起人は板垣退助・河野広中・大井憲太郎・松田正久・内藤魯一・栗原亮一・平島松尾・小久保喜七・玉水嘉一・鯉沼九八郎ら43人<br>②板垣退助・内藤魯一・大井憲太郎・小久保喜七らが参加 | 『土陽新聞』1908.3.25、「加波山事件関係資料」(国立国会図書館憲政資料室所蔵) 80、『自由党歴史概要』(知立市歴史民俗資料館寄託「内藤魯一関係文書」4-11-20)、『東京朝日新聞』1908.10.28 |
| 建議案の賛成者は河野広中・山口熊野・平島松尾・杉田定一・栗原亮一・小久保喜七ら51名 | 『帝国議会　衆議院議事速記録』(23) 227～231頁、「内藤魯一関係文書」6-2-5 |
| | |
| 提案者は小久保喜七・森久保作蔵・平島松尾 | 『帝国議会　衆議院議事速記録』(24) 235～237頁、小久保喜七「加波山事件殉難志士表彰建議案提出理由」(『雄弁』5号) |
| 編纂者は宇田友猪・和田三郎 | 板垣退助「題言」(『自由党史』上巻)、遠山茂樹「解説」(『自由党史』下巻) |
| | 『加波山事件関係資料集』665～746頁 |
| 落合寅市・門平惣平など | 「秩父殉難志士慰安建碑趣意書」(『秩父事件史料集成』6巻231～235頁)、秩父事件研究顕彰協議『秩父事件』180～181頁 |

| 西暦年月日 | | 内容 |
|---|---|---|
| 1889 | 2.11～ | 帝国憲法発布、大赦令で出獄（強盗罪・殺人罪に処された加波山・名古屋・静岡事件の関係者は除外） |
| | 8～1897.7 | 中野二郎三郎の妻・糸が空知集治監に収監された中野に随い札幌へ（病死した原利八の遺体を引き取って会葬し三回忌を執り行う、湊省太郎の遺骨引き取りにも関わる） |
| 1891 M24 | 8.13 | 板垣退助・河野広中らが空知集治監を慰問 |
| 1900 M33 | 12.10付 | 野島幾太郎『加波山事件』を刊行 |
| 1903 M36 | 7.7付 | 関戸覚蔵編・玉水嘉一発行による『東陲民権史』刊行 |
| 1908 M41 | 3.21、10.26 | 加波山事件の追悼・顕彰<br>①3月21日東京芝青松寺で加波山事件殉難志士第二三回忌追悼会が福島・喜多方事件殉難者五名を合祀して挙行<br>②10月26日下館妙西寺で加波山事件追悼会 |
| 1909 M42 | 2.25 | 内藤魯一が「憲政創設功労者行賞ニ関スル建議案」を衆議院に上程 |
| | 10.18付 | 田岡嶺雲『明治叛臣伝』刊行 |
| 1910 M43 | 3.6 | 小久保喜七らの「加波山事件殉難志士表彰ニ関スル建議案」が衆議院本会議で可決、しかし4月6日閣議で不採用に |
| | 3.22付 | 板垣退助監修で『自由党史』上・下巻が刊行（1900年9月13日憲政党解党臨時大会で編纂を決定） |
| 1915 T4 | 2 | 石川諒一が「加波激挙録」を刊行 |
| 1917～18 T6～7 | | 落合寅市による「秩父殉難志士慰安碑」建立運動はじまる |

| 参加者等 | 出典・参考 |
|---|---|
| 11人が加わる | 成』8巻445頁 |
| 11月15日来会者は後藤象二郎・星亨・末広重恭・大石正巳・尾崎行雄・山川善太郎・荒川高俊・熊谷平三・大橋平三郎・池沢万寿吉（東京）、君塚省三・川名七郎（千葉）、石阪昌孝・伊藤仁太郎・小原鉄臣（神奈川）、鈴木昌司・八木原繁祉・西潟為蔵・富田精策・広井一（新潟）、野上球平（茨城）、早川権弥（長野）、早川啓一（岐阜）、法貴発（兵庫）、坂本直寛（高知）、前田案山子・井上敬次郎（熊本）、庄林一正（愛知）、前島格太郎（静岡）など約400名 | 『自由党史』下巻285～326頁、『明治憲法欽定史』262～266頁・付録18～19頁、安在邦夫「『三大事件建白運動』について」（『自由は土佐の山間より』） |
|  | 『自由党史』下巻316頁 |
| 庄林一正・川出光太郎・鈴木盛公ら953名 | 「三島通庸関係文書」543-11 |
| その他、山川善太郎・樽井藤吉・加藤平四郎・小勝俊吉らが拘引される | 『自由党史』下巻316～318・345～347頁、「井上平三郎外7名内乱ニ関スル上告事件調書」（山際七司文書）、「裁判言渡書」（『痴遊雑誌』2巻10号、3巻3・5・10号）、野沢雞一『星亨とその時代2』32～40・82～92頁、『朝野新聞』1888.4.1、松尾正人「民権運動家上野富左右と秘密出版事件」（『東海大学紀要文学部』48号） |
| 中島信行・島本仲道・片岡健吉・西山志澄・高橋簡吉・坂崎斌・深尾重城（高知）、八木原繁祉・鈴木昌司・山際七司・加藤貞盟・西潟為蔵（新潟）、目黒重真・岡田建長・岡野知荘・苅宿仲衛・小島忠八・栗原足五郎（福島）、君塚省三・木内伊之助（千葉）、森隆助（茨城）、塩田奥造・山川善太郎・田中正造・星亨（栃木）、斎藤壬生雄・高津仲次郎・新井毫・大木権平・伊賀我何人（群馬）、早川権弥（長野）、早川啓一（岐阜）、石阪昌孝・伊藤仁太郎・井上篤太郎（神奈川）、庄林一正・白井菊也（愛知）、熊谷平三（京都）、稲辻与四郎・樽井藤吉（大阪）、法貴発（兵庫）、日下部正一（熊本）などが保安条例の対象に | 『自由党史』下巻318～345頁、「三島通庸関係文書」540-22、『明治憲法欽定史』340～363頁・付録18～19頁、寺崎修「保安条例の施行状況について」（手塚豊編『近代日本史の新研究Ⅸ』） |
|  | 『自由党史』下巻351～365頁、横山真一「後藤象二郎の地方遊説」（『自由は土佐の山間より』） |
|  | 『自由民権運動の研究』168～172頁 |

| 西暦年月日 | | 内容 |
|---|---|---|
| 1887 | | |
| | 10〜12 | 片岡健吉・星亨らの建白運動開始（三大事件建白運動へ）<br>・10月3日星亨・後藤象二郎らが丁亥倶楽部結成、その後演説会<br>・10月16日上野公園の大運動会（警官と衝突）<br>・10月29日上京委員40余名による申し合わせ（11月10日を限り各地方より建白、各地方での上京委員選任、各地方からの上京委員は全国諸有志と合し東京で大懇親会を開催すべし）<br>・10月「高知人民」による建白（租税軽減・言論集会の自由・外交失策の挽回）<br>・11月15日（鴎遊館）星亨・後藤象二郎らが有志懇親会 |
| | 11.10 | 警察令20号（屋外集会に対する規制強化） |
| | 11 | 庄林一正らが租税の軽減・言論の自由・外交の刷新を求めて建白書を提出 |
| | 11〜12 | 檄文配布・秘密出版などの発覚<br>・11月15日頃井上平三郎・井上敬次郎・長塩亥太郎ら「十大臣ヲ除キ更ニ善良ノ政府ヲ組織スル」ことを訴えた「檄文」の配布決定、12月8日「檄文」配布発覚し逮捕（鈴木昌司・八木原繁祉・加藤貞盟らも連累逮捕）、1888年3月30日「檄文」配布未遂事件で東京軽罪裁判所判決（井上平三郎・井上敬次郎・長塩亥太郎は軽禁固1年6ヶ月・罰金150円）<br>・11月上野富左右・荒川高俊が『西哲夢物語』を出版し、拘引される（1888年2〜3月星亨・伊藤仁太郎・寺田寛が検挙、上野らと助成した熊谷平三が自首） |
| | <br>12.2<br><br>12.15<br><br><br><br><br>12.25 | 三大事件建白運動から保安条例へ<br>・後藤象二郎が上奏（外交の失策、言論集会の自由や租税など内政問題、内閣の連帯責任と内閣交代）<br>・2府18県（山形・宮城・岩手・福島・新潟・富山・福井・茨城・栃木・千葉・群馬・埼玉・山梨・長野・愛知・京都・大阪・兵庫・高知・愛媛）の代表90余名（島田邦二郎・斉藤自治夫・岡田建長などが提出委員）が建白書提出（建白事項の処理を元老院の議題にすることを要請）、星亨と片岡健吉を代表として総理大臣・伊藤博文に26日直談判することを決定<br>・保安条例（「内乱ヲ陰謀シ又ハ教唆シ又ハ治安ヲ妨害スルノ虞アリ」と認められる者を皇居・行在所より三里以内の地から三年以内の期間退去させる）公布、26日以降450余名に適用される |
| 1888<br>M21 | 6.1 | 後藤象二郎、雑誌『政論』を創刊し大同団結の地方遊説へ |
| 1889<br>M22 | 1.31 | 大審院が大井憲太郎・小林樟雄・新井章吾の哀訴を棄却、1888年4月15日名古屋重罪裁判所判決（重懲役9年）が確定（舘野芳之助は同判決の軽禁錮1年6ヶ月・監視6ヶ月に服す） |

| 参加者等 | 出典・参考 |
|---|---|
| 会葬者は、板垣退助（代理）・西山志澄・林包明（代理）・加藤平四郎・星亨・宇田成一・赤城平六・大橋平三郎・宮部襄・長坂八郎・深井卓爾・伊藤仁太郎・三浦亀吉（代理）・井上敬次郎・池沢万寿吉・小勝俊吉など（神山八弥は香花料のみか） | 『朝野新聞』1887.6.22、『日野沢村誌』177～182頁 |
| 湊省太郎・宮本鏡太郎は有期徒刑15年、中野二郎三郎・鈴木音高は同14年など | 『自由民権運動の研究』3章104頁、『自由民権裁判の研究』中巻276～277頁 |
| 小林安兵衛は有期徒刑13年、湯浅理兵は同12年など | 「判決原本」（『群馬県史資料編』20巻）315～322頁 |
| | |
| | 『自由党史』下巻189～284頁、「三島通庸関係文書」538-15・16、川口暁弘『明治憲法欽定史』210～262・付録18～19頁 |
| 井上平三郎（新潟）・井上敬次郎（熊本）・伊藤仁太郎（神奈川）ら32人・19府県の人々が署名 | 「井上平三郎外7名内乱ニ関スル上告事件調書」（山際七司文書）、「庶政要録」（東京都公文書館） |
| 90余名が参加 | 「上書の運動」（『痴遊雑誌』2巻9号）、『自由党史』下巻276頁 |
| 獄中の稲垣示が追悼歌を寄せ、祭文は小塚義太郎、演説は板倉中・桜井徳太郎・龍野周一郎ら | 『めさまし新聞』1887.9.16 |
| | 「三島通庸関係文書」539-1（イ）（ロ）と540-22、『明治憲法欽定史』321～328頁 |
| 大井憲太郎・磯山清兵衛・小林樟雄が軽禁獄6年、新井章吾・稲垣示は軽禁錮5年・監視2年、田代季吉・久野初太郎・玉水常治らに軽禁錮2年・監視1年、石塚重平・舘野芳之助・景山英・天野正立に軽禁錮1年6ヶ月・監視10ヶ月、山本憲・村野常右衛門・飯田喜太郎・安東久次郎は軽禁錮1年・監視10ヶ月、難波春吉・大矢正夫らは軽懲役6年、内藤六四郎・氏家直国らは重禁錮2年・罰金30円など | 松尾章一「解題」、『自由民権運動の研究』168～173頁 |
| | 「三島通庸関係文書」539-4 |
| 9月2日「上書」署名者のほか、大木権平（群馬）ら | 「添申録」（東京都公文書館）、『明治建白書集 |

| 西暦年月日 | | 内容 |
|---|---|---|
| 1887 | 6.22 | 谷中天王寺で旧秩父自由党員・村上泰治（18日浦和監獄で獄死）の葬儀<br>宮部襄・加藤平四郎・池沢万寿吉が『朝野新聞』に会葬の告知 |
| | 7.13 | 静岡事件関係者に東京重罪裁判所で判決言渡し |
| | 7.29 | 群馬事件関係者に前橋重罪裁判所で判決言渡し |
| | 8、12付 | 宮崎富要『大阪事件志士列伝』上（8月）・中編（12月）を刊行 |
| | 7〜8 | 条約改正に関するボワソナード意見書提出（6月1日）、谷干城の意見書提出・辞任（7月3･26日）などをきっかけに条約改正中止･言論の自由に関する建白運動へ（29日井上馨外相が各国に条約改正交渉の無期延期を通告）<br>・8月以降には、星亨らがボワソナード・谷の意見書、「グナイスト氏談話」、ロエスレルの憲法草案などを『西哲夢物語』（10月）など様々な形で秘密出版<br>・8月28日土佐派が10月を期して、「前年国会請願者」が上京し独立・国権拡張の主意で建白・請願を行うことを決定 |
| | 9.2、10 | 井上平三郎らが『上書』を宮内省へ提出したが却下（2日）、井上敬次郎（熊本、赤井景韶の逃亡を助ける）ら「上書」を東京府へ提出したが却下（10日） |
| | 9.7 | 井上敬次郎らが壮士懇親会開催（谷中天王寺） |
| | 9.10 | 大阪東成郡天王寺村字天神山に大阪事件関係者（獄死した山崎重五郎ら4名）の石碑が完成、慰霊懇親会を開催、70〜80名来会 |
| | 9.13 | 片岡健吉ら土佐派が建白書の骨子（条約改正・地租軽減・責任内閣制・集会言論の自由）を決定（植木枝盛の起草） |
| | 9.24 | 大阪事件関係者に大阪重罪裁判所で判決言渡し<br>・重松覚平・久保財三郎・山際七司・山川市郎・小久保喜七・日下部正一・霧島幸次郎などは無罪放免<br>・落合寅市は秩父事件で重懲役10年をうけていたので大阪事件については不問<br>・山崎重五郎は獄死（1886年7月20日）<br>・大井憲太郎・小林樟雄・新井章吾・舘野芳之助は大審院に上告<br>（大阪軽罪裁判所予審で樽井藤吉・稲辻与四郎らは免訴、公判で伊賀我何人は罪人蔵匿罪で軽禁錮1ヶ月・罰金3円） |
| | 10.2 | 星亨らが加波山事件一周忌を谷中墓地近傍の「沢潟屋」にて行う |
| | 10.20 | 井上平三郎ら「上書規則制定ノ儀ニ付建白」を元老院に提出（国約憲法論） |

| 参加者等 | 出典・参考 |
|---|---|
| | 「大阪事件年表」337～338頁 |
| | 『加波山事件関係資料集』475～476頁 |
| 湊省太郎・鈴木音高・広瀬重雄・宮本鏡太郎・荒川高俊・山田八十太郎・真野真悠・鈴木辰三・小池勇・村上左一郎・中野二郎三郎ら | 『自由民権運動と静岡事件』141～145頁 |
| | 上條宏之・緒川直人編『北信自由党史』120～121頁 |
| 富松ら7名に死刑、河野広體ら7名に無期徒刑、附帯犯として栗原足五郎・神山八弥、内藤魯一など | 『東陲民権史』323～349頁、「内藤魯一関係文書」4-8-16「裁判言渡書」、寺崎修「加波山事件の裁判について」（手塚豊編『近代日本史の新研究Ⅵ』）116～117頁、寺崎修「明治十七年・加波山事件の附帯犯について」 |
| | 『博徒と自由民権』254頁 |
| | 「三島通庸関係文書」535-9 |
| | 『官報』1886.10.5、『千葉新報』1886.10.6、『加波山事件関係資料集』576頁、『東陲民権史』350～351頁、『自由民権運動の研究』134～138頁 |
| 星亨・中江兆民・高橋甚一・加藤平四郎・末広重恭ら | 『自由党史』下巻153～155頁 |
| | 『加波山事件関係資料集』578頁（「三島通庸関係文書」535-22） |
| 大島渚・富田勘兵衛・鈴木松五郎は死刑、奥宮健之ら7名は無期徒刑 | 『博徒と自由民権』255～258頁、『新修名古屋市史』5巻194頁 |
| | 松尾章一「解題」（『大阪事件関係史料集』上巻） |

| 西暦年月日 | | 内容 |
|---|---|---|
| 1885 | 11.23〜<br>1886.8 | 大井憲太郎らの朝鮮独立計画・内治革命計画が発覚、大阪・長崎で捕縛<br>・11月23日稲垣示・景山英・久野初太郎・田代季吉・内藤六四郎・玉水常治・大矢正夫ら（長崎）と大井憲太郎・小林楠雄・稲辻与四郎ら（大阪）、24日落合寅市（下関）・樽井藤吉（長崎）、25日舘野芳之助（茨城）、26日新井章吾（長崎）、27日山崎重五郎（大阪）、30日小久保喜七（茨城）、12月2日氏家直国（東京）、4日山本憲（大阪）、6日磯山清兵衛・日下部正一・田崎定四郎（兵庫）、14日石塚重平・山際七司（東京）、19日安東久次郎（大阪）、23日霧島幸次郎（神奈川）、28日重松覚平（富山）、30日水島保太郎（神奈川）、31日飯田喜太郎（千葉）、1886年1月9日天野政立・山川市郎（神奈川）と伊賀我何人（東京）、11日難波春吉（神奈川）、8月富田勘兵衛（愛知）が逮捕される<br>・1886年1月20日村野常右衛門が自首（神奈川）　【大阪事件】 |
| | 12.14 | 有一館（押上村）、家宅捜査をうける（借家名義人は神山八弥） |
| 1886<br>M19 | 6.11〜20 | 湊省太郎・鈴木音高ら静岡事件関係者が捕縛　【静岡事件】 |
| | 6.25<br>（8.25か） | 鈴木治三郎、井上平三郎と謀り赤井景韶家への義捐の呼びかけを行う |
| | 7.3 | 加波山事件関係者への判決言渡し（栃木・東京・千葉・山梨） |
| | 8.22 | 富田勘兵衛（名古屋事件・大阪事件関係者）が強盗で逮捕、1887年3月中条勘助（名古屋事件関係者）が長野県で逮捕 |
| | 9 | 内藤魯一が大政党組織のため愛知県・長野県の有志団結に尽力、陸奥宗光・後藤象二郎と結託 |
| | 10.2、5 | 2日三浦文次・小針重雄・琴田岩松に死刑執行（その日の内に谷中天王寺墓地に旧自由党員加藤平四郎等により遺体を埋葬）、5日富松正安・杉浦吉副・保多駒吉に死刑執行 |
| | 10.24 | 星亨ら旧自由党員が東京・井生村楼で全国有志大懇親会（大同団結運動へ） |
| | 12 | 有一館が資金不足で解散（神山八弥が奔走） |
| 1887<br>M20 | 2.20 | 名古屋事件関係者に名古屋重罪裁判所で判決言渡し |
| | 5.25〜 | 大阪事件公判が大阪重罪裁判所で開始 |

| 参加者等 | 出典・参考 |
|---|---|
| | 「国事犯事件裁判言渡書の写」4～7頁、『大阪事件関係史料集』下巻12～13頁、「大阪事件年表」334・336頁 |
| | 『大阪事件関係史料集』上巻273頁、「大阪事件年表」334頁 |
| | 『新潟新聞』1885.10.1～8・20～11.8 |
| | 『大阪事件関係史料集』下巻115～116頁 |
| | 『大阪事件関係史料集』上巻221～245頁、「国事犯事件裁判言渡書の写」7頁、落合寅市「秩父大阪事件記録」（石川猶興『風雪の譜』）、同「綸旨大赦義挙寅市経歴」（『秩父事件史料』2巻） |
| 直接、米相場に関係したのは南磯一郎、寺島松右衛門・正節兄弟、釜田喜作 | 「大阪事件における内治革命計画」 |
| 政談演説は坂崎斌・湊省太郎・龍野周一郎ら（10月25日～11月3日頃）、広瀬重雄・伊藤平四郎と桜井平吉の妻・光石すずなど（11月3日） | 『長野県史』通史編7巻417頁、『新修名古屋市史』5巻200頁 |
| | 『大阪事件関係史料集』上巻119～120・136～137頁、「大阪事件年表」335頁 |
| | 野島幾太郎『新井章吾先生』88頁、『大阪事件関係史料集』上巻288～289頁 |
| | 『大阪事件関係史料集』上巻89・289～290頁、「大阪事件における内治革命計画」、「大阪事件年表」335～336頁 |
| 大井憲太郎・小林樟雄・稲垣示（13日は新井章吾も同席か） | 『大阪事件関係史料集』上巻121・136～137・273・275・276・331頁 |
| | 『大阪事件関係史料集』上巻137頁 |
| | 『大阪事件関係史料集』上巻268～296・331～332頁、「大阪事件における内治革命計画」 |
| | |

| 西暦年月日 | | 内容 |
|---|---|---|
| 1885 | 9.25か | 景山英・田代季吉らが山本憲・安東久次郎宅に爆薬・容器・刀剣・檄文を預ける（11月16日安東が爆薬・ブリキ缶100個を橋本政次郎に渡す） |
| | 9.26 | 稲垣示・石塚重平が有一館維持費募集の名目で茨城地方へ |
| | 10.1～8、20～11.8 | 『新潟新聞』が飯田事件の公訴状などを掲載 |
| | 10.1、19 | 朝鮮渡航計画を聞いた村野常右衛門・山本与七・水島保太郎が1日大井憲太郎を訪問し金玉均の同行を提案（大井は同意）、19日村野が大阪で小林樟雄・磯山清兵衛に同じ提案をするが資金不足を理由に同意せず |
| | 10.3、10 | 3日内藤六四郎・氏家直国・山本鹿造・前田鈴吉・吉村大次郎・加納卯平・落合寅市（秩父事件後潜伏、伊賀我何人の案内で大井憲太郎のところへ行き有一館に宿泊、磯山清兵衛に会い大阪へ）らが大和の千手院に強盗に入り失敗、10日内藤らが岡橋清三方に強盗に入り失敗 |
| | 10.9 | 稲垣示が野崎栄太郎ら富山グループに米相場をはることを提案、以後東京・大阪で着手 |
| | 10.10～ | 長野重罪裁判所で飯田事件の公判、27日言渡し<br>・村松は軽禁獄7年、川澄軽禁獄6年、桜井軽禁錮3年6ヶ月など<br>・湊省太郎らが長野町で、裁判大詰めの10月25日から裁判後11月3日頃まで政談演説会 |
| | 10.24、25、30 | 24日磯山清兵衛が山本鹿造と口論し25日磯山が同志から離れる、30日新井章吾に磯山から「荷物濡れた東に帰れ」の暗号電報（爆発物露顕の意）がくる、以後計画は混乱 |
| | 10か | 小林樟雄が波越四郎と共に久保財三郎に金策依頼（実際は鈴木伝五郎らが出金） |
| | 11.11 前～13頃 | 大井憲太郎が伊賀我何人を介して神奈川グループ（水島保太郎・村野常右衛門ら）に資金提供を要請、山際七司が稲垣示に依頼されていた中山道鉄道の公債証書売却を加藤勝弥を介して行い稲垣に売却代金をわたす、13日大井・稲垣が大阪に着 |
| | 11.13、14 | 大井憲太郎らが13日大阪・銀水楼で対策を協議し計画実行と渡航の首領（新井章吾）を決める、14日大喜楼で協議し決行中止如何は長崎で稲垣が下すことで合意 |
| | 11.16 | 新井章吾・景山英・稲垣示と橋本政次郎・内藤六四郎・玉水常治などが長崎へ |
| | 11.21、22 | 21日稲垣示が京城における金玉均と日本人壮士来襲の噂を伝える11月19日付『鎮西日報』記事を読み新井章吾に話すがとりあわず、22日長崎・朝日楼で稲垣示が同志を集めて渡航中止の決意を述べ壮士らに帰郷旅費を渡す |

| 参加者等 | 出典・参考 |
|---|---|
| | 巻)、『東京横浜毎日新聞』1885.5.19 |
| 大井憲太郎・磯山清兵衛・小林樟雄 | 『大阪事件関係史料集』上巻316・320～321頁、「国事犯事件裁判言渡書の写」3頁 |
| 愛国交親社員の小原佐忠治に重懲役10年、鈴木忠三郎・林弥曽八・高井太助に重懲役9年など | 「加茂事件」 |
| 大矢正夫・内藤六四郎・山崎重五郎・難波春吉・佐伯十三郎・山本与七・富田勘兵衛・窪田久米・山川市郎・天野政立・長坂喜作・菊田粂三郎ら | 沼謙吉「大阪事件と神奈川の自由党」(『大阪事件の研究』)、『大阪事件関係史料集』上巻281～284頁、同下巻34・48頁、「国事犯事件裁判言渡書の写」7・8頁、『大矢正夫自叙伝』25～39頁 |
| | 『大阪事件関係史料集』上巻34～35・292頁 |
| | 『大阪事件関係史料集』上巻113～115・498～499頁、「大阪事件年表」332頁 |
| | 『自由党史』中巻293頁、『下野新聞』1885.7.11・29、『新潟新聞』同年7.26～8.16 |
| 重松覚平・寺島松右衛門・南磯一郎・釜田喜作・島省左右・野崎栄太郎・金武央など | 『大阪事件関係史料集』上巻246～258頁 |
| | 『大阪事件関係史料集』上巻133～135頁 |
| | 『大阪事件関係史料集』上巻90～91・305・511～513頁、鶴巻孝雄「大阪事件における内治革命計画」(『大阪事件の研究』) |
| | 『大阪事件関係史料集』上巻161頁 |
| | 『大阪事件関係史料集』上巻136頁、「大阪事件年表」333頁 |
| | 『大阪事件関係史料集』上巻287・同下巻158～159頁(「三島通庸関係文書」534-2)、「大阪事件年表」334頁 |

| 西暦年月日 | | 内容 |
|---|---|---|
| 1885 | | 謀者には2～11月に判決） |
| | 5～6 | 大井憲太郎宅で実行計画を具体化<br>・「朝鮮国政府の組織を変更し完全なる独立を得せしめ施て内治の改良に及バしめんとの目的」で分担を決める<br>・資金募集その他を大井憲太郎・小林樟雄、渡韓実行を磯山清兵衛が分担 |
| | 6.29 | 岐阜加茂事件関係者に岐阜重罪裁判所が判決言渡し |
| | 6～10 | 磯山清兵衛・小林樟雄などの依頼で、神奈川グループに有一館生などが参加し五回にわたり強盗を計画<br>・6月末襲撃対象は高座郡栗原村・大矢弥一方（未遂）<br>・7月5日愛甲郡上荻野村・岸十郎平家に押入り、金銭ほかを奪う<br>・その後二回、愛甲郡役所の公金対象に強盗を計画するが両方とも未遂におわる<br>・10月21日高座郡座間村戸長役場へ押入り公金を奪う |
| | 6 | 飯田喜太郎が磯山清兵衛から預かっていた爆薬（塩酸カリ・金硫黄・赤燐）を返却し、のち計画を聞く |
| | 7.7 | 山本憲が小林樟雄の依頼で、檄文起草のため、森脇直樹から旅費を借りて大阪より東京へいき、数日檄文起草に従事<br>8月初、田崎定四郎らが有一館で檄文を筆写（100～150枚） |
| | 7.8、26～8.16 | 7月8日赤井景韶の上告を大審院棄却、27日東京重罪裁判所で死刑執行、湊省太郎が26日から8月16日赤井景韶の追悼文作成の広告を『新潟新聞』に連載 |
| | 7上旬 | 重松覚平ら富山グループが稲垣示から磯山清兵衛らの計画を聞き、資金調達協力へ |
| | 7.21 | 大井憲太郎・小林樟雄・磯山清兵衛・新井章吾が大井宅で会議、新井も朝鮮渡航の任務につく |
| | 7.25（28か）<br><br>10.6～11.7 | ・舘野芳之助が加波山事件で免訴となり釈放、9月中旬に大井憲太郎からの手紙をうけとり下旬に上京して大井に会い資金提供へ（資金は伊賀我何人・小久保喜七などの手を経て下宿屋設立計画・有一館維持に充当か）<br>・山中三次郎・綾部覚之助・諏訪次郎吉・諏訪庄太郎・斉藤兵蔵らが5回の強盗を繰り返すが失敗（中心目的は下宿屋設立） |
| | 7.31 | 田代季吉が偽名で鍛冶鑑札をうけ、爆弾容器・刀剣の製造を始める |
| | 8.18 | 新井章吾が山崎重五郎・橋本政次郎・加納卯平・吉村大次郎・井山雅誠を先発組として率い、大阪にむかう（同時期に大井憲太郎・小林樟雄も金策のため名古屋・大阪へ） |
| | 9中旬か | 築地新栄町の有一館の土地・建物を売却し、同館を浅草松葉町、ついで押上村に移す |

| 参加者等 | 出典・参考 |
|---|---|
| 桜井平吉ほか愛国正理社員ら<br>②湊省太郎・広瀬重雄・小池勇（静岡事件）、久野幸太郎・塚原九輪吉・祖父江道雄・岡田利勝（名古屋事件） | 愛蔵拘引状」（『自由民権運動の研究』43頁）、「飯田国事犯事件」（『信濃毎日新聞』1885.10.23・24）、丸山福松『長野県政党史』上巻165頁 |
| | 「自由党史研究のために」史料28、『自由党史』下巻129～132頁 |
| 皆川源左衛門・鈴木松五郎・種村鎌吉・佐藤金次郎・山内徳三郎・寺西住之助・鬼島貫一・大島渚・奥宮健之など | 『東海新聞』1884.12.17、『博徒と自由民権』224～227・251～254頁 |
| | |
| | 『大阪事件関係史料集』上巻267・274～275頁 |
| | 「三島通庸関係文書」114-1・2（『大阪事件関係史料集』下巻159～162頁）、『自由新聞』1885.1.18・20 |
| | 『大阪事件関係史料集』下巻69～71頁、「大阪事件年表」（大阪事件研究会編『大阪事件研究』332頁） |
| | 『新潟新聞』1885.2.17～3.29 |
| | 『大阪事件関係史料集』上巻320～321頁、松尾貞子「小林樟雄小論」・牧原憲夫「大井憲太郎の思想構造と大阪事件の論理」（『大阪事件の研究』）、田中正俊「清仏戦争と日本人の中国観」（『思想』512号） |
| | 林茂「解題」 |
| | 『大阪事件関係史料集』上巻84～86・287～291頁、同下巻17・49・137～138頁、「国事犯事件裁判言渡書の写」（『大阪事件関係史料集』上巻）6頁、「大井憲太郎の思想構造と大阪事件の論理」 |
| | 水野公寿「九州改進党覚え書」・「九州改進党の結成について」（『近代熊本』11・22号） |
| | 各「裁判言渡書」（『秩父事件史料集成』1～3 |

| 西暦年月日 | | 内容 |
|---|---|---|
| 1884 | 12.3、5、6<br>12.7、8 | ①元愛国正理社員の密告により村松愛蔵らの計画発覚、一斉逮捕へ（早川権弥らも同意者か）　【飯田事件】<br>②日飯田事件の検挙で静岡事件関係者・名古屋事件関係者が拘引 |
| | 12.4 | 甲申事変（親日派政権樹立に失敗）<br>旧自由党員は義勇兵組織・義捐金募集の運動へ |
| | 12.14 | 知多郡長草村戸長役場襲撃事件での皆川源左衛門の逮捕をきっかけに19日以降、名古屋事件関係者の捕縛へ　【名古屋事件】<br>・政府転覆のための強盗・贋造紙幣計画、「四日市ノ三菱会社」砲撃、「地租ヲ減ジテ貰フ願ヲ飽ク迄スル」など目的は多様<br>・富田勘兵衛は大阪事件に参加 |
| | 12.27 | 爆発物取締罰則・火薬取締規則の制定 |
| 1885 | 1頃 | 稲垣示が原利八を匿う |
| M18 | 1～2 | 大井憲太郎・高島伸二郎が中心となり運動会や義勇兵運動（内地改良も目的）に有一館生を奔走させる |
| | 1上旬～5上旬 | 樽井藤吉が奈良に帰り桜井徳太郎に朝鮮義勇兵運動などにつき相談、5月10・13日頃に樽井が再び桜井を訪問、のち日下部正一・江口一三をまじえて浪華寺に同居して金玉均援助計画を相談、樽井・桜井が有馬温泉に金玉均を訪問し金策が成ったと偽る（6～7月桜井は大阪・長崎をへて朝鮮・仁川へ行き帰る） |
| | 2.17～3.29 | 『新潟新聞』が田代栄助・加藤織平の傍聴筆記・裁判宣告を掲載 |
| | 2～3 | 山口五郎太から福州攻撃計画に誘われた日下部正一が大井憲太郎宅の小林樟雄を訪問して福州攻撃計画を告げる、小林は仏公使・パテノートルに朝鮮独立支援のメモを送る（小沢豁郎らの福州組事件との関係は不明）、3月末清軍が鎮南関・朗松で勝利し清仏戦争は終息すると福州攻撃計画も頓挫 |
| | 3.3 | 『自由新聞』廃刊 |
| | 4 | 大井憲太郎らの資金募集<br>・4月17日（か）石塚重平が大井憲太郎に布施銀行訴訟事件の弁護を依頼、4月から8月にかけて大井は布施銀行頭取・小松大から千円を借用<br>・4月（か）景山英が富井於菟とともに女子教育のための不恤緯会社設立の名目で山川市郎・天野正立らから資金を募り、小林樟雄にわたす |
| | 5.10 | 九州改進党の解党 |
| | 5.17 | 秩父事件の主謀者、田代栄助・加藤織平・高岸善吉・新井周三郎に死刑執行（主 |

| 参加者等 | 出典・参考 |
|---|---|
| 内藤魯一・小林樟雄 | |
| | 参加者の「訊問調書」「裁判言渡書」（『秩父事件史料集成』1～3巻）、「暴徒一件書類　明治十七年　警視部」（同4巻）963～964頁、「秩父暴動実記」、田中千弥「秩父暴動雑録」（同6巻）、「中沢鶴吉裁判言渡書」（『集成』3巻）など |
| 村松愛蔵・八木重治・川澄徳次・江川甚太郎 | 「飯田国事犯事件」（『信濃毎日新聞』1885.10.14） |
| 中野二郎三郎・湊省太郎・真野真悠・鈴木辰三・小林喜作 | 湊省太郎「上申書」653頁、『静岡県自由民権史料集』818頁 |
| | 『掘越寛介君哀悼録』11～12頁、『下野新聞』1884.10.11 |
| | 『日本立憲政党新聞』1884.11.9・14 |
| 村松愛蔵・川澄徳次・八木重治・江川甚太郎・伊藤平四郎 | 「明治十七年十二月十六日付伊藤平四郎警察訊問調書」、寺崎修『自由民権運動の研究』30～32頁、『長野県史』近代史料編3巻126～133・146～147頁、家永三郎『植木枝盛研究』716～719頁 |
| | 『長野県史』通史編7巻415～416・419～420頁 |
| 村松愛蔵・八木重治・江川甚太郎 | 「明治十七年十二月十五日付江川甚太郎警察訊問調書」（『自由民権運動の研究』32～34頁） |
| ①塚原九輪吉・久野幸太郎・鈴木松五郎・田中文次郎と広瀬重雄<br>④村松愛蔵・八木重治・伊藤平四郎と村上左一郎・湊省太郎<br>⑤湊省太郎と八木重治・中島助四郎・伊藤平四郎・福住大宣<br>⑥村松愛蔵・八木重治・伊藤平四郎・岡田利勝・祖父江道雄・村上左一郎・広瀬重雄・湊省太郎 | 「明治十七年十二月二十九日付塚原九輪吉警察訊問調書」・「明治十七年十二月十九日付広瀬重雄警察訊問調書」・「明治十八年二月二十五日付広瀬重雄警察訊問調書」・「明治十七年十二月二十一日付八木重治警察訊問調書」・「明治十七年十二月九日付福住大宣警察訊問調書」（『自由民権運動の研究』35～41頁） |
| ①川澄徳次・村松愛蔵（八木重治もか）・江川甚太郎・ | 『自由民権裁判の研究』中巻11～13頁、「村松 |

| 西暦年月日 | | 内容 |
|---|---|---|
| 1884 | | 党員はこの計画をすでに知っている） |
| | 10.31～<br>11.9 | 秩父で農民・自由党員が武装蜂起<br>・風布村民らが金崎村で永保社襲撃（10月31日）、秩父郡下吉田村椋神社に武装農民が蜂起、東馬流の戦い、海ノ口で壊滅（11月9日）<br>・高利貸打毀しや「秩父郡一圓ヲ平均」などの「世直シ」的な言葉とともに、一部では「立憲政躰」「壓制ヲ変シテ良政ニ改メ」「人民ヲ自由ナラシメ」ることが語られる　【秩父事件】<br>東毛（太田・桐生市）において秩父事件同時蜂起も |
| | 10下旬 | 村松愛蔵ら飯田事件グループが諸県に「百姓一揆」が起こっている情勢を前提に檄文秘密出版で協議 |
| | 10.31～<br>11上旬 | 秩父事件に対して静岡事件グループが攪民社で会合、盟約どおり挙兵することで呼応を試みる |
| | 10 | 埼玉で加波山事件関係の逮捕<br>・掘越寛介が連累者として警察に拘引され厳しい取り調べを受ける（爆裂弾の製造法の伝習をうけるべく鯉沼九八郎の常宿・八丁堀飯塚旅館を訪れていたため）<br>・埼玉県から加波山事件に関わったとして南鉼治郎が高崎駅戸長斉藤義一方に潜伏しているところを発見され埼玉県へ引き渡される |
| | 11.6 | 内藤魯一が加波山事件参加者・小林篤太郎に逃走資金を渡したとして滋賀県大津で捕縛 |
| | 11.8 | 村松愛蔵宅で明治政府打倒の決意を固める会合を開催<br>・政府が課税を厳にし「民ノ疾苦」を顧みないので「埼玉県ノ如キ暴動」が起る<br>・檄文の末尾を変更し「愛国義党革命委員」が決起を呼びかける文章へ（集会・結社・言論の自由尊重や立憲政体樹立、裁判権の独立、諸税軽減、国威発揚等を掲げ、施政を私物化する有司専制を批判、「革命の義挙」を訴える） |
| | 11.12 | 川澄徳次が飯田町の愛国正理社へ（西日本・三洲社、愛知・岐阜の愛国交親社、飯田・愛国正理社による挙兵を構想し勧誘へ） |
| | 11.13 | 江川甚太郎宅で村松愛蔵らが秩父事件の沈静化や静岡との連携が不十分であることなどを理由に挙兵延期 |
| | <br>11.20頃<br>11.23<br>11.26、27頃<br>11.28<br>11.30<br>12.1 | 名古屋事件・静岡事件・飯田事件関係者の接触<br>①塚原九輪吉宅における強盗計画謀議に広瀬重雄が参加<br>②村松愛蔵と広瀬重雄・小池勇が村松宅で三者会談、「挙兵ノコトヲ約」す<br>③広瀬重雄・八木重治が「要路ノ官吏ヲ暗殺シ地方ニ兵ヲ挙クル等」を盟約<br>④村松愛蔵ら飯田事件関係者と湊省太郎ら静岡事件関係者が公道館で会合<br>⑤湊省太郎と八木重治ら飯田事件関係者が公道館で接触<br>⑥村上左一郎宅に飯田・名古屋・静岡事件関係者が会談 |
| | 12.3～ | 村松愛蔵ら飯田グループの計画発覚、静岡事件・名古屋事件関係者の逮捕へ |

| 参加者等 | 出典・参考 |
| --- | --- |
| 次・小針重雄・山口守太郎・琴田岩松・原利八・横山信六・平尾八十吉・小林篤太郎 | |
| | 『東京日日新聞』1884.9.30、『加波山事件』223～225頁、『茨城県史料近代政治社会編Ⅲ加波山事件』206～222頁 |
| | 鎌田沖太「秩父暴動実記」（『秩父事件史料集成』6巻） |
| | 「内藤魯一関係文書」4-8-16「裁判言渡書」 |
| | 『信濃毎日新聞』1885.10.21、上條宏之「遍歴型民権家の誕生とその明治維新観の考察」（津田秀夫編『近世国家と明治維新』） |
| | 「加波山事件　富松正安裁判関係資料」（『千葉史学』53号）、寺崎修「明治十七年・加波山事件の附帯犯について」（手塚豊編『近代日本史の新研究Ⅷ』） |
| 井上伝蔵・小柏常次郎は「平和説」、加藤織平・柏木太郎吉は決行を主張 | 「小柏常次郎訊問調書」（『秩父事件史料集成』3巻）、「秩父暴動実記」、『自由党史』下巻91～92頁 |
| ②西潟為蔵・森山信一・本間藤作・新喜太郎・山崎厚三（新潟）、稲垣示・金瀬義明（富山）、安立又三郎（福井）、野上球平（茨城、磯山清兵衛も参加か）、塩田奥造・法貴発（栃木、法貴は兵庫の誤りか）、板倉中・井上幹（千葉）、平野友輔・石阪昌孝（神奈川）、小林樟雄（東京、高橋基一・大井憲太郎も参加か）、村雨案山子・吉田（祖父江）道雄・平岩隆三・内藤四郎（愛知、内藤魯一・伊藤平四郎も参加か）、菅井三九郎（岐阜）、小原鉄臣（島根）、片岡健吉・植木枝盛・森脇直樹・奥宮健之・小（児）島稔・西山志澄（高知）などが参加（徳島から前田兵治も参加か）、福島・群馬・埼玉・静岡からは参加なし | 『自由党史』下巻75～88頁、『自由民権機密探偵史料集』354～360・371～372頁、「自由党史研究のために」史料27、西潟為蔵『雪月花』72～73頁、『自由民権革命の研究』238～254頁、『明治自由党の研究』上巻222～230・235～253頁 |
| 朝鮮独立の計画を知る幹部に片岡健吉・森脇直樹・ | 『大阪事件関係資料集』上巻352頁 |

| 西暦年月日 | | 内容 |
|---|---|---|
| 1884 | | 品強奪、下山途中の長岡畷で警官隊と衝突　【加波山事件】 |
| | 9.23 | 栗橋宿はずれで挙動不審者として幸村仙太郎が逮捕される（加波山事件について証言、5月頃同地の民権家・野口褧にも働きかけたとする） |
| | 9.23以降 | 加波山事件を期に秩父では「人氣ハ頗ル活気ヲ呈シ山老野夫ハ相語ケテ曰ク聽テ板垣翁カ世直シノ軍カ始マラン然ラバ復タ安楽ナル世ノ中ヲ見ルヘシト期待セシモノヽ如」 |
| | 9.28 | 内藤魯一が加波山事件参加者・有一館生の小林篤太郎に逃走資金を援助 |
| | 9か | 病床にあった坂田哲太郎（愛国正理社総理）が「茨城暴徒」のことを聞き「慷慨シ」「狂態ニ近キ有様」、10月19日亡くなる |
| | 10.4頃 | 富松正安が千葉県安房郡の佐久間吉太郎方に到る（1886年7月27日佐久間・川名七郎ら6名が富松の蔵匿罪で有罪に—夷隅事件） |
| | 10.23 | 秩父自由党員村上泰治の妻・村上はんから秩父の蜂起について聞いた自由党本部・大井憲太郎が、蜂起中止要請のため氏家直国を井上伝蔵方に派遣するが、抑えられず |
| | 10.22～28 | ①大阪・相輝館などで準備会<br>・22～25日解党論をめぐり議論（解党論は岩手・岡山・新潟、解党反対論は富山・神奈川・千葉・三河・岐阜、党縮小論は伊予・高知・大阪・丹波など）<br>・26日板垣退助が出席し解党論（資金募集の約が果たされず運動が困難）、本会議案として総理の改選、本部を解くも自由新聞社・有一館をどうするかなど提起<br>・27日「解党ヲ可トスルモノ在大阪ノ会員ト外一名ヲ除キ総起立」（自由新聞社・有一館は出来るだけ維持する）、他方、減租請願を行い採用されなければ「腕力ニ訴へ」る議論（森山信一）、「茨城ノ暴烈弾」のように「吾党ノ勢力ヲ示シ」「政府カ恐レヲ抱クヨウ」すべしとの説（内藤魯一ら）、戯言「東京横浜間ノ汽車ニハ貴顕カ屢々乗ル故アノ間タニ仕事ヲセバ随分行ルベシ」（大木権平）もあり<br>・28日板垣が解党主意の草稿（政府の弾圧による解党、後日の計画を期す）を朗読、高橋甚一から「国会期限短縮ノ上書」の提案あり元老院への提出決定 |
| | 10.29 | ②大阪・大融寺において自由党解党大会<br>・「有形團體の利ならざる」ゆえの解党、満場一致で決定<br>・高橋基一・植木枝盛の提案で国会開設期限短縮の建白決定、11月7日元老院へ提出<br>・新潟の党員が解党反対、星亨（新潟で官吏侮辱罪に問われ拘留中）も解党反対の電報 |
| | 10.31頃か | 解党大会の頃に大井憲太郎が金玉均らの朝鮮独立の計画を知る（当時、幹部自由 |

| 参加者等 | 出典・参考 |
|---|---|
| | |
| 大島渚・富田勘兵衛・鈴木松五郎・奥宮健之など | 『日本立憲政党新聞』1884.8.16、長谷川昇『博徒と自由民権』241～243頁 |
| | 「内藤魯一関係文書」4-5-13「雑誌（信州紀行）」 |
| 内藤魯一・草野佐久馬・山口守太郎・杉浦吉副・天野市太郎・琴田岩松 | 「内藤魯一関係文書」4-5-13「雑誌（信州紀行）」 |
| 本部は星亨・植木枝盛、栃木県庁襲撃計画は河野広體・横山信六・佐藤折枝・鯉沼九八郎・大橋源三郎ら | 『茨城県史料近代政治社会編Ⅲ 加波山事件』73・79頁、「自由民権革命と激化事件」 |
| 内藤魯一・曽田愛三郎・深尾重城、柳沢（桜井）平吉・遠藤政治郎・桃井（田村）伊三郎など | 『自由新聞』1884年9.2・10・12・14・16、『南北佐久自由主義者の政治運動記録』30～36頁、『長野県史』通史編7巻414・418～419頁 |
| 大住・淘綾・高座・愛甲・南多摩・北多摩・西多摩・津久井郡などの負債農民 | 『武相自由民権史料集』6巻（第五編　民衆的諸運動の世界）3章、『加波山事件』166～168頁 |
| 板垣退助・後藤象二郎・小林樟雄（通訳として同行） | 『自由党史』下巻124～129頁、彭澤周「朝鮮問題をめぐる自由党とフランス」（『歴史学研究』265号）、松尾貞子「小林樟雄小論」（大阪事件研究会『大阪事件の研究』） |
| | 『自由党史』中巻292～293頁、『自由民権運動と静岡事件』282頁、『自由党激化事件と小池勇』43頁、『自由新聞』1884.9.20 |
| 会主・清水中四郎<br>星亨・加藤平四郎（東京）、鈴木昌司・森山信一・松村文次郎・山際七司・富田精策・西潟為蔵・山崎厚蔵・新喜太郎（新潟）、苅宿仲衛（福島）、稲垣示（富山）、栗岩愿二（長野）、桜井徳太郎（奈良）などのほか剣客が参加<br>聴衆は100余名（20日）～1,300名（21日） | 『新潟新聞』1884.9.21・23、『自由新聞』同年9.27・12.24、『自由民権機密探偵史料集』809～831頁、『自由党史』中巻387～399頁、『黒埼町史』別巻自由民権編261～265頁 |
| 加藤平四郎が参加 | 『新潟新聞』1884.9.26 |
| 富松正安・玉水嘉一・保多駒吉・杉浦吉副・五十川元吉・天野市太郎・草野佐久馬・河野広體・三浦文 | 『加波山事件関係資料集』494～496頁、「富松正安氏公判傍聴筆記」（『千葉新報』1886.6.30） |

| 西暦年月日 | | 内容 |
|---|---|---|
| 1884 | | ・書生に課する書は「維新前ノ慷慨家ノ伝」「革命史ノ如キモノ」で「其余ハ武ヲ講ズル」<br>・「長野ノ文武館ヨリ書生ヲ送廻アランコトヲ乞ハレ」たので選抜して送る |
| | 8.12 | 平田橋事件（たまたま加わった奥宮健之は逃亡し大阪事件へ） |
| | 8.12 | 内藤魯一が村松愛蔵同伴で桜田備前町の愛国正理社社長・桜井平吉を来訪 |
| | 8.17 | 内藤魯一がのちの加波山事件参加者らと会談 |
| | 8下旬～9上旬 | 自由党本部に地方有志が集合し「本部ノ危急存亡」への対応につき議論<br>・河野広體・鯉沼九八郎ら福島・栃木県下「死士」の爆弾による栃木県庁開庁式襲撃（三島県令・大臣などの暗殺）計画と、星亨ら本部の一斉蜂起論（「東京埼玉群馬栃木福島茨城一時蜂起」により大臣参議を倒し「廟議ヲ変動」）が対立<br>・栃木県庁を焼き払う計画、東京蜂起説もあり |
| | 8～9 | 自由党本部から内藤魯一・曽田愛三郎らが信州入りし演説会・懇親会（桜井平吉の要請あり）、小諸・飯田・屋代・須坂・飯山・長野・松本などで地域の民権家と交流 |
| | 8～9 | 八王子南部の農民による数度の結集から8月10・11日御殿峠大結集、津久井郡・八王子北部の農民による結集と高利貸強談、9月農民の八王子警察署包囲・逮捕（以後も続く）<br>8月小林篤太郎・五十川元吉・平尾八十吉、武相の困民に接触 |
| | 9.9 | 朝鮮の親日派と接触していた板垣退助・後藤象二郎が仏公使・サンクィッチと仏国公使館で会談し朝鮮の鉱山採掘権を抵当に朝鮮独立援助のために借款を申し入れ、日本による朝鮮開化派（金玉均・洪英植・朴泳孝ら）支援へ |
| | 9.10 | 鈴木音高・清水綱義に匿われていた赤井景韶が清水邸を出て大井川橋で逮捕される（11月小池勇は赤井景韶が広瀬重雄による小池宛の紹介状を所持していたため教師を免職） |
| | 9.20、21 | 新潟区で北陸七州有志懇親会を開催<br>・20日演説が「革命」にふれるや中止解散、「北陸七州共同連合会規則」と幹事（山際七司・松村文次郎）を決定<br>・21日星亨の演説が中止され解散に（星は官吏侮辱罪で拘引、12月18日新潟始審裁判所で重禁錮6ヶ月・罰金40円・代言人資格剥奪に処される）、その後の懇親会で星亨・山際七司らは200名余を率いて町中を行進して旗奪 |
| | 9.23 | 北蒲原郡新発田町で政談演説会開催 |
| | 9.23～25 | 富松正安ら16名が茨城県加波山に「自由取義自由友」「自由魁」「圧制政府転覆」等の旗幟をかかげ檄文を配布し蜂起をよびかける、町屋分署・周辺の豪商家で金 |

| 参加者等 | 出典・参考 |
|---|---|
| 石塚重平・植木枝盛・神山八弥・小林秀太郎・大井憲太郎など | 『自由新聞』1884.8.9、『南北佐久自由主義者の政治運動記録』23〜30頁、「三春地方福島事件関係者一覧」(松本登編『血縁の会十年の歩み』) |
| 仙波兵庫・保多駒吉・玉水嘉一・舘野芳之助・鯉沼九八郎・河野広體・杉浦吉副・佐久間吉太郎ら17名が参加、富松正安は急病欠席（仙波に託す） | 『東陲民権史』214〜216頁、『実業政治家仙波兵庫君之伝』8頁、『加波山事件』152〜154頁、『民衆運動』283・286・287頁（「三島通庸関係文書」510-6)、『加波山事件関係資料集』518頁 |
| 清水綱義のほか湊省太郎・鈴木辰三・鈴木音高・宮本鏡太郎・村上佐一郎・小池勇・広瀬重雄 | 『自由民権運動と静岡事件』270〜271・275〜277頁 |
|  | 湊省太郎「上申書」「参考調書」(『静岡県自由民権史料集』) 652〜653・662頁 |
| 愛国交親社の農民400〜500人 | 「加茂事件」、『自由民権機密探偵史料集』741〜744頁 |
|  | 国会図書館憲政資料室所蔵「加波山事件関係資料」38（1884.7.31付）小針重雄宛内藤魯一書簡 |
|  | 『加波山事件』159頁、『大阪事件関係史料集』上巻34〜35・292頁 |
|  | 「太田義信訊問調書」(『秩父事件史料集成』3巻) |
| 主幹・片岡健吉（大阪・相輝館に派出するため内藤魯一へ交代)、幹事・磯山清兵衛、武術教師は北田正董・内藤魯一など | 『自由新聞』1884.8.12、『日本立憲政党新聞』同年8.16、「自由党史研究のために」史料24・25、『自由党史』中巻377〜385頁、『民衆運動』280〜281・284・290頁（「三島通庸関係文書」510-6) |

| 西暦年月日 | | 内容 |
| --- | --- | --- |
| 1884 | 7.4〜12<br>14 | 植木枝盛が高田・柏崎・小諸へ遊説<br>小諸の演説会では会主・石塚重平、政談演説会御届差出人は神山（神指）八弥（当時石塚方寄留、三春正道館講師、福島·喜多方事件と加波山事件で拘引）で、大井憲太郎も演説 |
| | 7.9前後 | 福島・茨城・栃木・千葉の自由党員らが筑波山に集合（筑波山の会）、挙兵の「黙契」と鯉沼らの「早期暗殺実施の主張」とが対立 |
| | 7.13 | 清水綱義宅会合、常・野・尾・三の一斉蜂起方針と資金獲得を決して夜強盗へ |
| | 7.16 | 湊省太郎が宮本鏡太郎の紹介で福田定一郎・平尾八十吉と接触、その結果福田・平尾は大臣暗殺計画をとらず挙兵方式に同意 |
| | 7.23 | 岐阜県加茂郡3か村の戸長役場に、愛国交親社の農民が刀剣・竹槍・鎌などを携えておしかける<br>・地租百分の一への軽減、地租以外の諸税廃止、徴兵令廃止、さらにこれを岐阜県庁に強願するよう要求<br>・幹部の目的は警察・郡役所破壊、富裕者から資金を強奪、これを軍資金に名古屋監獄から社長・庄林一正を救うこと　**【岐阜加茂事件】** |
| | 7.30 | 小針重雄が内藤魯一に「脱党云々」の噂の真偽について確認する手紙に対し、内藤が「実ニ無根ノ妄説」と否定 |
| | 7〜9 | 7月磯山清兵衛が爆弾製造の薬品と材料を購入し、佐伯正門を経て鯉沼九八郎に与え、9月飯田喜太郎に預ける |
| | 8.2 | 太田義信・西郷旭堂が八王子角屋で会合し富松正安を含む「甲武野常」で「革命ノ軍」を起こす盟約を結ぶ（元号を「自由自治元年」とする）<br>・10月（か）21日 太田義信が小諸で河西四郎（青森県士族）に会い支持を得る、10月27日河西が信州の同志40余名とともに軽井沢に集合<br>・10月20日秩父で太田・西郷が合流するが西郷による秩父の博徒・貧民の組織化が得策でないとして太田は計画を断念し河西の兵とともに解散、11月太田が自首 |
| | 8.10 | 文武館・有一館（築地新栄町）の開館式、500余名が出席（朝鮮からの賓客含む、板垣退助は病気欠席）<br>・土倉庄三郎（大和）、鈴木伝五郎・久保財三郎（讃岐）、星亨らと各地からの寄付金などによる<br>・寄付金千円ごとに入館生の人数を割り当て（寄付金の多かったのは高知・新潟・神奈川・東京・栃木など）<br>・撃剣道具を40人分準備、「其組織ハ陸軍ニ摹倣シ、一室ニ部屋頭ヲ置キ、十人ニ什長ヲ置キ、其上ニ取締数名ヲ置ク、即チ陸軍ノ分隊長ノ如キ者ナリ」 |

| 参加者等 | 出典・参考 |
|---|---|
| | |
| 白井菊也・村松愛蔵（三河）、伊藤平四郎・渋谷良平・久野幸太郎（尾張）、土倉庄三郎・桜井徳太郎（大和）、勝山孝三（河内）、草間時福・寺田寛・加藤政之助（大阪）、児玉仲児（紀伊）、法貴発（丹波）、小林樟雄（備前）、安藤久次郎（美作）、青木茂八郎（淡路、島田彦七もか）、鈴木伝五郎・児島稔（讃岐）、森脇直樹・片岡健吉・西山志澄・坂本南海男（土佐）、松村才吉（越前）、和泉邦彦（薩摩）など140名 | 「自由党史研究のために」史料23・26、『自由党史』中巻371〜377頁・下巻41〜42頁、『民衆運動』281・283・287・290頁（「三島通庸関係文書」510-6） |
| 石塚重平・小林秀太郎 | 『自由新聞』1884.6.20、『自由燈』同年6.20 |
| | 鈴木音高「国事犯罪申立書」645頁 |
| | 『自由民権運動と静岡事件』255〜257頁 |
| | 『南北佐久自由主義者の政治運動記録』23頁、『自由新聞』1884.6.24 |
| ②「表面活潑活動ヲ主張スル人々」として星亨・斉藤壬生雄・小勝俊吉・磯山清兵衛・山崎重五郎ほか「群馬県ノ前橋縄張内ノ博徒」、「専ラ内密ニ過激の活動ヲ行ハントスル人々」（「決死派」「実行委員」）は大井憲太郎・宮部襄・斎藤壬生雄・山崎重五郎・新井愧三郎・伊賀我何人・清水永三郎・南関蔵・長坂八郎・岩井丑五郎・久野初太郎・佐久間亮茂・川名七郎・石井代二・君塚省三・磯山清兵衛・仙波兵庫・窪谷国五郎・舘野芳之助・藤田壮之助・富松正安・木内伊之助・藤田順吉・「野上某」（野上球平か）・杉田定一・関根庄五郎・「高崎縄張内ノ博徒」など（下線部は重複する人） | 『民衆運動』276〜290頁（「三島通庸関係文書」510-6）、『自由民権機密探偵史料集』339〜340・364頁 |

| 西暦年月日 | | 内容 |
|---|---|---|
| 1884 | | 社頭取岡部為作宅（富岡市）襲撃に向かう　**【群馬事件】** |
| | 6.5 | 大阪で関西有志懇親会<br>・政府の自由党弾圧に対して、党員が「専ら革命論に傾き、人々切歯扼腕、以て最後の運動に出ん」として開催される<br>・自由党本部より星亨・大井憲太郎（ただし大井は「関西懇親会ヲ破壊」・「隠密会議」「偽党ヲ排斥」する目的か）・加藤平四郎・宮部襄（清水永三郎・伊賀我何人を伴う）<br>・大阪の寺田寛・江木信・岡崎高厚を幹事、毎年一度大阪に本会を開催することなどを決定<br>・9日に関西事務所として大阪・相輝館を設置することを決定「東京寧静館と相呼應して、緩急事に處せんと圖る」（片岡健吉が派出員）<br>・大井は7月中旬まで帰京せず、「帰京次第東京ニ於テ一派独立スル」ため大阪でしばしば隠密の会議を行い「彼地方ノ壮士ト契約シ東京ト相往復スルノ計画」 |
| | 6.15 | 小諸町・石塚重平らが「文ヲ研キ武ヲ練リ」「活潑有為ノ烈士」を養成し自由主義の実現をはかるために小諸文武館を設立、開業式を行う |
| | 6中旬 | 鈴木音高が奥宮健之に「胸中秘事」を語り、同志との連絡を約す |
| | 6 | 静岡グループ（湊省太郎・鈴木音高）と愛岐グループ（広瀬重雄・小池勇）が結合 |
| | 6か | 南佐久自由党員の高見沢薫が有一館員たらんことを希望して早川権弥に推薦を依頼（実際に館員になったかは不明） |
| | 6〜8か | 探偵報告<br>①本部で板垣退助が在京有志40余名に対し「激話」<br>・「目下ノ人心ヲ振起セント欲スレバ、非常ノ断行ニ非ズンバ到底挽回スル能ハズ」<br>②「独立党現出スルノ景況」「自由党ノ軋轢」<br>・「表面活潑活動ヲ主張スル人々」と「専ラ内密ニ過激ノ活動ヲ行ハントスル者」（「決死派」「実行委員」）の存在、「実行委員」の行動としての照山峻三殺害事件<br>・九州改進党・頭山満、群馬・茨城県の博徒（群馬の山田城之助・岩井丑五郎など）が自由党と連絡<br>・「決死派七十余名ハ本月中ニ尽ク上京ノ約ヲ為シタリ」<br>③「決死派」<br>・6月18日仙波兵庫が千葉から水戸へ出発か（千葉で佐久間亮茂・川名七郎・石井代二・君塚省三と打ち合せ、佐久間・富松正安・舘野芳之助・藤田壮之助らと水戸で集会）、上野高崎間鉄道開業式（25日）への天皇出席をきき水戸から群馬にいく可能性も<br>・上野高崎間鉄道開開業式への天皇出席に対し高崎では捕縛中の新井愧三郎・長坂八郎・山田城之助らの「哀訴歎願」を計画し自由党本部は中止を説諭、秩父・茨城・群馬（山崎重五郎ら）・長野の「決死派」が種々奔走し「哀訴」か「非常ノ挙」に出るか不明だったが結局当日は無事<br>・山崎重五郎と「壮士四十人」が上京 |

| 参加者等 | 出典・参考 |
|---|---|
| (東京)、鈴木音高(静岡)、小林樟雄(岡山)、片岡健吉(高知)、前田兵治(徳島)などが出席 | と静岡事件』265～269頁 |
| | |
| | 『新潟県政党史』126頁、町田市立自由民権資料館『民権ブックス26　武相自由民権運動関係年表』60頁 |
| 坂田哲太郎(愛国正理社総理)・金井竹太郎ら14人 | 『長野県史』通史編7巻406～408頁 |
| 祖父江道雄・渋谷良平・岡田利勝・村松愛蔵・三輪重秀ら | 『新修名古屋市史』5巻203～204頁 |
| | 「自由党史研究のために」史料22、『自由党史』中巻370頁 |
| 村上泰治・岩井丑五郎・南関蔵 | 『埼玉自由民権運動史料』409～439頁、『東陲民権史』208～213頁、福田薫『蚕民騒擾録』246～248頁 |
| 片岡健吉・植木枝盛・川澄徳次ら | 川澄徳次「奇怪哉」1884.4.16の記述 |
| 坂崎斌・小室信介・宮崎富要(夢柳)・荒川高俊・高橋甚一などが記者 | 『自由燈』1884.5.11・18・20、松尾章一編『自由燈の研究』3～15頁 |
| | 『東陲民権史』188～189頁 |
| 小林安兵衛・湯浅理兵・野中弥八ら自由党員が主催、東間代吉は菅原村で別の集会、その後両者合流 | 「予審原本」(『群馬県史』資料編20巻)285～290・326頁 |

| 西暦年月日 | | 内容 |
|---|---|---|
| 1884 | | 雄が山陽、高橋甚一が山陰、森脇直樹が四国地方担当の常備員就任 |
| | 3.17 | ③各地総代員の相談会<br>・板垣から「武ノ一途」に偏することへの注意あり<br>・君塚省三が15日公布地租条例に対して減租請願運動を続けることを主張、板垣退助「元来減租ノコトハ其地方有志ノ特ニ尽力スル所ニテ敢テ自由党ガ為スト云フニアラズ」との発言に対して片岡健吉が相談会後に協議することを提案 |
| | —— | ④大会で上京した各地方「決死派」の間で「専制政府顚覆改革運動」、またその一環として各戸長役場管理下にある「納税金ヲ奪取ル」計画が協議され、その帰趨を見定めるために大井憲太郎・宮部襄らが「実行委員」派遣へ<br>・高岸善吉が帰郷し落合寅市坂本宗作に「大井憲太郎外有志自由党員地方団結シテ専制政府転覆改革運動約」すと告げる<br>・3月26日北甘楽郡内匠村戸長・湯浅理兵が村民から徴収した税金をもって逃走<br>・3月中旬鈴木音高が高崎に行き、仙波兵庫とともに、伊賀我何人・深井卓爾に対して「革命」のための資金強奪について経験者の派遣を依頼（結局、警察の知るところとなり果たされず） |
| | 3.15 | 地租条例（1873年の地租改正条例6章の減租、8章の地価是正の公約は廃止） |
| | 3.26 | 赤井景韶、石川島監獄脱獄（3月下旬に八王子の広徳館に潜入） |
| | 3 | 諏訪郡に寄留中の坂田哲太郎（愛国正理社総理）らが、田野母秀顕の記念碑建立募金運動を展開（この年後半、坂田らは地主・高利貸などの過酷な小作料・借金取立ての緩和を勧解裁判所に嘆願する農民・元結職人の代言人の役割を果たす） |
| | 3か | 祖父江道雄らが減租請願を協議していたが中止 |
| | 4初旬 | 本部から地方巡察員を派遣（北陸道を片岡健吉・植木枝盛、奥羽は斎藤壬生雄、東海道を宮部襄、長野・新潟を杉田定一、千葉・茨城は星亨、栃木は磯山清兵衛、神奈川は北田正董、山陰・山陽を小林樟雄が担当） |
| | 4.17 | 秩父で照山峻三殺害事件<br>村上泰治・宮部襄・長坂八郎・深井卓爾らは逃亡、5・6・10月に拘引 |
| | 4.21か | 自由党派出員の片岡健吉・植木枝盛が田原来訪、川澄徳次らが交流 |
| | 5.11 | 星亨が資金を出して『自由燈』発刊 |
| | 5.5以降 | 5月5日に日本鉄道開通式が再延期になり、宮部襄・清水永三郎に説得された三浦桃之助は自重説（「天下同志の士と事を同じふせん」） |
| | 5.15、16 | ・15日群馬で陣場ケ原集会が開催され小林安兵衛が「現政府ヲ転覆スルコトニ尽力アリタシ」と演説、菅原村では同村の東間代吉ら30名程が集会<br>・15日夜、両集会参加者が菅原村で合流し、武器補給や駆り出しを行い、生産会 |

| 参加者等 | 出典・参考 |
|---|---|
| 6日）・早川権弥（12月5日） | 録』（国会図書館所蔵）11～14頁、『佐久自由民権運動史』29～30頁、『長野県史』通史編7巻404～405頁 |
| | 『新潟新聞』1883.12.15～30、手塚豊「自由党高田事件裁判小考」（『自由民権裁判の研究』上巻） |
| 聴衆350～800名、杉田定一・植木枝盛・星亨・加藤平四郎らが演説 | 『自由新聞』1883.12.26、『植木枝盛集』7巻331頁、『新編埼玉県史』通史編5巻353頁 |
| | 鈴木音高「国事犯罪申立書」643～644頁 |
| | 長谷川昇『博徒と自由民権』177～195頁 |
| | 大矢正夫「非常手段決意の顛末」（石川猶興『風雪の譜』） |
| | 「国事犯事件裁判言渡書の写」（『大阪事件関係史料集』）5頁 |
| | 「加茂事件」 |
| | 鈴木音高「国事犯罪申立書」（『静岡県自由民権史料集』644～645頁） |
| 板垣退助・長井謙吉・坂本南海男など260名以上 | 『自由新聞』1884.3.11・4.13・4.15 |
| | 鎌田沖太「秩父暴動実記」（『秩父事件史料集成』6巻） |
| 鯉沼九八郎・河野広體・窪田久米・琴田岩松など | 『加波山事件』125～130頁、『自由党史』中巻340頁、三浦進・塚田昌宏『加波山事件研究』65～70頁 |
| 柴田浅五郎は禁獄10年、舘友蔵・川越庫吉・柏木第六は無期徒刑 | 「秋田事件裁判考」・「秋田事件裁判関係資料」・「秋田立志社暴動事件判決書」 |
| ①10日の参加者は板垣退助・星亨・中島又五郎・大井憲太郎・北田正董・杉田定一・前田兵治・加藤平四郎・小林樟雄・片岡健吉など<br>②杉浦吉副（福島）、加藤貞盟・鈴木昌司（新潟）、杉田定一（福井）、霜勝之助・磯山清兵衛・富松正安・仙波兵庫・木内伊之助・藤田順吉（茨城）、伊賀我何人・深井卓爾（群馬）、君塚省三（千葉）、野口褧・高岸善吉・村上泰治・南鉞二郎・加藤善蔵（埼玉）、吉野泰三・石阪昌孝（神奈川）、高橋甚一・北田正董 | 『自由党史』中巻363～370頁、「自由党史研究のために」史料21・22、『民衆運動』283～284頁（「三島通庸関係文書」510-6）、『自由民権機密探偵史料集』320～325頁、落合寅市「綸旨大赦義挙寅市経歴」（『秩父事件史料』2巻）、「湯浅理平裁判言渡書」（『群馬県史』資料編20巻）318頁、『明治自由党の研究』上巻214～222・235～253頁、鈴木音高「国事犯罪申立書」644～645頁、原口清『自由民権運動 |

| 西暦年月日 | | 内容 |
|---|---|---|
| 1883 | | 山などで政談演説会（勝山は演説中止、官吏侮辱罪で逮捕）<br>・魯国虚無党について講談もあり<br>・奥宮は講談師「先醒堂覚明」として登壇 |
| | 12.11～14、17 | 高等法院で赤井景韶の公判、12月17日「天誅党旨意書」を唯一の証拠として内乱陰謀予備罪で重禁獄9年（石川島監獄へ） |
| | 12.21 | 行田自由亭で埼玉県行田地方の自由党員主催の政談学術演説会、自由党本部が基金募集のため行田地方部へ来会、その後群馬県館林へ |
| | 年末 | 1881年国会開設の詔勅、1882年福島・喜多方事件、その後の言論弾圧や地租軽減の約束不履行などに対して、鈴木音高が軍事力による政府転覆を決意 |
| 1884<br>M17 | 1.4 | 賭博犯処分規則（警察の行政措置として処罰が可能になり、現行犯だけでなく博徒集団に参加していること自体が処罰の対象に） |
| | 1上旬 | 大矢正夫が教師を辞め上京し神奈川自由党の静修館に入る、静修館幹事・水島保太郎の紹介で富松正安と会い「堅ク志盟ヲ締シタリ」 |
| | 1 | 田代季吉が福島軽罪裁判所で罪人蔵匿罪で軽禁錮15日・2円罰金に |
| | 1 | 愛国交親社全国大懇親会において酒税減額・地租百分の一建白を決定 |
| | 2中旬以降 | 鈴木音高が富松正安・仙波兵庫と接触、鈴木は仙波の紹介で高崎の深井卓爾・伊賀我何人と「同盟連絡」 |
| | 2.29 | 今治で四国懇親会 |
| | 2か | 「自由党員大井某」秩父郡に来たり政談演説会を開く |
| | 2か | 鯉沼九八郎らが「壮士」宿泊所として自由党本部・寧静館の借用を申込むが断られたため2日間占拠へ（板垣退助の意をうけ退去を求める加藤平四郎らと対立） |
| | 3.7 | 秋田始審裁判所で秋田事件の柴田浅五郎ら4名に対する判決言渡し |
| | 3.10～13<br><br><br>3.13 | ①10日常議員会、11・12日出京党員の相談会、13日午前下会議<br>・資金募集困難で、板垣退助が解党か辞任を希望<br>・内治雑居と国会開設、徴兵令改正への不満と党勢拡張を結びつける議論も<br>②東京で自由党臨時大会<br>・党常議員廃止と総理特選による諮問・常備員の設置（総理による党事の専断承認）、文武館設立・巡回員派遣などの「露骨明言シ難キコト」、地方総代の選挙による選出、寄付金募集、東西合同のために春秋二回の大会を東京・大阪に開催することなどを決定<br>・鈴木昌司が新潟、大井憲太郎が関東（同年5月辞任）、内藤魯一が愛知、小林樟 |

| 参加者等 | 出典・参考 |
| --- | --- |
| 杉田定一（越前）・法貴発（丹波）・桜井徳太郎（大和）・安東久次郎（美作）・鈴木伝五郎（讃岐）・桜間登（阿波）・森脇直樹（土佐）・吉田（祖父江）道雄（名古屋）など自由党員・立憲政党員ら200余名 | 『自由新聞』1883.8.24～26・28、『自由党史』中巻316～333頁 |
| 会幹事は藤田順吉・内藤魯一 | 『朝野新聞』1883.9.14、『自由新聞』同年9.16・20 |
| 石塚重平・早川権弥ら | 『自由新聞』1883.10.20、上野邦一『佐久自由民権運動史』27～28頁 |
|  | 「立憲帝政党の結党をめぐる基礎的考察」 |
|  | 『加波山事件』118頁 |
| 安芸喜代香・桜間登・宮部襄など100余人 | 『土陽新聞』1883.11.8、『自由新聞』同年11.2・7 |
|  | 『新修名古屋市史』5巻189頁 |
| ②苅宿仲衛（福島）、江村正綱（新潟）、稲垣示（富山）、杉田定一（福井）、小久保喜七・館野芳之助・富松正安・霜勝之助・藤田順吉（茨城）、佐久間吉太郎（千葉）、鯉沼九八郎・大久保菊次郎（栃木）、新井愧三郎・深井卓爾・伊賀我何人・斉藤壬生雄・清水永三郎（群馬）、水島保太郎・深沢権八・細野喜代四郎・石阪昌孝・吉野泰三（神奈川）、星亨・大井憲太郎（東京）、神山亮（山梨）、石塚重平・早川権弥（長野）、遊佐発（愛知）、勝山孝三（大阪）、加藤平四郎（岡山）、片岡健吉（高知）など | 『自由党史』中巻358～362頁、「三島通庸関係文書」510-2、『明治自由党の研究』上巻211～213・235～253頁、『自由民権機密探偵史料集』310～320・369～370頁 |
|  | 『自由新聞』1883.11.30～12.2・4～9・11～14 |
| 河野広體・琴田岩松・草野左久馬・鈴木舎定に加藤平四郎（自由党幹事）が資金援助 | 『加波山事件』110頁、関戸覚蔵『東陲民権史』373頁、『自由党史』下巻44～45頁 |
|  | 『「自由新聞」を読む』170～172頁 |
|  | 稲田雅洋『日本近代社会成立期の民衆運動』49～96頁 |
| 片岡治郎（12月2・3日会主）、龍野周一郎（12月5・ | 秋山弥助『南北佐久自由主義者の政治運動記 |

| 西暦年月日 | | 内容 |
|---|---|---|
| 1883 | 8.20 | 大阪中之島で関西大懇親会、板垣退助が欧州情勢について演説 |
| | 9.16 | 利根川にて常総武両野志士競漕大船遊会を催す |
| | 9.20～10.6 | 大井憲太郎・長坂八郎（のちに山梨巡遊から加藤平四郎も加わる）が党巡回員として派遣され小諸・上田・岩村田などへ（石塚重平ら案内）、「鮮血染出自由之郷」等の旗も |
| | 9.24 | 立憲帝政党が解党 |
| | 9～10 | 五十川元吉が9月に高崎の宮部襄、10月に信越地方の石塚重平・八木原繁祉・稲垣示・杉田定一らを訪問 |
| | 10.24 | 松山で四国自由大懇親会、各地における減租請願運動（1882年冬から準備していたが「政党創立の事業」で中断していた）への着手などを確認 |
| | 10 | 名古屋の自由民権演説会で遊佐発が福島·喜多方事件の顛末を説いて中止解散に、遊佐発・村松愛蔵が事件下獄者家族救済の義捐金募集を開始 |
| | 11.2、3<br>5、7<br>11.16<br><br><br><br><br>11.26<br>11.27 | ①大会前の相談会<br>・解党論から募金・維持論（山際七司ら）へ<br>②東京で自由党臨時大会<br>・「議案ノ表面ハ醵金ヨリ云々ノ事」だが「内幕ノ議」は党の維持拡大か「一旦解党シテ一大運動ヲナシ以テ勝ヲ一挙ニ得ヘキカ」にあり、「自由党ノ要路ヲ占メシ腕力破壊主義ノ三百名中」によって発起される<br>・10万円募集運動による党の維持<br>③板垣が滞京党員・常議員に資金募集について談話<br>④滞京党員の会合<br>植木枝盛の意図をうけた片岡健吉が上京した党員に対して翌年春の「減租建白」を提案（「民間ニ広ク感動ヲ与フルカ大目的ニシテ」） |
| | 11.28 | 田母野秀顕が石川島監獄で獄死、12月1の日田母野秀顕葬儀（谷中天王寺）で頸城自由党・江村正綱が弔辞朗読 |
| | 11 | 河野広體らが三島通庸暗殺計画 |
| | 11 | 1883年半ば以降『自由新聞』「雑報」で地租延納・軽減運動の報道が盛んになり、11月にピーク |
| | 11～12 | 群馬県中西部・埼玉県秩父郡で負債農民騒擾、1884年にかけて関東・東海地域で負債農民の紛争が急増 |
| | 12.2～7 | 奥宮健之（土佐）・勝山孝三（河内）が長野県佐久地方に遊説し小諸・岩村田・前 |

| 参加者等 | 出典・参考 |
|---|---|
| 大河原毎太郎（島根）、西山志澄（高知）など（下線部は「広域蜂起派」） | |
| 早朝は100余名の参加者、午後快晴となり会衆が続々来集し河原に満ちる | 『郵便報知新聞』1883.5.11、『朝野新聞』同年5.2・13 |
| 大井憲太郎・植木枝盛・加藤平四郎・吉田暢四郎・斉藤珪次・掘越寛介・古市直之進・松本庄八・根岸貞三郎・中島義三郎が演説 | 『自由新聞』1883.5.31、『植木枝盛集』7巻321頁 |
| ①星亨・谷重喜・大井憲太郎・加藤平四郎など300人が出迎え<br>②この時期の常議員には内藤のほか星亨・谷重喜・大井憲太郎・西山志澄・森脇直樹・鈴木舎定・山際七司・松村文次郎・石阪昌孝・吉野泰造・新井章吾・塩田奥造・宮部襄・長坂八郎・杉田定一・小林樟雄・堀越寛介・山口千代作・磯山清兵衛など | 『朝野新聞』1883.6.23、『自由新聞』同年6.23、『土陽新聞』同年6.24・28・29、『自由党史』中巻306～316頁、『馬場辰猪全集』3巻89頁、『自由民権機密探偵史料集』292～309頁、『明治自由党の研究』上巻199～214・235～241頁、「自由民権革命と激化事件」 |
| | 『自由新聞』1883.10.31 |
| 石塚重平・森多平・柳沢偵三ら | 『長野県史』通史編7巻403頁 |
| 河野広中は軽禁獄7年、その他は軽金獄6年 | 手塚豊「自由党福島事件と高等法院」・「自由党福島事件に関する二、三の資料」（『自由民権裁判の研究』上巻） |
| | 『新潟新聞』1883.7.24～9.29 |
| 永田一二・小勝俊吉・加藤平四郎・植木枝盛ら演説、掘越寛介・斉藤珪次らも出席 | 『自由新聞』1883.8.2、『植木枝盛集』7巻323～324頁 |
| 斎藤壬生雄・小勝俊吉・岡田忠道ら7～8名 | 『自由民権機密探偵史料集』339～340・364頁（『民衆運動』276～279頁） |

| 西暦年月日 | | 内容 |
|---|---|---|
| 1883 | | 当リテ実験アリ□□トモ吾々党員ハ其事ナシ之レ此間ニ不権衡アリ併シ吾党カ最初約セシ如ク革命ヲ履行セバ何ソ九州改進党諸子ガ悠々今日居ル訳ナシ」との発言あり（□は判読不能文字）<br>・西山志澄「之レヨリ非常ニ尽力シ精神家ノ結合トシ」「何ソ廿三年ヲ待タン遅クモ十八年ニハ必ス国会ヲ開設スル」 |
| | 4.29 | ③星亨・谷重喜・中島又五郎・吉野泰造・松村文次郎・内藤魯一・鈴木舎定・西山志澄・新井章吾・前田平治・斉藤壬生雄などが広徳館で会議<br>・「東京改進党」に対する攻撃<br>・「実行者」「壮士」の募集、文武館の設立を提起 |
| | 5.6 | 賀美郡勅使河原村神流川の中州で上武両国野遊懇談会が開催される |
| | 5.28 | 北埼玉郡喜右衛門新田の森田屋で演説会 |
| | 6.22、24<br>6.30､7.2 | ①22日板垣退助・後藤象二郎らが帰国、24日帰国歓迎会の席上で板垣が解党論を主張<br>②常議員会で解党めぐり議論へ<br>・将来「一大運動」をなすか解党して各地の運動に任せるかの議論あり、一方で「真正ノ破壊主義ノ者ヲ以テ秘密ノ結合ヲ為サント」する解党論も<br>・運動の打開策として10万円募集、池松豊記を通じた九州改進党との連絡、自由新聞社の維持、文武館設立と「壮士」の養成<br>・板垣の本意は解党論で党員の気力を高め、「一大練武館」で「壮士」養成し九州改進党等各地と連絡し「一大私学校」を興し「生徒隊」を組織し政府に対する「実力」養成することか |
| | 6 | 埼玉県議会で一度否決された見沼代用水路補修負担費を郡長通達で実施しようとした事に対して、永田荘作議員が福島事件を例に反対意見をのべる（10月も） |
| | 6 | 石塚重平ら自由党員が、北越に行く途中の大井憲太郎・鈴木舎定を招き小県郡上田町で自由大懇親会を計画 |
| | 7.19～8.28 | 河野広中らに対する高等法院の公判（有力新聞が公判傍聴筆記を掲載し河野らは「志士」と称される）、9月1日に判決言渡し |
| | 7.24～9.29 | 『新潟新聞』に福島・喜多方事件高等法院傍聴筆記掲載 |
| | 7.28～30 | 大里郡熊谷町・北埼玉郡などで演説会、聴衆700名に及び女性も参加 |
| | 8.4前 | 斎藤壬生雄ら「壮士」が、板垣の岐阜遭難や福島の高等法院などについて「恥辱」とし、「然ル上ハ我々断然身命ヲ擲チ暗殺狙撃ノ挙ニ出テ目覚シキ挙ヲ為シテ以テ自由ノ大義ヲ天下ニ伸ヘサル可ラス」と評議 |

| 参加者等 | 出典・参考 |
|---|---|
| | 党成立後の杉田定一」 |
| 貧農・小作層、一部富農層などを組織 | 『長野県史』通史編7巻406～407頁、上條宏之「愛国正理社考」（『近代日本の国家と思想』） |
| 庄林一正・村松愛蔵・永田一二・新井毫（立憲政党）・高島伸二郎・沢田平策・金瀬義明・大橋十右衛門・井上平三郎・清水中四郎・原田十衛ら250名前後が参加 | 『自由新聞』1883.2.23・3.18、「杉田定一関係文書」36-14-1と14-14、『新潟県史』通史編6巻605～607頁、大槻弘『越前自由民権運動の研究』160～179頁、森山誠一「北陸七州有志大懇親会高岡集会とその前後」（『歴史評論』402号）、「自由党成立後の杉田定一」 |
| | 『立憲政党新聞』1883.3.18～21、『自由新聞』同年3.29～31 |
| 赤井景韶・井上平三郎・風間安太郎・八木原繁祉・加藤勝弥など逮捕 | 『新潟新聞』1883.3.21、『越佐毎日新聞』同年3.27、『自由新聞』同年3.31、『新潟県史』通史編6巻605～611頁 |
| | 川澄徳次「奇怪哉」（田原市博物館所蔵）1883.4.1の項 |
| | 『喜多方市史』3巻149～153頁、『喜多方市史』6巻（中）509～547頁、『福島県史』11巻1041～1042頁 |
| | 『自由党史』中巻293～305頁 |
| ①定期大会の出席者は、鈴木舎定（岩手）、松本茂・安積三郎（福島）、松村文次郎（新潟）、井上幹・君塚省三（千葉）、富松正安・磯山清兵衛（茨城）、新井章吾（栃木）、斎藤壬生雄・深井卓爾・中野了髄（群馬）、堀越寛介・野口褧（埼玉）、吉野泰三（神奈川）、末広重恭・大石正巳・星亨・馬場辰猪・大井憲太郎・島本仲道・宮部襄・前田兵治・加藤平四郎・北田正董（東京）、石塚重平・小林秀太郎・遠藤政治郎・桃井伊三郎（長野）、中野二郎三郎（静岡）、内藤魯一・庄林一正・荒川定英・村松愛蔵・白井菊也（愛知）、 | 「三島通庸関係文書」496-22、『自由党史』中巻235～236頁、『「自由新聞」を読む』118～121頁、「自由民権革命と激化事件」（「広域蜂起派」を定義）、『明治自由党の研究』上巻184～194・235～253頁 |

| 西暦年月日 | | 内容 |
|---|---|---|
| 1883 | | ・2月上旬か3月下旬、島地正存が内藤を来訪する予定<br>・「天下ノ事ハ只タニ表面上ノミノ働ニテハ遂に目的ヲ達ス可カラサル事ハ歴史ノ裁判ニ於テ明カナリ故ニ以来ハ別テ御注意神出鬼没兎角○○(ママ)ノ意外ニ出テ秘密ニ御計画アレ」 |
| | 2.8 | 飯田に愛国正理社を結成、総理は坂田哲太郎 |
| | 3.10、11 | 北陸七州有志大懇親会を開催（富山県高岡町）<br>・発起人は杉田定一・松村才吉・稲垣示・小間粛・八木原繁祉・山際七司・加藤勝弥など（鈴木舎定・島本仲道・馬場辰猪・末広重恭・谷重喜・磯山清兵衛・大津淳一郎・斎藤壬生雄・保泉良輔・渋谷良平・内藤魯一・岩田徳義・藤公治・草間時福・小島忠里・小林樟雄・加藤平四郎・前田兵治・片岡健吉・箱田六輔・池松豊記・和泉邦彦・柏田盛文などにも案内状を出す）<br>・正体を疑われた長谷川三郎が警察分署に駆け込み高田へ護送さる |
| | 3.15 | 立憲政党が解党を決議、解党反対論もあり |
| | 3.19、20 | 長谷川三郎の「自供」をもとに頸城自由党員、新潟県下自由党員が内乱陰謀等の容疑で一斉検挙される　**【高田事件】** |
| | 4.1 | 川澄徳次、高田事件の実情探知の旅費を得るため信濃地方に向け出発 |
| | 4.14 | 高等法院で赤城平六・宇田成一ら50余名が内乱・兇徒聚衆罪について無罪放免の判決<br>・宇田らは23日官吏侮辱罪で告発され（逃亡中の宇田ら以外は）7月27日に判決（無罪放免～重禁錮1年・罰金10円）<br>・すでに兇徒聚衆罪に服役していた者は高等法院での無罪判決をうけて大審院へ上告し一部は無罪に |
| | 4.16 | 新聞紙条例の改正（罰則強化・共犯拡大・印刷機械没収など）、6月29日出版条例改正 |
| | 4.20、23～26<br><br><br><br><br><br>4.27 | ①20日相談会、23・24日自由党定期大会、25・26日懇談会・懇親会<br>・鈴木舎定・末広重恭・斉藤壬生雄などから解党（「無形物」とする）議論も出るが少数<br>・「本部維持」の方法（常備員の常議員への統合・寄付金・自由新聞など）が決定される<br>・26日庄林一正らが寧静館に絶交状を投ず<br>②一部の自由党員（「広域蜂起派」）が芝金杉浜町で会議<br>・内藤魯一から、常議員による各地巡回を実質化して「廣ク同志ヲ求メ且ツ実行者ヲ見出」すべき、「素ヨリ相互ノ最初ノ約束ハ革命ヲ□セシコトナレバ今日悠々不断ノ時ニアラサルヘシ」、九州改進党との合併が成らないのは、彼らが「軍事ニ |

| 参加者等 | 出典・参考 |
|---|---|
| | 立後の杉田定一」 |
| | 大阪経済大学図書館所蔵「杉田定一関係文書」29-8-2-43・44、「自由党成立後の杉田定一」 |
| | 『新潟新聞』1883.12.18 |
| | 『自由党史』中巻224～225頁 |
| 伊賀我何人・松井助一・大木権平・高橋壮多（以上高崎）・山口重脩（館林） | 『新編高崎市史』資料編9巻269～274頁、『福島県史』11巻523～524頁 |
| 演説会会主・雨森真澄、小笠原省三・久野初太郎らが演説 | 『朝野新聞』1882.11.26、『自由新聞』同年12.2・27 |
| 喜多方警察署に集結した農民は1,000余名 | 『福島県史』11巻580～582頁、『喜多方市史』6巻（中）287～289頁、『河野盤州伝』上巻573～574頁 |
| | |
| 祖父江道雄・渋谷良平・村松愛蔵ら | 『新修名古屋市史』5巻189頁 |
| | 上原邦一『佐久自由民権運動史』56頁、『長野県史』通史編7巻406～407頁、湊省太郎「上申書」650頁 |
| ・幹事は内藤魯一・渋谷良平・庄林一正<br>・馬場辰猪・内藤魯一・太田松次郎・山脇健之助・河津祐之・城山静一・甲田良造・中野二郎三郎・重富柳太郎が演説、懇親会では前田下学（九州改進党）・松村才吉らも演説し高知から山田平左衛門が参加<br>・懇親会（7日夜）には愛知県以西の15国から260余名が参加 | 『自由新聞』1883.1.12、『日本立憲政党新聞』同年1.13、「杉田定一関係文書」29-8-3-42、『自由民権機密探偵史料集』384頁、「自由党成立後の杉田定一」 |
| 森脇直樹・島地正存（立志社副社長）・山田平左衛門 | 『自由民権機密探偵史料集』384～386頁、「三島通庸関係文書」496-24、「自由党成立後の杉田定一」 |
| | 「杉田定一関係文書」29-8-3-150・151、「自由 |

| 西暦年月日 | | 内容 |
|---|---|---|
| 1882 | | に対して「我党ノ人ハ最ド慷慨ノ念慮ヲ喚起シ此機会ニ際シテ大ニ計画スル所アラントス」 |
| | 11.2か3以後 | 杉田定一・林包明らが内藤魯一と協議、杉田は庄林一正とも会談し農民の組織化を進めていた愛国交親社の社則提供を依頼 |
| | 11.4 | 高田町で赤井景韶・井上平三郎・風間安太郎が大臣暗殺の謀議 |
| | 11.11 | 板垣退助・後藤象二郎が欧州へ出発 |
| | 11.26〜12.5 | 福島への応援のため高崎から上毛自由党員ら4人と館林から1人が自由党本部の要請を受けて福島入り、12月5日党本部の宮部襄が長坂八郎を単身応援のため福島に派遣したが到着早々逮捕 |
| | 11.24、28 | 24日浅草井生村楼で人力車夫の演説会あり「腕力論」で演説中止に<br>28日照山峻三・奥宮健之・三浦亀吉らが「高声放歌」し巡査と衝突（12.27官吏抗拒罪で有罪に） |
| | 11.28〜12.1 | 宇田成一らの逮捕・若松護送に対して農民が集合し喜多方警察所警官と衝突、河野広中ら自由党員の逮捕　**【福島・喜多方事件】** |
| | 12.12 | 請願規則（請願権は「人民各自ノ利害ニ関シ行政上ノ処分ヲ請願」する場合に限定） |
| | 12か | 愛知自由党有志総代の祖父江道雄らが、福島・喜多方事件で投獄された党員について奥羽七州の臨時会を仙台に開催すること、自由党本部に実地の情勢報告と臨機の処置をすることを要請 |
| | 不詳 | 井出為吉が『深山自由新聞』（8月からのちの愛国正理社総理・坂田哲太郎が主幹）を購読か<br>湊省太郎が「人心ニ通セス」「国家ノ危急ヲ顧ミサル」政府の転覆を決意 |
| 1883<br>M16 | 1.6、7 | 名古屋で函西自由大懇親会開催<br>・1882年12月22日前に森脇直樹が内藤魯一らと協議して、杉田定一・池松豊記（相愛社）・小林樟雄・河野広中・井出正光らと「志士閑話会」を開きたいと相談したことがきっかけ<br>・森脇直樹が福島の様子を伝え党員の「感動ヲ興シ狂暴ノ気焔ヲ生セシメタリ」 |
| | 2.1以降 | 2月1日高知に帰郷した森脇直樹・山田平左衛門らが「県下過激ノ党員ヲ各地ニ出シ以テ漸次東京ニ集会セシメ各地出京ノ党員ト共ニ謀リ」「事ヲ県外ニ生セシメ」んと計画（高知県の民権結社社員が上京）、83年3月（か）島地正存が上京し群馬・土佐などの党員に土佐人1,800人を「扇動委員」として各地に派遣すると述べる |
| | 2.5 | 杉田定一・松村才吉宛の内藤魯一書簡 |

| 参加者等 | 出典・参考 |
| --- | --- |
| ③常備委員は山際七司・長坂八郎・森脇直樹・河野広中・佐藤貞幹・志内一雄・深尾重城・内藤六四郎・加藤平四郎・前田兵治・斉藤珪次、常議員は林和一・大井憲太郎・北田正董・竹内綱・島本仲道・林包明・片岡健吉（片岡は高知にあり、職につかなかった可能性あり） | 大学日本経済史研究所『経済史研究』12号）、松岡僖一『「自由新聞」を読む』60～65頁、『明治自由党の研究』上巻160～176・236～241頁<br>③『民衆運動』274～275頁（「三島通庸関係文書」496-8）、「自由民権革命と激化事件」、『自由民権機密探偵史料集』384頁 |
| 五州志士舟遊会には埼玉から斉藤珪次・根岸貞三郎が出席、演説会は小久保喜七の主催で斉藤演説「免税の弊害」 | 『斉藤珪次翁伝』14・257～258頁 |
| | 岩切亭蔵編『県会議員稲垣示氏拘引顛末録』、宮崎夢柳『大阪事件事件志士列伝』上巻51頁 |
| | 『馬場辰猪全集』4巻126頁（「伊藤博文関係文書」〈その１〉書類の部342）、『自由新聞』1882.10.1 |
| | 「中川元日記」（茨城大学五浦美術研究所蔵） |
| | 林茂「解題」、『「自由新聞」を読む』67頁 |
| 三浦亀吉ら車夫600～700人<br>林包明・河野広中・宮部襄・照山峻三・奥宮健之・藤公治・久野初太郎・雨森真澄など | 『朝野新聞』1882.10.6、『自由民権機密探偵史料集』360～361頁 |
| 発起周旋人は富松正安 | 『栃木新聞』1882.9.28・10.12 |
| 植木枝盛・大井憲太郎・小林樟雄・河野広中・杉田定一ら | 『植木枝盛集』7巻304～305頁、「自由党成立後の杉田定一」 |
| 主催は八木原繁祉、高橋基一・竹内正志・江村正綱ら演説、2,000人参加 | 『新潟新聞』1882.10.31・11.25、『朝野新聞』同年11.18 |
| 加藤平四郎（自由党本部）、龍野周一郎・鈴木治三郎（長野）ら参加 | 永木千代治『新潟県政党史』105～107頁 |
| | 「自由党史研究のために」史料12、「自由党成 |

| 西暦年月日 | | 内容 |
|---|---|---|
| 1882 | 10.4前 | ②自由党会議（常議員・各地出京委員の会議）<br>・島本仲道が板垣総理代理への就任を承諾した場合は、福島県へ壮士10余名を派遣して「吾党ノ害トナルヘキモノ片端カラ暗殺シ奥羽地方ノ帝政党等へ吾党ノ腕力ヲ示」すべきと主張<br>・河野広中も今は福島地方の帝政党を「打毀ス」ことが最も肝要とし、福島県への壮士巡回を求める<br>・石川県に遊説委員を派遣する必要、「石川県ヲ固メ置カサレハ若シ愛知ノ方ニテ事ヲ挙クルニモ福島ノ方ニテ挙クルニモ彼レ反対ナル時ハ応援ニ出掛ルナラン」などの議論あり<br>・立憲政党・九州改進党（熊本相愛社の池松豊記ら）との合併推進 |
| | 10.11前 | ③常備委員・常議員・各地の党員による会議<br>・「遊説員」を派遣して募集した「志士」を中心にして「体力運動」などに事寄せ各地の農民・車夫を含む一般民衆へ働きかけ、「中央集権」した「東京本部」のもと、「各地各部一時ニ蜂起」する計画へ（「広域蜂起派」の形成）<br>・農民に対しては「租税ノ原則ヲ知ラシメ現時ノ租税当ヲ得ザルモノ」と誘導 |
| | 8 | 茨城県古河町で五州志士舟遊会を開催、相生座で政談演説会 |
| | 9.8 | 稲垣示が石川県会での県令・千坂高雅に関する発言で官吏侮辱罪に問われ拘引される（10月9日重禁錮5ヶ月・罰金30円に）、県会紛糾へ |
| | 9.23頃か | 林包明・林和一が大阪で「新平民ヲ団結スル手筈」で、和一は「新平民ノ訴訟事件」を引き受け大審院へ上告中 |
| | 9 | 赤井景韶、被差別民に接近 |
| | 10.3、13 | 馬場辰猪らが自由新聞社を退社したため、植木枝盛（8月以降『福島自由新聞』編集に従事していたのを呼び戻され、10月3日入社）と古沢滋（『日本立憲政党新聞』主幹から13日主幹に）が編集の担当へ |
| | 10.4、20 | 神田で人力車夫の演説会（鉄道馬車を郊外に斥ける演説など） |
| | 10.8 | 常総野懇親会 |
| | 10.22 | 両国・中村楼で板垣退助・後藤象二郎の送別会、夜吉原へ |
| | 10.26 | 高田町で高橋基一らの演説会、江村正綱「反逆論」演説中止解散 |
| | 10.27 | 金谷山（薬師山）で頸城自由党運動会開催、自由党本部や県外から参加者あり |
| | 11.2前 | 北陸地方へ加藤平四郎を派遣、稲垣示の官吏侮辱罪を契機とした県会議場の紛議 |

| 参加者等 | 出典・参考 |
|---|---|
| 辰・小久保喜七・藤田秀雄が演説、傍聴無慮400名 | 東道』解説4頁、『茨城県史料近代政治社会編Ⅱ』497頁、『茨城日日新聞』1882.5.15・27 |
| | 『自由党史』中巻185～189頁 |
| 鈴木舎定（岩手）、岡野知荘・奥宮健之（福島）、山際七司・八木原繁祉・加藤勝弥・山添武治（新潟）、内田甚右衛門（福井）、飯田喜太郎（千葉）、富松正安・熊谷平三・木内伊之助（茨城）、塩田奥造・新井章吾（茨城）、斎藤壬生雄・山下善之（群馬）、堀越寛介・矢部忠右衛門・松本庄八（埼玉）、水島保太郎・石阪昌孝・深沢権八・井上篤太郎（神奈川）、大井憲太郎・末広重恭・馬場辰猪・北田正董（東京）、古郡米作・土居光華・曾田愛三郎（静岡）、内藤魯一・庄林一正・吉田（祖父江）道雄・平岩隆三（愛知）、菅井三九郎（岐阜）、藤公治（滋賀）、加藤平四郎・竹内正志（岡山）、小原鉄臣（島根）、片岡健吉・島本仲道・林包明（高知）、前田兵治（徳島）などが参加 | 『自由党史』中巻197～201頁、「自由党臨時会関係書類」・「集会条例ノ件ニ付臨時会合ノ景況」（国会図書館憲政資料室所蔵「三島通庸関係文書」496-5・6）、安丸良夫ほか編『民衆運動』271～273頁（国会図書館所蔵「憲政史編纂会収集文書」）、『明治自由党の研究』上巻88～152・235～253頁、「自由民権革命と激化事件」 |
| 主幹・島本仲道、社説掛は馬場辰猪・中江兆民・末広重恭ら、社説材料担当は植木枝盛 | 『自由新聞』1882.6.25、林茂「解題」（『自由新聞』5巻・三一書房復刻版） |
| 赤井景韶・宮沢喜文治参加、聴衆700人 | 『新潟新聞』1882.7.1 |
| | |
| | 長谷川昇「加茂事件」（『自由民権期の研究』2巻）139～141頁 |
| | 『喜多方市史』6巻（中）201～202頁、『福島県史』11巻553～576頁 |
| 聴衆300人余～500人余 | 『馬場辰猪全集』4巻133～134頁（「樺山資紀関係文書」〈その1〉書類の部13）、『自由新聞』1882.8.29、『栃木県史』通史編6巻164～165頁 |
| ①②相談会の参加者は谷重喜・深尾重城（高知）、門奈茂次郎・原平作（蔵）（福島）、山本忠礼（函館）、庄林一正・内藤魯一・村雨案山子（愛知）、池松豊記（熊本）、小林樟雄（岡山）、志内一雄・前島格太郎（静岡）、佐野助作（兵庫）など（新潟からも1名上京の予定）<br>離党勧告の委員は、河野広中・前田兵治・仙波兵庫・照山峻三・藤公治 | ①～③『自由党史』中巻207～227頁、『馬場辰猪全集』3巻86～87頁・4巻122～136頁（国会図書館憲政資料室所蔵「伊藤博文関係文書」〈その１〉書類の部342・348、「樺山資紀関係文書」〈その１〉書類の部8・13）、江村栄一「自由党史研究のために」（『神奈川県史』各論編1）史料11、「三条家文書（補）（神宮文庫）」（国会図書館憲政資料室所蔵）補第6冊162、飯塚一幸「自由党成立後の杉田定一」（大阪経済 |

| 西暦年月日 | | 内容 |
|---|---|---|
| 1882 | | 総共心会）をつくり幸手・栗橋方面で演説会を開く、10日茨城県西葛飾郡元栗橋校で演説会（予定弁士の末広重恭が欠席、14日末広等の学術討論演説会開催） |
| | 6.3 | 集会条例改正（地方長官・内務卿が管内・全国で一年以内の演説禁止を命ずることが可能に、結社の支社設置禁止） |
| | 6.12～19<br><br><br>6.26<br><br>6.29<br><br>6.30 | 東京で自由党臨時大会（板垣退助が辞任を申し出）<br>・諮問（後藤象二郎）の設置、副総理廃止、党費・地方部分担金の徴収など自由党規則の全面改正<br>・警察に届出し地方部を廃する、解散して新聞株主となる、「腕力」に訴えるなどの諸説あったが、結局届出することに<br>・各地「惣代」が「是迄ニ度々協議決シタル通リ押シ通シ本年ニモ兵ヲ起シ候方可然」と迫り、板垣は「兵ヲ起スハ三ヶ年自後之見込」と主張<br>・集会条例改正をうけて政党届出（地方支部は、解党し東京自由党入党、幹部など一部が東京自由党に入党、独立自由党結成など対応は様々） |
| | 6.25 | 『自由新聞』創刊 |
| | 6.25 | 長野飯山町で飯山と高田の青年民権家が演説会開催、井上平三郎演説で中止解散 |
| | 7.23 | 壬午事変（ソウルで朝鮮兵が反乱、日本公使館襲撃） |
| | 7 | 愛国交親社の組織再編<br>・農民層と草莽隊出身者で指導部<br>・活動は農民に対する撃剣指南が中心に |
| | 8.17 | 田母野秀顕・宇田成一らを帝政党員が襲撃、反民権派の組織化進展 |
| | 8.20～22 | 馬場辰猪・佐伯剛平が宇都宮に来会し演説会、地方自由懇親会を開催することで「下等社会ノ人物則チ車夫消火夫等苟モ気魄アル者ヲ団結セシメ高知県等ニ流行スル旗奪等ノ自由健康運動ヲ為サシムヘシトノ内約」を行う |
| | 8末～10 | ①8月末以降、板垣退助の洋行問題をめぐる党内対立<br>・9月7・17～19日馬場辰猪・大石正巳・末広重恭、旧東京地方部員らが板垣洋行に反対（自由新聞との運営をめぐっても対立あり）<br>・26・28日各地方の出京委員による相談会、馬場らの除名を決定（「革命ヲモ為サントスル場合」に躊躇すべきではないとの説あり）<br>・29日自由党本部から河野広中ら委員5名が馬場らに離党を勧告<br>・30日自由党本部で除名問題につき再議した結果、馬場らに対して常議員解任にとどめることとなり、30日大石、10月2日馬場・末広が辞表を提出（代わりは林包明・島本仲道・片岡健吉） |

| 参加者等 | 出典・参考 |
| --- | --- |
| 介・永田一二など | 竹田芳則「立憲政党の展開と近畿の自由民権運動」(『ヒストリア』107号) |
| | 『愛岐日報』1881.11.22、『新修名古屋市史』5巻174～175頁 |
| 板垣退助・馬場辰猪・竹内綱・栗原亮一ら | 『明治自由党の研究』上巻20～22頁、『馬場辰猪全集』4巻133頁（国会図書館憲政資料室所蔵「樺山資紀関係文書」〈その1〉書類の部13「国事警察概況」) |
| 太田松次郎・村雨案山子・村上左一郎など | 『植木枝盛集』7巻281～282頁 |
| | 「内藤魯一関係文書」(知立市歴史民俗資料館寄託）4-5-4「福島紀行」 |
| | |
| 演説者は板垣退助・村雨信子（以上、豊橋）・板垣・村松愛蔵・安芸喜代香・宮地茂春・竹内綱（以上、田原) | 『静岡県自由民権史料集』815頁、『愛知新聞』1882.3.29 |
| 九州改進党は和泉邦彦・柏田盛文、立憲改進党は大隈重信（総理)・河野敏鎌（副総理)・小野梓、帝政党は福地源一郎・丸山作楽・水野寅次郎など | 『自由党史』中巻87～89・94～105頁、水野公寿「九州改進党覚え書」(『近代熊本』11号)、新藤東洋男『自由民権運動と九州地方』、大日方純夫「立憲帝政党の結党をめぐる基礎的考察」(『日本史研究』240号) |
| 愛知自由党懇親会幹事は祖父江道雄・岡田利勝 | 『新修名古屋市史』5巻183頁 |
| | 『自由党史』中巻105～154頁、『自由民権機密探偵史料集』633～637頁、『新修名古屋市史』5巻183頁、野島幾太郎『加波山事件』(東洋文庫版）91頁、『郵便報知新聞』1882.4.20、『愛知新聞』同年4.19、『自由新聞』同年7.25 |
| 発起人以外に安立七郎（福井)、磯山清兵衛（茨城・千葉、磯山尚太郎代理)、武藤小文治（群馬)、竹村大助（長野・竹村盈仲代理)、古郡米作・土居光華（静岡、土居は井上順三代理)、岩崎修省・松田清（和歌山)、野村嘉六（高知)、前田兵治（徳島、南虎太代理）らが参加 | 『自由党史』中巻154～184頁、外崎光広「酒屋会議と児島稔」(『高知短期大学研究報告　社会科学論集』42号) |
| 5月10日埼玉県人野口褧・渡辺湜、茨城県人岡野満 | 『古河市史』通史編607頁、舘野芳之助『自由 |

| 西暦年月日 | | 内容 |
|---|---|---|
| 1881 | | |
| | 11頃 | 愛国交親社が徴兵免除・士族取り立てなどを掲げて社員を拡大（この年、自作・自小作・小作層に組織を拡大し社員は15,000名に） |
| | 12.4、5 | 4日自由党本部から板垣退助らが宇都宮に来会（横堀三子・塩田奥造らの周旋）、5日来年1月を期して自由党を組織せんと決定 |
| | 12.1～10 | 植木枝盛の愛知県における政談演説（豊橋・岡崎で遊説、知立で親睦会、名古屋には12月9日親睦会、10日も滞在） |
| | 12.27 | 内藤魯一が福島県を自由新聞株券募集のため遊説（～1882年2月） |
| 1882 | 1.1 | 治罪法の施行 |
| M15 | 3.11～16、18～20 | 板垣退助が静岡県下（11～16日）、豊橋（18日）・田原（20日）を遊説 |
| | 3.12、14、18 | 12日九州改進党（九州の民権結社の連合協議体）、14日立憲改進党、18日立憲帝政党（1883年9月24日解党）の結成 |
| | 3.29 | 板垣退助が愛国交親社主催の懇親会および愛知自由党尾張部の懇親会双方に出席 |
| | 4.6 | 板垣退助が相原尚褧に襲撃される（板垣遭難）<br>・内藤魯一が相原尚褧を取り押さえる<br>・鯉沼九八郎が板垣遭難に際し駆けつけようとする<br>各地より見舞金<br>・板垣退助の岐阜遭難について杉戸駅の自由偕進社社長・野口褧、副社長・渡辺湜より金五円の見舞金（茨城自由党支部、千葉県上埴生郡などからも）<br>・4月19日濃飛自由党本部、「板垣君記念碑建設ノ広告」を『愛知新聞』に掲載<br>・7月自由党員・村雨信子、板垣宛に金5円を寄付 |
| | 5.10 | 京都で酒屋会議<br>・植木枝盛・児島稔（以上、高知）・小原鐵臣（島根）・磯山尚太郎（茨城）・安立又三郎・市橋保身（以上、福井）が発起人、小原鉄臣が議長<br>・2府18県40余名の総代が集まる<br>・8ヵ条の決議と請願書のとりまとめ |
| | 5 | 茨城県の舘野芳之助・小久保喜七・藤田順吉と幸手の民権家が「武総共進会」（武 |

| 参加者等 | 出典・参考 |
|---|---|
| 若生精一郎（宮城）、遠藤直喜（福島）、稲垣示・沢田平策（石川）、山際七司・渡辺腆・羽生郁次郎・山添武治（新潟）、関戸覚蔵・内田林八・野手一郎（茨城）、山口信治・横堀三子・塩田奥造・（栃木）、長坂八郎・木呂子退蔵・斎藤壬生雄（群馬）、保泉良輔（埼玉）、伏木孝内（滋賀）、小林樟雄・加藤平四郎（岡山）、宮村三多（大分）（下線部は②の参加者） | と激化事件」 |
|  | 『自由党史』中巻36頁 |
| 柴田浅五郎・舘友蔵・川越庫吉・柏木第六ら21名が内乱罪・強盗罪などに問われる | 井出孫六ほか編『自由民権機密探偵史料集』439〜583頁、「自由民権革命と激化事件」、『秋田県の自由民権運動』、長沼宗次『夜明けの謀略』、手塚豊「秋田事件裁判考」・「秋田事件裁判関係資料」・「秋田立志社暴動事件判決書」（『自由民権裁判の研究』上巻） |
|  | 『新潟新聞』1881.9.3〜10.5 |
| 高崎有信社の山下善之が来高を交渉、高崎駅に長坂八郎・木呂子退蔵ら出迎え、板垣・中島が演説 | 『上毛新聞』1881.10.4・10、『新潟新聞』同年10.9〜25 |
| ①山際七司・竹内綱・林包明・鈴木舎定らが自由党組織原案を起草<br>②役職者以外に鈴木舎定（岩手）、狩野元吉（秋田）、河野広中・田母野秀顕・三浦信六（福島）、松村才吉（福井）、桜井静（千葉）、磯山清兵衛・森隆介・富松正安（茨城）、田中正造・山口信治・塩田奥造・福田定一郎・横堀三子（栃木）、斎藤壬生雄・宮部襄（群馬）、保泉良輔・堀越寛介・松本庄八（埼玉）、水島保太郎（神奈川）、高橋基一・佐伯剛平（東京）、村松愛蔵・荒川定英・庄林一正・渋谷良平（愛知）、岩田徳義・早川啓一（岐阜）、藤公治（滋賀）、加藤平四郎・小林樟雄（岡山）、小原鉄臣（島根）、植木枝盛・児島稔（高知）、前田兵治（徳島）などが参加 | 『自由党史』中巻79〜87頁、江村栄一『自由民権革命の研究』145〜169頁、寺﨑修『明治自由党の研究』上巻235〜253頁 |
|  | 『自由党史』中巻77〜79頁、湊省太郎「上申書」・鈴木音高「国事犯罪申立書」（『静岡県自由民権史料集』）642〜643・650頁、『上越市史』資料編6巻121頁 |
| 自由党副総理・中島信行が立憲政党総理を兼任、中心メンバーに草間時福・古沢滋・小島忠里・小室信 | 『大阪日報』1881.9.15、原田久美子「関西における民権政党の軌跡」（『歴史評論』415号）、 |

| 西暦年月日 | | 内容 |
| --- | --- | --- |
| 1880 | 12.6、9〜11、13 | ・13県の委員25名が太政官に対する請願運動を続行<br>・12月9日の53号布告後も請願を続行するが拒絶され「道理上ノ請願既ニ尽タル」を以て中止 |
| | 12.16、17 | ②「激烈党派」の盟約<br>・現政府について「早ク之を顚覆シ、決死以テ自由政府ヲ置クヲ論ス」「激烈党派」の形成<br>・「各自有志ノ士ヲ募リ、来ル五月ヲ期シ断然処置スヘキ」ことに決し、血盟する |
| | 12.9 | 太政官布告53号（「人民ノ上書」を元老院に対する「建白」に限定） |
| 1881<br>M14 | 6.9以降 | 柴田浅五郎ら秋田立志会員が強盗・殺害、内乱予備の容疑で捕縛<br>**【秋田事件】** |
| | 8.27〜9.27 | 馬場辰猪・佐伯剛平が新潟県内を遊説 |
| | 9.27〜28 | 群馬県・高崎有信社員らが北陸遊説に向かう途中の板垣退助と中島信行を高崎に迎え、劇場岩井座で講演会を開く「今日結合の急なる所以を痛論切言せられ、拍手喝采の声ハ満堂を動かせり」（10月4〜16日板垣は新潟遊説） |
| | 10.1、2、6〜16 | ①10月1日から東京・国会期成同盟第3回大会<br>・自由党結成を決議<br>・党組織の決定、規則の起草へ |
| | 10.18〜29 | ②10月18日から浅草井生村楼において自由党結成大会<br>・総理・板垣退助、副総理・中島信行、常議員に馬場辰猪・末広重恭・大井憲太郎・竹内綱など、幹事に林包明・大石正巳・山際七司・林正明・内藤魯一・柏田盛文、常備委員に長坂八郎・八木原繁祉らを選出<br>・自由党盟約・規則の審議、盟約の中に憲法起草は含まれず<br>・嚶鳴社員は参加せず |
| | 10.30〜11.4 | ③10月30日から懇談会<br>・募金による自由党機関紙の発行を決定 |
| | 11.8、9 | ④11月8日京橋警察署から届出認可を得る事を求められるが、結局盟約一部を削除することで政治結社としては届出せず（12月29日罰金2円で決着） |
| | 10.12 | 国会開設の詔勅・大隈重信罷免（明治14年政変）<br>・明治23年の国会開設を明言、しかし「故サラニ躁急ヲ争ヒ事変ヲ煽シ国安ヲ害スル者アラハ処スルニ国典ヲ以テスヘシ」<br>・湊省太郎・鈴木音高が詔勅批判、井上平三郎も詔を嘆く |
| | 11.20〜22 | 近畿自由党（9月15日に「近畿自由党決議」発表）が立憲政党と党名改称 |

## の激化事件・大阪事件関連年表

| 参加者等 | 出典・参考 |
|---|---|
| 河野広中・岡田健長・遠藤直喜・原平蔵出席 | 小野德吉『会津民権史』3頁 |
| 鈴木舎定（岩手）、岡田健長・山口千代作・河野広中（福島）、杉田定一・稲垣示・高島伸二郎（石川）、木村時命（新潟）、大津淳一郎（茨城）、山川善太郎（東京）、松沢求策（長野）、内藤魯一（愛知）、柴山忠三郎（岐阜）、伏木孝内（滋賀）、法貴発（兵庫）、小島忠里（愛媛）、池松豊記（熊本）、片岡健吉・植木枝盛・寺田寛・森脇直樹・松木正守・児島稔・西山志澄・林包明・深尾重城（以上高知）などが出席あるいは上願書に名を連ねた<br>柴田浅五郎（秋田）・苅宿仲衛（福島）が傍聴 | 『自由党史』（岩波文庫版）上巻271～279頁、森山誠一「国会期成同盟の研究」1・2（『金沢経済大学経済研究所年報』6・10号） |
| | 『自由党史』上巻278～281頁 |
| | 『自由党史』上巻281～313頁 |
| | 有賀義人他編『長野県自由民権運動　奨匡社資料集』81～100頁 |
| 柴田浅五郎・内桶圭三郎・狩野元吉（秋田）、菊池九郎（青森）、鈴木舎定（岩手）、若生精一郎（宮城）、河野広中・岡田健長・遠藤直喜・岡泰久（福島）、杉田定一・稲垣示・沢田平策（石川）、八木原繁祉・山際七司・渡辺腆・羽生郁次郎（新潟）、大津淳一郎・野手一郎（茨城）、田中正造・塩田奥造・山口信治・横堀三子（栃木）、長坂八郎・木呂子退蔵・新井毫・斎藤壬生雄（群馬）、福田久松・保泉良輔（埼玉）、草間時福（東京）、松沢求策・上條螘司（長野）、内藤魯一・荒川定英（愛知）、小島忠里（大阪）、伏木孝内（滋賀）、小林樟雄・加藤平四郎（岡山）、林包明（高知）、宮村三多（大分）など | 『自由党史』中巻19～34頁、「國會開設論者密議探聞書」（『明治文化全集 雑史編』24巻・1993年復刻版）、家永三郎「自由民権に関する新史料」（『史学雑誌』71編11号）、松岡僖一「私立国会論」（『幻視の革命』）、江村栄一「自由民権革命と激化事件」（『歴史学研究』535号）、『河野磐州伝』上巻366～380頁 |
| 柴田浅五郎・内桶圭三郎・狩野元吉（秋田）、菊池九郎（青森）、森藤右衛門（山形）、鈴木舎定（岩手）、若生精一郎（宮城）、河野広中・岡田健長・遠藤直喜・岡泰久・黒田豊・目黒重真・原平蔵（福島）など | 『河野磐州伝』上巻380～385頁、庫山恒輔「明治一四年の東北七州自由党」（秋田近代史研究会『秋田県の自由民権運動』） |
| ①柴田浅五郎・内桶圭三郎（秋田）、菊池九郎（青森）、 | 「自由民権に関する新史料」、「自由民権革命 |

# Ⅰ．国会期成同盟・自由党、各地

| 西暦年月日 | | 内容 |
|---|---|---|
| 1880 | 2 | 東北連合会開催 |
| M13 | 3.15～<br>4.8 | 大阪で愛国社第4回大会・国会期成同盟創立大会、各地の請願運動へ<br>・国会開設の要求が実現するまで解散しないこと、要求が認められた場合は「國會憲法」とそれを制定する「代人」選出方法を政府に建言すること、要求が拒否された場合は「全國の結合」をはかり、11月10日に東京に大集会を開催することなどを決定<br>・11月東京集会を私立国会とすべきという主張がみられる<br>・松沢求策の哀訴体と永田一二の請願体の対立、結局請願体の採用へ |
| | 4.5 | 集会条例（政談演説・政治結社の認可制、教員生徒の政談演説・政治結社への参加禁止、政治的な議論の宣伝や結社同士の通信禁止、屋外の政治集会禁止、違反した場合の罰則など） |
| | 4.17～<br>5.10 | 片岡健吉・河野広中らが国会期成同盟の捧呈委員として「国会を開設する允可を上願する書」を太政官・元老院に提出、しかし結局受理されず |
| | 5.30～<br>7.11 | 奨匡社の松沢求策・上條螘司が上願書提出のため太政官へ出頭、以後元老院・左右大臣邸と交渉（請願権の確認を迫った上で受理させる） |
| | 11.10～<br>27、30 | 東京で国会期成同盟第2回大会（11月11日愛国社大会を解散）<br>・憲法案をもって請願運動を続行することと「地方ノ團結ヲ鞏固ニシテ實力ヲ養成スル」ことによる私立国会論（愛国社系）とが対立、前者は否決されるが翌年の大会に憲法案を持ち寄ることを決定、また「自由党」は別に立てることを決定<br>・国会期成同盟合議書・遭変者扶助法を制定<br>・30日懇親会 |
| | 11.12か | 愛国社支社で東北有志会<br>・東北有志の結合、新しい政党の中心勢力になり立憲政体建設に貢献することなど確認<br>・盟約書「東北有志者の旨趣」に署名、「仮規則」を決定 |
| | 11.24、25 | ①国会開設請願の続行 |

## 激化事件関係年表



※出典について

・基本的に、入手しやすい史料集・書籍・論文を出典にした。

・初出では出版社名・発行年は省略し、初出以降は、執筆者名・掲載書名・掲載雑誌名・所蔵も省略した。

**竹田芳則**（たけだ よしのり） コラム

1960年生まれ。早稲田大学教育学部卒業。

堺市立中央図書館。関西を中心とした自由民権研究。

主要業績：「立憲政党の展開と近畿の自由民権運動」（大阪歴史学会編『ヒストリア』第107号、1985年6月）、「立憲政党の憲法論と関西の自由民権運動」（『歴史科学』第193号、大阪歴史科学協議会、2008年7月）

**竹岡（森永）優子**（たけおか〈もりなが〉ゆうこ） コラム

1950年生まれ。早稲田大学大学院文学研究科修士課程修了

主要業績：秩父事件研究顕彰協議会会員。秩父事件を中心とした自由民権研究。

**篠田健一**（しのだ けんいち） 第９章

1944年生まれ。神奈川大学法学部卒業。

元埼玉県公立中学校教員。秩父事件を中心とした自由民権研究。

主要業績：『ガイドブック秩父事件』（共著、新日本出版社、1999年）、『秩父事件——圧制ヲ変ジテ自由ノ世界ヲ』（共著、新日本出版社、2004年）

**鈴木義治**（すずき よしはる） 第10章

1941年生まれ。東京教育大学文学部卒業。

元埼玉県公立高校教員。埼玉地域・秩父事件を中心とした自由民権研究。

主要業績：『埼玉自由民権運動史料』（共編、埼玉新聞社、1984年）、『埼玉の自由と民権を掘る——生徒と歩んだ教師の記録』（埼玉新聞社、2002年）

**飯塚一幸**（いいづか かずゆき） コラム

1958年生まれ。京都大学大学院文学研究科博士後期課程修了。

大阪大学大学院文学研究科教授。日本近代史。

主要業績：「自由党成立後の杉田定一」（『経済史研究』第12号、大阪経済大学日本経済史研究所、2009年２月）、「国会期成同盟第二回大会と憲法問題」（『大阪大学大学院文学研究科紀要』第51巻、2011年３月）、『講座明治維新５　立憲制と帝国への道』（共編著、有志舎、2012年）

**西川純子**（にしかわ じゅんこ） コラム

1934年生まれ。東京大学大学院経済学研究科博士課程修了。

獨協大学名誉教授。アメリカ経済史。

主要業績：『アメリカ企業金融の研究』（東京大学出版会、1980年）、『アメリカ航空宇宙産業』（日本経済評論社、2008年）など。

**清水吉二**（しみず よしじ） コラム

1933年生まれ—2013年逝去。福島大学経済学部卒業。
元埼玉県立深谷商業高校教員。群馬県の自由民権研究。
主要業績：『群馬自由民権運動の研究』（あさお社、1984年）、『幕末維新期　動乱の高崎藩』（上毛新聞社出版局、2005年）、『ぐんまの新聞』（みやま文庫、2005年）。

**佐久間耕治**（さくま こうじ） コラム

1950年生まれ。京都大学農学部卒業。

房総自由民権資料館館長。千葉県を中心とした自由民権研究。

主要業績：『高神村一揆』（上下、崙書房、1980年）、『房総の自由民権』（崙書房、1992年）、『底点の自由民権運動』（岩田書院、2002年）

執筆者紹介

**横山真一**（よこやま しんいち） 第３章

1955年生まれ。駒澤大学大学院文学研究科修士課程修了。

新潟県立長岡向陵高校教員。新潟県を中心とした自由民権研究。

主要業績：『新潟の青年自由民権運動』（梓出版社、2005年）

**安在邦夫**（あんざい くにお） 第４章

1939年生まれ。早稲田大学大学院文学研究科博士課程修了。

早稲田大学名誉教授。福島・喜多方事件及び改進党系の自由民権研究。

主要業績：『立憲改進党の活動と思想』（校倉書房、1992年）、『自由民権の再発見』（田﨑公司と共編著、日本経済評論社、2006年）、『自由民権運動史への招待』（吉田書店、2012年）

**岩根承成**（いわね つぐなり） 第５章

1941年生まれ。早稲田大学第一文学部卒業。

元群馬大学講師。群馬事件を中心とした自由民権研究。

主要業績：『群馬事件の構造――上毛の自由民権運動』（上毛新聞社出版局、2004年）、『戦争と群馬――古代～近代の戦場と民衆』（編著、みやま文庫、2008年）

**飯塚　彬**（いいづか あきら） 第６章

1986年生まれ。法政大学大学院人文科学研究科史学専攻博士後期課程在学中。

加波山事件を中心とする自由民権研究。

主要業績：「加波山事件と富松正安『思想』の一考察」（法政大学史学会編『法政史学』第79号、2013年３月）

**黒沢正則**（くろさわ まさのり） 第７章

1954年生まれ。法政大学経済学部卒業。

埼玉県公立中学校教員。秩父事件を中心とした自由民権研究。

主要業績：「本陣崩壊を考える――自由党解党と秩父事件」（秩父事件研究顕彰協議会会誌『秩父事件研究・顕彰』第12号、2001年３月）、「加波山事件と秩父事件――宇都宮平一と西郷旭堂」（同前、第16号、2009年３月）

**中元崇智**（なかもと たかとし） 第８章

1978年生まれ。名古屋大学大学院文学研究科博士課程修了。

中京大学文学部准教授。『自由党史』を中心とした自由民権研究。

主要業績：「『土佐派』の『明治維新観』形成と『自由党史』――西郷隆盛・江藤新平像の形成過程を中心に」（明治維新史学会編『明治維新史研究』第６号、2009年12月）、「板垣退助の政界引退と『自由党史』」（高千穂大学高千穂学会編『高千穂論叢』第47巻第３号、2012年11月）

編著者紹介

**高島千代**（たかしま ちよ） はじめに・第1・2章

1964年生まれ。名古屋大学大学院法学研究科博士課程修了。

関西学院大学法学部教授。秩父事件を中心とした自由民権研究・日本政治史。

主要業績：「激化期『自由党』試論――群馬・秩父事件における『謳自由党』と『自由党』」（安在邦夫・田﨑公司編著『自由民権の再発見』日本経済評論社、2006年）、「秩父事件その後」（秩父事件研究顕彰協議会編『秩父事件――圧制ヲ変ジテ自由ノ世界ヲ』（新日本出版社、2004年）

**田﨑（野澤）公司**（たさき〈のざわ〉きみつかさ） 激化事件研究会代表

1958年生まれ。東京大学大学院経済学研究科第二種博士課程修了。

大阪商業大学経済学部准教授。越後街道野澤宿ふるさと自慢館副館長。日本近世・近現代社会経済史および人権教育論。

主要業績：『会津諸街道と奥州道中』（安在邦夫と共編著、吉川弘文館、2002年）、『自由民権の再発見』（安在邦夫と共編著、日本経済評論社、2006年）、『東京曙新聞【復刻版】』（全66巻、監修、柏書房、2004～2009年）



自由民権〈激化〉の時代――運動・地域・語り

2014年10月10日　第1刷発行　定価（本体7400円＋税）

編著者　高島千代　田﨑公司
発行者　栗原哲也

発行所　株式会社　日本経済評論社
〒101-0051 東京都千代田区神田神保町3-2
電話 03-3230-1661 FAX 03-3265-2993
URL：http://www.nikkeihyo.co.jp
印刷＊藤原印刷・製本＊高地製本所
装幀＊渡辺美知子

乱丁落丁本はお取替えいたします。　Printed in Japan





ISBN978-4-8188-2351-8